叢書・ウニベルシタス　1051

メディアの歴史

ビッグバンからインターネットまで

ヨッヘン・ヘーリッシュ
川島建太郎／津﨑正行／林志津江 訳

法政大学出版局

目次

序言……書物の限界／意味《ズィン》と感覚《ズィンネ》／「マルチ」という接頭辞／諸学の基礎理論としてのメディア理論　1

さまざまな根源

1　ノイズ……ビッグバン／はじめに郵便ありき　17

2　声《シュティンメン》……洗礼式／手と口／合意か不合意か／メディアの可能性の条件としての不在／神の声、王の沈黙／初期マスメディアとしての古代の劇場／話者に死なし　23

3　画像……死者と画像／偶像崇拝の禁止／画像氾濫／言葉と知覚　43

第一の中断　メディア概念のさまざまな定義　59

文字の時代

4　文字……ビット、元素、バベル／緑のハインリヒが読むことを学ぶ／文字の成立／アルファベット／文字（および貨幣）文化の諸帰結／プラトンによるニューメディア批判／古くて新しいメディア批判のパラドックス／初期図書館／文字の物質性　81

5　活版印刷……グーテンベルク・ショック／近世の時計と新しい時間秩序／グーテンベルク聖書／初期の印刷／大量生産品としての書物批判／あらゆる人が植字工となる／識字教育と新しい印刷技術／読書は危険である／読書の意味／読書の歴史　131

6　新聞雑誌《プレス》／郵便……作品の永遠とニュースの一過性／最初期の新聞／世論と調査報道ジャーナリズム／ボールペン／配達の問題／郵便／駅伝制度、使者、郵便馬車／ラブレター、ビジネスレター、女性秘書／タイプライターと電話　183

第二の中断　メディアの背後のメディア——ホスチア、貨幣、CD－ROM　223

記号以前

7 写真……ギャロップする馬の知覚／写真の発明／「自然の鉛筆」としての写真／写真前史としてのカメラ・オブスクラとラテルナ・マギカ／写し絵、生き写しの絵、バルザックの写真嫌い／瞬間と客観的視線／カラー写真、レントゲン写真／心霊主義　239

8 録音と遠隔通信……魔の山のレコードプレーヤー／グラモフォンの発明／ヒズ・マスターズ・ヴォイス――レコード／遠方からの声――電話／言葉の流れ、電気の流れ／未婚女性の職務／砲弾ポストと遠隔通信／メディア産業――ケーブルで結ばれる世界　271

9 映画……ヴィクトル・ユーゴーが鉄道列車に乗る／映画の発明／映画の前史としてのパノラマ／映画産業／映画がカラーになり、喋りはじめる／ウーファとナチ映画／「異なる芸術」としての映画　309

第三の中断　メディアの系譜学――戦争、経済、宗教　331

シミュレーション－スティミュレーション

10 ラジオ……無線通信からラジオ放送へ／メディア動員／技術が可能にする――リアルタイムでの大衆への非物質的伝達／傾聴すること《ホルヒエン》、服従すること《ゲホルヒエン》／オフからの声／主要メディアから副次メディアへ　347

11 テレビ …… テレビへの罵詈雑言／テレビの発明／統一放送から分散した多様なチャンネルへ／テレビの平等主義礼賛／私的なもの、公的なもの／現実の構成、構成の現実　371

12 コンピュータ／インターネット …… エニグマ／二進法からパンチカードを経て最初のコンピュータへ／ソフトウェアとハードウェア／インターネット／接続、包摂、排除／「情報過多」／語る代《エアツェーレン》わりに数える《ツェーレン》／自然という本を読むことから自然という本を書くことへ／言葉が肉となる　395

とりあえずの終章　一つとなったマルチメディア社会における変換《コンヴェルズィオーネン》＝交換＝改宗　429

訳者あとがき　449

注　(23)

邦訳文献　(17)
参考文献　(1)
事項索引　(x)
人名索引　(i)

凡　例

一、本書は、Jochen Hörisch: *Eine Geschichte der Medien: Vom Urknall zum Internet*. Frankfurt am Main（Suhrkamp）2004 の全訳である。同書はもともと、*Der Sinn und die Sinne. Eine Geschichte der Medien* というタイトルで、Eichborn 社の Die Andere Bibliothek 叢書の一冊として刊行されたものである。

一、原著はページごとの通し番号による脚注の形式だが、翻訳では後注とし、章ごとに通し番号を付した。

一、本文中の［　］は、原著者による補記である。本文中の〔　〕は、訳者による注記である。

一、原著で引用の出典が記されていない場合、訳者に分かる範囲で補った。

一、原文中のゴシック体は、翻訳中でもゴシック体で記した。

一、原文中の古典語は、カタカナ漢字で表記し、初出の際には〔　〕中に原語を付記した。

一、原文に英語、フランス語、イタリア語が使われている場合、ルビを振った。

序言

「万人に共通なひとつの尺度は　つねに存している。
しかし　それぞれの人間にはまたかれ固有のものが授けられている」(1)

ヘルダーリン「パンと葡萄酒」

読者諸子の手元にあるのは『メディアの歴史――ビッグバンからインターネットまで』というシンプルなタイトルの書物である。この書物のオリジナル版は、紀元三千年紀の最初の年、よりによって「異色叢書《アンデレ》」という名のシリーズから出版された。奇妙なめぐり合わせである。というのも印刷された書物は古いメディアであり、新しいメディアを題材にしようとすると、控えめに表現しても、その能力の限界まで来ているからである。

印刷された書物は五〇〇年以上前からある。話シ言葉ハ消エ去ルガ、文字ハ残ル〔Verba volant, scripta manent〕。最初の大きなメディア革新である文字の発明は、文字自体がすでに古典的となっていた時代、これほどにも意識的に自らの特性を言い表していた。白地に黒で書かれたものは、すぐに消え去る言葉と違い、しばしの間存続するのである。これは誇るに値することだが、不安の元にもなる。なぜならば、普通ならすぐさま消え去るものが書かれて長い間残っているとなると、地球は円盤状であるとか、共和主義者は牢獄に入れるべきだとか、マルクス主義は勝利するであろうとか、一角獣は実在するとか、人《フラオ／マン》〔frau/man〕ではなく、ただ「人《マン》〔man〕」とだけ書いても罰を受けないでよいとまだ人《フラオ》〔frau〕が思っていた時代に、人《マン》が（ある個人、ある制度、ある文化、ある宗派、ある政治グループが）どの程度賢明であったか、あるいは反対に愚かであったかを検証することができるのである〔漠然とした「人」を指すドイツ語の man は語源上、「男性」を表す Mann に由来するが、「女性」を表す Frau からは「人」を指す frau という語は派生しない〕。昨日のおしゃべりが害にならないのは周知のとおりである。しかし書かれたものがいつまでも残っているとなると、そのつど改まる自己理解には大きな障害となりうる。というのも書かれたものは、別の場所や別の時代に思考されたこと、あるいは思考されていることと比較可能であるだけでなく、記す価値があると自らが見なしていたものとも比較可能だからである。つまり、「主体」〔S/selbst シニフィアンとシニフィエの分離および前者の優位を表現する図式〕の信頼が即座に揺るがされるような自己邂逅が起きる。メディアは昔から理解《ファッスング》とともに狼狽《アオス・デァ・ファッスング》をもたらすのである。

本書はしかし、文字や画像や書物といった古いメディア「のみ」を題材にするのではない。書物にはできないこと、例を挙げれば声ノ息吹〔flatus vocis〕、つまりすぐに消えてしまう音声を記録し、あるがままの音として保存する（たとえば蠟管、シェラック製レコード、ロールフィルム、録音テープ、ビデオテープ、CDなど）ことができるニューメディアや最新メディアをも題材にする。文字のさまざまな組み合わせでは、本書の後半の章で題材にするグーテンベルクの発明以降のメディア史を十分に再現できないことは明らかである。このことだけをとっても、あからさまなまでに古典的な書物というかたちでメディア史を語るという企画は妙なものである。いわゆる文学というメディアは、ニューメディアの到来を、しかしまた文学独自のメディア性（物語の技術から、文学が文字のさまざまな組み合わせによって成立していることに意識的な具体詩《コンクレート・ポエジー》に至るまで）を注意深く観察してきた。思慮に富んだ文学は、自らを構成する文字がメディアとして貧しいことを自覚している。しかし、文学はこの貧しさを自らの創造性に変える。それだけに文学は、メディア史的・メディア分析的洞察を働かせるのである。本書はそれを感謝しつつ利用させてもらう。詩人ハ人生ノタノシミニモナレバ益ニモナルモノヲ語ル〔Aut prodesse aut delectare volunt poetae〕と述べたホラティウスとともに、本書は、文学とは美しく楽しいのみならず、メディアの観点からも事実に即した有意義な洞察を備えており、それゆえに教育的であると信じている。

音響、動画、Eメールは本書のテーマであるが、それらはこの本には含まれていない。たとえ著者にマルチメディアへの意志が十分にあったとしても、メディア技術上の理由から、この比較的古典的である書物というメディアのなかには含まれ得ないであろう。なぜならば書物はスピーカーもモニターもインターネット接続も提供しないからである。書物にはまたCD‐ROMもフロッピーディスクもカセットも備わっていない。アップデートによって、誤植やその他のミスをなくすこともできない。書物はしかしまたバッテリーを必要としない。すなわち、電源が落ちることによってデータが失われることはありえないのである。ソフトウェアのウィルスに感染して文字の配列が破壊されることもありえない。書物はおしなべてそうだが、この本の利用のために必要なエネルギーは、唯一読者のエネルギーである。読者とは、多大なる時間的・心的労力を前提とする仕事（そのために何年もの間、学校へ通う）にいそしむ者である。つまり、たとえ感覚《ズィンネ》が遭遇するのは目の前で踊っている黒い文字以外の何物でもないとしても、読まれたものが（ぴったりのアメリカ語法で言えば）意味《ズィン》をなす〔make sense〕ように、並んだ文字を解読するのである。

したがって「異色叢書」に属す本書は、その堅実な外観に反して、構造的にいかがわしいところがある。すなわちメディア的に、いや正確に言えばメディア技術的に、本書はそのテーマを十分に扱いきれないのである。それに加えて、今日なお（さらなる研究プロジェクトを組織し、さらなる論（外な）文集を編纂する代わりに）メディアの通史を書こうなどという著者が人物として疑わしいのは言うまでもない。けれども、不可能かつ反時代的な企図への勇気を挫くことがないように、それは言わないでおくのが礼儀であり、著者どうしが通常示しあう敬意というものである。また、学術界での昔ながらのエチケットに対する礼節と敬意から、本書を書くために定期的に参照した書物の名を挙げておかなければなるまい。ヴォルフガング・ケーニヒが編纂した『プロピュレーエン技術史』と並び、ハンス・H・ヒーベル、ハインツ・ヒーブラー、カール・コーグラー、ヘルヴィヒ・ヴァーリチュが編纂した、その名に値する内容をもつ『大メディア年代記』が、（索引が不十分であることを除けば）厳密かつ整然とメディア技術の発展史に関する詳細な情報を与えてくれる。同著者たちによるコンパクト版は『メディア』という飾り気のない表題であるが、データ量を絞ることによって全体の見通しが良くなっている。さらにはヴェルナー・ファオルシュティヒが全一〇巻の予定で刊行中の『メディアの歴史』（うち三巻まで既刊）や、情報量の豊かなウルリケ・ヒックの『光学メディアの歴史』、カール＝ハインツ・ゲッテルトの『声の歴史』がある。最後に多数の入門書や概論書のうち、ヴェルナー・ファオルシュティヒ『メディアの基礎知識』とアーヴィング・ファング『マス・コミュニケーションの歴史』を挙げておきたい。メディアというテーマへの時代に即したアプローチ手段としては、本書が出版された年（二〇〇一年）にはもちろん《ナチューアリヒ》〔自然に〕（?）インターネットがある。ヤフーやライコスの検索プログラムに、メディア、文字、書物、写真、映画、ラジオ、テレビ、コンピュータあるいはまさにインターネットと入力してみれば、おびただしい量の情報を得られる。本書が出る年にはもちろんとっくに古くなってしまっているが、一九九九年六月二六日に実施されたテストの結果によれば、ヤフー検索に「メディア」というキーワードを入れると、四一六のカテゴリーと一二万五七七のリンク先が得られた。ライコス検索では「メディア」に対して少なくとも五一万三八五三の、「メディア史」だけでも八三五の検索結果が出た。

このような情報過多《インフォメーション・オーヴァーロード》にもめげずにいくつかのリンク先をたどってみると、文字の組み合わせだけではなく、ハイパーテクストや、文字ではできない、感覚を楽しませる音声あるいは動画資料に出くわす。文字は、ただ一文字分しかゴミから隔たっていない（英語でletterは「文字」、litterは「ゴミ」を意味する）。出版物《プブリカツィオーン》は、精神分析学者ジャック・ラカンの言葉遊びによれば、排出物《プベリカツィオーン》である（フランス語の「ゴミ箱《プベル》［poubelle］」という醜い言葉に「美しい」を意味するbelleが隠れていることは言うまでもない）。文字は自らが多くのものを排除する格子を形成していることを予感している。このような文字には、三千年紀への転換期において、高度に進んだメディア技術から取り残されてしまった、時代遅れのゴミであるというステータスを喜んで承認する以外の道はない。そしてその埋め合わせとして、まさに文字の組み合わせによってしか成しえないことを成すしかない。たとえば、文字のつながりからなる一義的な線へと変形することによって、断固として複雑性を制限すること。また、感性的《ズィンリヒ》な素材を披露するかわりに、意味深い《ズィンニヒ》テーゼを提示すること。あるいは、多様なものを統一的観点へとまとめること。そして、反時代的考察を可能にするようなメディア上のアナクロニズムの利点を公然と支持すること。さらには、時として弁明の態度すら見せずにプラトン、アリストテレス、カント、ヘーゲルを引用すること。要するに、じかに感覚《ズィンネ》を楽しませるかわりに、意味《ズィン》を作り出すことである（感性的に美しい書物に対するセンス《ズィン》をもっている場合は事情が異なるけれども）。

ヘーゲルは「Sinn」〔ドイツ語の Sinn は英語の sense に当たる言葉で、「意味」「感覚」「センス」などと訳される〕を「ふしぎなことば」であると解し、『美学講義』で考察しつつ賛美している。「ドイツ語の Sinn は対立する二つの意味に使われるふしぎなことばです。一方ではそれは物を直接にとらえる「感覚（器官）」を意味するとともに、もう一方では、事柄の一般的な意義や思想にほかならぬ「意味」をあらわします。つまり、Sinn は一方で物の目に見える外面と関係するとともに、他方で物の内面的本質と関係します[2]」。意味《ズィン》と感覚《ズィンネ》というすばらしい対概念〔文法上、Sinn の複数形が Sinne〕による区別はシンプル、いやそれどころか戸惑うほど複雑さに欠けている。しかしながら、あるいはまさにそれゆえに、この区別を避けて通ることは難しい。意味《ズィン》と感覚《ズィンネ》の区別は、認識論的な観点のみならず、メディア分析およびメディア史の観点からも、秩序そのものではないにしても、一つのありうべき秩序をもたらすのである。この区別は、理論的思考をその最初期から駆り立ててきた問い、つまり意味《ズィン》と感覚《ズィンネ》とは通じ合うことができるかどうか、通じ合うとすればどのようにしてなのか、という問いへの答えを約束する。人間は何かを味わい、においを嗅ぎ、感じ、見て、そして／あるいは聴き、そして知覚されたものは何であるのか、言いかえれば、感覚がそこで感じ取ったもののなか、あるいは背後にはどのような意味があるのかと自問する。カントは、あらゆる認識には二つの幹があると述べ、当時すでに古くなっていた一連の論争を的確に収束させたことによって後世に大きな影響を及ぼした。人間が自らを主体として把握するならば、「人間的認識の二つの幹、すなわち、感性と悟性」が存在し、「前者によってわれわれに諸対象が与えられ、後者によって思惟される[3]」のである。言いかえれば、私たちはある事態――たとえば通り過ぎてゆく車やそれと結びついた騒音――を知覚すると、この事態は何であるのか、何を意味するのか、このように重量のある物体が動くのはどのようにして可能になっているのか、運転手はどこへ向かっているのだろう、などと——その気になったり、あるいは強いられたりした場合——自問するのである。

「読む」という名の奇妙な行為は、感性と悟性、感覚《ズィンネ》と意味《ズィン》の二重性がもたらす興味深い問題をきわめて明瞭に説明してくれる。私たちは読みながら、目の前にある奇妙な線や点や筋を見ているが、読み書きを覚えているため、つまりメディア的な条件づけを受けているため、これらをもはや線や点や筋としては知覚せず、意味と結びつけ、それらの意味を探るのである。本書のメディア史の主要テーゼによれば、声と文字の力に支配されている初期のメディア史は意味《ズィン》中心的であるが、それに対して比較的新しいメディア技術は、ますます強い力で私たちの注意力を感覚《ズィンネ》に向けさせるようになる。録音と写真によって十九世紀の半ば以降、言語メディアと分かちがたく結びついた意味《ズィン》の次元の此方と彼方とでデータ処理することが可能になった。図式的に言えば次のようになる。声と文字という初期のメディアは、意味《ズィン》と感覚《ズィンネ》の関係全体を、意味の側が支配しているように配置する。それに対してポスト・グーテンベルクのメディアである録音や写真は、その後の世代のラジオやテレビとともども、伝統的な意味《ズィン》の優位が打ち破られるように意味《ズィン》と感覚《ズィンネ》の関係を配置するのである。そして——三段階に分けるのがいかんせん魅力的なので、このように説明するのだが——現在のメディア状況では、スピーカーを備えたモニターもしくはディスプレイにおいて、意味《ズィン》と感覚《ズィンネ》という二つの系が目に見えるかたちで結合し、そして分離する。インターネットと接続されたPCは、視聴覚メディアテクノロジー、書物、電話、そして——最後が肝心だが——これらのあらゆる機能を統合する計算機からなるハイブリッドな構築物である。発展したコンピュータ・テクノロジーが可能にした、意味《ズィン》と感覚《ズィンネ》の組み合わせの錯綜した状況は見極めがきかない。近年のメディア社会を

「マルチ」という接頭辞のもとに観察し、叙述することが流行しているのは理由がないわけではない。メディア社会が自己をこのように複合的に知覚すればするほど、社会が一つの逆説的・複合的なメディア＝世界社会〔「世界社会」はもともとはニクラス・ルーマンの概念。ここでは、本書「とりあえずの終章」にあるように、メディア発展によりグローバルなコミュニケーションが行われる結果、世界が一つの社会となる様相を指す〕となるスリリングな過程の途上にあることが知覚されるのである。「マルチ」という接頭辞にはしかし、もう一つ別の深層構造上の統一性が隠れている。それは0と1からなる二進法の統一性であり、あらゆる記号、音声、画像、そして数字のオペレーションももともとは二進法のコードによって動かされているのである。

マルチメディア、マルチ分野性、マルチパースペクティヴ、マルチカルチュラリズム、マルチビタミン、マルチ、マルチ、マルチ。意味《ズィン》から感覚《ズィンネ》へ、そして意味《ズィン》と感覚《ズィンネ》の多様な結合へと移行してゆくと同時に、中心主義的なコミュニケーション関係が破砕される。意味《ズィン》とは単数名詞の概念であり――今日的視点から見ると疑わしいことに――有意義な複数形を欠いている。それに対して「感覚《ズィンネ》」は複数形の概念であり、これを単数形にしようとすると、厄介な具合に曖昧になるのである。従来、影響力の強いコミュニケーション・モデルは「中心から周辺部へ」というモデルであった。神なる中央送信部から、簡素な中心テクストである十戒が、中心的配信者モーゼへと委ねられ、彼が十戒をすべての受信者へ告げ知らせるのである。一切を包括する中心主義的組織であるカトリック教会は自らを、〔神のメッセージの〕メディア独占権所有者に指定している。ローマガ発言シ、ソノ件ハ終ワッタ〔Roma locuta, causa finita〕。知識人は皆スタンダードの同じ著作を読む。独裁者の声が、規格化された国民ラジオ受信機の前の開いた耳すべてに届く。個々の全放送局を束ねる公共放送施設の名はまさしくＡＲＤ（ドイツ公共放送連盟）で、皆に唯一の『今日のニュース《ターゲスシャオ》』

を提供する。しかしこの番組は、テレビ界の統制外にある別の新旧メディア、たとえば演劇作品、文学、ミサ、日刊新聞、ラジオ放送などとの関係から、リベラルであること、差異に敏感であることを明らかに習得している。『今日のニュース』もテレビニュースの独占権を今後長く保持するのは難しいであろう。

一つの中央送信部から「すべての人」へ。このモデルがこれまでつねに、新しい送信関係をめぐって戦うパルチザン（たとえば異端者、宗教改革者、ビラの起草者、反乱者、カウンター・カルチャー信奉者、ハッカーなど）を同時に生み出してきたことは言うまでもない。しかしこのモデルは今日ではもはや通用しない。多数の放送塔にとまる雀の鳴き声や、コミュニケーションをコミュニケートすることをこよなく愛するインターネット・ユーザーのコミュニケーションが日ごとにそれを知らせている。あらゆるEメール、あらゆるインターネット・サイトには、それらが担っている情報内容と並び、もう一つの伝達が含まれている。つまり、私たちが生きているのは二点間《ポイント・トゥ・ポイント》コミュニケーションの時代なのだという伝達である。そのようなコミュニケーションは、私たちを取り巻いているネットがなければ、そしてHTMLコードがなければ不可能である。HTMLコードは、私たちがこのネットを使用する手助けをしたり、もしくはこのネットの送信物を私たちのもとへと届けたりする。すなわち、今日のように「界面＝切断箇所《インターフェース》」の特徴を帯びても叫び声をあげることのない主体、人間、人々、ユーザー、敗者《ルーザー》へと送信するのである。

意味《ズィン》のメディアから意味《ズィン》と感覚《ズィンネ》のメディアへの移行は、中心に向けて階層化されたコミュニケーション関係の没落を意味するだけでなく、まさにその没落を誘起する。一九八九年にはこのような移行と没落が、世界中でカルト的なメディア・イベントとなった。事実、中央委員会と自称していた組織の一員が不手際な記者会見を行なった後、電波に対して哀しいほど無力なベルリンの壁という遺物が崩れ落ちたのである。そしてルーマニアには現実の、もしくはテレビとビデオによって証明された二人の死者があった。時代錯誤なトランシルヴァニアの独裁者を体現した男とその妻である。複雑なメディア・インフラを持たない工業社会が内裂を起こしたのである。一〇年しかたっていないけれども、振り返ってみると、あの状況はほとんど想像もつかない。東欧ブロックで最も発展した国家の一つである東ドイツで、電話を持っていない者すらいたのである。誰でも使用できるコピー機もなかった。そしてPC、すなわちパーソナル・コンピュータ、ポリティカル・コレクトネス、共産党《パルティ・コミュニスト》のCの前にあるPを削除しても差し支えなかったのである。これらの設備・制度は同じ二十世紀に属しているとはいえ、その使用期限たるや実にさまざまである。

どの時代の人々も自分の時代を特別視し、そこから見れば前の時代に潜在していた発展傾向がはっきり分かると考えがちである。だからこそ「すべて」を主張する命題が可能なのであり、それどころか特定の時代や対象グループにとっては説得力があったり、人気があったりすらするのである。たとえば次のような命題である。歴史とはすべて、神の意志の歴史である、または偉人による行為の歴史である、または文化の盛衰史である、または啓蒙が進展するプロセスの盛衰史である、または階級闘争の盛衰史である、または人種闘争の盛衰史である、またはオイディプス的葛藤の盛衰史である、または隠れた領域をこじ開ける歴史である、または機能システムの分出〔ニクラス・ルーマンの術語で、システムのなかから下位システムが生まれて分かれること〕の歴史である等々。このような命題の有効期限はそれぞれ異なる。それらは短期間大流行した後すぐに大笑いの種になるかもしれないし、他と結びつくかもしれないし、修正を受けるかもしれないし、時には予想外のルネサンスを経験することもあるかもしれない。しかしこれらの命題には避けられないことが一つある。それは有効期限をもつということである。今日メディア理論が（社会学者、情報学者、エジプト学者、天文物理学者、医者、法学者、精神科学者、神学者「すべて」にとって）役に立つ基礎理論として機能しているのは明らかである。なぜならば、三千年紀への転換期において世界社会がメディア社会として経験され、観察され、叙述されているという認識は、この頃ではありきたりだからである。「歴史とはすべてメディアの歴史である」という命題に要約できるような書物を出したいという誘惑に筆者が抗するのは、もっぱら二つの理由からである。第一に筆者は、あらゆる大理論にもやがては価値の半減期が来るという命題の有効性をこの場合にも承認し、どのような理論的態度がやがて価値を認められることになる（メディア受けするということにほかならない）のか、気を揉みながら待っているのである。第二に筆者は、これまでメディアとして叙述されてこなかった、諸メディアの彼方に敬意を払っているのである。それはつまり、「歴史とはすべてメディアの歴史である」という命題をまじめにとること、そしてさらに今ようやく、今日では旧習にすぎないかの一般拘束、すなわち聖餐式と貨幣を、劇的かつ厳密な意味において、マスメディアとして把握することを意味する。聖餐式と貨幣は（あまりに神学的および社会学的な含意をもつため）、メディアとして知覚されたことがこれまでほとんどなかった。

本書の文章は、あるノートパソコンのハードディスクに書かれた。はじめはウィンドウズ98、ペンティアムⅡ、32ＭＢ、それから定番どおりのウィンドウズ2000ペンティアムⅢ、128ＭＢのパソコンである。今日のメディア状況は実際、言うほどにマルチでもないのである。この書物の執筆にあたっては、数多くの古いメディアも援用された。読書、鉛筆による線引き、文通、ゼミナール、電話での会話、映画館通い、夜のテレビ鑑賞、ラジオ鑑賞、ファックス、Ｅメール、インターネット検索、ＣＤ‐ＲＯＭの使用がなかったら、この書物は成立しなかったであろう。単一メディアである本書がマルチメディアの背景をもつのは言うまでもない。もっと古い、あるいは最古のメディアの力、すなわちメディア理論が今日フェイス・トゥー・フェイス・コミュニケーションと呼んでいるものへ寄せる筆者の信頼もそのような背景の一部をなしている。会話、講演、あるいはディスカッションから得られた刺激の占める割合は、どんなに高く評価してもしすぎることはない（この文は、もう数十年になる友情に対してノルベルト・ボルツとフリードリヒ・キットラーに感謝する良い機会である）。総じて目を引く現象だが、携帯電話やEメール、ビデオ会議といった新しいコミュニケーション・メディアの急速な普及とともに、最古のコミュニケーション形式の価値が高まっている。目と目を合わせる内密の会話がほとんど礼賛されるほどであるのは、考え得る限りの進んだコミュニケーション技術を使うことができる政治家や最高経営責任者の間だけではない。彼らは重大な案件になると、直接会話をするために飛行機に乗り込むことがますます増えてきている。ローマ教皇は飛行機で、世界のただ一つの中心であることをやめて久しい都市から世界のあらゆる地域へ飛んで行く。ダイムラーとクライスラーの最高経営責任者が個人的に会い、多少は盗聴されにくい状況で、どちらの企業が親会社でどちらが子会社と呼ばれるべきか交渉しようとする。世界的な政治家は、それまで忘れられていたのに今はあらゆるメディアを通じて報道されている地域での戦争について決定を下すために、目と目を合わせることができなければならない。それと同様の論拠によって、書物形式を吹き飛ばしてしまうメディア史とその諸相についていくばくかのことを知るために、書物という時代遅れのメディアを使用するという矛盾を正当化することはできるだろうか？「異色叢書」に属する本書は、それができることを望んでいる。

メディアの歴史　ビッグバンからインターネットまで

さまざまな根源

1　ノイズ

はじめにサウンドありき。そしてそのサウンドは途轍もなく大きかったので、今日でもその残響が聞こえるほどである。ポストモダン時代の耳であっても、不断の音響製品の使用によって駄目にされていない限り、この上なく静粛な冬の夜のまったく人気のない場所ですら、絶え間ないざわめきを聞き取ることができる。天文物理学者はこのざわめきを、ビッグバンの残響であると説明している。分かりやすく、近頃は過剰供給のこの言葉ほど、ここ数十年のあいだに急激に地位を上げた天文物理学の概念は他に存在しない。**ビッグバン**（Big Bang）、すなわち**およそ一二〇億年前**の途轍もない轟音とともに「すべて」が始まったのである。これが数百万年後にようやく、審美家たちが「天空のハーモニー」とか「天空の楽音」と名づけたものへと形をなす。ビッグバンという言葉がこれほど分かりやすいのは、その響き、時間、意味の魅力とも関係があるだろう。かような魅力ゆえにこの語は、純粋な自然科学の領域から奪い取られたのである。ビッグバンという語は、アルファベットの最初の子音によってきれいに頭韻を踏んでいるのである（BB、すなわちベルトルト・ブレヒト、ブリジット・バルドー、バゾン・ブロックは彼らの名前のイニシャルを高く評価する理由がある）。最初のbという文字に続くのは、音声上はっきりした差異をもつ二つの母音で、澄んだ音のiとこもった音のaである。そして語の最後は鋭くあるいは柔らかく発音されるgである。これはあたかも、即物的・自然科学的に記述可能なものすべての核心部分は意味論的・美学的に過剰であるということ、そしてそこで感性的《ズィンリヒ》に生起することこそが意味《ズィン》を解き放つのであるということを、ビッグバンという言葉それ自体が実演しているかのごとくである。

　出来事《ファル》として始まったことはすべて、そのとき爆音のなかにあったものはすべて、（銀河の後退速度を測る尺度であるハッブル定数を秒速八〇キロメートルとして計算すると）約一二〇億年前、時間を欠いた純粋な虚無からの逸脱《アブ・ファル》として始まったことはすべて、すぐに二元的図式に従って組織された。マクロとミクロ、中性子と電子、プラスとマイナスの電荷、物質と反物質、存在と無、原子とビット、0と1、iとa。これがビッグバンである。これを書いている著者は、遠回しな表現で言っても、このテーマについては僅かな知識しかもたず、その僅かですらも信用できない諸メディアを通じて「のみ」知っているだけである（ビッグバンが起こったとき、それをその場で観察することができた者などいようか）。このように打ち明ける者ですらも知っていると思うことがある。それは、二元的図式なしにはいかなるプログラムも動き出すことができないし、ましてやそれを再構成することなどまったく不可能だということである。すべての最初にある出来事へメディア論によって干渉しようとする場合も、識別せよ《ドロウ・ア・ディスティンクション》という構成主義の原則に倣うほかないだろう。メディア史的パースペクティヴから見ると、書き取り、書き付けられることすべての始原について天文物理学の素人でも知っていることは、存在とサウンドからなる二元的図式によって再構成可能である。メディアの発達した時代に最も信用がある根源の物語において、メディア史的に目をひくのは、ビッグバンで起こった出来事が明らかにかつ聞き逃しがたく、ノイズと結びついていたということである。何かが起こっただけではない。それは轟音とともに起こったのである。

存在とサウンドは二卵性のごとく一度に起こった二つである。轟音は出来事のなかにあり、出来事は轟音のなかにあった。根源を支配していたのは統一ではなく差異である。また差異によって、存在とサウンドの衝突と分離が引き起こされたのである。ビッグバンではじめて時空間に存在し始めたものとサウンドは、歩調を合わせることはない。音の速度は光の速度より何乗も遅い。サウンドはエコーとなって存在の後をせわしなくついていく。サウンドと意味は執念深いのである。それらは実際、出来事と歩調を合わせることはできない。カルト的地位を占めつつあるメディア小説の一つはしたがって、次のように始まる、もしくはスタートする。「一筋の叫びが空を裂いて飛んでくる。前にもあった、だが今のは何とも比べようがない。／いまさら手遅れだ」[1]。『重力の虹』という神学的な意味を帯びたタイトルをもつトマス・ピンチョンの小説は、創造行為によってではなく、意味をなす同時性をいささかも許容しない破壊的出来事によって始まる。V2ロケットの着弾である。ロケットは音響よりも速い速度で飛ぶので、轟音が届いたときには、災厄を転じようと行動するにはもうすでに遅すぎるのである。

始原《ウーアシュプルング》にあるのは、サウンドを生み出す跳躍《シュプルング》である。存在と意味、ノイズとシステムは一体をなしているが、やがて分かれて漂いだす。「「ノイズ」なしには、いかなるシステムもありえない」[2]。サウンドは、それが証言する出来事の後に響く。あるいはサウンドは出来事を招来しつつ、それに先行する（始原《ウーアシュプルング》の物語はつねに始原にすでにある跳躍《シュプルング》についての物語でなくてはならないが、その神学的バージョンとして人気があるのがこの見方である）。いずれにしても目を引かれるのは、初めに起こったことは、ただ起こったのではなく、ただちに発信するということである。運命《シックザール》とはすなわち、神が発信した命令《シックンゲン》である。モダン後期の脱構築の思潮と向き合いながら思考する理論家たちのあいだではすでに周知のテクストに次のような箇所がある。「はじめに、始元《アン・プランシップ》に、郵便《ポスト》(局)があった」。絵葉書の一枚にジャック・デリダはこのように記した。「そして私はそのことから立ち直り、慰めを得ることはけっしてないだろう[3]」。はじめに郵便ありき、なぜならビッグバンの後にはすべてが飛散し、もともとすべてが集まっていた途方もなく濃度の高い場所にはもはや何もないからである。郵便はしかし執念深い。郵便は無限の無益な努力——カフカの作品はもっぱらこのような努力を描く——により、すべてのものを正しい配達先へ届け、分散したものを再度一致させようとする。いつか誰かが、そこで途方もないことが起きたことを耳にし、聴取し、受信し、受容し、解釈できるかもしれない。なぜならそれは、存在するサウンドとして、そしてノイズをなす存在として、二通りのあり方で生じたからである。それゆえに強い影響力をもつ始原についての物語は、カオスと秩序、ざわめきと明瞭な言語、混沌と創世の言葉との区別をもって始まるほかはない。

というのもこの区別によって、太古の物語と最新の科学的知見とをつなぐことが可能になるのである。つい最近三千年紀への敷居を越えたところだが、ポスト形而上学時代の教育を受けた無宗教な、つまり啓蒙化された頭脳の持主でもまだ、原初の出来事を納得できるように説明する言葉を模索している。それは始原のざわめき、より正確に言えば、創造する神の言葉についても同様に論じることのできる言葉である。原初についての天文物理学の説明モデルと宗教的な説明モデルは、途轍もないノイズから始めるか、明瞭な言葉から始めるかという点で差異を示すのみならず、そこで生起したことを聴覚的出来事と結びつけるという共通点をもつ。メディア史とメディア理論はここに始まる。

何かが「たんに」そこにあり、事が起こるのではなく、このように事が起こるということが、ビッグバンやサウンド、ノイズ、語られた言葉、書かれた文字、写真、録音とつねにすでに、そしてつねにまた結びついているのであれば、メディア史の此岸もその彼岸も存在しない。おそらくドイツ語で書かれた最高の短編小説であるゲオルク・ビューヒナーの『レンツ』では、耳に声が聞こえている男が辺鄙で静かな、しかし著しく啓蒙された場所へやってくる様子が語られる。レンツはシュタインタールで啓蒙主義者の権化オーバーリーンに会う。オーバーリーンは、書物と貯蓄銀行と義務教育からなる当時のメディア結合の前衛を体現する人物である。狂った詩人レンツは彼に、聞き漏らされているもののことを想起させる。「ねえ、先生、これさえ聞かないですむのでしたら、助かるんですが」／「いったい何をです？　君」／「いったいあなたには何も聞こえないのですか？　地平線のいたるところで叫んでいるのに、みんながふつう静寂などといっている、この恐ろしい声が聞こえないのですか？　この静かな谷に来てから、僕にはそれがいつも聞こえる、僕を眠らせてくれません。ほんとうに、先生、僕がもう一度眠ることができたらいいんですけど！」／そういうと彼は頭を振りながら行ってしまった[4]」。

古い物語には似たようなモティーフで始まるものがたくさんある。とりわけメディア革新を好むことが知られている文化、すなわちユダヤ・キリスト教文化の創設文書は、そのような起源《ウーア・シュプルング》＝跳躍についての物語の一つである。影響力多大なメディア革命によって後に旧約聖書の一部となったモーセ五書《トーラー》は次のように始まる。「初めに、神は天地を創造された。地は混沌であって、闇が深淵の面にあり、神の霊が水の面を動いていた」。（創世記一・一以下。〔原書では〕一五四五年のルター聖書から引用した。これ以降も聖書はこの版から引用する。なぜならルターの聖書翻訳は、心性を左右することに成功したマスメディアのなかで最大の例の一つだからである。）まだ部分的には暗黙のものではあるが、二元的な区別――天と地、高と低、明と暗――がここでもなされている。第三節とともにさらなる区別が始まる。それは、その後のあらゆる差異化の起因となる区別、差異を作り出す差異、聖書が何度も立ち戻ってくる差異化する力である。「神は言われた／……あれ」。「神は言われた」という言い回しはこれ以降、典礼を思わせる規則性をもって繰り返される。言語対存在、言語と存在。言語は夜と昼、陸と水、植物と動物、その他さらなる対を形成し、存在へと召喚する。トニ・モリスンの短編小説『ビラヴド』に登場する祈禱者の一団は、自分たちが何を祈っているのかは知らないが、その祈りの言葉には特別なサウンドが保持されていることを感じている。「祈るのをやめて、一歩さがって原初に還った。初めに言葉はなかったのだ。初めにあったのは、音だった。女たちは一人残らず、それがどんな音を立てたか、知っていた(5)」。

2 声《シュティンメン》

「はじめにサウンドありき」。数ある起源の物語のざわめきから有名なものを一つ選び出してみよう。それによれば、ノイズあるいは混沌から、明瞭な声、すなわち決定し、命令を下す神の声が出現する。最も根源的なこと、すなわち何かについて語れるのはなぜなのかを語る後の神話や芸術作品もまた、創世記と同様のドラマトゥルギーに従っている。跳躍としての始原《ウーア・シュプルング》についての野心的な物語の実例を一つだけ挙げれば、リヒャルト・ヴァーグナーの『ラインの黄金』がある。その冒頭では原初的な変ホ長調の和音から韻文の歌声が現れるのだが、この歌にはそもそも意味があるのか、あるとすればどれほど意味深いものなのか、まだはっきりとしない。背景をなす水という元素の原初的なざわめきから、「ヴァガラヴァイア」〔ラインの黄金を守るニンフの一人であるヴォークリンデが歌う歌詞〕と歌う声がはっきりと際立っていること、したがって区別がなされていることは確かである。やがてこれに続いて、醜い男とラインの美しい三人娘とのあいだで、求愛とそれへの応答の歌がかわされる。ノイズ、ざわめき、意味から遠い音、異性間で交換される意味の明瞭な声。このような展開パターンが抗いがたい魅力をもつのは、ヴァーグナーのような総合芸術作品の作者にとってばかりではない。ヴァーグナー信奉者でなくとも、このようなモティーフには遭遇するのである。アメリカの散文作品を読めば、何よりもまず声によって生きる存在であることが人間にとってどのような意味をもつのか、経験できる。ウィリアム・フォークナーの小説『八月の光』では、ジョー・クリスマスという美しい名を持つ主人公について、次のように述べられている。「暗い部屋の中の寝台に腰かけていると、数知れぬかすかな物音が聞こえてくるように思われた。ひとの声。つぶやく声。囁いている声。木立のざわめき。暗闇と大地のひびき。さまざまなひとの声。彼自身の声。そして、そのほかの声も聞こえてくる。それらの音は、過ぎ去った人々の名、さまざまな時と場所を呼びおこす。彼は今まで一生のあいだ、みずからは知らずにそれらのものを意識していたし、それらのものが、つまり彼の人生なのだ[1]」。

人間が声を持つ存在であるということは、その最も古い自己描写であり、人間と動物を区別するためにしばしば用いられる標準的な論点である。これに関する古典的な記述であるアリストテレスの『政治学』では、「動物のうちで**言葉をもっている**のはただ**人間**だけ[2]」であると述べられている。とりわけこのような言葉を持つ存在という自己描写によって人間は、自分以外のものから、とくに動物から自己を区別する。その後いわゆる文化史が進展する過程で、よりいっそう大胆な自己描写が現れる。それはたとえば、「人間は神々を信じることができる、笑うことができる、泣くことができる、同類を殺すことができる、自殺ができる、死ななければならないと知ることができる、自慰ができる、契約を結ぶことができる、本能から自由に行動できる、制度を生み出せる、契約を破ることができる、嘘をつける、交換ができる、貨幣を使える、技術を発明できるなどなどだが、それに対してお前たち動物はできない」といった具合である。これらは自己描写である以上、言葉を持つ存在か、それとも言葉のない存在であるのか、という第一の区別を基礎にしている。

人間は、アリストテレスの古典的な定式で言われているように、言葉ヲモツ生キ物〔zoon logon echon〕である。人間は声《シュティンメ》を持ち、それによって気分《シュティムング》を与えられ、話をする能力を持ち、言葉を持ち、そして／あるいは言葉によって持たれ、言葉にとりつかれている。すなわち、生まれる前から聞くことができるが、見ることはできない人間は、普通の動物が生まれる段階まで胎内で成長するずっと前に生まれてしまうのである。ハイデッガーの愛想のない厳密な言葉で言えば、現存在へと投げ出されてくる新生児が、生まれたばかりの子豚や子馬や子牛と同様の生存能力を持つためには、九ヶ月だけではなく、およそ二一ヶ月母親の胎内にいなければならないだろう。人間は「未熟」な状態で誕生する。この用語は、人間は生まれてくるのが早すぎるために、その埋め合わせが必要であることに注意を促す。われわれはその埋め合わせを、「文化」という用語で呼び習わしている。さして厳密でもないので、無力な部類に入るこの用語は、人間がその自然による欠如の埋め合わせのために行なう、本能から自由な[3]ありとあらゆる行事（たとえば制度、通過儀礼、教育の諸規則、儀式、コミュニケーション行為など）の謂いである。言葉によるコミュニケーションは、自然の欠如の文化による補整として最も高度な形態である。

こうして新生児は現存在へと投げ込まれるや、ノイズと、（まだ）理解はできないが明瞭に分節された音声と遭遇する。サウンドを放つ存在、叫ぶがまだ言葉を持たない存在（ラテン語で幼児を表すinfansという語はまさしく「言葉を持たない」という意味である）は、他者の声が自分に先立って流れていることを経験する。言葉を持たない人間の子供は、話すことができるようになる以前に話しかけられ、同意し《ミット・アインシュティメン》、決定に加わる《ミットベシュティメン》ことができるようになる以前に声《シュティメン》を聞くのである。したがって、言葉を持つ者がまだ言葉を持たない者へ、他者の名において名前を与えるという深遠な意味を持つ洗礼式は、あらゆる文化において不可欠である。洗礼式が明らかにしているのは、自己意識や自称といったものは主体がたどる発展の最初にあるものではないということ、それらはむしろメディア・システムに左右され支配されたもの《ウンタータン》だということである。時代が進んでメディアの状況が変化しても、この点については大きく変わるものではない。というのも流行のフレーズを信用するとすれば、ある程度成長した人々もしくはインターフェースである人間が仕事し、書き、計算するのもベーシック、MS－DOSあるいはウィンドウズの「もとにおいて《ウンター》」なのであるから。

声を持つのみならず話すこともできる生物の出現は、およそ一〇万から四万年前のことである。**道具の使用**は明らかにもっと前に始まっている。道具の使用はおよそ一五〇万年前には行なわれていたことが証明されている。**火の使用**は約**一四〇万年**前に始まったようである。しかしながら火の傍で行動を告げる短い叫び声以上のことが叫ばれるのは、ずっと後のことである。コミュニケーションとは進化上の過剰なのである。声を出すことができるホモ・サピエンス・サピエンスへと通じる発展を最も整合性《シュティミヒ》よく再構成しているのは、いまなおフランスの文化史学者かつ人類学者のアンドレ・ルロワ＝グーランによる「手と言葉」〔ルロワ＝グーラン『身ぶりと言葉』のドイツ語訳のタイトル〕というテーゼである。「立った姿勢、短い顔、歩行中自由な手、取りかえのできる道具の所有、これが実際に人類の基本的な基準である」[4]。これはアリストテレス的な論拠である。というのもアリストテレスの『動物部分論』においてすでに、次のように記されているのである。「ヒトは動物の中で最も賢いが故に手を持っているのである」[5]。『霊魂論』によれば、「器官の器官」（あるいは別の翻訳では「道具の道具」）としての手は、（知性によってのみ認識可能な）「形相の形相」[6]である知性に最適化されている。しかしながらアリストテレスと異なり、ルロワ＝グーランは進化論的な論証を行なう。彼はアリストテレスにおける因果関係を反転させ、霊長類は直立歩行を学んだので、前進することのみに貢献しなければならないという使命から両手が解放されたと述べているのである。両手は好都合な過剰物となった。大地との絶えざる接触から解放された両手は、道具の使用に、そして長期的に見るとまさに**筆記用具の使用**にも用いられることができる。両手が解放されたことによってさらに、顔やその表情、視野もより自由になった。人間は、知性の特徴である展望を持つことができるようになったのである。

　人間の口はもはや大地にとらわれておらず、たえず食料を見つけ、摂取するという課題に専従しているわけでもない。口は余分で贅沢なこと、つまり話すことのために自由に使えるようになった。口は、**直立歩行**によって遠くまで開けた視野に供されるものを、言葉で表現することに自由に使えるようになった。しかしながら人間の口は、身体もしくは頭のうち、機能的過剰を負わされた不思議な開口部ともなった。なぜなら口は、呼吸し、食べるという原始的な行動の役に立つとともに、話し、キスをするという贅沢で快楽に満ちた、あるいは自然に反する行ないの役にも立つのであるから。ゲーテは彼の最良の小説『親和力』においてこの問題に、比類なく深遠で、かつ機知に富んだ表現を与えた。美しいオティーリエは、自分のエードゥアルトへの情熱的な愛が挫折した後、逆説的な断念の権化となる。彼女は二重の意味で断念するのである。彼女は性的な禁欲を自分に課し（つまり彼女は最初のキスのすぐ後に、キスすることをやめる）、食事を断念するとともに、書物と文字と会話からなるメディア・システムの構成員として、沈黙の誓いを立てる。彼女は文字どおり断念する《エントザーゲン》〔「断念する」を表す動詞は「言う」を表す動詞 sagen《ザーゲン》に、除去を表す接頭辞 ent を付すことからなる〕のである。彼女はその美しい口をきっぱりと閉じ、もはやキスもせず、話しも食べもせず、ついには息もしなくなる。こうしてオティーリエは、文学世界の拒食症者のうちおそらく最

も有名な女性として死んでゆくのである。(7)

ゲーテ作品の登場人物として最も謎に満ちた女性もしくは少女であるオティーリエは、ホモ・サピエンスがさらされていた進化上のリスクを後になって体現するものである。この文脈で注意を引くのは、ゲーテが口の機能とならんで手の機能にも大いに着目していたのは、オティーリエに関してのみではないということである。口をきかなくなったオティーリエはたしかに、両手を身振り言語のために用い、初期の女性秘書の手として恋人の役に立てることを見事なまでに会得している。彼女はつまり、エードゥアルトの手記を、オリジナルと見まがうほど正確に筆写するのである。しかしまた鉄の手を持つゲッツ・フォン・ベルリヒンゲン、自らに手をかけるヴェルター、ファウスト〔Faust は普通名詞としては「握りこぶし」を意味する〕という美しい名前をもつ男こそ、手でつかめる具体的なこととコミュニケーションに関することの調整に（非常に生産的な）苦労をかかえる登場人物たちのうちで最も有名な者たちである。彼らは自分に起こる出来事をつかむ《ファッセン》ことができず、ひどく自制を失い《アオス・デア・ファッスング・ゲラーテン》、新たな状態《フェアファッスング》をつくりだそうとする。彼らは、不安定性は脅威ではあるが、生産的な危機をも意味しうるという経験をする典型例である。そして彼らは、メディアの最も基本的な機能の一つが、相互関係の調整であることを理解する。私たちの口が開くのは、耳を開いた人々と、私たちの両手・両足による行ないを調整するためである。

そのような調整の努力にはさまざまなものがある。強制、強圧的な命令、教育的手段、外交、説得術、治療上の会話などによって、文字の発明以降は法的な規定、契約、理論、その他さまざまな試みによって、AをBの望むように行動させようとすることができる。行動《ハンドルング》はしかしながら、語源的にのみではなく進化論的にも手《ハント》と関わりがある。いずれにしても、進化論的には人類においては「二組の機能対（手–道具および顔－言語の）が作り上げられた。その際、まずなによりも**手と顔の運動**が、思考を具体的な行動の道具として、そして**音の表象**《シンボル》として形成する。旧人の時代の終わりに、書字の表象《シンボル》が姿を現わしたということは、二組の機能対のあいだに新しい関係がうちたてられたことを想定させる。この関係は、言葉の厳密な意味で、人間だけの特徴である。というのも、私たちの思考と同程度に表象的であった思考に対応しているからである。この新しい関係のなかでは、視覚－読み、手－書きという対《つい》において視覚が優位性を獲得する[8]」。

声を持つ存在は、約束をすることができる。合意形成を目指すことができる。そしてその際に独特な経験をすることができる。つまり、約束を守ったり、破ったりすることができるので、それによってそのつど新たなコミュニケーションの必要性が生じるのである。ガーダマーの解釈学のような理論やハーバーマスのコミュニケーション行為理論は、この四〇年ほどの間あきれるほどの成功を収めてきたものだが、それに異論をさしはさみ、同意やコンセンサスといった概念は、対話の内的な力学を叙述するために適切ではなく、それどころかコミュニケーション行為の統制的理念としてすらも無益であることを具体的に確認するためには、一目いや一聞で十分である。コミュニケーションというものは、まさに意見が一致するやいなや停止されるのであるから。他者に同意する者は、もはや何も言うべき事をもたない。もし同意やコンセンサスの理論家たちが正しいとすれば、コミュニケーションは目的に達するまさにその瞬間に崩壊するということになってしまう。不一致が言説の本当の動因であることは聞き逃しようがない（そして実際に「言説《ディスクルス》」は、ゲーテが大いに好んだ言葉でもあるわけだが、ばらばらに走ること《ディス・クリール》をも意味し、決してコンセンサスを探し求めることではない[9]）。他人《アルター》が私《エゴ》と同じ事を望むことなどありはせず、またその反対に、私《エゴ》が他人《アルター》と同じ事を望むこともない。そしてそれゆえに私たちは絶えず意見を述べ合わなくてはならないのである。単純ではあるが、あらゆる合意理論家たちに対してつねに想起させるべき真に弁証法的な知恵とは、二人が論争しているならば、二人は同じ事をしている、つまり論争しているということである。一致という最初の情熱的な局面後も互いに退屈せず、引き続き魅了し合おうとする恋人たちは、多くの哲学者たちと違って、この知恵を身につけている。論争に値する不一致が本当に存在しないのならば、巧妙にからかい合って、会話を続けていかなければならない。会話において重要なのは意見の一致をめざすことであると真面目に信じ込ませようとする理論以上に的外れで愛に欠けたものはない。

何かおかしい《ニヒト・シュティムト》ということ、何かや誰かが、他の何かや他の誰かと一致しない《ニヒト・ユーバーアインシュティムト》ということ、存在と意味が、神と世界が、他者《アルター》と自己《エゴ》がうまく折り合わないということ、要するに根源《ウーアシュプルング》には跳躍《シュプルング》があり、原初にはすでに亀裂があるということ——これはメディア的な経験そのものである。よって「メディア」という言葉のたわいもない日常的な語義は、間違ってはいない（メディア概念のさまざまな定義の可能性については、**第一の中断**の章を参照）。あらゆる種類のメディアは、一緒であろうとするが、やはり一緒になることができないものを仲介しようとする。メディアがあるのはだから、不在という問題のおかげなのである。したがってメディアは、他の制度と同様に自己保存に関心をもち、ありとあらゆることをして、その解決のために自らが用いられている問題を未解決のままにしておこうとする。要するに、差異や距離や（発信者、受信者、救済者、渇望される善、コンセンサス、恋人などの）不在なしに、メディアは存在しないのである。統一や合意がなしとげられれば、あらゆるメディアが終わってしまうだろう。それゆえにメディアは、それなくしては自らも存在できない差異というものの存在を確保することに、構造的な関心をもつ。

近代のメディア理論家の先駆者の一人は、それを深遠かつ構造上厳密に考察していた。初期ロマン派の万能選手であり、ヤング・エグゼクティヴのノヴァーリスは、手記に次のように書いている。「あらゆる意味は代表的・象徴的である。つまり一つのメディアである。知覚はすべて媒介されたものである。表象、記号、模造が独自なものであればあるほど、言いかえれば抽象的なものであればあるほど、その対象や刺激と類似性が少なければ少ないほど、それだけいっそう意味は独立し、自立している。もしも外的な動因などまったく必要ないのであれば、意味は意味であることをやめ、対応する存在となるであろう」[10]。私たちは知覚を意味に従属させるが、意味は知覚された事柄とは何の関係もない。「表象、記号、模造」はそれらが表象し、記号化し、模造している当のものと「対応」の関係にはないのである。単純ではあるが射程が広く、忘れられがちな洞察である。技術的に最も慎ましく、最も自然であるように見える声というメディアですら、あるいはまさにこのメディアにおいて、表現と表現されているもののあいだに信頼するに足る関連はない。洞窟もしくは炎と、多くの言語がこれらの事象のために用意している多くの単語とのあいだに、類似関係は存在しない。言語理論はこれを記号の恣意性と呼んでいる。思弁の才があり、無邪気とは言えない思考形式をも厭わない者たちは、これを根源的な「亀裂」と呼ぶ。ノヴァーリスの言葉で言えば次のようになる。「[言葉や記号や模造などが]その対象と類似性が少なければ少ないほど、それだけいっそう意味は独立したものとなる」。

存在と意味がすれ違いをおこすということには意味がある。跳躍や亀裂がなかったならば、つまり記号というメディア界とそれが意味しようとし、また意味するべきものとの間の隔たりに呆然とすることがなかったならば、メディアも、メディアが媒介し伝達するべきものも、存在しはしない。「亀裂という語の最も古い語義は、ラテン語の scriptura や英語の writ の場合と同様に、畑に溝を掘るという意味であることを『グリム辞典』が思い出させてくれる。少し後になるとこの語は転用され、文字や記号を書く際に板に残す溝や刻みつけるという行為を表すようになる。刻みつける《リッツェン》と亀裂《リス》は語源的に親近性がある。グリムによればしかし、肉食獣に倒された獲物もまたRißと呼ばれる[11]。ヴァルター・ベンヤミンとマルティン・ハイデッガーのように陣営の異なる理論家や哲学者が、このような洞察を手がかりにして思考を展開している。この両者は近年の高度なメディア理論の試みに決定的な影響を与えた。ベンヤミンのエッセイ「模倣の能力について」では、ホーフマンスタールの詩劇『痴人と死』の詩句にちなんで次のように記されている。「「まったく書かれなかったものを読む」。この読み方が最古の読み方である。つまりそれは、すべての言語以前の読み方であり、内臓から、星座から、舞踏から読みとることにほかならない。そののちに、ひとつの新しい読み方の媒介要素、すなわちルーネ文字と象形文字が使われることとなった[12]」。ベンヤミンはホーフマンスタールの引用をもっと前の部分から始めてもよかったであろう。というのもその箇所では、人間とは「解きがたいにもかかわらず、それを解く者たち」であると書かれているのだから。

ヴァルター・ベンヤミンは後期の著作で「「読む」という言葉の注目すべき二重の意味、すなわち世俗的な意味と魔術的な意味[13]」について語っている。ベンヤミン以降では、ハイデッガーもエッセイ「ロゴス」で同様のことを述べている。読むこととは収穫《レーゼ》である。つまり読み、解読し解釈する者は、一体をなしている（あるいはいない）ものを選り分け、引き離すのである。この文脈でさらに気づくのは、始原の統一を語ると称する物語すらその多くが二重に伝承されたり形成されたりしていることである。創世記には天地創造の報告が二つあり、ヤコブがイスラエルという名を受けた経緯は二つの異文（創世記三二・二八と創世記三五・一〇）で報告され、ベエル・シェバ（創世記二一・三一と創世記二六・三一）と都市べテル（創世記二八・一九と創世記三五・一五）の命名の経緯はそれぞれ二度語られている。族長アブラハム（創世記一二・一〇—二〇、創世記二〇）あるいはイサク（創世記二六・六—一一）が自分の妻を妹だと偽証する経緯は、同時に三つの物語で語られる。このように分裂が起きている文献学的な理由ならすぐに挙げることができる。周知のように聖書の創造の物語は、ただ一人の書き手によるものではないのである。一神教の神すらも自分のために、二人あるいはそれ以上の議論し論争しあう書き手《ディス・クリーレント》たちが仕事をすることを妨げられなかったか、そう望まなかったかのどちらかである。聖書研究は、記者が神をヤハウェと記し、それゆえヤハウェ主義者と呼ばれる記者による初期のテクスト段階（最も早いもので紀元前千年）と、神をエローアと呼び、それゆえにエローア主義者と称される記者の手による後期のテクスト段階（紀元前八五〇年頃）を区別している。さらには創世記成立の際に、より新しい時代の聖職者による文書が加わったのである。

記者たち全員が題材としているのは、いかにしてざわめきから、命じる声が介入することによって、一つの秩序が形成されたかである。しかしこれらの古い物語はすべて、統一化のプロセスを証言しようとしているのに、差異が回帰してしまうというパラドックスに巻き込まれている。これらの物語はそのような差異の克服をこそ、報告しようとしていたのだけれども。二つの領域が統一される物語のうち最も有名なのは、**バベルの塔建設**の物語である。有限な人間が、天と地をへだてる途方もない距離に橋を架けようとする。存在者を扱うための諸形式のうち最も具体的な建築によって、人々は、神的な意味の領域へと近づき、その領域に参入しようとするのである。その結果はよく知られている。神との合一《コムニオーン》は失敗し、有限な人間同士のコミュニケーションはそれまでと較べて限りなく困難になる。無限なものとの統一と調和を得んとする、それなりに共感できる試みの結果が、混乱を起こす言語の多様化と文字どおりの瓦礫なのである。望まれていた合意や声の同一性のかわりに、前代未聞の多声が生じる。一つの声だけが発言権をもつわけではない。一神教の神ですら、背景のざわめき《ホワイト・ノイズ》や口出しする声と折り合ってゆかねばならないのである。

　声を単一化し、統一化する強制的な言説の挫折を、遅かれ早かれ、地上の神々も経験しなければならない。実際、あらゆる人々に共同発言権を与えることなしに切りぬけられると信じることができた時代の儀式上の終焉にあたって、克服と破壊に尽力するさなか、人目を引く仕方で**発声器官**に焦点が当てられた。**ギロチン**が神の恩寵を受けた国王の支配者としての言葉に、技術的・解剖学的に終止符を打ったのである。この革命的な処刑道具は的確に声帯を断ち切る。メディア機器にはつねに「オフ」のボタンもある。また、コミュニケーションを終了させる機器が、コミュニケーションを容易にする機器よりも売れ行きが良い時もある。最後のフランス絶対君主の生涯の終幕では、太鼓の連打が鳴り響いたので、絶対的な発言者の最期を見るためにやって来たパリ市民の開いた耳へ彼の声が届くことはなかった。もはや勅令を発することのない国王の死刑執行人は、シャルル＝アンリ・サンソン（音無し）という注目に値する名前を持っていた。彼は一七九二年の歴史的な出来事を日記に書き留めていた。「断頭台が置かれた壇にたどり着くと国王は、群集が最も集まった方向へ歩み寄り、頭を動かして鼓手たちへ沈黙を命じる合図を送った。／彼らはすぐに太鼓を止め、ばちを動かす者はもうほんの少数であった。／いまだに騒音がやまないにもかかわらず、国王は力強い声で言った。「フランス人たちよ、お前たちは国王がお前たちのために死ぬ用意があることを目の当たりにしているのだ。私の血がお前たちの幸福を確かにするというのだからな。私は告発を受けたすべてのことに対して無罪のまま死ぬのだ……」／彼はもっと話そうとしたのだが、そのとき参謀本部の先頭にいたサンテールが鼓手たちへ合図を送った。それを受けて鼓手たちは再び、国王の言葉がもはや一言も聞こえないほど激しく太鼓を鳴らし始めた。／瞬く間に国王は処刑台に固定されていた。ギロチンの刃が落ちたとき、国王はまだ、断頭台まで彼に付き添っていた敬虔な祭司の深い声を聴きとることができた。司祭は次のような言葉を発した。「聖なるルイの子孫よ、昇天せよ！」[14]

絶対君主がギロチンにかけられたのは、声がまだほとんど絶対的なメディア占有権を保持していた時代から悠久の時がたった後のことである。文字と印刷術の発明・普及以前には、相互関係の調整に最も分りやすい、すなわち支配者的な関心を抱く者みなにとって、力強い声を持つことがいかに重要であったかを理解しておく必要がある。[15]古代演劇、討論、官房、裁判、王族の集会では、声の力強さが物を言うのである。古代劇場の廃墟を見学したことがある者は、マイクやスピーカーが発明される以前、どうしたら野外で数千の耳に人間の声が届いたのだろうかと呆然とするであろう。**ディオニュソス祭**の間、アテネには**群集をなした観客**《マッセンプーブリクム》が集った。プラトンが『法律』で嘆いているように、彼らは舞台上の声の魅力の虜にならないことがしばしばで、「教養を身につけた人びと」ならば「自分の耳で最後まで黙って聞く」[16]という原則に反した。これは大衆批判、すなわち大衆が高級文化の水準を引き下げがちであることに対する批判のはしりである。ローマ時代の演劇は、そのような文化批判や観客大衆批判の具体的な事例を豊富に提供した。なぜならそれは、もはや理性の声によって制御されえないフーリガンのはしりだからである。「ローマ時代の演劇の娯楽過剰に、大衆文化の起源があることは疑いがない。それとともに、過敏で退廃的な社会に刺激をもたらし、眩惑によって社会を結びつける魅惑産業の早期の完全な形態が成立したからである。古代の遊興ファシズム（その最後の直系がスペインの闘牛である）は、機能的に、刺激的なメディアによる近代的大衆管理の特徴の多くを先取りしている。大衆文化はいたるところで、組織的に見ることを強制する。この文化は、暴力の魅惑による社会統合から構成されている」[17]。

古典時代のアテネでは、およそ一万七〇〇〇人の観客がディオニュソス祭の期間中に演じられるアッティカ劇を観た。彼らの心を引きつけることは、まさにメディア技術的にも難度の高い課題であった。**紀元前三〇〇年頃**小さくとも品のよい都市**エピダウロス**に建てられた**半円形劇場**ですら、六二〇〇人程度を収容可能であり、上層部分を拡張した後では一万二三〇〇席あった。古代のベデカー〔今日まで続いているドイツの旅行案内書シリーズの創設者〕であるパウサニアスは、この劇場こそその当時の最高の劇場であるとした。音響が良かったこともその理由の一つである。実際、上層部分の座席でも遠く離れた舞台上で話されていることや歌われていることを聞きとれたのである。古代劇のコロスの意義深い機能については、しばしば考察がなされてきた。コロスはたとえば「恐ろしいものあまたあれど、人間よりも恐ろしきはなし」〔ソフォクレス『アンティゴネ』第二幕からの引用〕というような名言を吐くからである。だがコロスの存在理由が純粋にメディア技術から説明されることはめったになかった。その説明とは、ただ一人の声よりもコロスによる集団の声のほうが大観衆の前ではずっと理解しやすい、というものである。一人の人間が皆に聞いてもらおうとすれば、初歩的であると同時に効果的なメディア技術に頼らざるをえない。すなわち、古代演劇の役者は**仮面**をつけており、それが漏斗形であることによって**声が増強**されるのである。西洋思想にとってかように根本的な「人格《ペルゾーン》」の概念はまさしく、このメディア技術の草創期に由来する。「人格」とは、何よりもまず声を響き渡らせること（ラテン語で per-sonare は「響き渡らせること」を意味する）ができる人の謂いである。エトルリア語の persu はすでに、「仮面、役者」を意味し、ギリシャ語の prosopon と類似している。啓発的なことに、per-sonare の語幹から語源的に人格概念が導き出されたのは、現代の教養ある古典語学者によってではなく、古代後期にはすでに自ら見通すことができた、もしくは響き渡っていた関連によってであった（たとえばボエティウスによる『エウティケスに反論する』第三巻を一瞥すれば分かる）。

古代にあっては個人の読書もまた声を響き渡らせるものであった（本当ならこのテーマを論じるのは時期尚早で、文字の発明の叙述を待たなければならない）。読む者は、たとえ一人であっても、声を出して読んだのである。古代において「読むとは、理解を可能にする音声化のための一助にほかならなかった。ところで古代には今日的な意味での「文字」という概念がなかった。言語の最小単位は「音」であり、その際に文字の側面と音声の側面は区別されないままであった。感覚《ズィンネ》なしの意味《ズィン》はまさしく「思考不可能」であった[18]」。ゲーテのファウストは、古代のテクストに取り組むとき、明らかにまだ声を出して読んでいる。彼が学生たちの前で話すのではない時でも、そうなのである。なぜなら彼の助手であるヴァーグナーは、一人で部屋にいるファウストが話しているのが聞こえるという事実から、次のような鋭い推論を導きだすのである。「失礼いたします！　朗読するお声がきこえまして。／たしかギリシア悲劇ではありませんでしたでしょうか。／この朗読の術を私もなんとかものにしたいもので、／近頃はこれがたいした評判のようですから[19]」。だが周知のとおりファウストにとって問題なのは（もはや）教養的知識ではなく、原理的なものである。弟子が彼の邪魔をするとき、彼は生と死の、「誕生と奥津城《おくつき》[20]」との境界上に立っている。この境界にはメディア技術上の対応物がある。ファウストはつまり、死んだ文字に満ちた「本の山[21]」に囲まれているのである。ヨハネによる福音書の冒頭を正しく理解し、翻訳しようともがいているファウストは、それに対して話し言葉のもつ力を対置する。そして彼はさらに、俗物の邪魔者ヴァーグナーに、声を出して訪問を知らせてくれたことを感謝するのである。「霊気がいっぱいに私を包んでいるこの部屋に、／あんな手合いの声など響かせてなるものか。／しかし、おお、今回ばかりはお前に感謝するぞ、／

有象無象の人の子のなかでもとびきりみじめなお前だが[22]」。

はじめに声として響く言葉ありき。文字による条令によって宇宙の創造を行なう者として創造主を想像するのは、奇矯な空想であろう。創造主が貨幣メディアによって宇宙を作り出し、創造のプロジェクトのために銀行に巨額の抵当を持ち込んだと想像するのは瀆神であろう。諸メディアのアウラを調べるためのテストはこのように簡単でよい。テストの結果、話し言葉が上位、書き言葉は二次的、貨幣は倒錯した人工的なメディアである。声が響くということは、新生児の最初の泣き声以来、聞き逃しようのない生命のしるしである。哀れな、または場合によっては与えられるかもしれない生存期間という観点では豊かな人の子は、生まれるやいなや、自分がただ存在しているという大事件に、声によって注意を促す。人間の現存のはじめにもサウンドがあるのである。活き活きとした声と黒い文書へと凝固した死んだ文字との対立。やがて文字と印刷術が発明された後に好まれる思考パターンはこのようなものである。このような思考パターンが今日に至るまで通用しているのは、個人的な出会いや活き活きとした会話に忠誠をつくす週末ごとの教会通いの場合のみではない。「文字は殺しますが、霊は生かします」(コリントの信徒への手紙二、三・六)。(ゴットフリート・ベンの有名な詩行「きたまえ、一緒に喋りあおう/喋るものは死なない[23]」を数え入れなければ)、デリダは、自己のもとにある、まさに自己現前的な生という現象が声とどれほど緊密に結びついているかをおそらく最も鮮明に示した。今ここで自分が話すのを聞くということが、自己現前の基本形象である[24]。呼吸すること、話すこと、息を吹き込むこと、「私は今ここにいる」というような反論の余地のない発言——これらはすべて、生命にのみ固有な現前を全面的に信頼した行為である。

その際に忘却され排除されてしまうのは、自己現前的な生において自分が話すのが聞こえるとき、その背景には沈黙、不在、自己自身からの距離があるということである。死者は話さない。エロスとタナトスをめぐるアルトゥーア・シュニッツラーの短編小説『死人に口なし』が示すとおりである。ありとあらゆる象徴によって冥界の旅を思わせる馬車での不気味なドライブの果てに転倒事故が起こり、一人の美女が愛人を失うが、自分自身は無傷で、スキャンダルを恐れて事故現場から逃走する。彼女は自分の行ないを恥ずかしくは思うが、急いで夫のいる家へ戻る。「夫の唇を自分の額の上に感じながら、彼女は考えた。やっぱり……悪夢だわ。あの人はそれを誰かにいったり、復讐したりなんかしないわ。決して……あの人は死んじまったんだもの……確かに死んじまったんだもの……そして死人に口なしだわ。／「なぜそんなことをいうのだ」突然、夫の声が聞こえた。彼女はひどく吃驚《びっくり》した。「私、何か申しまして？」彼女は突然、何もかも大声で喋ってしまったような……今夜のすべての経緯《いきさつ》を、この食卓で打ち明けてしまったような気がした……そして夫の驚いている眼付きの前に悄然《しょうぜん》として、彼女はもう一度尋ねた。「私、何か申しましたでしょうか」／「死人に口なし」夫はごくゆっくりと繰り返した。／「そうだわ……」彼女はいった、「そうだわ……」／彼女は彼の眼色を見て、もはや何ごとも隠しおおせないことを知った。そして二人は永いあいだ互いに見つめ合っていた。「坊やを寝かせておやり」彼はやがて彼女にいった。「お前は私に、何かまだ話すことがあるように思うんだが……」／「ええ」と彼女はいった」[25]。死によって、話す時間と声の数は目に見えて縮減されるのである。

だが、声による音響的自己現前の厄介な点は、死よりも前にすでにある。つまり現前としての、今ここととしての声は、存続することができないのである。話シ言葉ハ消エ去ル。声は瞬間のように消え失せる。それだけでもすでに声は記憶の問題をかかえている。キケロやクインティリアヌスの古典的な**修辞学**は、それが初めてというわけではないが、とりわけ専門的に、このような**記憶の問題**《メモリア》に取り組んだ。彼らはともに、話し言葉が時間と死によって脅かされていることを話題にしたばかりか、まさにこの脅威こそ、古代の記憶術の発展を促したものであるとしている。有力な伝説によれば、記憶術が生まれたのは、死の情景においてである。キケロもクインティリアヌスも、ギリシャの抒情詩人ケオスのシモニデスによる記憶術の発明について報告しているが、それには隠れた意味がなかったわけではない。シモニデスは紀元前五五六年から四六八年まで、つまり非常に長く生きた。それというのも、彼はあることを語らなければならなかったからである。彼はある悲惨な出来事を生き延びたただ一人の人間であった。招待者に敬意を表して詩を朗読したシモニデスが祝宴場を出ると、直後にその建物が崩壊したのである。客たちは崩れ落ちた石による損傷が激しく、誰が誰だか分からないほどであった。記憶と朗読に長けたシモニデスはしかし、誰がどこに座っていたかを思い出すことができた。キケロは「弁論術家について」のなかで、シモニデスの認識について次のように報告している。「(記憶という)才能のこの部分を鍛錬しようとする者は、何かの場所を選び、記憶しておきたい物のイメージを心に思い描き、それをそれぞれの場所に一つ一つ(順番に)置いていけばよい、そうすれば、場所の順番が物の順番を護ってくれ、物のイメージが物そのものを護ってくれることになり、そうして、われわれは、場所を(ものが書きつけられる)蠟板代わりに、イメージを文字代わりに使えばいいのだ[26]」。

声は届かなければならない。聞きとられなければならない。そして、声がどのようなメッセージを運んでいるか知らなければならないし、その内容を思い出すことができなければならない。聞き手が直に声を耳にする短時間を超えて、その内容を覚えていられるような迫力で声をあげなければならない。演説者が想念のなかで堅牢な部屋に踏みいり、その空間と家具を手がかりにして、声ノ息吹によって表現するべき中身を想起するという考えが古くからあるのはそのためであろう。消えゆく声は、それを想起する力を建物のイメージに負っていたとしても、当の建物が崩壊した後にも残りつづけるほどに想起可能でなければならない。キケロは演説者にとっての記憶の補助をいわば、純粋に音声的なものの内部で、文字以前のイメージ記号として構想していた。イメージが、言葉を補助する。言葉は話されることによってイメージよりも活き活きとしたものとなるが、当のイメージはといえば、活き活きとしていないことによって、声よりも永らえることができるのである。過ぎし昔《テンピ・パサーティ》のことである。すでにキケロにとって文字は何百年も前からあるメディア技術である。そのパトスはとりわけ次の命題からくみ取られている。話シ言葉ハ消エ去ルガ、文字ハ残ル。

録音の発明以来、話し言葉も永らえることができるようになる。四〇〇年にわたる印刷術の、したがって書き言葉の優位の後、グラモフォン、電話、視聴覚諸メディアによって、声が輝かしいカムバックを果たしたのだろうか。いやそうではあるまい。もし印刷術がかつて声の価値を下げるなどということがあったとすれば、声は輝かしいカムバックをしたと言うことができただろうが、そのようなことはなかった。美しい声を崇め、フェティシズムの対象とすらするオペラのような奇妙なものが、印刷術の普及と時を同じくして《ジャスト・イン・タイム》確立されたのは偶然ではない。声は書物の時代に著しく強化されたのである。一つだけではあるが重要な実例を挙げておく。成文法、すなわち法的手続きによって得られた法は、ほかならぬ識字教育のゆきわたった市民的社会秩序において、口頭性の価値をあげずにはいない。口頭の手続きは今日においても、現行の訴訟法によって定められている。文書へ目を通すだけでは、訴訟案件の実情、事実の経過、原告、被告人について適切なイメージを得ることはできない。被疑者は自ら発言し、尋問を受け、行為の前中後の心境《シュティムング》や状況《ゲシュティムトハイト》を詳述しなければならない。要するに、彼の声が響かなくてはならない。それも、単に技術的に録音された声としてではなく、身体的にその場にいる者の生きた声として響かなくてはならない。これは厄介なことである。盗聴された録音テープが不当で非合法的であると取りざたされるのは、悪名高いニクソン・テープが初めてのことではない。だが、録音の発明はまだずっと先の話である。まずさしあたり唯一の保存手段として通用していたのは、シモニデスでは想像されただけのもの、つまり画像である。

3 画像

人間が本質として言語能力を備えた存在であるということは、これまで一度も真剣な議論の的とならなかったほどに自明とみなされている。言語能力という指標は、古くからある人間の自己叙述のたんなる一つの中心ではなく、中心そのものである。二番目に古いメディアである画像については、様子が違って見える。ともかくハンス・ヨーナスなどのように、人間を「ホモ・ピクトール」として理解することは、言葉ヲモツ生キ物として人間を理解することほど自明ではないのである。これには少なくとも二つの理由がある。第一に造形や線描の技術は、声によって表現する能力よりも進化上、後の時代のものである。豊穣祈願のためのふくよかな立像「ヴィレンドルフのヴィーナス」はおそらくおよそ三万年前のものである。一九四〇年にフランスのドルドーニュ県で発見された有名なラスコーの洞窟壁画は、動いている動物を驚くほど見事にとらえている。これは一万七〇〇〇年から一万八〇〇〇年前に成立したものである。

卓越したこれらの洞窟壁画はたいてい、制作者の知的・心的な成熟をはっきり示すものだとされている。認識能力に関して初期の人類は近代のホモ・サピエンスと較べてほとんど劣っていない、としばしば評価

ラスコーの洞窟壁画

される。たとえばハンス・ヨーナスやエルンスト・ゴンブリッチはまだそのように評価している。だが進化心理学者ニコラス・ハンフリー[1]によれば、事実はその反対である。彼は有名な洞窟壁画と、発展心理学的に障害のある子供、たとえば自閉症や言語上および認識上の発育が著しく遅れた子供の描く動物画には、明らかな構造上の類似性があることを見つけた。ハンフリーの論証によれば、このような三歳児の絵が、「通常の」子供たちの絵より「優っている」のは、前者の子供たちは概念的に抽象化すること（たとえば卓上ランプとフロアランプとを一つのカテゴリーの元にとらえること）ができないからこそである。それにしたがえば、太古の壁画に備わる印象的な直接性と場面をまざまざと再現する能力は、概念および抽象化の能力が欠如していることの反面にほかならない。一つ一つの個別現象をすべて描きだす壁画の魔術的なリアリズムはそのような欠如から生まれるのである。実際、ハンフリーが調査した子供たちの場合でも、彼らが遅ればせながら初歩的な概念をつうじて理解し、コミュニケーションをとることを学ぶにつれて、絵画芸術的表現力は減退していった。言いかえれば、そもそも太古の洞窟壁画から何かを読みとることができるとしても、その名人芸からは逆に初期の人類の別の認識能力、とくに言語的概念的能力の程度を推し量ることとしか許されないのである。すなわち、彼らはまだ抽象的な理解も言語的にニュアンスに富んだコミュニケーションを行なうこともできなかったのであり、それゆえにこそ卓越した画家だったのである。

このテーゼの含意の一つは、人間の表現メディアの年表を書き改めなくてはならない、ということである。つまり、二万年前に洞窟で共同生活していた存在たちは、感動的な絵画芸術的表現をする能力はあったが、原始的なコミュニケーションしかできなかった。昔から画像と言葉は互いに争っている。しかし両者は、不在なものを召喚するという点では共通している。幸い普通は戸外でしか出会うことのない存在を内部へ定着させる有名な洞窟壁画よりもっと古いのは、近東地域などの墓地で見つかる初歩的な図像記号である。したがってこの点でもやはり、メディアは不在問題に対する抵抗である。そしてあらゆる不在問題のうちで最も重大で、最も悩ましく、最も厄介なのは死である。死人に口なしであるが、死者は肖像ニヨッテ〔in effigie〕記録される。トーキー映画の発明までは画像もまた口なしであり、生きているように見える動画ですら、そうなのである。

したがって初期メディアにはすでに、あるいは初期メディアにこそ厄除けの機能がある。誰かが死んだということは、意味深長なラテン語の言い回しによれば、多数者の方へ行ったということである。古代ローマの婉曲語法では死ぬことを「多数者ノ方へ行ク〔Ad plures ire〕」と言ったのである。少数の生者に対して、死者の大軍が対置されていた。かつての**ディオニュソス祭**は**マスメディア・イベント**であった。祭事に集った一万人という当時としては非常に大きな生者の群集が目の当たりにしたのは、冥界の神プルートーが豊穣の女神デメーテルの娘ペルセポネを奪い、一年のうちの少なくともある期間は彼女を生き返らせ、地上へ返さなくてはならなくなった顚末である〔ペルセポネは神々の取り決めによって、一年のうちのある期間は冥界で、ある期間は地上で過ごすようになり、それによって四季が生まれた〕。発展したマルチメディア社会の到来は、人類史における死者の総数を、今現在の生者の数がはじめて上回った時代にあたっている。死者は、その人を想起させる痕跡によって、存在する少数者の記憶に留まっている。野獣は人間の声による自己現前を終わらせようと脅かしてくる。しかし野獣たちは画像として描かれると、人間がいわゆる現実の生のなかでもそうしたいと望んでいるように、支配可能なものになる。旧石器時代・新石器時代の画像やその魔術への欲求は、紀元前三〇〇〇年頃に初期の高度文化、そしてそれとともに文字の初期形態が形成されるにしたがって、失われてゆく。一神教的文化が勝利を収めるにしたがって、多かれ少なかれ明白な画像禁忌が、そのような高度文化の特徴の一つとなったのである。

しかしまずはさしあたり、機能的な文字システムの発明以前に時間・空間上の不在をメディアによって克服しようとする者には、記憶と画像を用いる以外の選択肢がなかったということができる。おそらく世界最古の都市である**ジェリコ**（そのおこりは紀元前九〇〇〇年）を発掘すると、明らかに祭儀のために使われた頭蓋骨や、赤く彩色された石膏製の頭蓋骨の模型が置かれた部屋が見つかる。「眼窩には貝殻がはさまっていた。〔…〕しばしば肖像芸術の最初の試みであると呼ばれる石膏製の頭蓋骨はおそらく、崇拝する祖先のうち、常に見えて存在していた部分だったのだろう」(2)。頭を除いた、したがって口をきかない身体は、家屋の下に埋葬された。これは初歩的であると同時に強力な**保存**と**記号化**の一形式である。地下に埋められた死んだ身体（ギリシャ語では *soma* という）とメディア化され不死となった地上の祭儀用記号（ギリシャ語では *sema* で、*sema* は同時に墓を意味する）が、お互いを指し示し合っているのである。芸術的な記号が、記号によって表されるものの有限性を補完している。

時間を超えた画像記号と時間内にある記号内容との相互参照《フェアヴァイズング》（語呂合わせが許されるなら、結合の分解《フェアヴェーズング》）というこの図式が魅力的であることも、初期の高度文化において模像が（話し言葉と違って）すぐに悪評を買ったことと関係があるかもしれない。シミュラークル批判はおそらく、模造や模像それ自体と同じくらい古い歴史をもつ。**プラトン**はこのような形式の**メディア批判**に対しても規範となる表現をもたらした。プラトンはそもそも今日に至るまで、あらゆるメディア批判者のうち最も有力だった人物であると言ってよいだろう。彼の模像批判の論拠は次のとおりである。具体的・物質的な事物はすでに、純粋な理念の不十分な現れである。このような模像をさらに模写する行為は、模像の不十分さに拍車をかけ、罰当たりな仕方で本来の真実からいっそう遠ざかってしまう。芸術家とメディアのファンをともに理想国家から追放する『国家』の有名な第一〇巻では、芸術家とは「真実から遠ざかること第三番目の人、われわれが真似師と規定したところの影像製作者(3)」であると言われる。というのも、「真似（描写）の技術というものは真実から遠く離れたところにあることになるし、またそれがすべてのものを作りあげることができるというのも、どうやら、そこに理由があるようだ。つまり、それぞれの対象のほんのわずかの部分にしか、それも見かけの影像にしか、触れなくてもよいからなのだ(4)」。これは今日に至るまで見うけられる論拠である。それによれば、メディア関係者は本当は何も分かっておらず、専門知識の裏づけはまったくないのに話し放題、書き放題であり、メディアとはわれわれを、真実の高いもしくは深い次元はもちろん、「本当の現実」から遠ざけるものだ、と言うのである。

　プラトンのメディア批判もすでに古代における画像蔑視の伝統に連なるものであった。古代後期に規範化された学芸《アルテース・リベラーレース》において、画像を用いないことが教養プログラムの一つに組みこまれた。造形芸術は学芸《アルテース・リベラーレース》の枠組みにはまったく馴染まない。なぜならそれは、哲学や知よりもずっと地位の低いたんなる技術《テクネー》とみなされていたからである。このような古代のシミュラークル批判が画像禁忌へと過激化するのは、画像がたとえたんなる可能性としてであっても、自分以外の神々がいることを許さない神の影響圏に入ったときである。初期の一神教と宗教上の理由による**画像禁忌**はメダルの表裏の関係にある。はなはだ異なる外観を呈するものの、ユダヤ教、キリスト教、イスラム教には一神教的画像禁忌が共通している。このような画像禁忌には、さまざまな理由がある。だが、神の像の制作を禁じることの核心が何なのかは、簡単につきとめることができる。「画像禁忌は、創造主とその存在とのあいだにある（あの）必然的で不可欠なアナロジーが不可逆であることを明確にせんとするところに主眼がある。人間は自己をもって自分の創造主を推し量ってはならないのである」(5)。神はたしかに自分自身の似姿として人間を創造した。しかしその模像を起源と取り違えてはならない。メディアによる代理表象を造る者は、誇大妄想的になり、自らの非本来的な創造行為を本来のものと取り違える危険をたやすく犯すのである。

事態のパラドックスは、画像概念を用いて表現すれば、目もくらむほど明白になる。すなわち、人間は神の似姿であるが、神の似姿は存在しえず、してはならないというのである。モーセ（出エジプト記三・六）やエリヤ（列王記上一九・一三）やセラフィム（イザヤ書六・二）のように神と出会った者、よって神の姿を見知るかもしれない者は、もしこの出会いの後も生き残ろうとすれば、顔を覆っていなければならなかった（出エジプト記一九・二一と三三・二〇では死をちらつかせた脅迫がなされる）。もっとも、神の像を禁ずる神の言葉には例外がある。モーセは一度、神を面と向かって見ることができたのである（出エジプト記二四・九―一八、出エジプト記三三・一一「主は人がその友と語るように、顔と顔を合わせてモーセに語られた」、申命記三四・一〇、民数記一二・八）。絶対者との関係においても、例外があるのは規則のある証拠である。けれども通常の場合、唯一神を知覚し、唯一神と意思疎通することが（多神教の神々の場合と違い）厄介事であることに変わりない。アウグスティヌスはこの論題を規範的な表現にまとめて、次のように述べている。「理解できるならば、神ではない」[6]。

いかにして、そしてなぜモーセがただ一人例外として神を面と向かって見ることになったのかという問いは、興味深いと同時に答えが出ない問いである。確かであるのはしかし、モーセは山頂での会談《サミット》から神の画像ではなく、画像禁忌を持って帰ったという点である。「あなたはいかなる像も造ってはならない。上は天にあり、また下は地にあり、また地の下の水の中にある、いかなるものの形も造ってはならない」（出エジプト記二〇・四）。きわめて重要な箇所、つまり十戒の初めの部分では、神自身が文字を刻んだ板に次のように書かれているのである。「その板は神御自身が作られ、筆跡も神御自身のものであり、板に彫り刻まれていた」（出エジプト記三二・一六）。発話によって天と地を創造した神は、話し言葉のみならず、書き言葉とも緩やかな関係をもつ。しかし画像と彫像に対しては関係を持たないのである。頻繁に反復される画像禁忌――たとえば「あなたは鋳造の神々を造ってはならない」（出エジプト記三四・一七）――にかんがみれば、この点に疑問の余地はない。神は偶像に、フェティッシュにされてはならない。模像《くわばら》禁忌、模像《くわばら》禁忌。

コーランはこのようなユダヤ教の**模像禁忌**をさらに過激化させている。アッラーだけが「万有を創造し、創始し、形成するお方」（五九・二四）である。このような絶対的な排他性ゆえに、（模）像を造ることによってアッラーの領分に手出しすることは誰にも許されない。造形者である神の模造を造ることなど、もってのほかである。預言者を描くこともタブーとされる。最近の例では、それを身をもって経験しなければならなかったのは、報道雑誌『シュピーゲル』である。一九九九年五一号の『シュピーゲル』は道徳をテーマとした表紙関連記事を掲載し、その際に後期モダンのメディア慣習に従ってイラストレーションを用いた。一連の有力な「道徳説教者」の像のなかには、カントや孔子やキリストのイラストとならんで、一八四七年にドイツ人画家テオドーア・ホーゼマンが描いたムハンマドの絵があった。『シュピーゲル』はそれで憤激したイスラム教徒の抗議や脅迫に直面したのである。(7) メディアはメッセージである。そもそもイラストレーションを好んで用いるということからだけでも、メディアは、望むと望まないにかかわらず、メッセージを発する使命感をもつものなのである。

イスラム教とちがってキリスト教が像を造る喜びを非難しないのは周知のことである。なぜ批判しなくてはならないというのか。というのもキリスト教の中心には、多くの人々がその顔を見て、その人間的な形姿について証言している神の子がいるのである。イエス・キリストがメディア史上の大事件であるのはとりわけ、彼は神であるにもかかわらず、父なる神とちがって描かれてよく、描かれることを望み、描かれるべきだということである。キリストを題材とした描写は実際、枚挙にいとまがない。たとえ経帷子についた彼の顔の押型は本物ではないとしても、このような布はべつに冒瀆ではなく、むしろ（そのつどの評価軸に従って）聖遺物あるいは呪物《フェティッシュ》と見なされる。神の言葉が肉となり、人間のただ中で生きたイエス・キリストを、神と人間との間の仲介者、メディアであると理解したとしても、キリスト教の福音《メッセージ》を転倒させて読んだことにはならない。キリスト論ははじめからメディア論である。(8) キリスト教的ヨーロッパの伝統とメディア技術とのあいだにはそもそもの初めから、緩やかな、時としては婉曲的な関係があったと考えざるをえない。異常なほどの書簡執筆者であるコミュニケーションの使徒パウロはすでに、福音にはコミュニケーション基盤としての側面があることを理解していた。そして、ルターをグーテンベルク銀河系のメディア・フリークと呼んだとしても、流行に流されて誇張しているのではないかと心配する必要はないだろう。またヨハネ・パウロ二世とテレビの関係も、屈折した関係であるととらえることはまずできない。モシェ・バラシュは、旧来の神像の禁止に対するキリスト教に特有な反発を、心理とメディアの力学から理解し、「初期キリスト教の神概念にある二つの中心的な動機」にその原因を帰した。「守護と命ずる権力はある意味では相互に矛盾するかもしれない。それらはまったく違った感情領域に属するものかもしれない。しかしこの弁証法こそが、象徴が不可視のものに対してもつダイナミックな力を開示するのである。伝説によれば誰も見ることができなかったというあの神の顔を描くかわりに、初期キリスト教は、最も切実な希望と苦悩を救済者の像に投影した。つまり、一人一人の魂が守護されることへの憧憬と、神は強くあってほしいという願望とをその像に投影したのである」[9]。しかしながら神も、その息子に続き、人間(神によって霊感を吹きこまれる情熱的な天才もまた人間である)によって描かれうる神となるに従って、その絶対的《アブ・ゾルート》な力を失わざるをえない。自分の模像が存在するが、自分自身がその作者ではない者は、まさしくもはや絶対的《アブ・ゾルティーアト》ではない(絶対的とは語源的に、現世の有限的な存在による自己への権能付与の試みすべてを完全にまぬがれているということである)。遅くとも、このような自己への権能付与の身ぶりを身につけて力を発揮したルネサンス絵画において、一神教の画像禁忌の長い歴史上、最後のタブーが崩れ落ちた。

初期キリスト教の文脈ではしかし、このタブーがまだ影響力をもち続けていた。「最初の八世紀のあいだ、芸術家が父なる神や三位一体を、なんらかの形式によって図像的に表現しようと試みたことはほとんどなかった」[10]。受肉神学によって画像禁忌と決別する可能性を示すものとしては、六七五年から七四九年まで生きたダマスカスのヨハネスの筆による文書が重要である。彼は「画像を非難する者たちに反論する三つの演説」のなかで、次のように記した。「昔は身体も姿も持たない神が画像によって表現されることはまったくなかった。今はしかし、神は受肉して見えるものとなり、人間と関わったのであるから、目に見える神の像を描くことができるのである。私は物質を崇めているのではなく、物質の創造者を崇めているのである。創造者は自分のために自ら物質となり、物質のなかで生きることを甘受したのであり、物質によって私を救済するのである」[11]。この一節の言葉遣いから、書き手の画像に対する好意的な姿勢は反グノーシス的な動機とも関連があると推測される。グノーシス主義は「異端」の初期形態で、目に見えて良くないこの世界が善良で全能な神の御業ではないのは明白であるという強力な論拠を主張していた。邪悪なデミウルゴスが神様の領分に手を出し、霊の純粋さを物質によって汚したに違いないというのである。したがってグノーシス派によれば、神の純粋性から堕落した世界をいかにして抜け出すかにすべてがかかっている。そして、このような純粋化のための古典的なプログラムには、昔から聖画像破壊主義が組みこまれている。(模)像と戦わなくてはならないのは、まさにそれが何かの表現であることによって、言葉をメディアとする精神ではなく、物質を信奉しているからである。

ダマスカスのヨハネスの文書は、グノーシス派をめぐるかつての論争を独自に継続し、八世紀にキリスト教神学者たちを熱くさせた**画像論争**の基礎を築いた。彼の主要な論拠は、たとえばビザンチンとローマとの間の論争において、カルヴァンとルターとの間の論争において、またテレビ放送で聖なるミサを見れば、敬虔なカトリック教徒の病人はミサに参加する義務を果たしたと主張する者とそれに反対する者との間の論争において、繰り返し新たに用いられることができた。八世紀の画像論争のなかで、賛成・反対の論拠は、いわば正典としてすべて出尽くした。「[この画像論争についての]資料を読むと、(政治的、文化的、宗教的な)対立を引き起こした、あるいはその対立が顕在化したのが画像だったのはなぜなのかと疑問に思うことがある。その理由は推測することしかできない。なぜならその理由は公にされる根拠のなかではむしろ言わずにおかれるからである。神学的な論争の中心にはもちろん、画像の最上の主題である神人の像があった。その結果、画像は純粋で統一的な信仰のシンボルとみなされるか、逆にその妨げとみなされた。同時に画像は証拠物件としても適していた。なぜならそれは誰の目にも見え、崇められたり蔑まれたり、展示したり撤去したりできたからである。意見の一致と不一致が文字よりも画像において、よりいっそう目に見えるものとなった[12]。読み書きできない者たちも、画像論争に参加することができる。すでにルター以前から、画像は「貧シイ人ノ書〔Biblia pauperum〕」、精神的に貧困な者たち、すなわち文字が読めない者たちの代用の書とみなされていた。一五四五年のルター聖書には挿絵がたくさん入っていた。コーランの挿絵入り版は今日でもなお、想像すらできない。

図像入りの聖書は、カルヴァン派プロテスタンティズムの聖画像破壊主義者たちのあいだでも、意義を認められる見込みはなかったし、現在でも認められないだろう。カルヴァンが示す神聖かつ冷静な「原典へ〔ad fontes〕」の情熱はなかんずく、「ローマの」もしくはルネサンス的に堕落した画像享楽に対して、かつての画像禁忌を想起させんとする衝動によるものである。「ジュネーヴでは一五三五年八月八日の聖画像破壊運動が、宗教改革の強化にとって、決定的な出来事となった。街の実権を握っていた司教が追放された後、新しい説教者たちが実権を握った。カルヴァンが彼らと合流したのは一五三六年だが、一五四一年になってようやく神政主義による市政を確立することができた。そこでは世俗的生と教会的生の間の古くからの境界線が無効となったのである。教会の粛正後いわば零時からはじまる新時代の到来が、正方形のブロンズの文字板（九九センチメートル四方）によって告げられた。一七九八年まで市役所に掲げられていたこの文字板には、次のように書かれていた。「一五三五年にローマの反キリスト者による専制は打ち砕かれた。われわれは迷信を退け、キリストの神聖な宗教の原状を回復し、彼の教会をより良い秩序へ戻した。われわれは街の敵を追放し、自由を取り戻したが、それも天の奇跡あってのことである。ジュネーヴ市参事会と市民はそれを永遠に記憶しておくために、この地に記念碑を設立させた。願わくばこの碑が後世の者たちに、神に対する彼らの感謝の意を証さんことを[13]」。

一枚の文字板が、画像から発しうる誘惑に打ち克ったことを想起させるのである。心理学的パースペクティヴでは、画像一般の正当性をめぐる議論の核心を突きとめるのは難しいことではない。画像は少なくとも潜在的には、猥褻であるという疑いをかけられている。そして猥褻なのはシーン、舞台、タブロー、スクリーン、画面に出すべきではないものである。絶対的な神を具象化し、見物の対象とすることによって、相対化すること。内密なもの、プライヴェートなものを公共の視線にさらすことによって、公にすること。取り乱して歪んだ支配者の表情を写真で撮ることによって、笑いものにすること。このように模像は、忠実であると自称するときこそまさに、反権威的になる傾向がある。画像に対する蔑視は、文化史およびメディア史上注目すべき一貫性をもって、言葉と文字の尊重と呼応している。

今日に至るまで画像蔑視のために援用される動機がどれほど一貫していようとも、近代に入ってもなお長い間、画像がきわめて稀少なものであったことを忘れてはならない。「一方で公共建築物や教会において見ることができたものは、画像――新聞に載っている写真であれ、テレビの画面に投影される映画であれ――の体験が日常的な習慣となっている者たちにとってよりも、比べものにならないほど深い印象を公衆に与えたに違いないと推測される。**写真以前の時代の画像の貧困さ**から帰結するのはまず、人々は自分を取りまく空間を、われわれとはまったく別様に知覚していたということである。たとえば一七世紀にはまだ、非常にぎこちなく一点透視図法を用いる画家や素描家もいたことを見れば、それがとくにはっきりとする。つまり、三次元にある関係を一つの平面に投影する空間のイリュージョンは、まだなじみがなかったのである」[14]。われわれは今日、画像氾濫の時代に生きているというのは、文化批判の常套句である。かつては画像に出会う（たいていは教会において、というのも当時はまだ普通は宮殿の内部に入ることなどできなかったから）のが稀な体験であったからこそ、はなはだしい画像強迫が生じたのである。今日まだ少数の聖画像破壊主義者が存在しようとも、彼らもまたポスターの壁、看板、グラフ雑誌、モニターなどに囲まれて、画像を見ないわけにはいかない。

近代のはじまり以来、そしてここ数百年は息もつけないほどの加速力で、銅版画、グーテンベルクの印刷術、次いで写真、映画、テレビによってますます、画像のインフレーションがもたらされた。このような画像氾濫はメディア史上の例外事であるが、もはやほとんどそのようには感知されなくなった。画像は非常に長い間、評価が定まらないと同時に、ごく限られた人たちだけの財産であった。繰り返し「目の人」と呼ばれたゲーテの、言葉と画像は相関的な存在であるという言葉はしばしば引用される。これはさしあたり言語と視覚的知覚がどれほどの競合関係にあるかを忘れさせるように思えるが、それから一転して、意味《ズィン》と感覚《ズィンネ》との関係がどれほど微妙なものであるかを指摘しているのである。「言語と画像とは、さまざまの形象的表現や比喩などにいくらでも見られるように、絶えず求め合う相関的な存在である。かくてむかしから、耳を通じて心の内部へと語られ、歌われたことは、同様に目にも訴えかけるものでなければならなかった。わたしたちが子供のころに読まされた法律集や救済秩序、聖書物語や入門書などに、言葉と絵とがつねに一定のバランスを保っていたのもそのためである。形象となりえぬものを口で語り、口では語りえぬものを形象で示すのは、それなりに当然のことであった。しかししばしば不当な行き過ぎが行われ、本来形象によるべきことがらが口で語られることがあって、そこから二重に不都合な象徴的・神秘的な妖怪が生まれたのである」[15]。この省察の要点をはっきりと理解しなければならない。「妖怪」、モンスター、悪しき象徴的・神秘的化け物が生じるのは、やっかいな文脈のなかで形象によらずに口で語るときである。ゲーテはこの思考パターンの逆を言うことは断念している。口で語らずに形象にたよっても、口で語る夢から怪物を生じさせるというリスクを冒すわけでないのは明らかである。『親和力』の登場人物たちはしばしば形象にたよらずに口で語る。このようなコミュニケーションの快楽は、よい結果をもたらさない[16]。親和的な登場人物たちは読み、話し、書くにつれてますます強い依存関係に巻き込まれてゆく。ヴァルター・ベンヤミンは『親和力論』で、そのような依存関係を新しい神話的な次元のものとして描写した。ゲーテはまだ視聴覚メディア文化の信奉者となることはできなかった。けれども彼は、技術的に精密な模像をつくる初期技術であるカメラ・オブスクラに対して活発な関心を抱いていた。

　ゲーテが視野に入れていた「言葉と画像」の関係、もしくは意味《ズィン》と視聴覚メディア技術の歴史のはじまりにある感覚《ズィンネ》との関係を、画家でも詩人でもあったこのヴァイマル人より冷静に分析することもできる。クールなシステム理論家ニクラス・ルーマンとともに言えば、言葉と画像を「相関的な存在」としてとらえることができるとしても、それはただ、それらが互いに厳密に隔絶した異なる作動様式によって処理されるからである。コミュニケーションと知覚は、作動上、別々の閉じたシステムである。「意識はコミュニケートできず、コミュニケーションは知覚できない［…］芸術は、コミュニケーションのために知覚を用いることを可能にする。しかもそれは、（それ自体知覚されうる）言語という標準化された諸形式の外側においてのことなのである。芸術によって心的システムと社会システムの分離が止揚されるわけではない。両者は作動上、互いに到達不可能なままである。そしてそれゆえにこそ芸術は意義をもつのである。

芸術は知覚とコミュニケーションを統合するが、だからといって両者の作動を融合ないし混合させるわけではない」[17]。この一節は概念上どれほど好戦的であったとしても、形象によるかわりに口で語るときに生ずるとゲーテが述べている「二重に不都合な象徴的・神秘的な妖怪」よりも穏当に響く。

書くことは、模像をつくることによって何かを永遠化せんとする試みと現象学的に親近性がある。書く者は、楔や棒や筆のような道具の助けによって、漆喰壁、石、革あるいはパピルスのような素材の上に痕跡を残す。それでもやはり文字の形をとる記号と存在物を再現する画像とのあいだには、大きな隔たりがある。一神教的な宗教の文脈に出自をもつ神学者ならば、両者の差異を説明するのは難しいことではない。画像はどんなことがあっても神聖ではない（聖画像は画像ではなく、あくまで聖画像なのである）。神聖なものがあるとすれば、それはただ一つのメディア、すなわち文字でしかありえない。文字は、画像のように此岸の感覚《ズィンネ》に供されるものにではなく、彼岸の意味《ズィン》に焦点を合わせているのだから。けれども、形象によるかわりに口で語るときに生ずる「二重に不都合な象徴的・神秘的な妖怪」というゲーテの表現が、消えゆく言葉というメディアを、白地に黒く書きつけられた記号とすることによって持続させるメディア、つまり文字にも関わるものであった可能性は排除できない。文字の発明とともにメディアの前史は終わり、技術メディアの歴史が始まるのである。

第一の中断——メディア概念のさまざまな定義

「スワメルダムは、［…］懐中から望遠鏡をひっぱりだし、それを長く伸ばすと、仇敵の身近まで歩みよっていきながら大声で叫んだ、「抜け、この呪わしいやつめ、きさまに勇気があるものならな！」／たちどころにレーウェンフークも、類似の器具を手にして、これまたおなじように引き伸ばすと金切り声をあげた、「さあ、寄れ、参るぞっ、じきにわしの力の絶大なことを感じるだろうて！」——こうしてふたりはともに望遠鏡を眼にあてると、怒りくるって眼光炯々たる必殺のまなざしでたがいに睨みあい、おのおのの武器を押し出したり押し入れたりしながら、ときには長く伸ばし、ときには短く縮めたりして対峙していた(1)」。マーシャル・マクルーハンよりもずっと前にすでに、E・T・A・ホフマンはこのうえなく明瞭に**メディアは身体の拡張である**ことを知っていた。メディアの助けによって、われわれは感覚と身体の射程を、もって生まれた限界を超えて拡張する。一八二二年に発表された後期の「メルヘン」である『蚤の親方』の第四章で、テクノロジーに魅せられたロマン派の物語作者、作曲家、画家、法学者のE・T・A・ホフマンは、二人の遠い世界の探求者を、明らかに男根の意味合いを含ませた望遠鏡によって決闘させている。

こうしてホフマンの才気に満ちた文章は、マーシャル・マクルーハンによる有名なメディア概念定義のもとで思考される素材となる。一九六四年に刊行された『メディア論』(この書のドイツ語訳は一九七〇年に『魔術的チャンネル』というタイトルで出版された)には、次のようにある。「すべての技術が力と速さを増すために身体の神経系を拡張したものである。これが本書の一貫した主題である」[2]。革命的とされる思想すべてに進化論上の先行例を見つけ、「そのモティーフはすでに〇〇にある」と指摘することによって、誇らしげな思想家を苛立たせることを生業とするのが文学研究者の常である。そして、技術一般を身体の拡張として、そのうちのメディア技術を神経系と感覚の拡張として理解するというアイデアにマクルーハン以前に到達していた人物に、たとえばプラトン、ベーコン、アタナシウス・キルヒャー、レオナルド・ダ・ヴィンチ、E・T・A・ホフマン、ヴァルター・ベンヤミン、ギュンター・アンダースの名を挙げることはもちろん簡単にできる。マクルーハンはしかし第一に、一般的技術理論のこのようなモティーフをはっきりとメディアへ関連づけ、まさしく「神経系」を技術による身体拡張というテーゼに組み入れたのである。彼は第二に、ニーチェを思わせる気勢で、「力と速さ」をメディアの発展に内在する原動力として特徴づけた。スワメルダムとレーウェンフークは憤怒にかられて強烈な打ち合いで戦うし、敏速でもある。

マクルーハンによるメディア概念の定義には短所がある。この定義はほとんど優れすぎており、あまりにも多くの文脈で通用してしまうのである。声をはりあげる者は、そのとき身体がある場所の範囲外でも注意を引きつけることができる。手紙を書く者は、手紙がその宛先に届けば、自分が(もはや)いない場所と時間においても、そこに居合わせている。さらに近代メディアのほとんどは、すでにその名称が、われわれの近距離感覚および感覚の地平を拡大せんとする身体拡張の機器であることを明かしている。「遠い」を意味する「テレ」が、それらに付けられる大人気の接頭辞なのである。望遠鏡《テレスコープ》で天を探索する（または競争相手に打ちかかる）者、電報《テレグラム》を打つ者、電話《テレフォン》をする者、ファックス《テレファクス》を送る者、眼前のモニター《テレプロンプター》をたよりに原稿を読む者、テレビ《テレヴィズィオーン》で時間つぶしをする者は、五感の射程および身体による今ここの座標の範囲を超えて見聞きし、コミュニケーションする。近代の思想家中とくに深遠な思想家が次のように述べている。「現存在のなかには、近さへの本質的な傾向がひそんでいる。われわれが今日多少ともいやおうなしに参加させられているあらゆる種類のスピード・アップは、遠隔性の克服をめがけて進行している。たとえば「ラジオ」を例にとっても、現存在は今日それによって、日常的環境世界を拡大しつつ、そのことの現存在的な意味においてはまだ見極めがつかないような「世界」の開離（遠隔性の取り消し）を遂行しているのである(3)」。

近さと遠さ。両者の関係は存在論的《オントローギッシュ》に考えるよりもメディア存在的《オンティッシュ》に考えた方がよいということを、ハイデッガーは嫌々ながらも理解していた。ハイデッガーは、形而上学を克服するのは彼ではなく、近代的テクノロジーであることを予感していたのかもしれない。近代的テクノロジーは、遠くの像《テレヴィズィオーン》を無闇に臆見するのではなくて、それを内世界的に接続することができるからである。そのような接続がどのようなもので、どのように機能し、どのような心的効果を発揮するかが、カトリックに改宗したメディア論の使徒マクルーハンにとっての中心的な問いである。彼はいまや、自分のメディア概念定義をも転換し、最も身近なものをメディアとして特別扱いすることをためらわなかった。つまり、身体の拡張とみなされうるものすべてがメディアなのである。こうして車輪や服もメディアであるとされる。このようなメディアのハイパーインフレは精密度の喪失と軌を一にするが、驚異的で生産的なパースペクティヴを新たにもたらすことを可能にしもする。こうしてマクルーハンは貨幣を、たんに数あるマスメディアの一つとしてのみではなく、近世のマスメディアのなかで最も強力な、最も避けがたいメディアとして理解した最初の者たちの一人となった。貨幣は尺度の身体的拡張であり、それが言葉のあらゆる意味において神経を刺激するのは言うまでもない。誇大妄想とメディアによる身体拡張は、メダルの裏表の関係である。私が十分に金を持っていさえすれば、南アメリカの果物業、アフリカの金鉱業、インターネット業等々で重要人物となれる。マクルーハンが、あらゆるメディア投資の心理学的な基本装置としてのナルシシズムに一章を割いたことには十分な理由があったのである。(4)

オウィディウスは『変身物語』の第三巻で、ナルキッソスとエコーの神話に古典的な姿を与えた。ところでこの箇所の直前には、ほかならぬかの評判の悪い逸話が置かれている。そこでは賢いテイレシアスが、男と女とでは愛の行為の際どちらがより多く快楽を得るかをめぐるユピテルとユーノーとの間の論争に答えを出す。賢者がはっきりと女性であると答えるので、ユーノーは憤慨する。そしてこの答えに明らかに満足していないユーノーは、罰として彼を盲目にするのである。続くナルキッソスとエコーの神話で問題となっているのもまた感覚と感性である。この神話はまさしくメディア分析的読解を必要とする。美しい若者ナルキッソスは視覚型の人間である。彼に永遠の恋をするのは、純粋に声からなる存在、つまり「ひとがしゃべっているときには黙っていることができずに、かといって自分のほうから話し始めることもできない、あのこだまの妖精《ニンフ》エコー」(5)である。彼女は文字どおり、美しい若者の後を追って走る。こうして生じるのは誤解ばかりのコミュニケーションで、それが愛し合う身体の合一《コムニオーン》に終わることは絶対にありえない。こうしてナルキッソスはエコーへ「「手を放すのだ！　抱きつくのはごめんだ！」と叫ぶ。「いっそ死んでから、きみの自由にされたいよ！」彼女が返すのは、ただこれだけだ。「きみの自由にされたいよ！」[6] ことの顚末は周知のとおりである。ナルキッソスは泉へと逃げ、そこで自分自身の像を見、自分でもあるそれにキスし、溺れ死に、花へと変身し、その花には彼の名前がつけられる。しかしエコーのうち残ったのは「声と骨だけ」[7]だった。ナルキッソスが生まれたとき両親は、息子には長寿が与えられるだろうかと賢者に尋ねた。それに対する見事な答えは、「うん、みずからを知らないでいればな」[8]という底知れぬ多義性をもつものであった。この言葉はつまり、「みずからを新たに創り出したりしなければな」[9]ともとることができたのである。

　声と視線はお互いに歩みよることができない。完全に他者言及的で、他者の音声を二重化するだけの者は、純粋な自己言及にいそしむ者と一緒にはなれない。ナルキッソスとエコーはお互いに何も言うべきことがないと同時にすべてを言わなければならない。彼らはメディア上かみ合わない自己像と世界像の持ち主である。しかしまさにこのことを観察することはできる。オウィディウスの古典的テクストは、聴覚メディアと視覚メディア、もう一人《アルター》と私《エゴ》、他者言及と自己言及との調整がはかられようとするときに生じる問題や矛盾を観察する複雑なプログラムである。ナルキッソスとエコーはお互いに歩みよることができないけれども、まさにそのことを観察しているテクストのなかに一緒にいるのである。したがってその気になれば、**メディアは相互作用の調整役《コーディネーター》である**というメディア理論の洞察の一つをオウィディウスが先取りしていると見ることができる。メディアは、一体をなしている、あるいは一体をなそうとしているものを一緒にする。私たちが手紙を書き、電話をし、ファックスやEメールで予約をし、テレビで渋滞予想を見るのは、都合の良い場所で都合の良い時間に他者と一緒になることができるためである。私たちがメディアを、誰かに会わないために使うこともできるということは、すでにナルキッソスにも分かっていた。資金や債券を所有することによって、自分がいない場所で存在感を発揮する。ワシントンで起きていることを「ライヴ」で知る。一万キロ離れたところにいる友人と話すことができる。争うこともなく高価な財貨を私に委ねる。数百年前に死んだ人物が言葉にしたことを知ることができる。老いた参謀長が安全な後方からケーブルを通じて命じるので、前線の若い兵士が塹壕から出て死へ突撃する。これらすべては、その他もっと多くのこととともに、私たちにとって自明なことになった。なぜならメディアがあるからである。いま列挙したすべてのケースはどれほど生起する見込みの少ないことか、メディアの過度の使用のせいで驚くという素朴な哲学的能力をなくしてしまっていない者であればすぐに分かるだろう。ルーマンは、思考と文体が抽象的すぎるという嫌疑をかけられている理論家の一人であるが、彼のテーゼの魅力の主たる源泉は、自明であると思い込まれていることに対して驚くという素朴な能力である。最も巧妙で最もエレガントに拡張可能なメディア概念の定義は、そのニクラス・ルーマン（彼とマクルーハンの名前が意義深い文字を共有していることに驚くのは意味があるだろうか？）によるものである。すなわち彼は、**メディアとは生起する見込みの少ない事柄の生起する見込みを高めるもの**であると定義したのである。

このようなメディア定義を特別魅力的に思わせる実例は、実に多様な文脈から挙げることができる。以前は声望の高かった前首相が、自分自身も決議に加わった法律について、さまざまな観点でいかがわしい誓約をするというのは生起する見込みの少ない事柄である。「ありとあらゆる」メディア機関によって毎日多くの報道がなされることで、このように起こる見込みの少ない事柄も徐々に信じられるようになる。人間が月面に着陸したというのははなはだしく生起する見込みの少ない事柄である。しかし他の星の上で人間が小さな一歩を踏み出すさまを数百万人がテレビの生中継で見たことによって、それがいくらか説得力をもつ。こうしてこの生中継イベントはテレビメディア史上の新しい神話的出来事となった。私がカフェで長らく会えずにいた恋人に再会するのは生起する見込みの少ない事柄である。もし私が電話でその人と会うことを約束していたならば、そのような再会はさして驚くことではない。誰かが私に親しげに頷きながら貴重な財貨を委ねるというのは生起する見込みの少ない事柄である。私がその人物に対価として金を渡したのであれば、それが生起する見込みは高まる。神がひとり子を持ち、その母はこの世に生きる処女であり、そのうえこの子が私たちのために自分を犠牲にし、死後にはパンと葡萄酒のかたちで自分を食することを求めるというのは生起する見込みの少ない事柄である。それが聖餐式あるいは聖体拝領と呼ばれる初期マスメディアによる日曜日ごとの儀式をつうじて、生起する見込みのある事柄として群集に認められるのである。

メディアはしたがってまさしく弁証法的な働きをなす。メディアがもたらすのは二重の否定にほかならない。なぜならばメディアは、ある事柄の生起する見込みの少なさを少なくするのである。それはまさに奇跡が普通になることを意味する。社会がメディア社会になればなるほど、私たちはあらゆる種類の奇跡に慣れてきたのである。一万キロ離れた(月への着陸の場合なら宇宙的規模で離れた)場所でのスポーツや政治イベントの実況中継に、私たちはもはや驚きはしない。奇跡的経済復興はそれ自体として世俗的な次元をもつ。だがメディアによる奇跡に特有なのは、それが機能しているということである。それによって古い奇跡のパラダイムは、自然にもしくは技術的に、生き長らえることが困難になる。

ルーマンのメディア概念の定義も、マクルーハンのそれと同様にインフレのために価値を落とすきらいがある。ルーマンのシステム理論はまさに初期の段階で、シンボルによって一般化されたコミュニケーション・メディアという概念を導入し、集中的に利用している。この概念は、狭い意味でのメディア・テクノロジーやコミュニケーション・テクノロジーとはほとんど関わりがない。ルーマンは次のように述べる。「選択と動機づけの関連性を象徴的に表現するために、つまり両者が一体をなしていることを表現するために一般化を用いるメディアを、シンボルによって一般化されたメディアと呼ぼう。このメディアの重要な例は、真理、愛、所有権／貨幣、権力／正義である。さらにまた宗教的信念、芸術、おそらく今日では文明の標準的な「基本的価値」もそのようなメディアになりつつある」[10]。このようなメディア理解を技術メディアと結びつけることは簡単に思いつくが、ルーマンはそれを暗示的にしか行なっていない。シンボルによって一般化されたメディアとして「真理」を用いる者は、たとえば望遠鏡を使い、研究成果を公表しなければならない。シンボルによって一般化されたメディアとしての「愛」を用いる者は、手紙を書かねばならず、映画へ行かねばならず、愛の詩を読まねばならず、電話をしなければならない。シンボルによって一般化されたメディアとしての「貨幣」を通じて、選択（私はこの品を売る）と動機づけ（その代わり私は買い手に、私に何かを支払うように仕向ける）の関連をつくる者は、記帳をし、帳簿に収支を記入し、携帯電話で売り注文を出す、等々。「権力／正義」についての実例は不必要である。メディア技術なしで、両者を接続することはできない。さらに、ルーマンが挙げるシンボルによって一般化されたメディアすべてに共通するのは、それらが相互作用を調整し、間主観的に通用しなければならないということである。自分自身に電話をかけてもほとんど意味がない。真理は他者と共有される真理であろうとする。自分自身には何も売ることができない。自分自身を愛するのは、もし他者も（エコーがナルキッソスを愛したように）その人を愛しい存在と見ているのでなければ困難である。

マクルーハンやルーマンのように賢明で、かつ広く受容されている理論家が、幅広いけれども精密なメディア概念を用いているのは、「メディア」という言葉にかつて（たとえば精神科学における人文主義の伝統のなかでは）非常にわずかな意義しか与えられていなかったことへの過剰補償のようなものである。「メディア」という語は今日、インフレ傾向の流行語である。この語の現今の用法はだがきわめて新しく、せいぜい四〇年前からにすぎない。メディア概念の過度の使用は、以前それが蚊帳の外に置かれていたことを埋め合わせているかのようにすら見えるのである。独英仏語の辞典を「メーディウム／メディア」という見出し語で調べると、戦後期のものでもまだ、たとえば英国の糸の質、ギリシャ語動詞の能動と受動の間をなす中間態、四大元素、霊媒という語義は見つかるのに、書物、新聞、写真、映画、テレビ、つまりマスメディアという語義は見つからない。これらの一部は当時すでにずっと前から存在し、一部は少し前にようやく登場していたにもかかわらず、である。それに対して今日、辞典やメディア学の入門書[11]で「メディア」の定義を調べると、次のような説明が見出されるだろう。「メディアとは、物質的・機械的あるいはエネルギー的なデータもしくは情報のまとまりを（電気、電磁波、光電子工学的に）担いあるいは伝達するもの、並びに――記憶保存、伝達、処理というメディアの論理にかなった三つの根本現象という意味で――データ処理の電子工学的手段となるものである[12]」。

奇妙な現象である。かねてよりメディアは目を眩ませ、耳を聾しかねないほど押しつけがましいものなのだから。書物の氾濫や大衆紙の壊滅的な作用（ショーペンハウアー、キルケゴール、カール・クラウスのような頭の持ち主の十八番のテーマ）をめぐる文化批判的な言説はしかし、テレビ、コンピュータ、インターネット以前の古き良き時代にもすでに存在していた。けれども写真、録音、映画、ラジオ、テレビという視聴覚マスメディアが登場したときですらも、メディアは学問的分析の対象としての資格を得ることはできなかった。二〇年前まで大学の学科の規準によれば、許されていたのはたかだか演劇学や、良くてもジャーナリズム学までであった。メディア学にはしかし認可されるチャンスはなかった。メディア学は、言語学やコミュニケーション学のような新しい学科が通った路をたどるのがせいぜいのところであった[13]。このように度外視されてきた理由なら、すぐに挙げることができる。文化、とくにハイカルチャーは、りわけメディアの軽蔑を通して自己定義するのである。そしてメディアなしにはハイカルチャーもありえないということを予感し始めると、それはマスメディア批判を通じて自己定義をする。高度に文化的なのは、ジャーナリストを軽蔑し、場末の映画館などには行かず、テレビを見るときには良心の呵責に苛まれ、コンピュータ・ゲームを有害であると見なし、手紙を書くかわりにEメールで済ますときには謝罪してしまう人である。

メディア学は汚れた学問とみなされ、たとえば古典文献学のようなアウラを持つ見込みはほとんどなかったことから、奇妙なほど遅れて大学で扱われる学問となった[14]。今日まで（マクルーハンやルーマンの場合のように）秘伝的・機能的な「メディア」の概念定義はあるが、精度の高い定義が存在しないのは、このような遅れがその原因の一つであるのか、それともその結果の一つであるのかを見極めるのは困難である。この語の日常的な使用法はしかし明確である。メディアとは手段《ミッテル》であり、仲介するもの《フェアミッテルン》である。それゆえにメディアは下に見られる。本質的なものを目指す分析が問うのはもちろん、そこで何が仲介されているかだからである。神学が最も興味をもつのは神であり、祭儀、礼拝、呪物崇拝、精神力動論、社会による神の媒介や流通ではない。文学研究の興味は、ダンテやシェイクスピアやゲーテが私たちに言おうとしていたのは何かという問いに集中するのであり、彼らの作品を流通させたインフラ（学校や識字教育）や技術（印刷術や出版）に向けられるわけではない。国民経済学が関心を向けたのは財貨やサービス行為であり、それらの流通を制御するメディア、すなわち貨幣は主要な問題ではない。要するに、メディアには副次的なもの、手工業的・技術的なもの、非本質的なもののにおいが染みついているのである。

重要なのは実はこのように非本質的なものではないのかと疑念を抱く者は、すぐにアウトサイダーの立場に立たされたし、かつてと同様に今日でも、本来の内容や目的であるはずのメッセージよりも手段であるメディアにより多くの注意を向けている、という非難に直面することがある。まさにそれだからこそ今日のメディア学の誕生の日付を正確に述べることができるのである。メディア学はエキセントリックなマクルーハンによる鳴り物入りの命題「メディアはメッセージである」とともに始まった。メディアのほうがメッセージよりも重要でありうるのだという推察は、たしかにマクルーハンの前にも、ヴァルター・ベンヤミンやゲオルク・ジンメルのような聡明な人物がすでに表明していた。後者はすでに一九〇〇年に才気に満ちたメディア定義に近づいていた。けれどもまさしく近づいただけであった。それというのも、彼の論考にメディアという言葉はまだまったく現れてこないからである。『貨幣の哲学』でジンメルは次のように書いている。「心的な世界の根本事実のひとつは、現存在の多くの諸要素のあいだの関係をわれわれが特別な形象に具体化することである。これらの形象はもちろんまた実体的な存在でもあるが、しかしそれらがわれわれにとっての意義をもつのはたんに、その形象と緩いかあるいは緊密な仕方で結合した関係の可視性としてのみである。こうして婚約指輪、しかしまたすべての手紙、すべての担保、またすべての官吏の制服も、人間たちのあいだの道徳的あるいは知的な、法的あるいは政治的な関係の象徴もしくは担い手である。さらにすべての神聖な対象は人間と彼の神とのあいだの具体化した関係である。国々を結びつける電信線も、国々の離反を表す兵器も同じように、個々の人間そのものにとってはほとんど意義をもたない実体であるが、これは人間と人間集団とのあいだの関係においてのみ意味をもち、これらの関係はこの実体のなかに結晶している[15]」。

マクルーハンはこれをジンメルほど美的にではないけれども、そのかわり実に明確に述べた。すなわち、メディアはメッセージである。メディアが意味をなすのは、それが伝達するメッセージに関してではなく、伝達するメディアそれ自身としてである。これは端的に次のことを意味する。読み書きのできない者、グーテンベルク銀河系の住人、テレビ視聴者、ネットサーファーはそれぞれ異なる世界に生きているのである。この違いはしかも、グーテンベルク銀河系の住人が何を読み、テレビ視聴者が何を見聞きするかとはまったく関わりがない。誰かが文字を読むけれどテレビを見ないということは、Aはこの本を読むが、Bはあの本を読む、もしくはCはテレビのスポーツ中継を好むが、Dはクイズ番組を好むという違いよりも重大な違いである。端的に言えば、マクルーハンの根本洞察が通用するのは、そのつど使用されているメディアが、それぞれまったく異質な空間と時間の構造、注意力の焦点化、意味《ズイン》と感覚《ズインネ》の関係性をつくりだすからである。メディアはメッセージ《ザ・メディウム・イズ・ザ・メッセージ》である。

ところで周知のようにメディアは単数で存在するのではなく、数多くのメディアが、マルチメディアが存在する。したがって、さらなる区別を導入することには意義がある。メディア理論はそれを行ない、たとえば**記憶保存メディア**と**伝達メディア**を区別した。[16] かなり後になってようやく関心の的となったのがメディアの第三の機能、つまり**データ処理**である。記憶保存メディアが対抗するのはなかんずく時間の問題であり、それに対して伝達メディアは距離の問題の克服をめざしている。記憶保存メディアは情報や伝達を、「飛び去る時間」(ヘルダーリン)から奪いとり、持続させようとする。そのために文字、書物、レコード、写真、ビデオ、CD、その他たくさんのメディアが存在する。記憶保存メディアの最たるものは遺言《テスタメント》である。それゆえに記憶保存メディアの領域では「過去の偉大な証言者」、「歴史批判版」、「不朽の声」といった題目が好まれるのである(「旧《アルテス》約・新約聖書《ノイエス・テスタメント》」のようなタイトルについては言うまでもない)。それに対して伝達メディアは、越えがたい広大な空間が存在するという厄介事を取りはらおうとする。そのために伝令、郵便、電信、電話、Eメール、その他たくさんのメディアが存在する。伝達メディアの典型はメッセージ、送信、運命《ゲシック》である。伝達メディアの領域では「福音」、「皇帝の伝令」、「エムス電報」、「総統命令」、「指令」といった題目が知られている。

記憶保存してあるものを送ることもできるのは当然である。書物やレコードやフロッピーディスクを郵便で、あるいはその内容をEメールで送付することができる。それに対して、送信されたものを記憶保存する（たとえば歴史研究という目的のために）のは、それほど自明なことではない。なぜならばまず、送信されるものすべてが、すべての人に向けられたもの、あるいは福音であるわけではないからである（電子媒体による宣教の命令がどれほど不愉快な結果をもたらすことになるか、顧慮されることはあまりない）。本当に重要な送信は実際、横取りされる危険に対して明らかに防御策を講じている。それらは暗号化されているのである。記憶保存されたものは伝送されうるという定理が、伝送されたものは記憶保存されうるという定理へと簡単に逆転されるわけではないということは、電話あるいはインターネットのことを少しでも考えてみればわかる。インターネットが伝送するのは消え去る声でなく、文字数字記号の羅列である。一九九九年一一月一一日にインターネットによって世界中にどのような情報が広まっていたか、二〇二〇年に知ることができる研究者はいないであろう。それは記憶保存されていないし、そもそも記憶保存することはできず、仮にそれを記憶保存したところで、さしたる意味もないであろう。

今あげた実例は、メディア理論におけるさらなる定義上の問題を指し示している。というのもこれらの例は、コミュニケーションとメディアとの関係（もしくはコミュニケーション学とメディア学との関係）も、定義がいかに困難であるかを即座に明示するからである。メディア理論の文脈でもコミュニケーション理論の文脈でもたびたび引用されるハロルド・ラスウェルの公式は、一九四八年にすでにこのような困難さを指摘するものであった。この公式は、コミュニケーション概念はすでに普及していたが、メディア概念はまだ広まっていなかった時代のものであるが、あらゆるコミュニケーション分析、ないしはメディア分析にとって中心的な問いを言い表している。「コミュニケーション行為を記述するための便利な方法は、次の問いに答えることである。誰が、何を、どのチャンネルで、誰に言い、それがどのような効果を伴ったのか？」[17] 当世風の言い方《ファソン・ドゥ・パルレ》では、チャンネルの問題、すなわち情報あるいは知らせを送る経路の技術的構造の問題はメディア学の問題であり、コミュニケーションの内容や戦略の問題はコミュニケーション学の問題である。メディアというチャンネルに興味を示すラスウェルは、これら二つの問題が切り離しえないことをすでに暗黙のうちに心得てはいるが、話すこと（「誰が《フー》……言い《セッズ》」）をいまだに特権化している。話すこと以外で何かを伝達しようとする者は、今日ならばたとえば電話以外のチャンネルを用いるだろう。建築設計図はファックスで送り、CAD（computer-aided design）による図面はEメールというチャンネルによって送信することができるのである。

いま示唆した問題と類似した問題から、すでに早くから明らかとなっていたのは、異なるチャンネルが共存していることである。共存が平和的なものであるとは限らない。古いメディアと新しいメディアが相互に排他的競合関係にあることは明白である。たとえばEメールを書く者は、古典的な手紙部門の売上げに貢献することはない。しかしEメール・アドレスを一文字でも間違ってメモしていたり、受け手が情報過多《インフォメーション・オーヴァーロード》に対して身を守るために効力のあるフィルターをかけていたりする場合は話が変わってくる。そのときEメール・ユーザーは、Eメールと並んでいまだに蝸牛のような郵便《スネイル・メール》が存在することを喜び、電子郵便を昔ながらの紙に印刷し、古典的なやり方で広い世界へ送り出す。それゆえ、すでに一九一四年にヴォルフガング・リープルが定式化し、マクルーハンがブラッシュアップした法則の妥当性には、ほとんど異論の余地がない。それによれば、古いメディアが新しいメディアによって完全に廃絶されることは決してない。リープルによれば、「最も簡単な手段、形式、方法ですら、一度でも定着し、有益だと判断されれば、最も完全で最高度に発展した手段、形式、方法によってすらも、完全にまた持続的に排除されたり、使用されなくなったりすることはありえない。前者もまた、後者とともに保持される。ただ、それまでとは異なる課題や用途を探すことを強いられるかもしれないだけである。これが情報機構の発展のいわば原則であることが判明した」[18]。映画が流行になっても、演劇は残る。テレビがマスメディアに昇格しても、映画は残る。インターネットの価値が広く認められても、テレビは残る。メディア技術は革命的であるばかりでなく、独特に保守的な粘り強さがある。つまり長く持ちこたえる。このような印象的な粘り強さの代価は明らかである。つまり新流行のライバルが出てくると古いメディアはその機能、アウラ、威信、活動領域を変えなくてはならないのである。自動車や飛行機のある時代であっても引き続き馬に乗ることはできるが、A地点からB地点へ行くために馬に乗ることはもうない。同様に今日でも手書きをすることはできるが、すぐに印刷に回せる原稿を出版社に提出しなければならないときには、それはできない。

メディア技術（だけではないが）は、「最も単純な」メディアから「最も完全で最高度に発達した」メディアへと発展するわけではない。この観点では、すでに一九七二年（したがってPCやインターネット以前）にハリー・プロスが提案した、**第一次、第二次、第三次メディア**からなる三段階の定義の正しさが今日でも実証されている[19]。この定義によれば第一次メディアは、技術革新を必要としないコミュニケーション過程に見いだされる。まだ言葉を持たない新生児〔infans〕は泣き叫び、臭いを発し、目で合図し、笑い、乳を吸う。新生児はこうして意志を伝え、この上なく重要なことを伝達する。すなわち、私はここだ、生きているのだ、健康だ、空腹だ、私にはあなたが必要だ、ということを伝えるのである。系統発生的にも個体発生的にも、人間は比較的長い間、技術メディアなしですませている。子供が言語を習得しても、メディア的補助装置のスイッチを入れることなしに、同類と多かれ少なかれ意思疎通を成功させることができるが、通例はこれを話すと呼ぶ。子供はメディアの才能を備えた存在、人間メディア、第一次メディアである。これは明らかに否定による定義である。つまりメディア技術の不在が第一次メディアを定義する。人間中心主義による第一次メディアの過大評価を予防するための材料が今日豊富に存在することは、ほとんど疑いえない。技術と無縁の出産は今では稀である。今日の後期産業的生活世界のなかに生まれてくる者は、十分に整えられたメディア技術によって、たとえば生まれる前から超音波検査によって、出産の際や産後には心拍記録器、音響的監視装置、ハイテク保温ベッドによって迎えられる。

メッセージ、ニュース、報告の作成や伝送のために用いられるメディアを第二次的メディアと呼ぼう。(たとえばこの)本を読む者は、それが作成される前提は技術の使用であることを知っている。文書を書くためには、かつては紙と羽ペンとインクが、その後は活字と活字箱と印刷機が、もっと後にはハードウェアとソフトウェアが必要である。しかし、それらは読むために必要なわけではない。人間が受容者である限り、第二次メディアはふつう第一次メディアである人間を技術に関わらせない。受信者が第二次メディアによって高度に技術的な装備をすることは稀ではあるが、考えられないわけではない。会話の盗聴は、おそらく最も分かりやすいその実例である。第二次メディアの初期形態は狼煙、拡声器、あるいは補聴機である。グーテンベルクの印刷術が独占的なメディア技術であった時代の後、最も影響力の大きい第二次メディアは写真である。写真を撮影するためには高度な技術が必要だが、それを観るためにはそのような技術は必要ないのだから。デジタル写真を観ようというのならば話は別である。そのためにはモニターに写真を映さなければならない。記憶媒体自体を眺めても、さほど意味がないのである。

写真から数十年後に開発された録音は、初期の第三次メディアの典型的な例である。レコード、ラジオ放送、カセットテープ、CDは、録音の際にも聴取の際にも機器がなくてはならない。コミュニケーションを成功させるためには送信側と受信側の双方で技術を動員する必要があるメディアを、第三次メディアと呼ぼう。歴史的パースペクティヴにおいては、録音とならんで電信や電話が最初の重要な第三次メディアである。今日ではそれらは、ラジオやテレビのような第三次のマスメディアの陰に隠れている。第一次メディアである人間は、言葉を持つ存在となる前にすでに、これら第三次のマスメディアから影響を受けている。テレタビーズ〔イギリスのBBC放送が一九九七年から放送している幼児向けのテレビ番組。四人のキャラクターが「テレタビーランド」でさまざまな冒険を繰り広げる〕は驚くほど早く世界中で、メディア上のカルト的存在となった。彼らのファンクラブの会員は、本来のターゲットであるハイハイする幼児ばかりではない。大人たちも彼らに魅了されていることは明らかである。彼らのコミュニケーション能力は特段秀でているわけではない。発することができる言葉は、「バイ、バーイ」と「オー、オー」だけでほぼすべてである。コミュニケーション能力不足という状況を、彼らはメディア・テクノロジーによって十二分に埋め合わせる。なぜなら彼らの頭上にはアンテナがついており、腹腔にはモニターが取りつけられているからである。このモニター上に自己言及的にテレビ番組が映る。すなわちテレタビーズは、画面の前の子供たちと一緒に文字どおり頭からそのなかへ入って行くのである。二〇〇〇年を迎えようとするこの時期に、人間という第一次メディアがどのような状況にあるのか、これ以上的確に思い浮かべることはできないであろう。バイ、バーイ。

テレタビーズはまだ学校へ行っていない。彼らは緑の野原をよたよたと歩く。この理想化された風景は、もしたびたびその大地から、シャワーヘッドのようにも、潜水艦の操縦席のようにも、デザインされたメガホンやマイクのようにも見える奇妙なテクノロジーの産物がにょきにょき出てくることがなかったら、

テレタビーズ

すぐに牧歌的風景だと思ってしまうところである。テレタビーズはしたがって視聴覚装置をふんだんに与えられている。彼らはまだ文字によって煩わされてはいない。テレタビーズが学校へ行く年齢になって、文字と呼ばれる記号の奇妙な秘密の解読を習わなくてはならないとしたらどうなるのか、まともに想像することすらできない。記号のなかには意味《ズィン》が秘められているが、それを解き明かすためには大変な労力が求められる。今日のいわゆる文明国家で識字教育は少なくとも八年間かけて行なわれる。学校時代を題材とする書物では、当の書物の読解に必要なメディア技術を身につけさせるための制度が、きまって感謝の念などまったくなしに想起されるのには驚かされる。学校に対して敬意が払われるのは、『緑のハインリヒ』、『寄宿生テルレスの混乱』、『臣下』、『トーニオ・クレーガー』、『国語の時間』といったタイトルの小説や物語においてではない。学校に対するカルト的忠誠がはじめて表明されたのは映画『フォイアーツァンゲンボウレ』〔ハインリヒ・シュペルルの同名の小説の映画化〕においてである。テレタビーズの視聴覚世界ほど感覚的な喜びに満ちることなどありえない最初の重要なメディア技術である文字は、実に謎めいている。

文字の時代

4 文字

初めて小学校に登校した日、ないしは最初に学校で勉強が始まった日に、今日では通例の、いかにも愛すべきイニシエーションのすべてを終えた『テレタビーズ』の登場人物たち――こんなシーンは映像化にうってつけだろう。アンテナとテレビモニターのお腹を持ち、高度なテクノロジー装置を備えたテレタビーズたちは、視聴覚の直接的な領域から追い出され、黒い文字による統治へと自らを隷属させることを学ばねばならないだろう。彼らは自分のスイッチを切り替えること、自らを新たな環境に対応させること、感覚的《ズィンリヒ》確信から抽象性へと切り替えること、感覚《ズィンネ》の領域を放棄して、意味《ズィン》の帝国《ライヒ》への手ほどきを受けることを強いられるだろう。つまり、自分に見えているものを――白い地の上にある黒い一画を――見ることによってではなく、ただこの奇妙な一画と線の集まりがそもそも何を言おうとしているのかを学んだときにのみ先へ進むことができる意味の領域《ベライヒ》への手ほどきを受けるのである。聞くことと見ることというのは、神経医学的には高度に複雑な事象であると言えようが、それにもかかわらずほとんど不気味といえるほどの容易さで生じる。私たちは聞いたり見たりするのに一生懸命になる必要はない――マルテ＝ラウリス・

ブリッゲのように、見ることを学ぶという芸術プログラムに身をさらすのであれば別だが（マルテのケースは見ることを脱自動化させるということ以外の何ものでもない）。つまり、聞くことと見ることは、健康な身体と大脳のさまざまな機能が前提となっている、高度に自動化された事象なのだ。それどころか、聞くことと見ることは避けることさえできない[1]。しかし読むことは――見ないことはできず、あるいは聞かないことはできないのと同じ意味において――せずにはいられないのではない。それはただ、読むということを人がアプリオリにやってのけることができないからである。読むことは労力を費やして学ばれる必要がある。

周知のごとく、聞くことや見ることとは違って、話すことや、他者が私たちに語る事柄を理解するということは習得されねばならない――たとえこれらがさながら無意識的《オートマティック》に行なわれるのだとしても。私たちは、**今日**の世界で鳴り響く**およそ五〇〇〇もの言語**の一つの内部で生まれる。そもそも言語が複数存在しているということを納得させてくれるのは、あまた存在する神話のモティーフである。なかでも私たちの文化的伝統のなかで最も強靭なものはバベルの塔の伝説である。旧約聖書の創世記第一一章には、次のように述べられている。「世界中は同じ言葉を使って、同じように話していた。東の方から移動してきた人々は、シンアルの地に平野を見つけ、そこに住み着いた。／彼らは、「れんがを作り、それをよく焼こう」と話し合った。石の代わりにれんがを、しっくいの代わりにアスファルトを用いた。彼らは、「さあ、天まで届く塔のある町を建て、有名になろう。そして、全地に散らされることのないようにしよう」と言った」。人は自らに名を与えるのではない――人は名を与えられるのである。言葉を持たない新生児は、他律的に、一つの名を背負わされる。偉大な、神的な他者の名のもとに、他人である年長者たち（最新のドイツ語正書法でいまなお「両親」Eltern という語を Ältern〔年長者たち〕と綴るわけではないというのは理解しがたいことである）が私たちに一つの名を与える。間もなくさまざまな国に散り散りになっていくだろうという奇妙な予感のうちに、まだたった一つの言葉を話している人々が、一つの大規模な建築計画のもと一体となる。その建築計画が、将来および現在のあらゆる差異――そして不死の者と死すべき者とのあいだほど巨大な差異が他にあろうか――を調停せんとしていることは明らかである。

神はしかし周知のごとく、そのように粗野な物的・技術的な接近工作には何の興味もなかった。神は相互作用の調整が、原始的メディアたる言語のさまざまな機能の一部だとわかっている。そして神は最初のメディア戦争をもたらした。いわく「主は降って来て、人の子らが建てた、塔のあるこの町を見て、言われた。／「彼らは一つの民で、皆一つの言葉を話しているから、このようなことをし始めたのだ。これでは、彼らが何を企てても、妨げることはできない。我々は降って行って、直ちに彼らの言葉を混乱させ、互いの言葉が聞き分けられぬようにしてしまおう」」。バビロニアの塔の建設のような巨大プロジェクトは、カオスの様相を呈したコミュニケーション条件のもとでは実現できない。しかしメディア的に分散した人の子も、「彼らが何を企てても、妨げることはできない」。彼らが企てたことは明白である。つまり神のようになることである――オ前タチハ神ノヨウニナルノダ〔eritis sicut deus〕。無限のコミュニケーションが可能になるというのであれば、人の子はまるで神のごとくである。そして人間が神により創造されたコードを解読でき、自ら言葉を発することで創造できるというのなら、つまりビットをアトムに変化させる、あるいはパンと葡萄酒をイエスの体と血に変化させることができるというのなら、人間には無限のコミュニケーションが可能になる。ハリー・ムリシュの小説『天国の発見』は、このようなテーマを見事に形象化している。この小説ほど高度ではないが、メディア的観点において印象的なのは、アンテナとテレビモニターが一体化したお腹とおやつ製造機《テレプディング・マシーン》を備えたテレタビーズである。この意思疎通する存在の果てしなき軽さは、人の子が企てることをやめない事柄にかんする聖書の言葉の形象化である。この「テレタビーランドの丘」の住人のもとで、「バベルの塔」という夢はテレビ放送の現実となった。というのも、いにしえの、バベルの塔の崩壊によって大きな衝撃を受けた人の子らはすでに、メディアによる聖霊降臨の実現というプロジェクトに向け、絶えず活動しているのだから。すなわち、皆が皆と問題なく意思疎通できるようにしよう、というのである。この方向に向けての最初の一歩は**文字の発明**である。他者の言語がより容易に解読され、より根本的に理解されうるのは、それが文字で書かれて存在するときである。**書き言葉**を持っているのはしかし、**五〇〇〇もの言語のうちの約六五〇言語**にすぎない。(2)

周知のとおり、人は読むことを学校に入ってようやく学ぶ。学校とともに、市民的文化の文脈内部でのまじめな人生が始まる。義務教育を通じて私たちは視聴覚の直接的な領域(たとえそれがテレタビーズの時代のように、ハイテクノロジーによって媒介されたものであるとしても)から引きずり出され、抽象性と対決させられる。これを学校では「識字教育」と呼んでいる。「書く」と呼ばれる事象の複合性を、メディア理論家のヴィレム・フルッサーは説得力のある言葉でこう述べている。「書くことができるためには、私たちは――何にもまして――次の要素を必要とする。平らな表面(紙)、道具(万年筆)、記号(文字)、取り決め(文字の意味)、規則(正字法)、体系(文法)、言語体系を通じて示される体系(言語の意味の知識)、書かれるべきメッセージ(思考)、そして書く行為。書くという行為にそなわる複合性は、さまざまな要素が多数集まってできていることにではなく、むしろそれらの不均質さにある。万年筆は、たとえば文法や書くためのアイデアや主題といったものとは別の現実的レヴェルにある」(3)。書くことを学ぶというのは、すぐに理解できることだが、第一にまったくもって簡単ではなく、第二に並外れて抽象的で複雑さに満ちた課題である。この課題を克服するには、時間をかけてイニシエーションを行なう必要がある。

文字との原風景的な対決についての、今なお最も強力かつ思慮深い描写は、ゴットフリート・ケラーの筆に由来する。ケラーによる描写は、明らかにゲーテの「公共の学校で教鞭をとる教師たちの瑣末主義と陰気さ」[4]という簡潔な文章に連なるものである。若く、まだ「緑」で、そして単調な理論に青ざめるという経験をいまだ経ていないケラーの長編小説『緑のハインリヒ』の主人公は、テレビ以前の時代にすでに、テクノロジーの桃源郷たる草原の丘にいるテレタビーズのごとく、喜びに満ちてこの緑の大地の上に生きていた。テレビ用アンテナを備えたあのテレタビーズたちが、陽の照るがごとく微笑むテレビ局の権力と保つ関係は、まさしく緑のハインリヒがより高き存在である神と育んできた関係と比較することができる。「こうして私と、いと高きものとの間には、無邪気で楽しい関係が成り立った。私はなんの要求も感謝も、なんの正不正も知らなかった。そして神様におすがりする必要の生じないかぎり、神様をわずらわせないように心がけていた」[5]。しかし緑のハインリヒの熱狂的に平然とした人生の時期は、あの社会的な制度へと身を引き渡されたそのとき、急に終わりに出くわす。その制度は意味《ズィン》の帝国のための場所を作り出すため、彼の感覚的《ズィンリヒ》な世界を囲いこんでしまう。

『緑のハインリヒ』では次のように語られている。「ところがその後まもなく私には、神様との関係を意識し、初めて人なみに神様におすがりすべき機会が生じてきた。それは、六歳の年のある朝、五、六十人の小さい男の子や女の子といっしょに授業をうけるために、陰気くさい広い部屋へ押し込まれたからであった。目を射るようなアルファベートの大文字が載っているひとつのテーブルのまわりに、七人の子といっしょに半円形に立たされた私は、じっとかたずをのんで、何事がはじまるのかと目をみはっていた。そこに集まったものはみんな新入生だったので、ごつごつの大頭をした初老の教頭の先生が、自分で最初の一時間だけ生徒の指導を行うことになって、変なかっこうをしたその文字を私たちに交代に読みあげさせた」。この引用の次に続くのは、感覚《ズィンネ》ではなく意味《ズィン》にかかわるがゆえに高度に抽象的な、読み書きと呼ばれる作業をめぐるすばらしい現象学である。発話は最小の音声上の構成要素へと解体される。その構成要素はそれぞれ一つの記号、あるいは（英語の th やドイツ語の sch のような）複数の記号の組み合わせである。それらが語に、語は文へと再構成される。こうして、この「変なかっこうをした文字」が読むことによって解読されるのである。

このように（表音文字の場合にはいずれにしても）、私たちが知覚するものと、私たちが文字によって行なうコミュニケーションとは、つねに齟齬をきたしている。読み書きを学ぶとはすなわち、感覚《ズィンネ》による方向づけから意味《ズィン》による方向づけへの転換を学ぶことである。緑のハインリヒにとってそれは容易ではない。ハインリヒは互いに緊密な関係にあるもの同士を組み合わせようとする。彼はしたがって、先生にある特定の文字が何を意味するか質問されると、無秩序にとめどもなく連想する。とはいえ緑のハインリヒは、感覚的確信と、それに静かに満足する時間が過ぎ去ったことを、非常に鮮明に感じとらなければならない。「私はずっと以前に一度プンペルニッケル（ヴェストファーレン産のごつごつした碾割麦のはいったパン）という言葉を聞いたことがあって、その言葉がひどく気に入ったものだが、実際の形は一度も見る機会がなかったし、またこういう名前のついたパンは、二、三百時間も離れた土地の産物なので、だれ一人くわしいことを教えてくれる人もなかった。するとこのとき突然、大きなPの字が私の番に当ったが、全体のかっこうがあまり奇抜で滑稽に思われたので、心のうちにすこしの疑いもなく、私はきっぱりと、これはプンペルニッケルです、と答えた。私は世の中のことについても、自分自身のことについても、ないしはプンペルニッケルのことについても、いささかの疑念もいだいていなかったので心が楽しかった。ところが、その時の私の顔があまりにも生まじめで得意げであればあるほど、先生の方は私をすれっからしのしたたか者と誤解して、今のうちに曲った土性骨《どしょうぼね》をたたきなおしておかねばならないとでも考えたのであろう。にわかに私におどりかかって、髪の毛をつかんで乱暴に一分間も私を揺さぶりまわしたので、私は耳も目もぼうっとなってしまった」。

　以上の叙述よりも精確に語ることはできない。文字というメディアは聞くことと見ることの直接性を消滅させるのである。ケラーの長編小説から引用したこの見事な一節は大変啓発的である、なぜなら、あまりにも慣れ親しんでいるものに対し未知な視線を投げかけるという、成功した小説が果たすべきことをなしとげているからである。ケラーの散文は、書字システムのとてつもなく人工的な要素に対する人文主義的過大評価に、まったく与しない。この散文はむしろ、識字教育というプロセスにも本来的に備わる構造的・制度的横暴性を極端に強調している。それはこのプロセスだけの問題ではない。というのもケラーの散文は、言うまでもなくこの文章そのものが文字メディアのなかで進行し、普段は観察されることのない文字メディアのネガティヴな側面を主題にしていることを意識しているからである。文字は自らに対してすら距離を保つことができるほどまでに抽象度を備えたメディアである。大げさな言い方をすれば、距離を保つためのメディアとしての文字は、（緑のハインリヒが最初に学校へ登校した日に手痛く体験したように）服従のメディアであると同時に、解放のメディアなのだ（第二版における緑のハインリヒが示しているように、語り手の「私」は周知のとおり死ぬことができない〔第二版では、三人称から一人称に書きかえられるとともに、主人公が死を迎える結末も変更された〕）。

　以下に引用するのは一八五五年に刊行された小説『緑のハインリヒ』の一部だが、この作品は中欧で一般識字教育が浸透してから半世紀ほど経った時代に出版された。この箇所はあまりにも教示的なので、きりのいいところまで引用しないわけにはいかない。文字を学びはじめたばかりの新一年生である緑のハインリヒは教師に乱暴され、天にいる父の助けを呼ぶが徒労に終わる。その後、母子家庭の子供である彼は母親のもとへ、すなわち第一次メディアの領域へと連れ戻される。「こういう折檻《せっかん》は、今まで経験のない思いがけない出来事だったので、なんだか悪夢のような気がし、その時はただ胸をしめつけられるような思いで、黙って涙もこぼさずに、先生の顔を見つめているよりほかはなかった。何かしくじるとか悶着《もんちゃく》をおこすとかした場合に、ほんのちょっと体をさわられるかあるいはそんな気配が見えるだけでも、すぐに鼓膜のやぶれるほどのみっともない悲鳴をあげはじめる子供たちを見ると、私は平生でも腹が立ってしょうがなかったが、そんな子供たちはわめけばわめくほどよけいに折檻されるし、私のはそれが極端に反対で、人に叱《しか》られても涙一滴こぼすことができなかったために、いつも事態を悪化させたのである。この時も先生は、私が泣きもせずにただあっけにとられて自分の頭を手でおさえようとしているのを見ると、強情なやつだと思ったらしく、しぶとい土性骨《どしょうぼね》を徹底的にこらしめてくれようと、もう一度私におどりかかってきた。さすがの私もこれにはまいったが、泣き声を立てるかわりに、恐ろしくなって、われらを悪《あく》より救い出したまえと一心にお祈りをあげ、苦しめられる者にとっては慈悲ぶかい父となってくださると、たびたび人から聞かされている神様のお姿を、目の前に浮かべていたのである。しかし先生の方からいえば、悪《あく》呼ばわりまでされては、これはもはや忍びうる限度を越えていた。で、この出来事は容易ならぬ大問題にまで発展してしまった。そこで彼はすぐに私から手を放したが、この際どういう処置をしたならば適当であろうかと考えて、深く心を痛めたことであろう。これで午前の授業はすんだので、先生は家まで私について来た。家へ帰ると私はうしろむきに窓ぎわに立って、ひき抜かれた髪の毛を額からはらいのけながら、はじめて人知れず涙を流したが、先生の姿も、私たちの神聖な部屋のなかでは一段と赤の他人か敵のように見えると思いながら、先生が母と何かまじめな相談をしたり、私という人間はすでに何かの悪霊にとりつかれているに相違ないと言って、断言している言葉なぞを聞いていた。母もこの事件には先生や私に劣らずびっくりして、この子はごく無口な静かな子供で、これまで一度も目を放したこともないし、乱暴なぶしつけなふるまいをしたこともなく、［…］と私を弁護してくれた」。

緑のハインリヒは永久に家にとどまるわけにはいかない。何しろ、たとえそれに皆が従っていたわけではないにせよ、**義務教育**があるのだから（**プロイセンでは一七一七年以降**、他のヨーロッパ地域では一部明らかにそれよりも遅い国もあった）。こうして緑のハインリヒは、言葉を文字へと解体するメディア・システムに習熟させられる。このメディア・システムは今日に至るまで、最も重要な差異化の一つを基礎づけるのに役立っている。それはたとえば文字のない先史時代と文字によって記録される歴史との差異である。あるいは先進国と後進国、第一世界と第三世界の差異、それとも同じことの言い換えだが、就学前の子供と就学中の子供のあいだにある違いである。あるいはハイカルチャーと——非難がましくないその反対概念を見つけるのは難しいが——マスメディアカルチャーともいうべきものとの差異。それとも単純に自然と文化の差異。要するに、文字の発明は人類史上唯一のメディア革命というわけではないにせよ、どれほど評価しても評価しすぎるということはない。あるいは一歩譲って現代風に述べると次のようになるだろう。文字の発見は、年代史的にそして論理的に考えても、人類史上の三大メディア革命のうち第一位に位置する。実際、早い時期からすでに、文字の発明はそのようなものとして認識されていた。文字はプラトンによって、すでにもしくはなおも（たとえ疑わしきものとしてであれ）センセーショナルなものとして受け止められていたのである。

「すでにもしくはなおも」と言ったのは、プラトンの時代（この哲学者が生きていたのは紀元前四二三年から三四七年まで）、**ギリシャ語の表音文字**はすでに一〇〇年の歴史をもっていたからである。プラトンの師である思想家ソクラテスは、文字をまだ用いずに、ただ話していた人物である。その点においてソクラテスは、私たちが西洋的・キリスト教的文化と呼んでいるものを生み出した第二の重要な生みの親、すなわちイエス・キリストと対応関係にある。イエス・キリストも自らは書いたものを残さなかったが、イエスの説話と教えを文字で証言する使徒と福音書の著者を見つけた——どの程度信用できるかという問題がいつもつきまとうが。私たちの手元に、「最後の晩餐」や「山上の説教」の録音テープか録画ビデオが残されていたとしたらという想像は、いずれにしても、文化保守主義的な哲学者やメディア史に批判的な神学者たちにとっても（テクスト批判的な観点からはきわめて危険な）魅力がまったくないわけではない。その想像とともに第二、第三のメディア革命への展望が開ける。すなわち、もし声を記録することが可能ならば、私たちは再びソクラテス的な声でコミュニケーションできるのである。古典的な声の記憶保存メディアならびに伝達メディアは文字によるメディア革命を相対化する。というのもこれら古典的な記憶保存メディアは、メディア史家のウォルター・オングが「二次的な声の文化」と名づけているものを可能にするからである。(6)

録音（そして視覚的なものに関していえば写真）の発明とともに、文字というメディアが保存と伝達を独占している状態は崩れ去る。視聴覚的な知覚が、意味の知覚として保存可能になる。そして非識字性が再び、もともとそうであったように、（今度は「二次的な声の文化」という次元において）文化史的な通常状態であることが明らかとなる。(7)それはまた、文字というかたちで固まった意味が保存可能性を独占している状態を失うということでもある。今後、記憶可能なものは、もはやたった一つの意味（文字）ではない。それはまさに唯一の意味であったがゆえに大勢によって競って獲得されたのであったが、今後は、多数ではあっても無害な感覚データも記憶可能になるのである。そして第三のメディア革命、すなわちデジタル・コンピュータ・メディアの登場によって、音と映像、数字とアルファベットなど「すべて」が暗号化され、保存され、伝達されることが可能となる。この第三のメディア革命がその予測可能な終末に近づくことになるのは、メディア機器が文字どおり呼びかけに対して反応する、それゆえいつ何時もしれなく声を文字へ、文字を声へ変換することができるようになった場合である。このテクノロジーはこの千年紀転換期には基本的にもう利用可能なので、万が一声をただちに書字化するテクノロジーが安価に大量に広まれば、識字教育を受けた者と受けていない者との明確な境界線が第三千年紀初頭には揺らいでしまうかもしれないという予測は、さほど大胆なものでもない。

文字の成立について、注目すべきほど長いあいだ（すなわち十八世紀初頭から今日まで）支配的であり続けてきた学説は、明らかな利点をもっている。それは、並外れて魅力的なのである。英国国教会グローチェスター主教のウィリアム・ウォーバートンは、一七三八年に発表された著作『モーセの神聖な使命』で、その学説の古典的な、つまり三段階の区別を描き出している。それによると、文字の発展の最初の段階はピクトグラム、すなわち絵文字だった。ピクトグラムは指示対象の図解的再現である。ウォーバートンは「メキシカン・ペインティング」（すなわちアステカの暗号）と、当時まだ解読されていなかったエジプトのヒエログリフと中国の漢字をピクトグラムの主要な例として挙げた。ウォーバートンはまたこれらのなかに、絵文字による記録方法が洗練さを増す発展段階を見出していた。メキシコの絵文字はまだ、実際に存在するものを素朴ながらもリアリスティックに再現しようという意志に徹底的に貫かれているのだという。それゆえメキシコの絵文字はただちに、たとえば抽象概念も単純な動詞も表現することができないという限界に至る。「ない」「ほとんど…ない」あるいは「信じられない」を絵文字で示すことはできないのである。ウォーバートンによれば、エジプトのヒエログリフはこの問題を、図像のアナロジーとメタファーで解決しようと試みた。日の出はたとえばワニの目によって表される。登っていく太陽が大地の上に位置しているように、現にワニの目はワニの頭の上に位置しているからである。もう一つウォーバートンの例を挙げれば、神の全能性は高い位置に据え置かれた大きな目で表現された。さらに中国の文字は多くの抽象性をピクトグラムへと持ち込んだので、結局、ピクトグラムをそれ以外の文字からへだてていた境界線を踏み越えてしまった。ウォーバートンによれば、「固有の観念はすべてそれぞれ固有の文字によって言い表される」(8)のである。

この説明パターンは、以前にはピクトグラムの典型例とみなされていた文字が読解されればされるほど危機に陥った。このような絵文字学説の矛盾は、それ以前からすでに目についていた。ウォーバートンの学説に対抗する、シンプルでありながらどちらかと言えばあまり持ち出されたことのない異論は、人間であれば家や動物や果物がどのように見えるかをわかっているので、絵文字なら本来は簡単に判読できるはずだ、というものである。ウィリアム・A・メイソンは一九二八年、ウォーバートン説に対する異論の数々の歴史について以下のように論じている。「私たちは発見されたもののうち最初期の、あるいは最古の碑文においてすら、そこに記された対象を認識するのは必ずしも容易ではないことを認めねばならない」(9)。

絵文字が本当に絵文字だったなら、それらはもっと簡単に解読可能なものであったに違いないのに。しかし絵文字は絵文字ではなかった。突破口となったのはエジプトのヒエログリフの解読である。ナポレオン軍の兵士の一人が一七九九年にエジプトで発見し、一八〇一年のアレクサンドリア征服によってイギリス人のものとなった、かの有名な**ロゼッタ・ストーン**上に書かれた文字を、**ジャン゠フランソワ・シャンポリオンが一八二二年**に解読したのである。この石の十分判読可能な碑文は、三つの言語（すなわちエジプト語、ギリシャ語、当時上部エジプトで広まっていた民衆語）で、紀元前一九六年にプトレマイオス五世エピファネスの栄光をたたえた神官の布告を再現している。当時のイギリス人エジプト学者のうちリーダー格であったトーマス・ヤングは、ウォーバートンの推測を礎にして、なおも碑文を読み解こうと試みたが不首尾に終わった。それに対してシャンポリオンは、ヒエログリフは（今日の言語学用語で言うと）三種類の記号を組み合わせたものであるという仮説に沿って研究を行なった。その三つとは、表音文字（音を表す記号）、限定符（同音異義語を区別するために付け加える記号）、そして表意文字（意味を表す記号）である。

シャンポリオンの成功の後、音声上の抽象性は、当時知られていた最初期の文字にすでに含まれているということの学説をさらに裏づけるものが見つかった。[10] しかしウォーバートンによる理論的枠組みが決定的に崩壊するまでには、もう少し時間がかかる。初期の文字は絵文字的であるというウォーバートンの学説が決定的に疑問視されたのは、ようやく一八九七年のことである。エジプトのヒエログリフが最初の文字だという魅力的な学説がもう持ちこたえられないことが明らかとなったのである。その頃出版されたフリードリヒ・デリッチュの著作『最古の文字システムの成立』には、二二の基本となる文字の組み合わせから構成されるシュメール人のくさび形文字が最初の文字であるという見解が示されている。

その後、それよりもさらに古い文字が存在すると指摘されるようになった。デニス・シュマント゠ベッセラは、一九二二年に刊行された著作『書記行為以前』において、表題のとおり文字の成立以前から文字成立後の時代への移行という問題を論じ、粘土に刻まれた文字の最初期段階は、絵文字ではなく数を数えるための道具であると示すことに成功した。**シュメール人**は文字よりも前に、**記号となる小道具（トークン）**を知っていた。書く前に、数えるという行為があったのである。**紀元前九千年紀**にはすでに――すなわちノマド的狩猟文化から農耕と定住への切り替えを広範囲にもたらした新石器時代の変革から間もなく――いくつかの、そしてやがては驚くほど多くの、くさび形文字で刻まれ、意味を表す粘土製の小道具が使われていたことが分かっている。これらはメソポタミア（今日のイラク）、より正確には人類史上でおそらく最初の比較的大きな都市、すなわちウルク近郊にて出土した。

文字の前段階あるいは文字の初期段階に位置する数えるための記号に関する学説は、少なくとも二つの理由から重要で啓発的である。第一にそうした学説は、文字とともに現れる高度な抽象性のもつ力を、絵文字と文字とのあいだの「ゆるやかな」推移をうたう学説よりもより鋭く際立たせる。感覚的な図像ではなく数えるための抽象的な初期形態こそが、書記行為の誕生を助けたのである。そして第二に、経済こそがあらゆる抽象化、つまりアルファベットおよび数字による抽象化の生みの親であることがはっきりする。シュマント＝ベッセラは次のように述べている。「書くという行為は、官僚主義的な必要から生まれただけでなく、抽象化された形式で数えるという行為が発明された結果である。数えられるものと純粋な量を表す数字記号とが分離した時、二つの種類の記号が必要となった。この二つの記号によって、商品そのものを表す刻印記号と、抽象的な数を表す押印記号との区別が明瞭になった。［…］そうしてたとえば、五つの瓶に入った油は、刻印された卵形一つ（＝瓶に入った油）とくさび形をした押印記号五つ（＝五）によって再現された。ひとまとまりの商品を把握する記号システムの内部において、押印されるくさび形で表現される抽象的な数字記号とは、もともとは実際に穀物のひとまとまり（トークンを用いるシステムでは一つの円錐で表される）にほかならなかったのだが、それに新たに抽象的な意味が与えられた。一・［…］最も重要かつ新たな認識は、数えるという行為が、かつて想定されていたように、書くという行為の下位に位置づけられていたわけではまったくなく、実際はその逆で、書く行為が数える行為に由来するということである。トークンは経済的なデータを把握するために用いられた最初の記号であり、そのように用いられたがゆえ、書くという行為の発明の直接的な基礎になったのである[11]」。

このようなトークンを本来のくさび形文字の前段階とみなすことができる。**シュメール人によるくさび形文字**（最も古いものでは**紀元前三四〇〇から三二〇〇年**、最も新しいものは紀元前二四五〇年頃と推定される）は、約六〇〇の原始的記号からなる文字であった。この文字は先のとがったペンで柔らかい粘土に刻み付けられた。今日まで残っているもので最も古い文字板の内容はたいてい、驚くほど飾り気がない。というのもそれらに記されているのは財産契約や納税通知書、国の証書といった具合だからである。シュメール人によるくさび形文字の発明の約三五〇年後（つまり早くても紀元前三二〇〇から三〇〇〇年頃）、部分的に音声を表す文字を含む**エジプトのヒエログリフ**が発生した。ヒエログリフはシュメール人のくさび形文字に比べるとあまりにも異なっているので、そこに直接的な影響関係があったとは思えない。そのつどの発話は、この文字では判じ絵のように表現される。注目すべきは、今日まで残っている最初期のヒエログリフ文書にもまた明らかな経済活動との関連が見られることである。というのも、それらは支払いの領収書なのである。

さらに東、すなわち上部インダス渓谷（つまり西インド、今日のパキスタン近く）でも紀元前二五〇〇年頃、原始的文字システムが形成された。ここでも現存する最古の証拠品は経済的な目的に用いられている。つまりその多くは、財産に関する証書や遺言書である。そして最後に**漢字**が、**紀元前一五〇〇から一二〇〇年の殷王朝時代**に発生した。ここでは文字を書くために、貝殻の柔らかな内側や柔らかな動物の骨、後には陶器が利用された。最も古い文字の記録には、経済や税金に関する事柄のほか、神託のような予言術のためのものもある。経済と宗教は太古の昔から相互に深く関わり合っている——両者はともに遺言＝契約《テスタメンターリッシュ》に関わるものを問題にしているのだから、関係がないはずはないのである。

ギリシャではついに**紀元前九世紀、二四文字**（の子音と母音）からなる最初の完全な**音声アルファベット**が形成された。最も早期に成立した表音文字の記念碑の一つは、紀元前八〇〇年頃に作られて文字を書きつけられたポットで、アテネの古代遺跡ディプロンから出土した。そしてラテン文字のアルファベットは紀元前七世紀頃に成立した。フォロ・ロマーノのラピス・ニゲル〔古代ローマの記念碑〕には、紀元前六〇〇年頃の、まだ右から左へと書かれた、当時は新しかったものの今日まで使われている文字[12]による碑文を読み取ることができる。この表音文字において魅惑的なのは、この誰によるものかは不明な発明の純粋主義である。この文字は表音記号、表意記号、表語記号の混在を放棄した。それに代えてこの文字は断固として、表音記述の原則を採用したのである。すなわち言語の音価は、その最も小さなまとまり（音素）に解体され、体系化される。書く者は音を抽象的な文字に置き換え、読む者はこの文字を音へと戻す。この両方の行為、すなわち書くという行為と読むという行為は、長期間にわたり声に出して行なわれた。誰かが書き留めたり解読したりするのを聞くことができたのである。事実、ギリシャ語で「読む」を表す語——anagignosko——が意味するのは、「再認識する」ことにほかならない。しかし表音文字において読みながら認識されるのは、誰かが文字を永続的な物質に書き付けたときに、そこで概念的に意図されていたものでも、読者の心の眼の前に現れるべきものでもなく、もし文字の代わりに誰か話す者がそこにいたなら、鳴り響くであろうものなのだ。この方法の長所は文字どおり明白である。つまり「無《ニヒツ》」「ほとんど…ない《カオム》」あるいは「否《ナイン》」といった語はすばやく発音され、音声として書き留めることができるのである。それに対して、これらの語を絵文字でどう再現できるかなど、想像もつかない。

表音文字という体系の長所は明らかすぎるくらいである。それゆえにこそ、いくつかの文字の原理的可能性を簡潔かつ体系的に比較することにも価値がある。**表音記述文字**は分析的であり総合的ではない。それらは語とのつながりではなく、音とのつながりを作り出す。アルファベットは音の要素、音、音素を文字へと変化させる。個々のアルファベット記号あるいは文字は、個々の音を表す。この方法の長所は明らかである。つまり簡単で比較的迅速に習得可能なのである。何千という文字を苦労して習得する必要などなく、約二四個の文字ですむのである。そしてアルファベットというシステムを習得することは、同時に——緑のハインリヒが身をもって体験したように——抽象化との衝突である。なぜならば、表音文字は、文字どおり抽象的だからである。すなわち表音文字は、それらが示すものを度外視しているのである。表音文字は感覚的に知覚可能な声ノ息吹を、意味を体系化する手続きの出発点として選択することによって、決定的に抽象的になる。文字という記号は機能として（それ自体は意味のない）音の記号にアクセスするのであり、決して事物や事柄や概念にアクセスするわけではない。

それに対して**表語文字**は、魅力的な反抽象の原則にもとづいている。すなわち表語文字では、文字化のためのよりどころや出発点は語あるいは概念である。今日に至るまで、最良かつ最も純粋な表語文字の例は漢字である。漢字には七万を超える文字があることが分かっており、そのうち約一万字が実際に使用され、さらにそのうち三千字が頻繁に用いられる。この何千とある文字を習得するのは当然、自由に組み合わせられる二四の文字を習得するよりはるかに困難であるうえに、これらの文字がどう発音されねばならないかは、それらを見ても分からない。しかしいかなる語、概念、活動、事柄などをそれらの文字が表しているのかならわかる。漢字を理解する者であれば、どの語が（どの音が、ではない）意図されているのかを理解できる。それゆえ表語文字にも、決して見逃しようも聞き逃しようもないほど明らかな長所がある。漢字を使えば、最高度に異なる方言、それどころかまったく異なる言語の話者が、文字を介して意思疎通することができるのである。たとえ米、家、愛あるいは泳ぐといった語のための文字がまったく別様に発音されるのだとしても、それらは同一の語として文字化されている。多くの人々が中国語や日本語の文字の複雑さに驚き絶望的な気分になる。その逆に日本人や中国人は、表音文字の文化も文字化された時にはこれほどまでにバベル的であることに驚くのである。英語、フランス語、ドイツ語では、それぞれtree, arbre, Baumのような非常に異なる文字が、いかにして「木」という同一の意味をもちえるのか！ヨーロッパ全土で「中国の」文字が用いられていたとしたら、私たちはどのような英語のあるいはフランス語の本でも読むことができるであろう。しかしその時、私たちは英語やフランス語が話せるわけではない。

事実、中国語のあるいは日本語の表語文字を表音記述に置き換えるという浅はかな試みは、つねに不成功に終わる。それは、同音異義語が多数存在することと関係している。ある同一の発音をもつシラブル、たとえばsunなどは、日本語で三〇を超える意味をもちうるのである。今日、日本で通りを歩くと、お互いに話をしている日本人同士がただ話をしているだけでなく、その際に文字を手のひらに書いて示している様子に出くわすのもまったく珍しいことではない。というのも、そこで話しているのが同じ発音をもつ三〇以上の文字のうちのどれなのか、ただそうすることでしかはっきりしないからである。数の領域では、啓発的なことに表音記述文字の体系も、表語文字システムの長所をわがものとしている。数えるための記号である数字は、それらがどう発音されるかにまったく関係なく機能している。私たちは383：13という数の連なりを、フィンランド語を学んでいなかったとしても、フィンランド語のテクストのなかで読み理解することができる。純粋な表音記述文字があるかもしれないなどと信じるとしたら、それもまた幻想であろう。後になってようやく文字を持った言語が、より古くから文字を持っていた言語より、「純粋な」表音文字の理想にはるかに近いことがよくある。スペイン語はヨーロッパ言語のなかで――純粋な表音文字に向けての尽力の結果である人工言語エスペラントは除外するとして――文字と発音が最も緊密に関連し合う言語と見なされている。今日、世界で広く通用するコミュニケーション言語である英語には、このようなことは明らかにあてはまらない。ジョージ・バーナード・ショーによる気の利いた冗句がそれを明らかにしている。彼によると、英語の fish（魚）という語はまさに ghoti と書くこともできる。すなわち laughter にある gh、women にある o、そして lotion の ti を組み合わせるのである。

言語学者のトゥルーデル・マイゼンブルクは、表音記述的と思われる言語はたいていの場合、実際にはそれほど表音記述的なわけでもないので、フラットな表音記述とディープな表音記述を区別することを提案している。フラットな文字システムは、（スペイン語のように）音と文字を信頼に足る方法で対応させるという理想に、ある程度近づいている。そうしたフラットな表音文字の長所は明らかである。つまり、たやすく習得し扱うことができる。文字の発展史という観点から見ると、そうしたフラットな文字システムはたいていてい、後の段階でようやく文字を持った文化に見出される。後の時代に成立した人工言語であるエスペラントが極度にフラットな言語システムをもっているのはそのような理由からである。しかし、周知のようにエスペラントはあまり成功しなかった。というのもディープな表音文字もまた長所をもっているからである。ディープな表音文字と呼ばれるのは、スペリングが多量の情報をコード化しているためである。フランス語のnon（いいえ）とnom（名前）のあいだのある音声上の違いはchamp（草原）とchant（歌）とのあいだにある違いとそう変わらない。しかしそこには正書法的な差異が生じている。この差異は通時的な要素を共時性へ持ちこみ、多大な歴史的情報を詰め込んでいる。それはまた、魅惑的なまでに過剰規定された意味あるいは無意味性に満ちた象徴主義やシュルレアリスムの文学を可能にする。父の否定〔non〕／名前〔nom〕――言語の草原〔champ〕／歌〔chant〕……。

文字システムがその内部でどのように組織化されているにせよ、文字一般の発明における心理的、文化的、宗教的、政治的、インフラストラクチャー的、学問的そして経済的影響は甚大である[13]。それ以前の文字のなかったコンテクストに書字性が入りこむと、「冷たい」社会から「熱い」社会への決定的な移行がもたらされる。フランスの文化人類学者クロード・レヴィ＝ストロースは、『野生の思考』において「冷たい」社会と「熱い」社会を区別する。「冷たい」社会とは文字のない社会のことであり、それゆえ発展を好まない。そのような社会は口承による神話の連続性にとらわれ、あるいはそれに護られたままであり、自らの今の状況をそれ以前の状況と比較することができないのだから。それに対して「熱い」社会は文字によって彼らの過去を意識しているが、その過去は「口承による」神話のごとくたやすく作り変えられうるわけではない。なにしろ過去は文書として記録されているのだから。まさにそれゆえ文字文化は発展を好む。文字文化は、望もうが望むまいが、差異を強調する。文字文化は比較可能であるどころか、比較せずにはいられないのである。かつてはこうであったが、今はこうこうであると。そういうわけで、すべてのものは、今あるものとはまったく違ったものになりうるのである。文字はまさに、それ特有の保存機能によって変化の意識と推進力をもたらす。文字はしかし大規模な集団の形成をもたらす。こうして法が広範囲に有効性をもつことができる――それどころか、およそ最初の一般的な効力をもつ制御可能な法になることができるのである。エウリピデス（紀元前四八〇―四〇七年）はすでに、法の体系化が民主主義、より厳密に言えば法の下の平等を可能にしたことを、きっぱりと文字の成果として賞賛している。エウリピデスの悲劇『ヒケティデス』には次のようにある。

国にとって、一人の王がいることほど害悪を流すものはない。
このような国では、まず第一に法が国民一人一人のものとはならない。
たった一人の者が法を自分のものにして、
君臨するのだから、これはもはや公平というものではないのだ。
法が文字で定着されることによって、無力な者も、
富める者も、その権利は平等となる。(14)

これはコール元首相、さらにはカンター、コッホといった政治家たちの闇献金疑惑、そしてザイン＝ヴィトゲンシュタイン家の王子の争いに対して太古の昔からよせられたコメントのように響く。コール元首相は明らかに書類ではなく、内輪での個人的な言葉を信頼する男であるが、彼がおめでたくも調書でばらしてしまったのは、彼が「純粋に形式的な」法令文書よりも個人的な信頼関係のほうが重要だと考えているということである。古代ギリシャの専制的支配者ばかりでなく、民主主義的に選ばれた政治家たちもまた、テレビの生中継あるいはインターネットの発明以前から、文字によって固定される法のようなメディア革

新を徹底的に信用しない理由があった。さらに言えば、数々のメディア革新を、徹底的に自らのために利用する理由もそれ以上にあった。

以下に列挙するような文字の発展のさらなる影響は、再三にわたって強調されている。知は集積されることができ、もはや失われる恐れもない。より多くの量のテクストが記憶されうる。記憶のプロセスがコントロール可能になる。文字の直線性によって、新たな直線的思考・経験方法（たとえば時間という思考と経験の方法）が、発展の原動力を得る。複雑な管理システムは、総じて書字性と事務機構という基盤があってはじめて実現可能となる。都市文化は書字性があるところにのみ成立する。人間の大規模な集団は書字の伝達と発送という基盤があるときにのみ、長期間にわたって維持できるものとなる。より複雑な形態の経済はひとえに文字という基盤があってはじめて成立する――硬貨や債務証書には、何かしら読む価値のあるものが書かれていなければならない。こういったことに加えて、また時折指摘されるのは（主流となっている主張ではないが）、私たちが自己意識的な主観性と名づけているものは、もし書字や他のメディア（たとえば貨幣）がなかったらほとんど存在不可能だろうということである。カント主義者やあらゆる流派の超越論的哲学はたしかに、自己意識的な主観性がメディアの作用によるものだというテーゼを聞くのを好まない。しかしこのテーゼが妥当なものだということを示す十分な根拠はある。ほかならぬヘーゲルがこのテーゼを表明している。彼の『エンチクロペディー』第四五九節では、ただたんにヨーロッパ中心主義的な自意識から「表音文字はそれ自体として［ヒエログリフの文字と比較して］いっそう知的である」と述べられているだけではない。メディア分析的により正確に、次のようにも述べられている。「表音文字の読み書きの学習が測りしれないほどの貴重な教育手段となることが分かる。というのも、その学習に際して、精神は感覚的な具体物からもっと形式的なもの――音となった単語や、その抽象的な要素——へと注意をむけ、内面性の土台を主観のうちに据えて純化する、という本質的な作業にとりかかるからである[15]」。

ヘーゲルの言葉は力強い。表音文字という地盤なくして「主観における内的存在」はありえなかっただろう、と述べているのだから。文化理論家のアライダ・アスマンとヤン・アスマンは、方法的に異なる文脈、つまり記憶分析の文脈において、ヘーゲルと似た結論にたどり着いている。彼らは表音文字であるアルファベットの精神から個人の心の誕生を理解している[16]。というのもアルファベットがあってはじめて、人間の記憶は個人的な反応や想起のために解放されたのである。なぜならば記憶は、そうした反応や想起を書き記されたものと比較し、それを通じてまた別の部分を強調できるようになるからである。書き記されているものがあることによって、他と異なる自分、すなわち個人として自らを際立たせることのできる基盤が生じる。そのようなわけで昔から、多くの文化研究、とりわけ文学研究の領域には（あらゆる哲学、とりわけ起源についての超越論的説明とは異なり）、主観性そのものを「歴史的に定義づけられたメディア技術に由来するものと考えるための[17]」根拠がたくさんある。

この関連でおそらく最も先鋭的な論述は、プリンストン大学で教鞭をとる心理学者ジュリアン・ジェインズによるものである。ジェインズの一九七六年に発表された著作『神々の沈黙』が最初の手がかりとしているのは、文字誕生以前の文化からアルファベット文化への過渡期に成立したホメロスの『イリアス』において、**幻聴という現象**が、まだ精神医学の分野で騒ぎたてられるようなものではなく、一種の正常な状態とみなされているという観察である。『『イーリアス』』の登場人物は、座り込んで何をしようかなどと考えない。現代人が自分たちにはあるとする、意識ある心など、彼らはもっていないし、内観など絶対ありえない。主観をもつ私たち現代人には、それがどのような具合だったのかは理解できない。人間の王であるギリシャ軍の総大将アガメムノンがアキレウスから愛人を奪った時、アキレウスの金色の髪をつかみ、アガメムノンを襲うなと諭したのは神の一人だ（第一歌一九七以降）。そして、灰色の海から姿を現し、海辺にある自分の黒い船のそばで怒りにくれるアキレウスを慰めるのも神、トロイアの王子パリスの妃となったヘレネにそっとささやき、望郷の念をかき立てるのも神（第三歌一二九以降）、ヘレネを奪われたメネラオスの攻撃から霧でパリスをかくまうのも神（第三歌三八〇以降）、黄金の代わりに銅を取るようグラオコスに命ずるのも（第六歌二三四以降）も神だ[18]。『イリアス』のなかで神々とデーモンたちの声が英雄たちに、何をすべきで何を思いとどまるべきかについて指示しているすべての場面の列挙はこれで終わらず、まだ続いている。

デーモンをもっている、あるいはデーモンに取り憑かれている――ホメロスの叙事詩が成立した当時（紀元前八世紀）、自らを自意識的主体と考えることなど思いもよらなかったであろうギリシャ人たち（彼らの言語には能動態と受動態の中間に位置する、「中間態《メーディウム》」としか言い表しようのない動詞の態がある）は、心の内的状態をそのように称した。F・A・ヴォルフによって一七九五年（まさにその年、フィヒテは『全知識学の基礎』と題する「自我は自我である」という学説を世に問うている）に提起され、今日に至るまでたえず新たに議論されている、『イリアス』と『オデュッセイア』は同一の書き手に由来するものか、もしくは、そもそも両作品は一人の著者が書いたものなのかという問いは事実、古典文献学を成り立たせている問いと同じようなものでもある。今日、幻聴が聞こえる人物は精神科医が扱うべき対象とみなされる。ホメロスの叙事詩に登場するギリシャ人の場合は、そうではない。彼らはほとんど絶え間なく彼らのまわりに聞こえる声に反応するが、それは彼らを追い回す声ではない。強調して言うならば、今日、症状がどのように現れるかによって、ボーダーライン症候群、精神分裂症、精神病あるいは統合失調症などと識別診断的に分類されるであろうものには、声が独占的メディアであった時代であれば、ごく普通の状態である。ジェインズは簡潔な表現で、次のように述べている。『イーリアス』に出てくる人々には自らの意志がない」[19]。この現象に対して、ジェインズは啓発的な説明を用意している。その説明は、人間の脳は二つの部分に分かれており、それぞれまったく異なる課題を引き受けているのだという異論の余地のない学説と結びついている。そしてこの脳の両半球は第一次メディアにライバルがいなかった時代、すなわち文字メディアの発明以前には、まだ十分に調整されていなかったのである。

「だとすれば『イリアス』に登場する英雄の場合は」状況は奇妙で、無情で、空虚なものということになる。こうした英雄には、その猛々しい瞳の奥に、〈心の空間〉を創り出して近づくことはできない。私たちが互いにしているようにはいかないのだ。『イーリアス』の英雄は、私たちのような主観を持っていなかった。彼らは、自分が世界をどう認識しているかを認識しておらず、内観するような内面の〈心の空間〉も持っていなかった。私たちの主観的で意識ある心に対し、ミケーネ人のこの精神構造は〈二分心〉と呼べる」[20]。しかし読むこと、書くことという行為によっていまや、ジェインズの提起した論証を先鋭化させて言うなら、脳の両半球、すなわち感覚的に知覚する部分と抽象的部分が調整される。書きそして読む者は、音を抽象的な記号へ暗号化する、あるいは抽象的な記号から音を解読する者である。そしてそれによって、精神的な音の純粋性とこの音が物質化されている黒い線とのあいだにあるコリスモス（プラトン自身[21]というよりプラトン主義者たちがイデアと個々の存在者を引き離す深淵をそう名づけた）を橋渡しする。そうした純粋な音と汚れた文字記号のような対置は数多くのパラドックスに巻き込まれていくわけだが、そのうちの一つはただちに明らかとなる。永遠ではなくとも、かなりの期間にわたって持続する見込みがあるのは汚れた文字であり、その場限りの音などでは決してない。話シ言葉ハ消エ去ルガ、文字ハ残ル。永遠とはしかし、純粋なものと観念的なもののための帝国であり、滅びゆくエントロピー物質のためでは決してない。

メディアとしての文字は深淵に橋を架ける。それは他者《アルター》と自己《エゴ》とのあいだの相互作用を調整するためのメディアであるばかりではない。同時期に出現したメディアである貨幣とともに、何よりもまず自己《エゴ》自身の同質性をもたらす。声に出してゆっくり話しながら、自分がそこで話す内容を記録する者は、自分が聞いた声を手なずける。彼はそこで文字となるのが自分の声なのだということを知る。それと同様に、貨幣というメディアとのつき合い方を学ぶ者は、総合という営みのなかで衝突を余儀なくされる。彼は手でつかめる具体的なものを——この一シェッフェル〔穀物を計る単位〕のライ麦、この布きれ、この瓶に入ったワインを——きわめて抽象的なもの——これにはあの価値がある——と結びつける、つまり同等のものとするのだから。同じではないものが（布切れとある一定量のワインに何か共通点はあるのだろうか？）、貨幣というメディアにおいて同一の、それどころか同一価値で、まさに等価なものになる。しかし交換の前提とは、交換しようとしている人が何かを自分の所有物《アイゲントゥム》とみなしているということである——人が自分の主観性を何かしら自分に固有のもの《アイゲントゥームリヒエス》とみなしているのと同様に。ジェインズの著作では付随的に言及されているにすぎないが、**文字とほぼ同時期**に現れた**貨幣というメディア**は、少なくとも二つの理由でもっと注目されてよい。第一に、ジェインズは文字の影響をやはり評価しすぎている。というのも、文字は長きにわたり、ごくわずかな人々だけが用いる技術だったのである。コインないし貨幣というメディアはそうではない。貨幣は非識字者でも使うことができる。そして第二に明らかなのは、貨幣は互いに緊密な関係にあるものを関係づけるという点である。すなわち抽象的な価値と具体的な財物を結びつけるのである。貨幣は同質性をゆきわたらせるという点では、文字よりもさらに卓越したメディアである。貨幣は真に重要な方法によって主体を相互に関係づける──買い手と売り手は等価性という記号のもとに合意する。それによってまたさらに、自分自身と同質な主観性と呼びうるものがもたらされる[22]（これについては「第二の中断」にて詳細に記す）。

文字と貨幣は同質化する──異なる時代、さまざまな財物、それぞれがきわめて異なっている発言、過去と現在、一人の人間ともう一人の人間がすることとやなすことを。しかし両者が同質化するのは、高度な意味で弁証法的なもの（つまり、内的に矛盾しかねないほどの逆説をはらんだもの）と特徴づけることのできる方法によってである。すなわち、この両者は引き離すことによって引き合わせる。主体は「二分《にぶん》心《しん》」をメディアの作用で克服してはじめて、まさに他の主体と区別される独自の、個別の、分かちがたい、自らと同一の主体となる。「二分心」は、自分自身を他と混同しえない一人の人物として、個人として、分かちがたい本質としてはまだまったく認識していないような人物の内に他者の声が現前する現象を、体系的に可能にするのである。同様に、貨幣というメディアを介して交換する者が体系的に知るのは、彼が欲するのは他人のものであり、逆に他人が欲するのは彼のものだということである。つまり、自分のものと相手のものを入れ替え、そしてそのことを確認することで、自分のものと相手のもののあいだにある境界線を克服しようとするのである。ある人の所持する金は、その定義上、別の者の所持する金ではない。

そのようにして、**紀元前八〇〇年頃**ギリシャの地で始まったとてつもない**メディア革新**とともに、緊密に結びついていないことを通じて緊密に結びついたものが一体化してゆく。より抽象的に言うなら次のようになるだろう。抽象化のプロセスには基本的に、排除によって包摂されることが含まれている。貨幣というメディアを介して自分の財物を交換する商品所有者は、彼らが「これは自分のものであって相手のものではない」というロジックを介して結びついていることを知る。彼らが何も共同では所有していないことが彼らの共通点である。つまり、排除によって包摂されるのである。二分心の彼岸にいる個人は自分が他者と異なっていることを経験する。彼らは異なる声や他者の声を自分の耳元から退散させる。しかしまさにこのことが彼らの共通点である。排除によって包摂されるのである。この抽象的かつ合理的な魔法の形式は、文字の発明というメディア革新の時代における時間経験の形式にも当てはまる。発話の瞬間はまさしく一瞬であり、決して次の瞬間でもあることはない。しかしその発話の瞬間には、これもまたただちに消え去りゆく次の瞬間が続くのである。このすべての無数の瞬間は互いに言うべきことを持たない。それらは互いに一致しない――そしてそれらは、いつもすでに過ぎ去ったものであるがゆえに一致しないという点でまさに一致するのである。まさに排除を通した包摂である（フッサールの現象学は未来予持と過去把持のような中心概念によって、この同質的、あるいは非同質的な時間経験という問題と取り組んでいる）。声は「飛び去る時間の流れ」（ヘルダーリン）を前にして、手も足も出ない。それに対し、文字はこの絶えざる消滅を消滅させる。文字は消失が消失するように見せる。そのようにして、時の隔たりによって分離される主体が何かを伝達し合うことができる。文字とは、時間と空間に架橋する卓越したメディアである。

橋を架ければ、深淵を克服することができる。だが橋は崩壊するかもしれない。あらゆる技術、とりわけあらゆるメディア技術は周知のとおり、独特の悪用ないし破局ももたらす。船の発明者は、タイタニック号の沈没も発明する。飛行機の発明者は、飛行機の墜落も発明する。自動車の発明者は、交通事故による何百万人もの死者や何千万人もの身体損傷者を生み出す機械の発明者でもある。文字の発明者は、間違った情報や証拠資料偽造の発明者でもある。西洋文学における**文字**あるいは文字の初期形態に関する最初期の言及の一つ、それどころか最初の言及からしてすでに、その**悪用**を報告している。その場面の文脈はきわめてドラマチックで、それを報告する作品は第一級のものである。すなわち『イリアス』が、文字の初期形態の問題を扱い、文字がいかに郵便的かつ戦略的に利用可能であるかについても早速述べているのである。テュルスの王プロイトスの妻アンティアは「英雄的なベレロポンテス」に恋い焦がれているが、ベレロポンテスは彼女に誘惑されず、彼女を苦しめる。愛情が報われなかったときに憎悪が生じるのは、周知のとおりである。以下の箇所にも、それが見られる。

彼女〔アンティア〕がプロイトス王に偽りの話を語っていうには、「ねえプロイトス、あなたが殺されたくないのなら、ベレロポンテスを殺しておしまいなさい。あの男は嫌がるわたしに迫って、情を交わそうと思っているのですよ」。
こういうと王は、何たることを聞くものかと激怒したが、さすがに気が咎めて殺すことは避け、彼をリュキエに遣わした。その際二つ折りの書板に死を合図するもの、恐るべき符牒を手渡し、それを自分の義父に示せと命じ、彼を亡き者にしようとした。(23)

これは映画館という近代の洞穴の訪問者にとっても慣れ親しんだモティーフである。すなわち、使者が手紙を手渡すときに殺される、電話をかけることによって殺されるというモティーフである。文字という最も古い技術メディアについて西洋の規範的文学が最初に描いたのは、その悪用である。不在なものを現前させておく文字は、そうした悪用においても深い意味をもっており、不在を表す基本形象は死である。

「恐るべき符牒」とは、あらゆる言葉の意味において「死を合図するもの」である。ここに書き記されたことは文字どおり、死という結果をもたらす。

これは徴候的な箇所である。最新のメディア革新である文字の威信がとくに高いものではなかった証拠でもあるのだから。それから数世紀後でもまだ文字は、新しいメディア技術に対する最初の大がかりな、並外れた影響力のある批判のなかで、あらゆる当世風の災いを体現するものとみなされている。**プラトン**は対話篇『パイドロス』のなかで**メディア批判**の一つのパターンを作りだした。その大筋は、文字の発明以後のメディア革新に対する批判にも繰り返し利用しうるものであった。ソクラテスは彼が読んだことではなく、聞いたことについて次のように報告する。「ぼくの聞いた話とは、次のようなものだ。――エジプトのナウクラティス地方に、この国の古い神々のなかのひとりの神が住んでいた。この神には、イビスと呼ばれる鳥が聖鳥として仕えていたが、神自身の名はテウトといった。この神様は、はじめて算術と計算、幾何学と天文学、さらに将棋と双六などを発明した神であるが」――このコメントは啓発的である。経済活動を担ったトークンのほうが言語文字よりも論理的にも時系列的にも先行していたことを示すさらなる証拠であるのだから――「とくに注目すべきは文字の発明である。ところで、一方、当時エジプトの全体に君臨していた王様の神はタモスであって、この国の上部地方の大都市に住んでいた。ギリシア人は、この都市をエジプトのテバイと呼び、この王様の神をアンモンと呼んでいる。テウトはこのタモスのところに行って、いろいろの技術を披露し、ほかのエジプト人にもこれらの技術を広く伝えなくてはいけません、と言った」。

このモティーフもまた記録するに値する。まさに正当なメディア利用に関する問いこそが論じられているのだから。そもそも新しいメディア技術は利用すべきであろうか、もし利用すべきだとしたら、それは支配者が排他的に使うべきだろうか、それとも「ほかのエジプト人たち」も利用すべきであろうか。支配者は次のように尋ねる。「このようにしてタモスは、ひとつひとつの技術［つまり算術から双六に至るまでの発明のことである］が、どのような役に立つものかをたずね、テウトがそれをくわしく説明すると、そのよいと思った点を賞め、悪いと思った点をとがめた。［…］だが、話が文字のことに及んだとき、テウトはこう言った。「王様、この文字というものを学べば、エジプト人たちの知恵はたかまり、もの覚えはよくなるでしょう。私の発見したのは、記憶と知恵の秘訣なのですから」。――しかし、タモスは答えて言った。「たぐいなき技術の主テウトよ、技術上の事柄を生みだす力をもった人と、生み出された技術がそれを使う人々にどのような害をあたえ、どのような益をもたらすかを判別する力をもった人とは、別の者なのだ」」。これは技術の結果に対する体系的な価値判断の初期の一例である。技術の発明者は――賢明ではあるが、自らの利害を度外視して述べられたわけではない国王の洞察によれば――もし彼らが神であるとしても、あるいはそうであるならなおさら、自分の子供を愛しすぎてしまい、その子供たちが大人になったときに常軌を逸した者になってしまわないか、予測することができない。ある程度の規則性をもって、彼らは実際オイディプス的になる――つまり、彼らの父を殺さないまでも排除してしまおうという望みに駆り立てられるのである。

こうして、新たなメディア技術に関する対話は、**技術の結果に関する議論**という方向に向けられた後、第二の心理学的転回を迎える。王は発明者の神に向けてこう述べる。「いまもあなたは、文字の生みの親として、愛情にほだされ、文字が実際にもっている効能と正反対のことを言われた。なぜなら、人々がこの文字というものを学ぶと、記憶力の訓練がなおざりにされるため、その人たちの魂の中には、忘れっぽい性質が植えつけられることだろうから、それはほかでもない、彼らは、書いたものを信頼して、ものを思い出すのに、自分以外のものに彫りつけられたしるしによって外から思い出すようになり、自分で自分の力によって内から思い出すことをしないようになるからである。じじつ、あなたが発明したのは、記憶の秘訣ではなくて、想起の秘訣なのだ。また他方、あなたがこれを学ぶ人たちに与える知恵というのは、知恵の外見であって、真実の知恵ではない。すなわち、彼らはあなたのおかげで、親しく教えを受けなくても物知りになるため、多くの場合ほんとうは何も知らないでいながら、見かけだけはひじょうな博識家であると思われるようになるだろうし、また知者となる代わりに知者であるといううぬぼれだけが発達するため、つきあいにくい人間となるだろう」(24)。いまやこうしてメディア批判が怒濤のように述べられる。メディアは私たちをあまりにも怠惰にする。つまり私たちを退廃的にしてしまうのである。何かしら書きつける者とは、ただ怠惰なばかりに、自分の想起の能力を鍛えないのである。さらに良くないのは、記憶保存メディアに頼る者が、本来の経験とその複製とを取り違えてしまうことである。メディアは表層にとどまり、その利用者を欺き、その人に実際にはない能力があるかのように思い込ませる。そのようにしてメディアは傲慢にも私たちを本来の重要なところから遠ざける――本来の知識、本来の生、本来の対話、およそ本来的であるあらゆるものから。メディア技術はシミュラークルを提供するのであり、「事物自体」を提供するのではない。

プラトンは彼のメディア批判を、独自というわけではないものの、明らかに成功した短い定式にまとめた。それは、メディアは疎外するという定式である。メディアはソクラテスが要約したとおり、本来存在している理念から遠ざける。死んだ文字は、それらが生き生きとした精神の動きとまるで関係があるかのような偽りの暗示にかける。「じっさい、パイドロス、ものを書くということには、思うに、次のような困った点があって、その事情は、絵画の場合とほんとうによく似ているようだ。すなわち、絵画が創り出したものをみても、それは、あたかも生きているかのようにきちんと立っているけれども、君が何かをたずねてみると、いとも尊大に、沈黙して答えない。書かれた言葉もこれと同じだ。それがものを語っている様子は、あたかも実際に何事かを考えているかのように思えるかもしれない。だが、もし君がそこで言われている事柄について、何か教えてもらおうと思って質問すると、いつでもただひとつの同じ合図をするだけである。それに、言葉というものは、ひとたび書きものにされると、どんな言葉でも、それを理解する人々のところであろうと、ぜんぜん不適当な人々のところであろうとおかまいなしに、転々とめぐり歩く。そして、ぜひ話しかけなければならない人々にだけ話しかけ、そうでない人々には黙っているということができない。あやまって取りあつかわれたり、不当に罵られたりしたときには、いつでも、父親のたすけを必要とする。自分だけの力では、身をまもることも自分を助けることもできないのだから」[25]。つまり、ここにもまたメディア批判的論拠の啓発的かつ心理学的語法が見られる。それは、メディアが生み出すものとは、無責任に一人立ちした未成熟な子供のようなものだという語法である。メディアを使用する者、つまりマクルーハンやプラトンによれば、許容されたり許容されなかったりする自我の拡張を行なう者とは、誇大妄想狂ではなくとも、ナルキッソスのように自分に酔いしれている者なのである。どんなに父親が心配しても、この危なっかしい自己過大評価をより聡明に管理し、ばかげた行ないにも抵抗できるよう魔力をかけておくなどということはできない。倒錯しやすい子供たちというのは、今日に至るまですべてのメディア教育にとっての問題児である。

プラトンの『パイドロス』の有名な文字批判は、たしかに初めてのものではないにせよ、西欧文化の伝統において多大な影響力をもった最初のメディア批判である（ソフォクレスの『アンティゴネー』中の貨幣に対する決定的な批判は、構造的にこれと並行するものである）。このメディア批判の主たる論拠は即座に常套文句となった。アレクサンダー・ネハマスは、プラトンが詩作に対して行なった批判と、ニュートン・ミーノウが一九六一年の全米放送事業者協会の前で行なった有名な演説を関係づけている。ミーノウは、日がな一日テレビを見ている哀れむべき人間について、この演説のなかで次のように語っている。「あなた方は広大な荒地を見守ることになると断言することができます。あなた方はゲーム番組、ヴァイオレンス、観客参加型番組、まったくありえない家族についてのお決まりのコメディー、血と雷鳴、大混乱、暴力、サディズム、殺人、西部劇の悪人と善人、私立探偵、ギャング、もっとたくさんの暴力と漫画を次々と見ることになるでしょう(26)」。まだ何百万もの『ビッグ・ブラザー』〔外部から隔離された空間で生活する男女の行動を放送するリアリティ番組〕たちがテレビモニターの前に座っていなかった比較的無邪気な時代においては、これは明らかに的はずれな状況判断ではない。しかし、前代未聞の新しい状況分析というわけでもない。その基本的な構造はむしろ**プラトンの文字と詩作に対する批判**の衝動を再びよみがえらせたものである。というのも、悪名高き『国家』第一〇巻に目を通せば分かるように、プラトンにとって確かだったのは、新メディアである文字を身につけた詩人というのは、ナンセンスばかりをしでかす輩だからである。詩人は虚偽の物語をでっち上げ、いかがわしい効果を求め、セックスと犯罪に夢中になり、若者を誘惑し、古くからある道徳観念を破壊し、悪ふざけのために本物らしさへの要求を犠牲にし、私たちを死ぬほど面白がらせようとする。ネハマスは「プラトンの、ホメロスやアイスキュロスに対する深く複雑で疑い深い敵意と、今日多くの人々が多くのテレビ番組に対して抱いている、明らかにそれにふさわしい軽蔑に類似性(27)」を見出している。

メディア批判者のプラトンが置かれた状況は、後世の、そして今日のメディア批判者が置かれた状況と同じである。彼らは、無力な反メディア主義を繰り返し駆使してきた。そして、古き良きメディアはつねに、最新メディア・テクノロジーの批判者によって奇妙な規則性をもって賞賛されるのであるが、その古き良きメディアも、彼らのメディア批判上の祖先によって、まったく類似の論拠で非難されたものであったという命題の正しさを証明することになる。今日インターネットを破滅的な混乱の具現化とみなす者は、公共テレビ放送の恩恵に満ちた影響力を時として引き合いに出しつつ、まだ比較的大勢の人々を一つの番組に釘付けにしていた「テレビへのノスタルジックな回顧」[28]をやってのける。テレビのモニター画面の前にいる一般大衆の孤独化を嘆く者は、集合場所としての映画館を賞賛する。かつて映画館を市民的なハイカルチャーの荒廃として非難した者は、良書を引き合いに出した。かつて大勢の新教徒たちをそそのかし、教会の見識に反抗させた書物を悪魔の作品と考えた者は、個人の手による写本という意味深くすぐれた秘技が生みだす教父・スコラ哲学的書物を引き合いに出した。プラトンのように文字そのものを有害とみなした者は、話し言葉の力を引き合いに出した。

そのようなとくに独創的というわけではないメディア批判者たちにとって好都合なのはつねに——その時々のメディア状況にどの程度ついていけるかいけないかに応じて——ほんの少しあるいは根本的に時代遅れになったメディアである。人間相互のあいだに成立する良き会話とは、多くのメディア批判者から、人間が本来持っている精神の具現化とみなされている——そこで前提となっているのは、メディアから遠く離れた本来性という精神に満たされた者たちだけが意見を差し挟めるということである。技術メディアの黎明期以来、今日まで、そのようなメディア批判者たちはメディア崇拝者たちに直面してきた。メディア批判の歴史に奇妙なほどしつこく現れるパラドックスとは、古き良きメディアの崇拝者たちがきまって、その時々の最新メディアに対する批判の英雄になるということであり、その際しばしば彼らもまたメディアを信奉していることを忘れさせようとすらする、ということである。メディア批判者がたとえば話された言葉の名において文字を、書物の名においてテレビを、電話の名においてインターネットを批判する際、彼らもまたメディアを擁護しているのだということ、そしてそうしたメディアも、それが登場したばかりの頃には、彼らがたったいま行なっているのとほぼ同様の批判にさらされていたということにほとんど気づいていない。そのようなメディア批判者たちはひとえに、メディア以前は存在せず、そしておそらくメディアの彼方も存在しないということを見誤っている。そうしたメディアへの盲目に関する古い例の一つは、**普遍図書館**という夢である。それは**アレクサンドリア**でなかば現実となり、同時代のあらゆるメディア・プラトン主義者たちにとっての悪夢であった——だが今日ではまさに、いにしえのハイカルチャーを体現するものである。ホルヘ・ルイス・ボルヘスは著作『バベルの図書館』のなかで、見事にこの夢から人々を醒まさせた。ボルヘスによると、永遠に拡張可能な六角形の回廊によって形成されていたこの図書館には、この世で書かれたすべての書物が収蔵されている。

　そのような普遍計画のパラドックスはすぐに明らかになる。ボルヘスの場合には、タイトルからしてすでにそれを示している。この世のあらゆる書物を収集する者は、それらが互いに調和していないということに気づくだろう。完全さはこの場合に限らず、まさにバベルの塔に匹敵する完全な不調和でもある。(自然や歴史、生命、創造などといった)[29]世界という書物の概観を得ようとしてバベルの図書館に所蔵されている本をひも解く者は、二冊の書物のどこに一致点があるかを確認するために第三の書物が必要となるということにたちまち気づくだろう。あらゆる一神教の敬虔な信者は、世界という書物と書物のなかの書物（モーセ五書《トーラー》、聖書、コーランといった）が同一の作者の手によるものと信じているだろう。この二冊の書物が一致するとしたら、それはもはや二冊の書物ではなく、一冊の書物であろう。すなわち一対一の縮尺をもつ、本物と完全に同じ地図というパラドックスである。それはもはや地図ではなくその土地そのものだろう。一致を目指しながら差異を観察するという行動はさらに継続可能である。一致あるいは不一致を観察することは、観察を観察することである――これが果テシナク続ク〔ad infinitum〕。若き日のゲーテの友人であり、蔵書狂の神学者で文化理論家のヘルダーは、「書物と世界」という詩のなかで、ルネサンス時代の思想家にしてガリレイの擁護者であったカンパネラの詩をとり上げ、それを書きかえつつ、つまり世界の文字を再現しようとする文字に対して文字で反応しながら、書物世界の不完全性定理を印象的に表現した。

この世界はそのなかに、永遠の
理性が自身の思考を書き込んだ書物、
それは生ける神殿。その内部で「神は」
天上と下界での、思念と行為を、
自らの手本を私たちに描いてみせた。
みながこの技を生き生きと、神のごとく、読みかつ見つめよ、
「それは私だ、この技を完成させ行なうのは」と言うことが許されるほどに。
ああ、しかし私たちの魂は書物に
そして死に絶えた神殿に引き留められている。この
生きとし生けるものの模造、そこには多くの
誤りが写し取られているが――その模造を、

その模造を私たちは神の高き御座よりもいっそう好む。
それゆえに私たちは、かの過ちにより
それと気づかずに処罰を受ける。ののしり合い、
無知そして痛み。ああ帰るがよい、
お前の原像へ、人間たちよ、そして幸いへと。(30)

プラトン的モティーフの優位はこの詩のなかでもまだ明らかである。「生きとし生けるものの模造、そこには多くの／誤りが写し取られているが」、その模造は書物と化している。それはあまりにも多いために、「ののしり合い、／無知そして痛み」をもたらす。それに続くのは「原像」へ戻れという避けがたい要請である。メディアが存在する以前の「原像《ウーアビルダー》」へ帰れという要請は印刷された書物というメディアにゆだねられており、また「原《ウーア》」という前つづりが付けられた「像《ビルダー》」もまた当然のことながら「像《ビルダー》」であり、したがってメディアであるが、こうした省察はまったくなされていない。そのようにヘルダーの間テクスト的な詩は、メディアに対するルソー主義と、「あらゆる」メディアにアクセスし、それによって世界という書物に完全にアクセスしたいというすべてのメディア愛好者の夢とのあいだで揺れているのである。

ただ数多くというだけでなく完全かつ一見平穏に集められた書物に関するボルヘスの物語は、一つどころかいくつもの史実を下敷きにしている。**世界史上最も古い図書館**と考えられているのは、**紀元前六五〇年**に**ニネヴェ**に建てられた、アッシリアの王アシュールバニパルによる五千から一万という数の粘土板（これは作品数ではない）コレクションである。古代の図書館のうち最も有名なのは、すでに言及した**ア**

レクサンドリアのものである。プトレマイオス一世はアテネのファレロン出身のデメトリオス（紀元前三五〇―二八〇）に、世界中のすべての書物を収集するための施設を作るよう委託した。この図書館のエージェントたちが、全地中海地域の書物をくまなく体系的に探した。アレクサンドリアに寄港する船は持参した本をそこで引き渡し、迅速な方法で複写を作らせなければならなかった。四〇万から七〇万もの巻物を擁するアレクサンドリアのムセイオンは、その当時最大の情報中心地だった。この図書館が言及に値するのはしかし、そこに集められた書物の量のためではなく、その体系的な秩序のためである。ヘレニズム時代の詩人で文法家であるキュレネーのカリマコスは、一二〇巻からなるいわゆるピナケス、つまり一目で全体を把握するための注釈付き蔵書目録を作成させた。

この図書館は西暦二七二年、アレクサンドリア宮殿の一区域とともに、ローマ皇帝アウレリアヌス帝の軍隊に破壊された。教養ある古代後期のメディア愛好家、つまり巻物愛好家の目で見れば野蛮なこの行ない[31]は、たんなる書物的教養の価値にかねてより疑念を抱いていた者の目で見れば、アレクサンドリア主義という重荷からの解放であった。「アレクサンドリア主義」とは、ヘレニズム時代にすでに両義的な言葉だった。その言葉は、世界という書物ではなく、教養ある書物の集積こそが真実の存在場所であるという精神態度を言い表すために使われ、各人の考え方によって肯定的な意味にも否定的な意味にもなった。

情報過多《インフォメーション・オーヴァーロード》とは、コンピュータやインターネットの恩恵を受けたポストモダン時代にはじめて見出された問題ではない。アレクサンドリア図書館の破壊はそもそも批判されたにとどまらない。ある執拗に語り継がれている伝説によると、カリフ・オマールは西暦六四〇年、つまりイスラム化成功の初期にアレクサンドリアを征服し（ここまでは、この伝説は史実に照らして正しい）、アレクサンドリア図書館に集められた巻物が果たして、神の創造と合致すると考えられているコーランと合致しているのかどうか、きびしく問うた。もし合致していないならば、これらの正しくない有害な書物は消滅させられねばならない。しかしこれらの書物が預言者への神の告知と一致していたならば、それもまた消滅させられねばならない、なぜならそうした書物はすでにコーランがある以上、余計なものだからである。「誤謬は図書館の中にあり、真理は人間の精神の中にある。書物は書物を呼ぶだろうが、単純なものを把握でき、もつれたものをときほぐし、曖昧なものを明らかにする精神は、生ける根本法則に触れることを喜ぶものだ」。以上は書物を破壊しようとするオマールの著作中にではなく、老ゲーテが一八三〇年に、ゲーテの長い著書目録にさらに広く読まれる作品を付け加えた人物、すなわちエッカーマンに語った格言のなかの一節である。(32)

初期の書物メディア氾濫に対するそのような異議申し立てにもかかわらず、賢者ソロモンにはアレクサンドリアが破壊される前からすでに分かっていたように、「書物はいくら記してもきりがない」（コヘレトの言葉一二・一二）のである。そして古代の図書館そのものが破壊された後も、蔵書狂の夢は紡がれた。メディア・フリークとはポストモダンとともにはじめて現れた現象ではない。(33) **最初の半ば公共的な図書館**は**一四四四年**に（つまりグーテンベルクが活版印刷という自分の着想を製品と呼べるものへと発展させたまさにその頃）、**コジモ・ディ・メディチ**が**フィレンツェ**に設立した、メディチ家の医師ロレンツォの図書館である。ロンドンにある有名な大英博物館のコレクション、パリの国立図書館、古代様式を模したワシントンのアメリカ議会図書館は、この完全な普遍図書館という着想の恩恵をこうむっている。ドイツではとりわけベルリンのプロイセン州立図書館〔現在はベルリン州立図書館〕に、あらゆるドイツ語の刊行物（およびそれ以外の刊行物）を収集するという使命が割り当てられてきたし、現在でもそうである。詩人のゴットフリート・ベンはその図書館に「州立図書館」と題する詩を捧げている。この文脈では、完全性を求めるいかなる強迫観念をも諦める用意があるとしても、この詩を引用しないわけにはいかない。

州立図書館、低級な酒場、
成果を集めた牢獄、
文の娼家、湿地帯、
熱病の楽園――
地下墓所が
うち震える言葉の内部で赤々と輝くとき、
そして神々に捧げし雄牛百頭の生贄《ヘカトンベ》が
一頭の白い雄牛であるとき――

時間の経過が、
時間が滞るとき、
なぜなら頁に記された文の
音節の一つが、
目的という力から、
純粋な快楽の獲得から
ざわめきながら堕落した姿の内に
獅子のように意味をおびき寄せるがゆえ――

時を超越したものが、
何千もの声をあげながら血が
鷲のなかでよみがえるとき
新たな楽園が休らうとき――
犠牲者、斧と傷、
ハデス、母の庇護
創造の瞬間という
夢を担った語のための。(34)

「時間の経過」への抵抗は、書字を維持する最も強い動機の一つである。しかし文字を保持するための物質もまた移ろいやすい。それでも**文字の物質性**(35)は、他と較べてまだ質の良いものである。文字をロゼッタ・ストーンに刻んだ者は、何千年経ってもまだ、それに興味をもつ読者が現れることを期待できる。文字を(『イリアス』が描写しているように)粘土に刻んだ者は、その予言的な作品を、それが書物にならずに破壊されてしまうことのないよう注意深く守らねばならなかった。それでも、その作り手は、自分が作ったものが時を超えて生き残ることを期待できたのである。粘土の巻物に保存され入念に隠されていた有名なクムラン教団の巻物〔死海文書〕は、起草されてから二〇〇〇年の時を経てもまだ専門家たちにとって解読可能である。

文字がゆだねられるメディアは古ければ古いほど保存性が高いという法則が成り立つ。ここにはまた奇妙なパラドックスがある。自らが間もなく終焉を迎えるであろうということ、そしてどのみち世界が終わるであろうと予期しているメシア信仰をもつ文化の数々は、永遠にというわけではないにせよ、何百年、何千年と彼らのメッセージを保存し続けてきた。一目《プリーマ・ヴィスタ》で世俗的であるように見え（あらゆるメディア技術の神学的な要素については「第三の中断」で考察する）、西暦二〇〇〇年を世界の終わりではなくデータ技術問題に直面する年と考える文化は、長持ちしないデータ資料とソフトウェアの上に築かれている。有名なY2K問題（Year Two-Kilo／二〇〇〇年問題）で極端なまでに明らかとなったのは、電子的データ処理のもつ時間の地平がいかに小さいかということだった。西暦を記すときに最初の二つを省く（つまり一九七五の代わりに七五と記す）やり方は、一九七五年当時のソフトウェアのエンジニアにとって、乏しいデータ保存量の問題を鑑みると、少なからぬ節約を意味していた。彼らは四半世紀前も先のことは考えなかったし、世界の終わりのことも考えていなかっただろう。むしろ彼らが考えていたのは、データが保存されていた磁気テープの耐久性である。その耐久性は、最も古い筆記用素材（ロゼッタ・ストーンの耐久性については言わずもがなである）ほど高いものでは決してなかったし、現在でもそうである。非常に長持ちする石と――少なくとも同じくらい重要なのは――「長持ちする」、何百もの文化や時代を超えて、その頃に今の人類がどのような人類に取って代わられていようとも、その人類がまだ読むことのできる文字がなければ、後世の人々に放射性廃棄物に関するリスクを伝えることはできないであろう。というのも、それに含まれている放射性物質の半減期は数万年なのだから。しかし誰が西暦一万年においてもなお、私たちの警告、あるいはそれどころか英語、フランス語、ドイツ語、日本語で書かれたロゼッタ・ストーンのような取扱説明書を解読できるだろうか。

とりわけナイル河岸に生育する**パピルス**は、最初の大量生産可能な筆記用素材をもたらす。(36) **紀元前三千年紀**以来、最長で四メートルほどの背丈になるこの植物は、細長く帯状に刈り取られ、網状にして、たいていは直角に積み重ねて、叩いて圧縮された後、貝殻などを用いて平滑にしてから、日干しされた。パピルスを貼り合わせた巻物は、平均すると幅二三センチ、長さ五メートルほどで、注目に値するほど（すなわち保存状態がよければ今日まで、つまり何千年にわたって）長持ちする。読む際に巻物は右から左へとほどかれ、巻物上のテクストは（しばしば正確な語の分割や句読点なく）段組にして書かれていた。紀元前四〇〇年前に成立した、グロッタフェラータのサンタ・マリア修道院付属博物館にある著名な大理石レリーフ『巻物を読む青年』は、いにしえの読書行為の実践を私たちにまざまざと見せる。読み終わった後、この巻物は次の読み手のために元どおりに巻いておかなければならなかった。

西暦三〇〇年から五〇〇年のあいだにパピルスの**巻物**はしだいに**手写本**に取って代わられた。それとともに、紙を重ね、後には頁に通し番号をつけるという古典的な書物の基本デザインが成立し、それが普及した。これは注目に値するほど早い時期に成立した、困難ではあるがよく考えられ、機能的かつ超時代的汎用性のある規格策定のすばらしい一例である。**羊皮紙**はより新しい――メディア用の素材に関しては新しければ新しいほど、最近のものであればあるほど保存性が低いという通例からするとささやかな例外ということになるが――より保存性の高い素材の発明である。紀元前十三世紀には、パピルスよりも上質で書きやすい表面を得るために、子牛や山羊や羊の生皮の毛を抜き、乾かし、滑らかにする手工業があったことが知られている。それは手間と費用がかかり、ごくわずかな者しか利用できない方法である。しかしながらパピルスは、ヘロドトスの『歴史』（第五巻五八節）の啓発的な章句にも書かれているように、少なくともギリシャ人のもとでは羊皮紙よりも高い信望を得ていた。『歴史』によると、イオニア人たちは

巻物を読む青年，紀元前 400 年頃の大理石レリーフ

「この文字をフェニキア人から習い覚え、「フェニキア文字」と呼んでこれを使用したのである。フェニキア人がギリシアへ伝来したものであるから、この呼称は正しいと言わねばなるまい。／イオニア人はまた、昔から紙《パピルス》のことを「皮《ディアブラ》」といっているが、これはイオニアではむかし紙の入手がむつかしく、山羊や羊の皮を紙代りに使っていたことによるもので、今の時代でも、このような獣皮に書写している異民族は少なくないのである」(37)。この文化的な分類は示唆にとんでいる。つまり未開人が労力のかかる自然界の動物由来の素材を用いているのに対して、ギリシャ人は、技術的な労力は余計にかかるものの費用対効果のよりすぐれた紙製品を用いているのである。しかしここにもまた法則が存在する。メディア製品は何もコンピュータの時代になってからようやく廉価になり始めたわけではない。中世ヨーロッパにおいて、メディア製品がはじめて廉価化へと動き出したのは、**中国**ですでに西暦一世紀から存在した**紙の生産**という技術が、中国よりはるかに遅れ、西暦九〇〇年以降になって西洋にも到来したときである。ハンス・ザックスは「紙職人」とはどのような技術をもつ者かを、具体的にクニッテル詩行〔四強音節を含む一詩行が二行ごとに韻を踏む詩の形式〕で表している。

　熟練の技術による紙の生産がメディア技術的前提の一つとなって、一二〇〇年頃にトリスタンや聖杯、ニーベルンゲンといった題材を用いた大がかりな形式の物語が、民衆語によって同時にいくつも文字で定着される。中世研究者のハイコ・ヴァントホーフはそこに「歴史的メディア実装現象」を見るとともに、このプロセスを「虚構的なものの領土化」のはじまりとみなしている(38)。すなわち、文字で幾度となく定着されたものは、そこから先、自由に空想力を働かせることはできない。記憶力の乏しい吟遊詩人が、テクストにそれ以上の変更を加えることはできなくなり、またそうする必要もなくなった。しかし十九世紀、二十世紀の文献学者たちはさまざまなバリエーションの手稿を編纂することができる。白黒まだら模様の

Der Papyrer.

Ich brauch Hadern zu meiner Mül
Dran treibt mirs Rad deß waſſers viel/
Daß mir die zſchnitn Hadern nelt/
Das zeug wirt in waſſer einquelt/
Drauß mach ich Pogn/auff dē filtz bring/
Durch preß das waſſer darauß zwing.
Denn henck ichs auff/laß drucken wern/
Schneweiß vnd glatt/ſo hat mans gern.

F ij Der

紙すき

私には紙すき水車用のぼろ布が要る。／たくさんの水でその輪を動かし，／ぼろ布を挽いて粉々にする。／ぼろは水のなかでふくれあがる，／そこからとれる何枚分もの原料を，／フェルトの上に広げて／水を押し出す。／それからそれを干して乾かすと，／雪のように白くて滑らかになり，／みんながそれを喜ぶ。

あらゆる職業についてハンス・ザックスの詩とともに記述する
ヨースト・アマンの木版画，1568 年

ファイレフィツ〔『パルツィヴァル』の登場人物〕のような、中世最盛期の叙事詩に登場するエキゾチックな人間の姿形だけを指して東方カラノ光〔ex oriente lux〕というのではない。白黒の模様が固定される紙や書物もまた、ヨーロッパのはるか彼方において初めて生産されたのである。紙の製造は西暦一二八年に亡くなった後漢の高官である蔡倫によって発明された。彼の目には、皇帝の宮廷における書字の需要の高さを鑑みるに、それまで用いられていた絹布ではあまりにも数が乏しく高価であるように思われたのだった。彼は踏みつぶされた植物繊維を水と混ぜ合わせ、それを竹でできた簀《す》で掬い上げて乾かした。その後、フェルト状になった植物繊維が簀からはずされ、さらに加工された上で紙となるのである。

製紙用の挽き臼は、**ヨーロッパ**において最初の千年紀転換期後すぐにも存在したことが明らかとなっている（スペインではすでに**一〇七四年**、上部イタリア地方では十三世紀の終わり頃）。ドン・キホーテは、あの時代遅れの冒険の最も有名なもののなかで風車と対決するが、それには深い意味がある。嘘だらけの騎士物語という織物《テクスト》に巻き込まれたドン・キホーテが、そのような物語を大量生産可能にするテクノロジーを抹殺しようとするのである。サンチョ・パンサは、三〇個でも風車はあくまでも風車であって巨人などではないと忠告し、「頭の中を風車がガラガラ回っているような人間でもねえ限り、間違えようのねえことだによ」と言うのだが、それに答えてドン・キホーテは次のように言う。「黙れ、友のサンチョ。〔…〕そもそも戦いというものは、他のいかなることにもまして、時の運に左右されがちなものなのじゃ。しかも拙者の考えるところでは、いや、それが真実に相違ないが、わしから書斎と書物を奪い去ったあの魔法使いの賢者フリストンめが、このたびは、わしから巨人退治の栄誉を奪いとろうとして、あの巨人どもを風車の姿に変えおったのだ」[39]。ドン・キホーテが巨人たちを退治しても、風車はドン・キホーテに打ち勝つ。風車が騎士たちを大量生産することでその価値を下げることによって、騎士道にかなった英雄的行為の特権性に機械的に終止符を打つのだから。風車の挽き臼[40]はグーテンベルクの発明よりはるか前に、かつては限られた者しか利用できないほど高価だったメディア分野においてさらなる決定的な価格暴落を引き起こした。紙は絹や羊皮紙よりも安く、大量に生産される紙は必然的にさらに安かった。しかしながら、紙のほうが、それが取って代わった素材より長持ちするわけではないのは周知のとおりである。紙の保存可能期間は、たとえば石のように永久的なものではなく、パピルスや羊皮紙のように何千年という域に達しているわけでもなく、せいぜい数百年といったところである。たとえばヴォルフェンビュッテルのアウグスト公図書館やザンクト・ガレン修道院図書館のような古い蔵書を有する図書館を定期的に訪問しなくても、紙がどれほど早く黄変し、分解し、読めなくなってしまうか知ることができる。たとえばドイツで三〇年前に創刊された「ロロロ・現代シリーズ」〔ドイツのローヴォルト出版が一九六一年に刊行を開始した主に政治分野の実用書シリーズ〕をいまだ捨てられないでいた人なら、この話題に口を挟むことができる。本書を擁する「異色叢書」が、それに用いられる紙の持続性を宣伝するのは当然のことである。この叢書は、一九九七年にドイツ研究振興協会が始めた「図書館蔵書の回顧的デジタル化」という企画に、比較的後になってから候補として付け加えられることになったからである。このプロジェクトの課題は、文字の塊をデジタル化することで、紙の資料の劣化からすべての蔵書を守ることである。紙の資料が分解という危機に瀕するにはしかし、その前にまずこの大量の書物がなければならない。大量の書物の存在は、非常に単純でありながら独創的なグーテンベルクの発明によって技術的に可能となった。よりによって書物という精神の産物が、およそ最初の工業的大量生産品なのである。

5　活版印刷

一四五四年一〇月五日から三一日まで、フランクフルト・アム・マインで帝国議会が開催された。それには皇帝フリードリヒ三世の官房書記官も参加していた。エネア・シルヴィオ・ピッコロミーニ（一四〇五―一四六四）は一四四二年以来、この高位の調整職に就いていた。最も重要な文書に関わるプロの書記官として、書簡の発送人かつ管理者として、彼がきわめて早いうちにグーテンベルクの発明について耳にしており、すぐさまその価値を正しく理解したということは明らかである。すなわち、どれほどの影響力を伴うかほとんど見きわめがたいほどのメディア革命として、この発明を理解したのである。ピッコロミーニがウィーンからスペインのフアン・デ・カルバハル枢機卿に宛ててローマに送付した、一四五五年三月一二日付の書簡が残っている。後年ようやく発見されたこの書簡にピッコロミーニは、フランクフルト滞在を回想しながら、次のように書いている。

「フランクフルトで見たあの驚くべき男について、私に手紙で知らされていたことは何も間違っておりませんでした。私が見たのは完全に揃った聖書ではなく、聖書のさまざまな巻のいくつかの見本なのですが、それらはきわめて整然とした正確な文字で仕上げられており、他では決して真似できない代物でした。貴殿におかれましても、それはたやすく眼鏡なしで読むことができましょう。幾人かの情報提供者から聞き知ったところでは、すでに一五八組が完成しているとのこと。一八〇組が完成していると断言する者すらおります。部数については私は確信をもって言えません。しかし（この）人々を信用するとすれば、完成した組揃があることは間違いありません。貴殿がご所望と知っておりましたならば、私は間違いなく一部を（貴殿のために）買い求めましたのに。聖書の巻のいくつかを皇帝のために持ち帰って参りました。もし可能ならば、私はまだ売れていない聖書を当地に取り寄せることを試み、貴殿の分について支払いをいたします。しかし心配なのは、これらが長い道のりを越えてやってくるというせいばかりでなく、組揃の本が完成する前から（すでにそれを買おうと）待ち構えている人々がいたとの報告を受けておりますので、首尾よくいかないかもしれないということです。しかし貴殿がこの本の確保をかくも強く望んでおられたということは、ペガサスよりも速い伝令でお便りいただいたことから推測されます。ですが冗談はこれまでにいたしましょう」[1]。

この文章には特記すべき点がいくつもある。これはまず、当時のメディア・インフラストラクチャーに関し、人々が改良に値するという明確な意識をもっていた証拠である。手紙の書き手は、ペガサスのような伝令の仕事とは対照的な通信の遅さを嘆いている。そして彼は、もろもろの通信内容の不確かさについても嘆いている。つまり、まだきわめて限られた人しか文字を使えなかったので、人々はつねに補足的な推察、報告あるいは噂に頼らざるをえないのである。第二に、書記官ピッコロミーニは専門家として、グーテンベルクの製品の美的な品質の高さを評価している。多くの手写稿の場合と違って、印刷された紙であれば高齢の枢機卿でさえ眼鏡なしで読むことができる。ピッコロミーニはそれによって、グーテンベルクが自分のメディア製品の購入者について抱いていた主たる期待を裏づけている。すなわちグーテンベルクは、自分の顧客たちが、手書きによる一冊しかない本には提供することのできない高品質の製品に興味をもっていると考えたのである。買い求めやすい大量生産品ではなく、とりわけ美しい文書を製造すること——それがグーテンベルクにとって最重要の目的であった。技術が職人による手仕事を凌駕する。技術による大量生産品より職人の手仕事が高く評価されるようになるのは（「異色叢書」と並び、古き良きのの「マヌファクトゥム」〔ドイツの通販カタログで、扱う対象は生活用品全般にわたる〕のカタログが確実に示しているように）近代も後期になってからのことである。そして第三に、手紙の書き手であるピッコロミーニは、新たな製品に対する需要が並外れて多いことを裏づけている。彼は、少なくとも一〇〇部は生産された聖書の一部をただちに入手できてはいないのだから。この手紙がさらに裏づけているのは、ウィーン人ピッコロミーニとスペイン人の枢機卿が活版印刷という技術革新について、刮目しつつ即座に情報交換していることである（ピッコロミーニは明らかに一四五五年以前にすでにグーテンベルクについて報告を行なっていて、それに対する枢機卿からの再度の質問に答えているのである）。そしてもう一つ忘れてはならないことがある。手紙を書いたのはどこかの下級官房書記官ではない。エネア・シルヴィオ・ピッコロミーニは一四五八年、教皇に選出され、ピウス二世を名乗った人物である。開かれたメディア的近代と伝統への固執の組み合わせがローマの司教のもとで具現化したのは、テレビで大活躍した教皇ヨハネ・パウロ二世がはじめてというわけではないのである。

したがって、グーテンベルクの発明の影響力をどれほど評価しても評価し過ぎることはないとはじめて広めたのは、マーシャル・マクルーハンではない。**活版印刷の発明**は同時代人にとってすでにセンセーショナルな出来事であり、教会の内部でのみ最大級の注目を受けたのではない。それは、誰が思いついても不思議ではないような発明である。なぜなら、可動式であるがゆえにさまざまに組み合わせられる金属製の活字を用いることによって、大量部数の機械による印刷を可能にするというきわめて簡素なアイデアは、それ以前から存在したからである。すでに一四〇〇年よりずっと以前に（最初はまたもや中国において）木版画が存在し、またグーテンベルクがマインツで決定的な第一歩を踏み出したのとまさに同じ時期に最初の銅版画が成立する。要するに活版印刷という画期的なメディアの発明は目前に迫っていた。にもかかわらず、それが発明されたときにすでにセンセーショナルな出来事と受け止められていたのにはいくつかの理由がある。そのうちで最も些細なものとはいえない理由は、グーテンベルクが宣伝部長という言葉の誕生以前に、すぐれた宣伝部長だったことである。彼の名は今も昔も知られている。グーテンベルクの発明は、手工業から機械生産への移行期における最初のメディア技術発明ではないものの、特定の発明者に帰することのできる最初の発明である。このような発明家はやがて近代の原型的人間像となった。事実、多くの歴史家たちが近代の幕開けとみなしているのは、グーテンベルクの発明（一四五〇年頃）とこの発明の最も影響力の大きい利用者、すなわち宗教改革者ルター（一五一七年）であって――魅力的であるがこれまでほとんど言及されることのなかった他の候補を挙げるなら――**鏡の発明**（**十三世紀末**頃に鉛をガラスの裏に貼りつけるというアイデアが生まれた）やグーテンベルクの発明より少し前に時間の構造を一変させたメディア発明である機械時計ではない。たしかに機械時計は（詭弁的に遠回しな言い方をしてようやく、データを計測し保存し転送すると言える鏡とは異なり）明らかに、純然たる情報技術であるのだけれども。

機械時計が相互作用を調整し、最も重要な情報を仲介し、時間という実に意義深いメディアにおける方

Der Schrifftgiesser.

Ich geuß die Schrifft zu der Druckrey
Gemacht auß Wißmat/Zin vnd Bley/
Die kan ich auch gerecht justiern/
Die Buchstaben zusammn ordniern
Lateinisch vnd Teutscher Geschrifft
Was auch die Griechisch Sprach antrifft
Mit Versalen/Puncten vnd Zügn
Daß sie zu der Truckrey sich fügen.
E iij Der

活字鋳造工

私は印刷所のための活字を鋳る，／蒼鉛，錫，鉛から。／私はそれを正しく整え／組み合わせて並べることもできる。／ラテン語やドイツ語の活字，／ギリシャ語のものも，／大文字や句読点や飾り文字とともに／塡めこんで立派な印刷物にする。

活字鋳造工。あらゆる職業についてハンス・ザックスの詩とともに記述するヨースト・アマンの木版画，1568年向づけを可能にし、それによってメディアの定義の主要な基準を満たしていること、そればかりでなく、テクノロジーの観点では活字箱や印刷機よりも複雑で要求の高いものであることは即座に理解できる。ハンス・ザックスがヨースト・アマンの木版画に詩を書き添えたものが一五六八年にフランクフルトにて出版されているが、これは後のヴァーグナーによる『ニュルンベルクのマイスタージンガー』第三幕と同様、職業のそれぞれに敬意を表すとともに、時計製造と活字鋳造という二つの手工業に注目している。

ハンス・ザックスとヨースト・アマンは二つの技術革新、すなわち活版印刷と時計製造業をなおも緊密に関連づけている。しかし機械時計の発明は、グーテンベルクの発明とは異なり、時代を覆す画期的な出来事と認められていない。活版印刷のほうが時計よりも優位である理由としては、一人のあるいは複数の機械時計の発明者がその名を知られていないために近代的な神話の形成に向いていないという状況に加えて、書物という製品は個人が所有できるという点を過小評価すべきではない。機械時計は書物と異なり、長年にわたって個人で所有するには大きすぎ、かつ高価すぎた。**機械時計の発明**は**十四世紀初頭**である。箱形大時計は今日なお奢侈品であり、**懐中時計**はようやく**一八八〇年以降**、**腕時計**に至っては**一九二〇年以降**にようやく普及し始めた。時刻を知りたい者は数百年ものあいだ、教会の塔や市庁舎の時計を見上げなくてはならないのが普通だった。要するに、ゲーテのような裕福な人物でさえ、本のない生活をしてはいなかったが、少なくとも旅行中には、まだ時計のない生活をしていたのである。

時計の発明者は不明である。発明された場所や正確な時期すら知られていない。つまり、時計に関しては(再びグーテンベルクの場合とは異なり)、暗黒というわけではないにせよ薄暗い中世という紋切り型がまだ該当し、明確な痕跡は見つからない。発明された時期と場所を特定できる有名なものとしては、シュトラースブルク大聖堂翼廊の天文大時計が最も古い。この時計は一三五四年に動きはじめ、たちまち注

Der Vhrmacher.

Ich mache die reysenden Vhr/
Gerecht vnd Glatt nach der Mensur/
Von hellem glaß vnd kleim Vhrsant/
Gut/daß sie haben langen bestandt/
Mach auch darzu Hůltzen Geheuß/
Dareyn ich sie fleissig beschleuß/
Ferb die gheuß Grůn/Graw/rot vñ blaw
Drinn man die Stund vnd vierteil hab.
S iij Der

時計職人

私は砂時計を作る／ガラスで出来た正確で滑らかな／シリンダーで，透き通るガラスと小粒の砂を使って，／長持ちするほどに上等の時計だ。／私は時計のための木箱も作る，／そのなかへ時計を丁寧に入れて，／木箱を緑色，灰色，赤色，青色に塗る，／そのなかを見れば 1 時間，15 分という時間が分かる。

時計職人。あらゆる職業についてハンス・ザックスの詩とともに記述する
ヨースト・アマンの木版画，1568 年

目を集めた。時の計測を機械化するというプロジェクトにおいて決定的な転換点となったのは、時計用ガンギ車の発明である。これによってはじめて調整メカニズムとして、時計仕掛けの同期作動が可能になる。ガンギ車の発明によって、それまで不正確な時間支配を行なっていた日時計、砂時計、水時計の時代が終わる。(2) これらは静物画上では熟慮のシンボルとして定評があった。自然や四大元素および宇宙空間を指針とすることから人工的な機械装置を指針とすることへの転換を、これほどはっきり示している例はないだろう。歴史家ルッィアーン・ヘルシャーは、洞察力あふれる著作『未来の発見』において、時間経験に関する具体的な構造革新を記述しているが、それは近代への移行期に、機械装置による確かな時間計測の可能性とともに起こったものである。そこではじめて――中世の最盛期における叙事詩と比較してみれば分かるように――時間経験の外面的な同質化のようなことがそもそも可能となる。これらの叙事詩に顕著なのは、「当時、同一の登場人物が、自らが身をおく社会的（あるいは神話的）環境に応じて生きることができた異なる時空間のあいだを跳躍するように見えることである。かようにパルツィヴァルはヴォルフラム・フォン・エッシェンバッハの叙事詩のなかで、ある時には非キリスト教的な前史的世界にいるかと思えば、ある時にはキリスト教的価値に彩られた同時代を動き回る。われわれにとって自明な空間と時間の一致は、その物語のなかでは、近代的な読者の眼前でいわば粉々になってしまう(3)」。

現在を同質化することによってはじめて未来予測が可能になる。時間計測が正確になるに従って――たんなるアフォリズムにはとどまらない言い方をするならば、より優れたハードウェアとともに――旧来のソフトウェアの欠陥もまたただちによりはっきりと現れてくる。近代初期に察知されるようになったのは、暦に何かおかしいところがあり、将来ますます顕著におかしくなるであろうということである。コンスタンティヌス一世の招集したニカイア公会議は、一般的に使われるべき暦を三二五年に制定していたが、それはユリウス・カエサルが紀元前に制定した暦を改良するためのものだった。公会議教父たちの多くはまだ、間もなく世界の終わりが訪れるであろうと予期していた。だから彼らは、当時すでに学問上はより正確に知られていた一年の長さに十分に配慮することなく、それぞれ三六五日からなる三年の後に規則的に三六六日からなる一年を置くと決めた。そうすると、太陽年との差異は毎年ちょうど一一分になる。取るに足らないわずかな量《カンティテ・ネグリジャブル》であるように見える。しかし暦年と太陽年とのあいだの差は一二八年ごとに一日になり、一二〇〇年後には一〇日にもなる。暦上の一年が太陽年から一一分だけ遅れるという何の害もなさそうに見える問題は、ゆっくりではあるがしかし確実に、教会暦と、キリスト教社会における時間論理上および生活世界上の主要指針を混乱させた。ほかならぬロジャー・ベーコンが一二六七年にこの問題を具体的に説明してみせた。その年、春分後の最初の満月は四月九日であり、したがってイースターは四月一〇日であった。しかし暦が示すところでは、四月一七日がようやくイースターの日曜日であった。そのようなわけで受難週〔イースター前の一週間〕は絶食とならず、みな美食を楽しんでいた一方、復活の歓喜に捧げられるイースターの週には絶食が行なわれていた。

教皇グレゴリウス一三世が**一五八二年**に行なった独創的な**暦法改革**は――より正確な機械による時刻計測の可能性とともに――この問題に片をつけた。暦年と太陽年を元どおり同期させようとすれば、一〇日余ってしまう。そこでその一〇日間をたんに欠落させた。グレゴリオ一三世は一五八二年一〇月四日の翌日を一〇月一五日としたのである。それに対して、いわゆる素朴な、だが実際それほど素朴ではない民衆が苛立ったことは、今日でも容易に想像される。あるはずだったのになくなってしまった一〇日間はどこに行ってしまったのか、そのあいだに何が起こり、それはどうなってしまったのか。おまけに、将来的にも春分を天文学的な春の開始と一致させるために、西暦年数が一〇〇で割り切れるが四〇〇で割り切れない年（つまり一七〇〇年、一八〇〇年、一九〇〇年）はすべて閏年から除外することが決められた。そうすれば、神の宇宙論的規則と人間のための指針の必要性とのあいだに一日の誤差が生じるのはようやくその三〇〇〇年後となる。グレゴリオ暦の採用による暦法改革はさっそく文化闘争を引き起こした。なぜならこの改革が行なわれたのは、（グーテンベルクの発明と、病的なまでの書き手でありかつメディアファンのルターがその発明を集中的に利用したことが主な原因となり）教会がその名に、すなわちすべてを包括するというカトリックの名にもはや合致しなくなるような時期だったからである。こうして、カトリックの地域とプロテスタントの地域で異なる時間と二つの暦を使用する状況が長く続いた。ようやく一七〇〇年頃に、統一された暦で生活したいという願いがかなったのである。東方正教会は周知のとおり今日でも古い暦を保持している[4]。近代における文化闘争は、ほとんどつねに暦をめぐる闘争でもある（とりわけ新たな十進法の暦体系や、フリュクティドールなどという美しく新しい月名を考えたフランスの革命家や、西暦の帝国主義に対する今日のイスラム教からの批判を一瞥すれば分かる）。

　時と暦の支配権をめぐる十六、十七世紀の宗派間文化闘争は、あまたの文書やビラにしっかりと記録されている。こうして、近代初期の二つの新しいメディア技術が出会う。すなわち、活字の文書が正しい時間および暦のソフトウェアをめぐって戦うのである。暦もまた、そしてそれとともにシステム化され、もしくは官僚主義化された生活様式の可能性も、まさしくグーテンベルクの発明後に大量生産品となりえたのである。ところで暦は早くから、印刷産業の最も成功した製品の一つとなった。しかし初期の印刷物（一五〇〇年以前に成立した揺籃期本《ヴィーゲンドゥルック》〔ドイツ語でWiegeは「揺りかご」、Druckは「印刷」を意味する〕は、「おむつ」を意味するラテン語から、インキュナブラとも呼ばれる）のうち最も有名なものは、言うまでもなく一四五四年に出版されたグーテンベルク聖書である。一四〇〇年になる少し前、マインツにあるツーム・

グーテンベルクの屋敷に住んでいた商人フリーレ・ゲンスフライシュの息子として生まれたヨハネス・ゲンスフライシュ・ツーム・グーテンベルクは、一四三四年以降シュトラースブルクで活動していたことが確認されている。そこで彼ははじめて、活字の鋳造と可動式の文字を組み合わせるという方法を試みる。そしてこれこそが簡素かつ深遠な根本発想なのである。それはつまり、分析的な方法をとるという発想であり、もともとが一緒になっているものを分解するという発想であり、精神は活字によって料理されることを理解し、また書かれうるものはすべて二四の文字を組み合わせて作りうることを理解するという発想である。精神と文字を対立させる旧来のトポスを背景にしてみれば、この方法には神をも恐れぬ要素が備わっている。「文字は殺しますが、霊は生かします」――新約聖書の「コリントの使徒への手紙二」(三・六)にあるこの言葉は大きな影響力を及ぼしてきた。一五四五年のルター聖書の最終校訂版で、この箇所は印刷技術的に際立たせられている。しかしグーテンベルクは文字崇拝者であり、精神の崇拝者では決してない。なぜなら精神は精神そのものとしてではなく、せいぜいのところ文字という回り道を通して操作されたり印刷されたりするようなものだからである。精神もまた活字であり、キーボードが叩かれることでようやく姿形を現すのである。

グーテンベルクの技術については、ごく簡単に説明することができる。彼は幾人かの同時代人が試みた、本の頁全体をまとめて木版の上に彫りその上に紙を押しつけるという、銅版画を制作するかのごとく書物を印刷する方法は採用していない。一五八八年にライデンの識者ハドリアーヌス・ユニウスによって広められた伝説によると、グーテンベルクはオランダ人のラウレンス・ヤンソン・コスター(あるいはキュスター)のもとで職人《ゲゼレ》であったはずだというのだが、この人物はそのような方法を試みていた一人である。それとは逆にグーテンベルクはすでにシュトラースブルク時代から、明らかに秘密を漏らさぬよう注意を払いつつ、個々の文字を鉛あるいはその他の金属で鋳造し、それを組み合わせることで活版を作るという方法を試している。一四四五年頃、グーテンベルクは鉛の活字の「大量生産」を可能にする鋳造器具を用いていたことがわかっている。信に足るかたちで伝承されている鉛活字印刷のうち最古のものは、一四四五年頃に印刷されたいわゆるマインツ断片で、十四世紀半ばにテューリンゲンで成立した、最後の審判に関する韻文の一部である。それに続いて印刷されたのはマインツの贖宥状、ドナトゥス文法書、占星術用のホロスコープなどであり、中には成立年代が明確に特定できないものも含まれている。そして実に驚愕に価するあの製品が続く。**一四五四年**の有名なラテン語の**グーテンベルク聖書**である。印刷技術が当時まだ新しいものであったことを考えると、それがこれほど早い時期に卓越し、完成され、かつ「大量に」生産される貴重品を市場にもたらしたのは実に信じがたいことである。

グーテンベルク聖書は全一二八二頁で、各頁は四二行ずつで構成され、計三五〇万字の分量である。それを生産するため、グーテンベルク工房の職工たちは、一〇万個の活字、二三万七六〇の作業工程、一六頁に相当する全紙を四万八〇〇〇枚、三二〇〇頭の動物の皮、そして二年間の製造日程を必要とした。機械で製造された製品はその後、手工業的に手間をかけて仕上げられた。彩飾と項目の見出しを描く職人は、手仕事で章の最初にある大文字の飾り文字を作成し、赤インクで文頭の多くにしるしをつけた。そうして実現したのは、あらゆる書籍愛好者が今日なお世界で最も美しい本とみなす書物である。グーテンベルクはこの聖書をもって彼の目標に到達した。そしてその目標とは、安い大量生産品を市場にもたらすことでは決してなかった。グーテンベルクはむしろカリグラフィーを理想として仕事を進めた。すなわち彼は「写本文化の豪華作品とはり合い」(5)、そして手仕事をますますぞんざいに行なうようになった写字生に対して、デザイン、装丁そしてユーザー・フレンドリーという点に関して肝心なことは何かを示そうとした。

グーテンベルク聖書

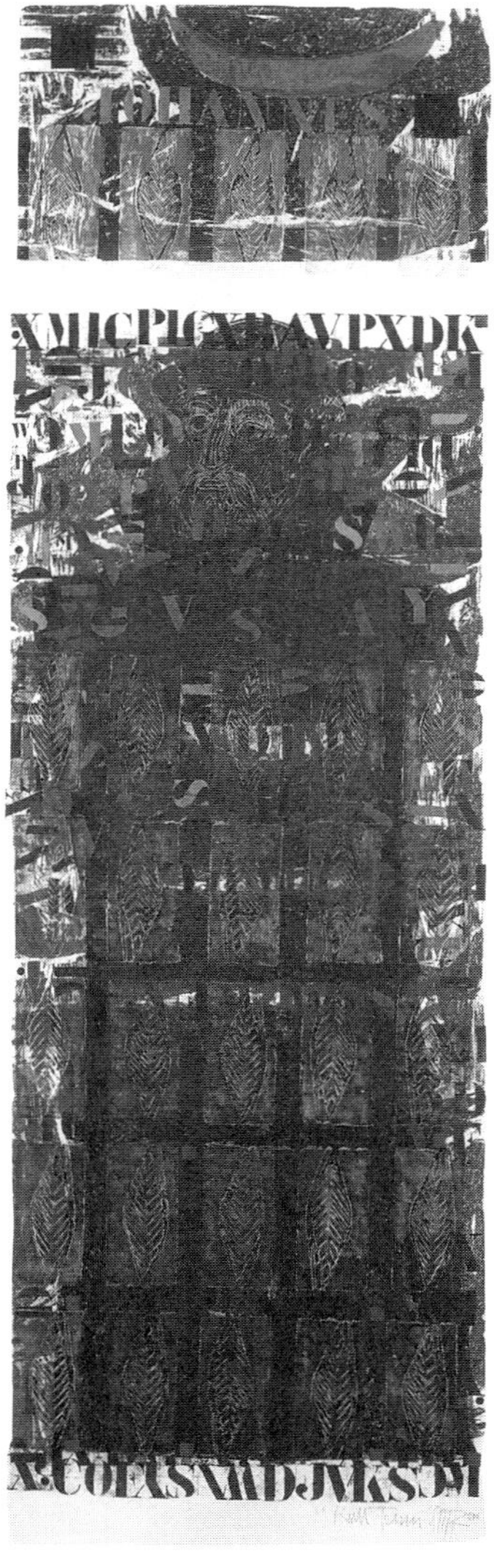

ルート・テスマー『シンポジウム』シリーズより「ヨハネス・グーテンベルク」,
1999/2000年

まさにそれによって最初の工業的大量生産品の発明者となったグーテンベルクの目標は、量《マッセ》ではなく質《クラッセ》だったのである。「印刷機は最初のベルトコンベアーであった」[6]。そしてこのベルトコンベアーは見事な高品質製品を生み出したのである。

ベルトコンベアー方式で作られた最初の生産品の一つ、一四五四年のグーテンベルク聖書は、二〇〇部にも及ぼうかという法外な部数が生産された。しかも二段階の価格帯があった。一五〇部程度が紙に印刷され、三五部が羊皮紙に印刷されたのである。そのうち紙印刷版は三六部、羊皮紙印刷版は一二部が現存する。ただし、すべてが完全な状態で保存されているわけではない。羊皮紙に印刷されたもののうち、大きな損傷もなく経年劣化を切り抜けたのは四部のみである。それらは今日ゲッティンゲン大学図書館、大英図書館、ワシントンのアメリカ議会図書館およびパリ国立図書館の蔵書を飾っている。マンハッタンの中心にあるモルガン・ライブラリー所蔵の、きわめて保存状態が良く、すばらしい装飾と朱書をほどこされた紙印刷版のうちの一つには、感嘆せずにはいられない。一四五四年当時、羊皮紙版だけでなく紙印刷版も、手書きで生産される写本聖書に比べるとそれぞれ約七五パーセント割安だった。もはや手書によらない書物という、裕福な家庭にとってもほとんど手の出ない贅沢品もまた驚くべきことにすぐさま大量消費品となった。新たなメディア機器の価格は急速に下落するという法則は、コンピュータや携帯電話やフラットパネル・ディスプレイの一〇年前の価格表を見れば分かるように、今日に至るまで有効である。かつて起きた本の価格崩壊についても簡単に説明できる。なにしろ、ある程度まともに読める完全な聖書を作成するために、一人の写字生が少なくとも三年という時間を必要としたのだから。グーテンベルクが約二〇〇部の本を作るために要したのは、三年弱の時間と、四から六人の植字工、また比較的短時間で済む本来の印刷作業のために六台の印刷機を操作する一二人の印刷工と何人かの補助作業員である。

しかしグーテンベルクは比較的費用のかさむ労働力に頼らざるをえないだけではなかった（先端的なメディア業界ではマイクロソフトやＳＡＰ〔ドイツに本社を置く大手ソフトウェア会社〕の時代以前から、伝統的な手工業よりも良い賃金や給与を支払わなければならなかった）。グーテンベルクにはまた多くの資本金が必要だったのである。イタリアから持ってきた紙のためだけに、彼はおよそ六〇〇グルデンを、三二〇〇枚の動物の皮のために約四〇〇グルデンを投資しなくてはならなかった。そのようなわけで彼はアルノルト・ゲルトゥスという美しい名前の親戚から一五〇グルデンの借金をし、さらに一〇〇〇グルデンを超える金を、ファウストを彷彿とさせるヨハン・フストという名の資本力の高いビジネスパートナーから借りたのだが、フストはこの高額な借金に対し無理からぬ理由から担保を求め、事実またグーテンベルクが作った活字箱や印刷機のような機械を手に入れた。資本集約型の新興産業技術への投資ではしばしば起こりうることだが、グーテンベルクも厳しい財政危機と訴訟に見舞われた。グーテンベルクの作品は一四五四年に完成したが、彼自身は一四五五年に破産してしまった。グーテンベルクは利子を含め二〇二六グルデンをフストから借りていた。それはマインツで四軒の家が買えるほどの金額に相当した。彼の製品の明らかに迅速な売れ行きにもかかわらず、グーテンベルクは期日までにその借金を返済できなかった。フストは工房を差し押さえた。(7) グーテンベルクはしかしこの財政難の後、どうやら再びまともな生活を送ることができた。彼はあらためてシュトラースブルクへ赴いた後にまたマインツに戻り、一四六八年、当時としては高齢な七〇歳過ぎで亡くなった。亡くなる三年前、グーテンベルクはアドルフ二世ナッサウ伯から「宮内官」に任命され、毎年衣服や食料などの援助を受け、税金の支払いや賦役を免れた。

グーテンベルクのメディア技術は、問題なしというわけではない「活版印刷術」という概念で呼ばれる

最初の大量生産品産業である。それは全ヨーロッパに瞬く間に普及する。特許権は著作権と同様まだ知られておらず、素早く完成したメディア技術を取り入れるのは難しいことではない。そして画期的な技術革新を無料で宣伝する初期のメディア・フリークには事欠かない。たとえばニコラウス・クザーヌスのような思慮深い頭脳の持ち主や、このメディアで自分たちは何ができるかをすぐさま理解した人文主義者たちがそうであった。そのようなわけで最初の聖書印刷から一〇年ないし二〇年後にはすでに、ローマ、ヴェネツィア、ユトレヒト、ロンドン、パリにも印刷所があった。この革新的業界で働く者はみな、己の仕事に自負をもつだけの理由があった。ヴェネツィアに赴いたドイツの印刷工ヨハン・フォン・シュパイアーはその自負を、一四六九年に出版されたキケロの『親しき者への手紙』の奥付《コロフォーン》（ギリシャ語で終わり、すなわち巻末の意味であり、通常は印刷所と出版地、出版年が掲載される）で次のように表現した。

どんなドイツ人もかつてはイタリアから本を家に持ち帰った。

彼らが持ち帰ったものに対し、今日一人のドイツ人が十分に借りを返している。

それはすなわちハンス・フォン・シュパイアー、その技において彼を凌駕する者はいない。

彼はいかにすれば書物をより良く記せるのかを示した——活字を使えばよいのである。[8]

経済の概念を用いていることからも、啓発に富む奥付である。この文章が人文主義的かつ啓蒙的で明晰なイメージによって描いているのは、利子と複利の受取と返済、異文化交流、新たなテクノロジーのおかげで、これまでとは違う方法で書かれるばかりでなく、これまでとは違うことが書かれるだろうという、どちらかといえば半意識的に述べられた直観である。極端な近視だったためにタイプライターを入手した最初の哲学者ニーチェは、それから四〇〇年ほど後、この直感を次のように簡潔に定式化した。「「文具はわれわれが思考するさいにともに作業している」とニーチェは書いた。「技術はわれわれの歴史のうちに存在している」とハイデガーはいった」。このように書き、語り、引用しているのはフリードリヒ・キットラー(9)であり、それをさらに引用しているのはヘーリッシュであり、それを今度は読者が読んでいるのである。

すぐに十五世紀以前とは違った方法で、そして異なる内容の文章が書かれ印刷された。たしかにこの観点でも、新たなメディアの内容はたいていてい古いメディアであるという、マーシャル・マクルーハンの名文句の正しさが証明されている。すなわち初期の印刷物のなかには、聖書と並んで昔からおなじみの著作が数多く見られる。しかしそれらの著作はもはや、修道院や官庁の文書館に足を踏み入れることを独占的に許された者たちにだけなじみのあるものではありえない。たとえば一四六九年にはすでにヴェネツィアでプリニウスの『博物誌』が、一四九八年には木版画による挿絵のついたホラティウスの著作、一五〇二年にはゼバスティアン・ブラント編纂の『ウェルギリウス著作集』が刊行された。印刷史初期に出版されたより新しい文学作品のうちで代表的なのはペトラルカの作品だが、ドイツ語による最初の「民衆本」の一つで、一四〇〇年に書かれたヨハネス・フォン・テープルの『ボヘミアの農夫』もそこに含まれる。この死すべき人間と不死身の死神とのあいだの熾烈な論争は、一四七〇年にバンベルクのアルブレヒト・プフィスターのもとで印刷されると、ただちに初期の大当たりの一つとなった。しかしやがて聖書や古典古代の書、深遠な意味をもつ民衆本、文法書や教科書ばかりでなく、聖職者にあらゆる種類の憂慮をもたらすようなものも印刷されるようになった。すなわちビラ、モリタート〔殺人・災難などを題材にした大道芸人の語り歌〕、世俗的なカレンダー、煽動的な論説、たとえば病的なまでに書いては出版するマルティン・ルターの手による一触即発の危険な神学的文書などである。

当然のことながら、印刷術という新メディアに対して、プラトンの文字批判以来のありとあらゆる周知の常套句が、すでに早い時期から持ちだされた。その例として、ここでは三人の見解だけを引用する。[10] これらは**印刷技術批判**を表明しているにもかかわらず、印刷され流布されることに重きをおくものであった。一四八五年三月二二日にグーテンベルクの故郷であるマインツの司教は、「ある人々が虚栄に満ちた名声と金への欲望に誘惑されて、この技術を濫用する」ことに異を唱えている。このような初期の検閲布告がいうところの濫用は一つしかない。すなわち、たとえば「聖なるミサの秩序」についての神学的秘儀がドイツ語に翻訳されてしまうと、「宗教に対する侮辱をともなって、民衆の手から手に渡る」ことになるのである。神学的コードを破壊する者たちに対する不安が明らかに広がっている。教皇レオ一〇世はそれを防ごうとして――これが第二の例であるが――一五一五年、すなわちルターの『九五ヶ条の論題』の二年前、勅令にて聖書や神学的文書を民衆の言語へ翻訳することを一切禁止する。というのも翻訳は「信仰に対する謬見、および有害でキリスト教に矛盾する教え、そして威厳ある高位聖職者たちの威信を害するようなものを含んでいる」ためである。しかもそれは翻訳が偏っているとか、まったくのでたらめかもしれないという理由によるのではなく、ひとえにそのテクストがもはやキリスト教の認める教会ラテン語では書かれていないという理由によるのである。メディアはしかしメッセージである。したがって聖書が英語、ドイツ語あるいはフランス語で書かれ、少なくとも読み書きができるという意味でまったく粗野《ゲマイン》なわけでもない一般民衆《ゲマイネ・フォルク》にとって理解可能なものであるならば、その神聖さは汚される。同時に注目すべきは、ある職業集団の全員がメディア革新の結果、威信の失墜を被ると、教皇がきわめて明瞭に指摘していることである。「威厳ある高位聖職者たち」は――ルターはこの危惧が正しいかどうかを実例に即して大規模に検証するであろう――ドイツ語で読める聖書が大量にある限り、もはやさほど高位にあるわけでもなければ、さほど威厳があるわけでもない。活版印刷によって聖書はインフレを起こし、それによって神聖なものではなくなるのである。

同じく一五一五年に出版された大修道院長ヨハネス・トリテミウスによる小冊子『写字生の賛美について』(これが第三の例である)のように、書物を誉め称えることを約束するタイトルでさえ、制約つきのものでありうる。グーテンベルクの発明から半世紀も経つと、称えられるのはただ写本ばかりで、印刷物ではない(その時々で最も新しいメディア技術を批判する者たちが、以前は同じように批判されていたより古いメディア技術を、それに競争相手が登場するやいなや称賛し始めるという、あまたある例の一つである)。というのも印刷された大量生産品とは、大修道院長のきわめて啓発的な論証によれば、現世での俗人受けを狙っているのであり、妥当性のある知恵を後世に伝えることにさほど興味をもっていないからである。院長が言うには、そのような本がどれほどのあいだ持ちこたえるか分かったものではない。この興味深い問いの後、お決まりの古きものの称賛がやってくる。「活版印刷を愛するがあまり写本という営為を諦める者は、写本によって伝承されたものの真の愛好家とはいえない。なぜならそのような者はせいぜい現在にしか目を向けず、後継者を育てるという努力をしないからである。[…]つまり、手で書かれた本を印刷された本と同列に置くことは決してできない。なぜなら印刷工たちは通常、正書法や本の装丁その他について気にしたりなどしないからである。しかし筆写する者はそのために大いに尽力する」。心をこめて一冊だけの本を生み出す個別的な手工業と、早急に作られる大量生産品の対立。これは今日まで好んで用いられるお決まりの批判パターンである。文化的価値のあるものの典型としての書物に対して、このパターンは早い時期にすでに試されたのである。

心のこもった手工業と心のこもっていない工業的な大量生産品の対立という、とりたてて独自性があるわけでもないこの文化批判的図式の背後には、メディア分析的な洞察が隠れている。活版印刷がもたらした結果の一つは、コミュニケーションと相互作用の結びつきの大幅な弛緩だ、という洞察である。[11] 手稿と手工業はたんなるメッセージを超えた何かを私たちに伝えている。手稿と手工業の内部には、フェイス・トゥ・フェイスで行なわれる口頭のコミュニケーションの要素が保たれている。人は手稿を読みながら、言わば黒い文字の背後に、ある発話する存在がいる、あるいは存在したことを思い出すであろう。手稿を読む人は、サブテクストも同時に読んでいる――はあ、書いた人はこれを書きなぐりながら苛立っていたのか、どうしてまさにここにインクのしみがあるのだろうか（これはゲーテの長編小説『親和力』がはっきり提示している問いである）、なるほど、これは著者が線で消したものなのか。名作の校訂版は、そうしたテクストの痕跡をありありと再現することに存在価値がある（その異稿資料によって、あるいは――すばらしいフランクフルト版ヘルダーリン全集以降、より説得力があり、メディア・テクノロジー的により進化したモデルとなっている――ファクシミリによって）。今日、コンピュータの助けを借りて書く、したがって鉛筆や鵞ペン、万年筆あるいはポータブル・タイプライターの帝国の内部で行動しているわけではもはやない作家たちは、自分の作品が校訂版によって生きながらえるという展望などもうもってはいない。[12]

文字の帝国における手稿とは、フェイス・トゥ・フェイスのコミュニケーションの帝国における表情に相当する。D・H・ロレンスは小説『恋する女たち』のなかで、会話中の身振りや表情の働きをただ際立たせるばかりでなく、言葉そのものがもつ身振り的な特質を問うために古典的な表現を見出した。「彼女は、相手の言うことを理解しようと、耳を傾けた。彼女にもわかり、彼にもわかっていることであるが、言葉そのものは意味を伝えるものではなく、われわれのやるジェスチュアにすぎず、無言劇と変わるところはないのである。そして彼女は自分の血液を通じて男のジェスチュアを感じとれるような気がした。そして彼女の欲求は彼女を前に押し進めようとしたのだが、かえって彼女は後退した」(13)。まさしくこれこそが相互作用という概念の意味するところであろう。すなわち一方と他方、自己《エゴ》と他者《アルター》が、つねに相互に身振りを示しながらコミュニケーションする——互いにほほえみかけ、さえぎり、約束し、あるいは拳にものをいわせ、しかしその際つねに、言葉が「たんに」意味を担う以上の役割を果たすような方法で、言葉をさしはさむのである。

書物に欠けているのはこの身振りという次元である。書物はそもそも読者に対し身体的な負担を強いたりはしない。書物の著者とは通常は不在の存在である（たとえば著者が悪意のある批評家に対し、誤解されたその本でもって頭蓋骨をたたき割り、仕返しをしようというようなことでもあれば別だが）。相互作用は読書の過程において、希薄な微量元素としてすらもはや起こらないが、手稿や写本であれば、そのようなものとして理解することができる。書物関連の諸概念は啓発的な方法でそのことを忘れさせようとする。それは身体のメタファーに満ちているのである。作品集はいまでも大全《コーポラ》〔corpora は「身体」の意〕と表現されるし、ローマ時代の文学はすでに書物を著者の子供たちと考えている（書物ハ子供タチダ〔libri sunt liberi〕）。書物は章《カピーテル》をもち〔ドイツ語の Kapitel「章」はラテン語の caput「頭」に由来〕、その叙述は脚注に支えられ、私たちが本を本棚に戻す時、本は背表紙を向けている(14)。これらの擬人化された婉曲語法が忘れさせようとするのは、書物という近代特有のマスメディア製品が相互作用とコミュニケーションの結びつきを大幅に緩め、それによって新たな即物性をもたらしたということである。あるロマン派の文化保守主義者は、それを認識した最初の人物というわけではなかったが、おそらく最も断固たる姿勢で論じた。一八一二年にウィーンで行なわれた「雄弁術に関する一二の講話」のなかでアダム・ミュラーは、ポエジーが即物的かつ男性的な印刷技術に身売りをすると、その「女性的」で感受的な相互作用の性質を失うと嘆いている。「ポエジーとその女性的本質にとって、手書き文字の家庭的本質は世間向けの印刷よりもはるかに好ましい。世間の人々は読むことはできなくても、最も理解できないことを最も厳格に判断することが良心の責務だと思っているのである」(15)。

アダム・ミュラーによると「活版印刷術［…］という、利益をもたらす、しかし破滅をもたらす発明」は「貨幣がもたらす諸関係と同様である。つまり人々は、互いにそばにいるとき、自分の力と仕事によって対価を払いあい、そこに今いる人や同胞に対してはおのれの力で支払いをした。すなわち遠く離れた人々、その場にいない人々、未来に対してのみ金銀で支払われたのである。したがって、金銀と生きた人間の行為との関係は、まさしく文字と生き生きとした言葉との関係と同様である」(16)。疎外や相互作用の中断、そして抽象化は「この大きな転換が進行していた十六世紀半ば」以来、とどまることなく進行している。しかしそれと同時にまた、アダム・ミュラーのように賢明な文化保守主義者は、つねに反作用も存在することを見逃さない。「活版印刷術」によって巨大にふくらんだ即物性には、まさしくこの即物化ないしモノ化の傾向に悩み、この悩みを雄弁に表現しているきわめてデリケートな個人ないし作者による大量生産品が補足物として対応している。メディア的大量生産品である書物はしたがってまた——たんに見せかけのパラドックスなのだが——主体からほど遠い即物性とは正反対のものをもたらしている。筆写に頼らざるをえない文化において、間テクスト性とはポストモダンの流行語などではなく、日常的な要請である。人は無意識のうちに自らが依拠するモデルを引きあいに出す。書物のために活字を組む者《ゼッツェン》は、活版印刷術発明の三〇〇年後、主体崇拝者たるフィヒテのお気に入りの概念に昇進したことを行なっているのである。フィヒテはなるほど「哲学における精神と文字」というエッセイを書いているが、自らの哲学のメディア論的含意について問うということからはほど遠かった。超越論的哲学によって称揚された自我は、何かを「定立する《ゼッツェン》」ことによって際立つ。あらゆる自我がたとえ同一の職業《ベルーフ》をもっているわけではないにせよ、しかし同一の天命《ベルーフング》をもつ。彼らはつまり、定立者《ゼッツァー》＝植字工となるのである。オングとともに言えば、「手書き本の文化においては、テクスト間の相互影響は当然のこととして受け取られていた。［…］印刷文化は、おのずからそれとは異なった精神的枠組みをもっている。［…］印刷文化が、「独自性」や「創造性」というロマン主義的な概念を生み出したのである」(17)。

以上のことをアダム・ミュラーはすでに分かっていた。彼は「講話」で次のように述べている。「活版印刷術発明の前に、そしてその後にも長きにわたり、筆写や校閲、校正という苦労の多い、このうえなく称賛に値する生業に人生を捧げるような、大変勤勉な種類の人々が存在した。深遠な意味をもった痕跡を保護し、ある世紀が他の世紀の人々に遺した重大な遺作を保存し管理するというこの聖なる威厳ある生業、人類の神聖な場所でなされる他のいかなる類似の業種にも重要性においてひけをとらないこの生業は、活版印刷術のせいで衰退し、軽視されるようになった。そしてこの尊敬すべき職業を襲ったのは、固有かつ独自の著者であるという傲慢な精神であった」(18)。イェーナで哲学を学んだ者たちにとって、「定立する《ゼッツェン》」という概念（「自我は自己自身を定立する」というような命題《ゼッツェ》が再三にわたり植字工《ゼッツァー》の工房に持ち寄られる）は物神的な性質を獲得しているわけだが、一冊の書物の活字を組む《ゼッツェン》こととイェーナの哲学者たちのお気に入りの活動のあいだには、机上の哲学的知識が夢想だにしえないほどの関連がある。デスクトップ・パブリッシングという出版テクノロジーをもって、植字工と著者とのあいだの境界線はついに崩れ落ちた――しかし定立《ゼッツェン》という力をもつ主観性もまたポストモダンの時代、つまりマルチメディアの時代、はなはだしくその相場を下げてしまった。

　フィヒテとは異なり、パリの革命家たちにとって、書物の植字工の技術と主体の解放とのあいだの関連は一目瞭然だった。主体《ズブイエクト》の解放とは、基体《ヒュポケイメノン》すなわち下位に置かれるもの、あるいは臣下《ウンタータン》であるという伝統からの解放である。革命派の雑誌『村人通信』は、自らの使命を、フランスの農村住民を首都での出来事の高みに引き上げることと認識していた。その一七九〇年一一月四日付の誌面に、この上なく美しい問答形式で次のように述べられている。「問い「なぜ彼らは人間の権利をそんなに遅くになっていまさら要求したのか？」答え「なぜならその人々は読むことができなかったからである。彼らは自身の教育の機会を得ることもできず、他人の誘惑のなすがままとなった。」問い「村人が子供たちにしてあげられる最大の手助けは何か？」答え「それは子供たちに、言われたことを信じる前に調べるということを教えることである」⑲」。農村住民向け雑誌の要求に従って、読みながら、自分の目の前に信じるに足るものとして置かれたものを検証する者は、間もなく自らの思想を実現させようと決意《イン・デン・コプフ・ゼッツェン》し、読者の立場から著者の立場へと代わろうとする。読者はそうして歴史によって苦しめられるばかりでなく、さらには自ら歴史を記す、ないしは自ら歴史を作れるかもしれないと考えつくことができる。

　活版印刷という大量生産品技術がまた、比類なく不可分の個人《インディヴィードゥエン》を大量生産していることを憂慮したのは、システム理論的志向をもつ現代のメディア史家が最初ではない。アダム・ミュラーやフランス革命よりも前、活版印刷の初期にすでに注意深い同時代人たちもまた大いに憂慮していた。活版印刷の発明直後すでに、読書は人を孤独にしてしまうという、プラトン的メディア批判の紋切り型の、読書に特化したヴァリエーションが形成されたのである。読書は人を孤独にすることによって、大量に主体ないし個人を生み出すのである。そして**読書中毒**は人を狂わせる。一五七六年に出版された、『会話する市民』という美しい題名をもつステファノ・グアッツォの教育書には次のような記述がある。「知というものが何事にも精通した人々とつき合うよりも、むしろ書物との孤独な付き合いにおいて獲得されうるものであると思うのは、大きな過ちである。[…]その上さらに、刺激を与え挑発し、議論を交してくれる人のいない孤独な人間の精神は鈍く緩慢になる。さもなければ、そうした孤独な人間の精神は尊大で高慢になる。なぜならそういう人間は自らを他人という尺度で測ることをやめてしまっているからである」[20]。秀れた頭脳をもつ人たちは、このような批判をひっくり返すこともできるとすぐに気がついた。不愉快な感じの、まるで共感できない作者に煩わされることなく知識の詰まった本を読めるのはきわめて快適なことなのかもしれない。そしてグーテンベルクの発明以前は、その発明以降(インターネットが発明されるのは、まだ四〇〇年も後のことである)のように、これほど多くの知性の持ち主と離れればなれでいながらごく快適にコミュニケーションを取ることは決してできなかった。それができるようになったのは、読書による孤独ゆえのことである。さらに、最も遠い所にいる者、つまり死者とも、彼らが本を遺してさえいれば、それを読むことによって快適にコンタクトを取ることができる。たとえばスペインの詩人フランシスコ・デ・ケベード(一五八〇—一六四五)のソネットが、それについて印象的な説明をしている。

この荒涼とした場所に平和に護られて、
数々の良書のみに囲まれて、
死者との対話のなかで静かに暮らす、
私は読みながら死せる言葉に耳を傾ける。

しばしば理解されずとも、しかしまだこれからも
書物は私に慰めと忠告を与えてくれ、
沈黙の音楽とともに私の周りを漂おうとする、
そして此岸の夢に、目覚めた彼岸を示す。

死によって追い払われ、
年月とともに雲散霧消する偉大なる魂たちは
復活するのだ、私の友よ、活版印刷の術によって解き放たれて。

時は消え去り、脇目もふらず急ぎ過ぎて行く——
勉学に励む最良の時だけが、
私たちを清めるため、最上の愛顧を授けてくれる。(21)

すべての読書時間が気前よく何かを授けてくれるわけではない。死者の国の住人との霊的な交流を甲斐のあるものとしようとするなら、「良書」を読まねばなるまい。しかし読書を通じて生の強烈な上昇を経験するばかりではなく、人生の時間を奪う味気ない読書を経験することもある。多読家たちこそ時として、かつての幸運な読書という魔法が、読書のインフレ状態によって失われかねないことに思い悩んでいるものである。「成熟した成人」(マックス・ヴェーバー)になると、もはや若い頃のように、耳まで赤くなって、途方もないものの充溢を目の当たりにするような仕方で読書したりはしない。魅惑的な名をもつイギ

リスの詩人ウィリアム・ワーズワース（一七七〇―一八五〇）は晩年、これに関し、「空虚な劇場」というアピール力のあるイメージを発見している。

いまはもう
永久に失われてしまっている、
当時の恍惚を想うと悲しい。
そのうえ、あの頃は読めば必ず私の魂を魅了してしまったのに、
今では、観客が帰ったばかりの劇場のように、
がらんとして空虚で、何ひとつ訴えてくるものがなくなってしまった
多くの著名な詩集などを、いくら繙き、いくら読んでみてもただ、時折、
涙がこみあげてくるほどに、悲しくなるだけなのだ。[22]

死者となおも行なわれるコミュニケーションと対置されるのは読者の孤独、ないしは敏感な読者層には届かず、それゆえ観客のいない劇場公演のように微妙な書物の孤独である。すぐに分かるように、マスメディア性と孤独化のこのような独特な混合状態について、ぴったり当てはまる定式を見出すのは困難である。それゆえに以下に述べるような実態と、後にはそれに関わる、マスメディアなくしてほとんど意味をなさない概念が着実に形成されていく。「印刷というメディアを通じて孤独と社交という比較的昔からある概念が交錯し、新しい概念、すなわち公共圏へとなっていくのである」[23]。「マスメディア」と命名されるこの現象は、たとえば古代の劇場や中世末期の大教会、あるいは直接民主制を行使すべくアペンツェル〔スィ

ス北東部に位置し、毎年四月最終日曜日に有権者全員による青空議会が開催される〕の村広場へと大衆が押し寄せ、中央からの意志の公示に一体となって居合わせることを意味しているとは限らない。何百万という個々の読者とラジオやテレビの視聴者たちもまた大観衆を形成しうる。映画の魅力が絶えていないこともまた、大衆《マス》という言葉の具体的な意味が映画館においてまだ保たれていることに基づいている。

書物が広く一般に入手可能な大量生産品となりうるためには、書物にふさわしいインフラ整備が必要であった。すなわち大衆の識字化がなければ、文化的にもメディア的にも、書物の大衆読者はありえないのである。しかし**識字率**という点では、グーテンベルクの時代はドイツでもその他の国でも、陰鬱な時代であったように思われる。一五〇〇年頃、およそ一三〇〇万人のドイツ人のうち約一五〇万人が「都市」生活者であった（当時は最大の都市でもせいぜい二万人の住民しかおらず、二〇〇〇から三〇〇〇人の住民がいるだけで都市とみなされた）。書物の読者はそのうちのせいぜい七万五〇〇〇人ほどであり、[24] それ以外に自分の名前を書ける人や市庁舎の掲示の内容を何とか読める人がどれほどいたのかを推定するのは困難である。その一〇〇年後、ドイツの大小の領邦国家にいるおよそ二〇〇〇万人の住人のうち五万人が、大学教育を受けた定期的な読書習慣の持ち主であり、時々読むという人はさらに五〇万人ほどいた。それからさらにおよそ二〇〇年後、すなわちゲーテがベストセラー『若きヴェルターの悩み』を著した時代、ドイツの諸国では全住民のおよそ一五パーセントが、実際に定期的に読書するわけではなかったとしても、読み書きできたと推定される。しかしその後プロイセンが義務教育を導入し、他の領邦国家もそれに追随したおかげで、その割合は急激に上がる。ドイツの成年住民のうち読み書きができるのは一八〇〇年には二五パーセント、一八三〇年には少なくとも四〇パーセント、一八七五年にはついに七五パーセント、そして一九〇〇年にはとうとう九〇パーセント以上となった。

そのような大衆読者はサービスを受けたがり、素材を与えられることを望む。グーテンベルクが開発した印刷技術はそれに応じて発展し、ますます増えていく大量の需要に応じた。印刷術の歴史における画期的な技術革新は、すぐに名指すことができる。**ゼーネフェルダー**による**平版印刷術および石版印刷術の導入**は、まさしく本の需要が増大する古典主義時代、すなわち**一七九九年**のことである。それによってモノクロ印刷と、それから間もなくカラー印刷の大量生産が可能になる。同じく一七九九年には**ルイ・ロベール**が長網抄紙機を発明する。それによって紙生産が機械化され、製紙業の分野で急速な価格崩壊がおきる。イギリスへ渡ったフリードリヒ・ケーニヒによる**高速印刷機**ないしシリンダー印刷機の発明は**一八一二年**である。これによって大規模な連続自動印刷が可能になる。その発明者は一八一八年にドイツへ帰郷して以降、ヴュルツブルクに高速印刷工場のケーニヒ&バウアーを設立して裕福になった。続いて**一八六〇年**には木材によるセルロースの開発、いわゆる**セルロース方式**によって、ぼろ布や他の布地を混ぜ込んで紙の原料にする方法を完全に放棄することができるようになる。**輪転機**の発明は**一八六三年**のアメリカで成功した。**自動鋳造植字機**の発明はそれからほどなくのことで、一八七二年には機が熟していた。人間の手で、つまり熟練の植字工が組むことができる文字は毎時二〇〇〇個ほどであるが、そのかわりに機械を使えば七〇〇〇個の活字を植字できるようになる。その後すぐに(**一八八四年**)、植字工の生産をさらに相当上回る**マーゲンターラーのライノタイプ**(行鋳植機)が示したように、速度は魔法などではない。さらに**一八八三年**の**オートタイプ**(網目版)の発明によって、写真を網目状の点に分解し新聞に印刷することができるようになる。

印刷インクの時代、またそれ以前、プロ作家シラーが彼の生きた十八世紀をぶっきらぼうに描写しているとおり、「ジャーナリストの世俗化」（『群盗』第一幕第二場）した時代にすでに、書物が、そしてますます新聞がマスメディアとしての自らの地位を確立するためには、そのような印刷技術の加速が必要である。強制的な識字化、広範囲にわたる印刷技術の機械化や装置化、「作者の発見」（ミシェル・フーコー）があいまって、後にグーテンベルク銀河系と名づけられるものの古典的な形がもたらされる。グーテンベルクの発明からおよそ三〇〇年後、ゲーテの著作の出版業者であったゲッシェンは、『ドイツの博物館』第二巻（一七八六年七月から一二月まで）のなかで、自分の抱えるスター作家初の全集の広告を打ち出す。ゲッシェンはそこでゲーテが彼に宛てて書いた手紙を再現し、それに続けて次のように書いている。

「著者によるこの詳細な説明は――それは同時にこの全集がゲーテ自身の手による本物であるということ、さらには私がその合法的所有者であるということの最も確実な証明です――内容上の細かい事柄についてのその他の解説という作業一切から私を解放してくれますので、私はここで出版業者として読者に対し言わねばならないことだけを付け加えたいのです。［…］私はこの宣伝をごらんになったゲーテ作品の愛好者の皆様に、直接私に、もしくはお住まいの地域の書店に、あるいは書店がない場合は郵便局員の方々に予約注文を申し出られることをお願いいたします。また私は書店主様と郵便局員の方々に対し、その予約注文を受け付けて下さるようお願いいたします。書店主様には、予約注文につきましても、予約注文ではない弊社のその他の出版物とまったく同額の値引きをすることを、また郵便局員の方々にはそのご尽力に対ししかるべき手数料を支払うことをお約束いたします。ライプツィヒ、一七八六年七月。／ゲオルク・ヨアヒム・ゲッシェン(25)」。

この告知文で、グーテンベルクの生きた時代と比較して何が変化したかが明らかになる。本という製品はゆっくりと成熟した。文芸誌のような随伴メディアがあり、書店があり、新たな資金調達の方法（たとえば予約注文のような）をもった機能的な書物市場があり、そして配達や配送のシステムがある（出版業者は二度にわたって「郵便局員の方々」に言及して媚びを売っている）。要するに、学校、大学、出版社、郵便局員、偉大なる作家たちとともに印刷を中心としたメディア・インフラがある。最も偉大なる作家たちは、本当に偉大なる作家となるためにはさらに、効力のある著作権を世間に広める必要に迫られている。法律家で商人の息子だったゲーテは、あらゆる出版社にとって原稿料にうるさい厄介な存在だったが[26]、著作権という構想の成功に決定的な貢献をしている。

そのようにして後に古典的と呼ばれる大衆読者が成立する。もっとも一八〇〇年頃、彼らは古典的な教養を身につけた人々だとみなされていたわけではなく、文化批判的にメディア狂だとみなされることのほうが多かった。ゲッシェンが、まだ若かったゲーテの初の全集の注文を呼びかける宣伝をするちょうど一年前、かの有名な教育学者ヨアヒム・ハインリヒ・カンペは、過度の読書で死ぬほど楽しむことに対し、次のように警告を与えている。「節度も目的もなく読書をすると、何よりも文学や書物上の思想とは関係のないあらゆるものに対してよそよそしく無関心になってしまう。つまり家庭生活のなじみ深い事柄や特性に対して、また私たちの周りの市井の人々の陽気な感情に対して関心がなくなってしまう［…］。これに加え、一家の大黒柱である父あるいは家庭を守る母としての仕事がおっくうになってしまうのも珍しいことではない［…］。ついにはしばしばずっと静かに座りっぱなしでいること、そして読書という偏った活動によって不自然な身体の静止状態のなか精神力を駆使するということになると、まずは完全に体液が濃縮し、さらには神経が衰弱し、過度なまでに刺激を受けやすくなる——そうなると家庭的な幸せなどどこかへ行ってしまう[27]」。別にテレビの時代になってはじめて子供時代が消滅し〔第一一章を参照〕、親たちが子供たちの面倒を見なくなったわけではないのである。

このような批判をするのはカンペだけではない。大勢のメディア批判者、すなわちゲーテ時代であれば書物批判者のなかからカール・ベンヤミン・プロイスカー（一七八六―一八七一）を挙げておこう。プロイスカーは公共図書館の生みの親である。一九九六年以来続いている（規約第二条によれば）「文学、出版、書籍販売業、公共図書館あるいは文化政策の分野に従事し、公共図書館による文化事業に対し効力のある支援を行なっている個人や機関を顕彰する」ドイツ文学会議賞の名は、プロイスカーにちなんで命名されている。プロイスカーは一八二八年以来、彼がザクセン州グローセンハインに設立した公共の「市立」図書館の館長を務め、館長として同市民の、とりわけ若い人々の精神衛生について責任を感じていた。「時代の要請に鑑み緊急に必要と思われる、市民階級全般のための職業上ならびに一般的生涯教育について、とりわけ比較的若い職業世代の日曜学校あるいはその他の生涯教育施設の創設と設立について」という見事なタイトルの論文は彼の筆による。この図書館長は、大衆の抑えがたい衝動に屈し「悪趣味な小説や怪談もの」を公共の財源で購入することを拒絶した。それどころかプロイスカーは書物の氾濫という形をとって押し寄せようとしている屑同然の書物を前に、「文化警察の活動」[28]を求めた。文化および読書に対する警察を要請する古典的ナ例〔locus classicus〕はすでにグーテンベルク以前の時代に由来する。それは本を読む二人の人物の物語であり、彼らは孤独という問題をもたない。しかし、やがてそれこそが彼ら二人の問題となる。最も強い意味で、彼らは二人で一体なのであり、一緒に読書をすることによって刺激され、一つの肉となるのである。

ダンテの『神曲』地獄編第五歌（ダンテはこの作品を一二六五年から一三二一年までの生涯最後の一〇年で書いた）は、読書が人生に対して負わせかねない恐ろしくも美しい帰結を語っている。とりわけパオロとフランチェスカという読書するカップルが報告するのは、人が「退屈しのぎに」読書に耽り、あまりにも楽しみすぎると、それがいかに悪い帰結をもたらしうるかについてである。

　ある日私どもはつれづれに、ランスロットがどうして
　愛にほだされたか、その物語を読んでおりました。
　二人きりで別にやましい気持ちはございませんでした。
　その読書の途中、何度か私どもの視線がからみあい、
　そのたびに顔色が変わりましたが、
　次の一節で私どもは負けたのでございます。
　あの憧れの微笑みにあのすばらしい恋人たちが接吻《くちづけ》る
　あの条《くだ》りを読みました時に、この人は、
　私から永久に離れることのないこの人は、
　うちふるえつつ私の口に接吻《くちづけ》いたしました。
　本が、本を書いた人が、ガレオットでございます。
　その日私どもはもう先を読みませんでした。(29)

その日私どもはもう先を読みませんでした。《クエル・ジョルノ・ピウ・ノン・ヴィ・レッジェモ・アヴァンテ》読むこと《レーゼン》、生きること《レーベン》、愛すること《リーベン》は、ただ互いに音の似た言葉であるというだけではない。刺激する言葉を形作る文字がいったい何をしでかしかねないのか、そして人間が文字によって何をしでかしかねないのかを、ウニカ・チュルンの卓越したアナグラム詩がはっき

り見せてくれる。この詩はダンテの古典的な言葉を暗示していると同時に、かくも高貴で深い感情を解き放つことができる文字の、抽象的であるがゆえに独特な物質性を反映している。

どのように愛を行なうのか私は知らない
私の知る限り、愛を「行なう」ことはできない。
愛とは屋根のなか、蠟燭に照らされてすすり泣くもの。
ああ愛は光のなか、夜の風のなかで成長するのだ。
優しい幻影のなか、決して存在しない氷のなか、愛は眠らずに
「私と一緒に起きていて」と囁く。私は知っている、
私のように愛を行なう者は誰もいないのだ。(30)

どのように愛を行ない、そして生を克服するのか、誰も前もって知り《アプリオリ》はしない。人間とはまさに本能に縛られない不完全な存在である。そのような存在である人間は、きわめて個人的と思われるものの領域においてすら、システム理論家ニクラス・ルーマンがお得意の聖なる冷静さで「親密さのコード化」と呼び、さらにはディスクール分析者フーコーの衣鉢を継ぐ文化学者が「見かけの上だけ自然発生的なディスクール的前成(31)」と呼んで有名にしたものに頼らざるをえない。主体はメディアを必要とする。どう生き、読み、そして愛するのか、メディアは主体に対し、指図するとは言わないまでも、さまざまなレベルの暗示と権威をもって提案する。どう料理をし、ミサを執り行ない、授業プランを立て、法律を公布し、税金を回収し、子供を教育し、車を運転し、テレビを操作するか、それらのための取扱説明書については言うまでも

ない。文書化されたもの、あるいは印刷されたものは、(人が注意を払い、さまざまに解釈し、無視し、闘いあるいは厳重化させることのできる)指示を行なう。これは文書や印刷物の第一義的な機能である。そして印刷物はこの観点において何百年も、すなわち一四五〇年からおよそ一八五〇年まで、つまり写真や録音と呼ばれる新たな視聴覚メディアが発明されるまで、さながら独占的な地位にあるメディアであった。まさしく有力な競争相手は存在しなかったのである。会話や礼拝、演劇のような、いにしえの声のメディアは別であるが、それはそれでまた文字に頼ってもいる。僧侶はミサ典書を必要とし、俳優は台本を必要とする。口頭による不断の呟きは紙の時代に付き添い、それによって、相互作用と情報の結びつきが大幅に緩くなるというあらゆる印刷物の生産的な欠点を補填することになる。

読書は孤独にする。このことを偉大な読者であるリルケほどわかりやすく詩にした者はいない。彼は一九〇八年に発表した『新詩集 別巻』で、二編の詩を連続して配置した。一つ目の詩は「孤独者」という表題を持ち、それに続けて置かれているのは「読書する人」と題された詩である。

自分の顔を　存在から第二の存在へと
沈めているこの人は　誰なのだろう?
ただ　豊かなページを　すばやくめくるとき
第二の存在は　むりやり遮《さえぎ》られてしまうのだ。

自分の影を浸したものを　そこで読んでいるのが
あの子なのか、その母親にさえも信じられないだろう。

時刻《とき》をもっていた私たち、その私たちにはわからない――
この人から　どれほどおおくの時刻《とき》が消え去っていったものか。

やっとの思いで眼をあげたこの人、したの本のなかに
とどまっていたすべてを　わが身の内に高め、
つかみとるというよりは　与えながら　この人の眼は
できあがっていっぱいになっている世界に突きあたるのだった、
それは　孤独に遊んでいる静かな子供たちが
不意に　手許《もと》のそこにあるもの気づくように。
だが　秩序づけられてしまったその人の表情は
もう永久に置きかえられてしまったままになっていた[32]。

この意味深い詩については、少なくとも三つの点が言及に値する。この詩はまず読解というプロセスを決定的な個別化のプロセスとして理解している。読解は個人、すなわち母親のような他の主体から解き放たれた分割不可能な主体を産出する。そのような主体は直接的な制御から逃れ、まさにそのことによって「文化警察」的活動から規範形成と教案作成、さらには「南西ドイツ放送の推薦図書一〇選」に至るまでさまざまな形をとって現れる、支配と管理の試みの綿密に作られたシステムを挑発する。布団にもぐりこんでする読書が、グーテンベルク時代の未成年者の読書行動を表す標準的モティーフとして書物や映画に登場したのは、理由がないわけではない。しかしより成熟した紳士たちもまた、読書をしながら孤立する経験

とは言わないまでも、個別化の経験を味わうことができる。ヴァーグナーの『マイスタージンガー』第三幕に登場するハンス・ザックスはこのような経験の原型である。ハンス・ザックスはルター派のメディアセンターたるニュルンベルクで、同業組合《ツンフト》集団の抑圧から解き放たれて世界年代記をひもとき、ついにはすべてが狂気に満ちているという結論に至る。読書しながら彼は、自ら考えるように鼓舞される。そして、なによりも形而上学者と化す――リルケの若い「読者する人」のように。というのも第二にリルケの詩は、マクルーハンが登場する半世紀以上も前に、メディアがメッセージであることに注意を促しているからである。詩のなかで青年の読んでいる本が何であるかは、私たちには分からない。私たちがある読者に関して読みとるのは、たんに彼が読書しているということ、そしてまさにそのことによって彼のまわりを取り囲むものの存在から気をそらされ、文字の力によって「第二の存在」に注目させられるということである。

　しかし「第二の存在」は、ほかでもない形而上学的計画というテーマにとって昔からよく知られたものである。この計画とはつまり、第一の感覚的《ズィンリヒ》世界の背後に、さらに第二の意味《ズィン》の世界があることをつきとめようとするものである。リルケの詩の読者が、意味を約束する書物の深い次元のなかに沈み込みながら仰ぎ見るとき、彼の眼差しは、感覚に与えられた「できあがっていっぱいになっている世界」に遭遇する。このようにして衝突が起こるのである。つまり感覚的に知覚可能な、できあがっていっぱいになっている世界は――ニーチェによる手厳しくかつ正確な「形而上学」概念のドイツ語訳を援用すれば――「背後の世界」によって補填され、完成され、あるいはまさに対照させられる。読書する者が「背後の世界」に「与える」、より広く、深く、隠されたもう一つの現実によって。できあがっていっぱいになっている世界の「存在者がある」ことから、意味を約束する書物の助けを以て、存在と時間を理解する「読書する者」という投影された贈物《ガーベ》がもたらされる。与える《ゲーベン》ことと受け取る《ネーメン》ことは周知のとおり、奇妙な状況にある。

これとあれがある《エス・ギープト》、存在と時間がある、意味《ズィン》と感覚《ズィンネ》がある、愛と死がある——ある、ある、ある——誰がいったいそこにあらしめるのか。自分のほうでも合意の上で魅力的な返礼の贈物をもらえるあてがないのに、みなに最良のものを与える者がいるだろうか。与える者は奪う〔「主は与え、主は奪う」（ヨブ記一・二一）〕。意味を提供する者は、感覚的確信からその魅力を奪うのである。

　ヘーゲル、ハイデッガー、デリダという近現代哲学史の流れが好むような、与えること《ガーベ》と受け取ること《ネーメン》の論理に関するこのように意味深い考察に、ルーマンのシステム理論は冷静な説明を与えた。事実に対して美的な平手打ちを食わせ、毒をもって毒を制する者は、自明なことからその自明性を奪う。システム理論によれば、（とりわけいわゆる「美しい」）文学の課題《アウフ・ガーベ》は、できあがっていっぱいになっている世界に関する周知の解釈に別の解釈を与える、つまりは意味論的過剰をもたらすことにある。しかし意味論的過剰《ユーバーフルス》は無駄《ユーバーフリュスィヒ》であることとはまったく違う。過剰とはむしろ、変革の動力がおびただしく備わる複雑な社会にとって機能的に必要なものである。リルケの「読書する人」とは——この詩がもたらす第三の洞察であるが——大量生産された、あまりにも大量にある書物が意味してしまう恐ろしくも美しい過剰さの断片を読んで、落ち着くのではなく、うろたえるのである。読書する人の、以前に秩序づけられてしまった表情は「もう永久に置き換えられてしまった」。不思議なことではない。読書する者は、あらゆるものがまったく別様でありうるという抽象的で射程の広い洞察を獲得するからである。長編小説や旅行記、哲学論文やポルノグラフィーの冊子、ビラや戯曲などが示唆するように、それまでの習慣とはまったく異なる仕方で生き、交換し、語り、考え、愛しそして食べることもできる、あるいはできるかもしれない。読書は体系的に苛立ちを引き起こす。それをもちろん肯定的に言い表すこともできる。つまり読書は、目の前の事実をすべて偶然的なものとして経験することによって、体系的に複雑さの増大を引き起こすのである。

というのも、それは別様でありうるのだから。目の前の事実《ファル》はすぐに自由落下《ファル》するかもしれない。

したがってリルケのあの心に迫る詩が提供するのは、選びぬかれた単一の所見ではなく、現象学的に維持可能な所見である。読書は考え方を変えさせたり新たな考え方をもたらすもので、そうしたことは周知のとおり危険をともなう。しかしながら、巨大な動力をともなう社会や文化においてそれよりもっと危険なのは、考え方が変化《ウムシュテレン》しないということである。こうした認識もまた書物のなかにたやすく見出される。文字を入れ替《ウムシュテレン》えるという簡素な技術のおかげで存在しうる書物を読むこと、その率直な称賛が書物のなかに見出されることはまれである。書物は読者が読書について読みながら経験するように、無限に刺激する。書物は馬鹿な考えを抱かせ、パオロとフランチェスカのみならず、アウグスティヌスやドン・キホーテ、ボヴァリー夫人や紫式部、アンナ・カレーニナそしてバスティアン・バルタザール・ブクス（ミヒャエル・エンデ『果てしない物語』の主人公）、エズラ・パウンド、そしてマルクスの読者レーニンを危険な遊戯へと誘う。取ッテ読メ〔Tolle, lege〕——読まねばならぬというこの魔術的《デモーニッシュ》な言葉が、アウグスティヌスによる古典的な事例のように聞き入れられるなら、重大な結果がもたらされるかもしれない。そしてそれは、ミラノにある自宅の庭を歩き回っているうちに「取ッテ読メ」という子供の声を聞き、聖書を広げるやいなや、そのなかにもっぱら自分に向かって書かれたかのように思える箇所（ローマの信徒への手紙一三・一三）を見つけたアウグスティヌスの場合ほど祝福に満ちたものであるとは限らない。偉大な読者でありかつ著者であるアウグスティヌスはその後、神からの声を聴くがごとき読書を夢みるようになる。アウグスティヌスはまさに、天使の祝福とは何であるかを知ったと信じていた。すなわち、「彼らの巻物は閉じられることもなく、彼らの書物はたたまれることもありません。何故ならあなたご自身が彼らにとり書物であり、またあなたは永遠にそうだからです[33]」。

しかし神のみならず悪魔もまた勤勉に書かせ、私たちに対してしばしば誘惑的に「取ッテ読メ」と呼びかけさせる。この呼びかけが向けられるのはしばしば女性である。彼女たちが本をひもとき、それによって自分の人生を本で読んだ人生と比べられるということが、悪い結果をもたらす。ボヴァリー夫人にしても、アンナ・カレーニナにしてもそうである。トルストイの長編小説では、アンナ・カレーニナについて次のように書かれている。

「この日一日つづいていた、あの万事に気をつかわなくてはいられぬような気持はまだおさまっていなかったが、アンナは満ち足りた気持をいだきながら、きちょうめんに道中の用意にとりかかった。例の小さなすばしこい手で、赤い手さげをあけてまたしめると、膝掛けを取り出して膝にのせ、きちんと両足をくるみ、ゆったりと席に落ち着いた。〔…〕アンナはこれらの婦人たちに、二言三言返事をしていたが、話がたいしておもしろそうでなかったので、アンヌシカに明りを出すようにいい、それを膝掛けいすの腕木に縛りつけ、ハンドバッグからペーパー・ナイフとイギリスの小説を取り出した」。ここに外の吹雪の景色や車掌のほうへ目をやるなどといった気晴らしについての描写が続く。「やがてアンナは読書にかかり、読んだことが頭にはいりだした。〔…〕アンナは読んだことを理解していったが、しかし、読んでいても楽しくなかった。というのは、他人の生活の反映などを追って行くのは、不愉快だったのである。アンナは、ほかならぬ自分自身が生きて行きたい思いでいっぱいであった。〔…〕しかし、なにもすることがなかったので、アンナはその小さな手でつるつるしたペーパー・ナイフをいじりながら、読書に身を入れようとした[34]」。

あらゆる種類のメディア消費は危険である。ナイフ〔Messer〕をペーパー・ナイフ〔Messerchen〕という縮小形にすることによってその危険性を忘れさせようとしているときでさえ、あるいはそのときこそ危険であるのと同じように。メディア消費は危険であり、不可避である。メディアには此岸も彼岸もない。改心した無神論者の先駆者アウグスティヌス、姦通するアンナ・カレーニナ、リルケの読書する人、あるいは若きサルトル（『言葉』における取ッテ読メ）の場合ほどドラマティックにすべての読書プロセスが進行するわけではない。読書という行為はそれぞれ異なっている。それにもかかわらず読書にも、そのあり方の歴史がある。(35) ところでそうした歴史にははるか昔から、読書の障害となるものの観察、あるいはすでに獲得された読書能力の喪失が含まれている。識字不能症の発見は紀元前三〇年に遡る。ヴァレリウス・マキシムスは、振り回した斧で頭にひどい怪我を負った後、そこからは比較的順調に回復したが、しかし識字能力を永久に失ったという男を観察した。その男は不運な目に遭遇した。というのも彼は、多数の書物中心主義的な人文主義者に従うならば、識字能力の喪失によって人間存在の基本的条件をもはや満たしていないからである。その条件とは、ヴァルター・リューエックが一九七五年になおも主張しているように、読むことである。「人間存在の条件としての読書」という表題の彼のエッセイでは、次のように語られている。「時間に制約されるという口頭コミュニケーションの特徴、あるいは時間を破壊するというプログラムされた情報媒体の特徴とは反対に、読書は時間に縛られない、つまりその客観的内実において理解されるべきコミュニケーションであり、さらに時間を超越した、つまり間主観的で歴史的な作用において解釈されるべきコミュニケーションである。キリストのまねびは、時間に制約された初期の時代においては、口頭による言葉や模範となる人間によって行なうことができた。また時間の制約を受けない要請のもとでは、福音書の内容によって行なうことができる。イエスの生涯についてのドキュメンタリー映画、あるいはイエスの言葉を録音したレコードのような時間を破壊するメディアは、過去を見知らぬ奇妙な出来事へと還元してしまうにちがいない」(36)。

今日なお読書している人々の陣営で最も激しい議論の一つが起きたのは、ペーター・スローターダイクが、人文主義はメディアの作用によるものだという、きわめて反論の難しい事実を指摘したときだった。一九九九年にバイエルン州南端のエルマウ城で行なわれた彼の講演『人間園の規則』は、その冒頭で、人文主義においてほかならぬ人文主義者によって最も不可視化されたものについて指摘している。「かつて詩人のジャン・パウルは、「本というのは友人に宛てた分厚い手紙である」とコメントした。この文によって彼は、人文主義の本質と機能を、核心的かつ魅力的に言い当てたことになる。人文主義とは、書字（エクリチュール）を媒体（メディア）にした友愛を創設する遠隔情報伝達（テレコミュニケーション）なのだ。キケロの時代から〈humanitas〉と呼ばれてきたものは、その最も狭い意味、及び最も広い意味において、文字習得（アルファベット化）の帰結である」[37]。講演冒頭に置かれたこの効果的なテーゼは、スローターダイクの人間技術的考察に対する、いきりたった言いたい放題の議論によって本能的に忌避されてしまった。その理由はすぐさま理解できる。スローターダイクの考察がはっきり指摘しているのは、人間技術、すなわち人間を形成するものの徹底したモデル化が、近年の遺伝子工学よりも明らかに古いということなのだから。活版印刷、識字化そして読書する文化は、今日までの人間技術のうちで最も強力なものの一つである。そのことはもちろん、文字ないし書物の文化に対するメディア技術的オルタナティブが生まれるにつれて、ようやく明らかになる。読書はこの二〇年間で、新たなメディアの登場により危機状態へ陥ったために、流行のテーマになった。ここでは数あるなかで『読書のハンドブック』、論集『読書の世界』、そしてドイツ研究振興協会の重点的研究テーマ「メディア社会における読書の社会化」の論集『変化する読書』のみを挙げておきたい。

たった一つの**読書の歴史**などというものはありえない。可能なのは結局、読書についてのさまざまな歴史である。たとえばメヒティルト・ラーベが、ヴォルフェンビュッテルにあるアウグスト公図書館の一七一四年から一七九九年の貸し出し図書を手がかりに再構成してみせた読書の歴史のようなものである。それが私たちに精確に教えてくれるのは、レッシングも館長を務めていたドイツ語圏の図書館のうち最良かつ最大の図書館から、誰がいつどの本を借りたのかということである——それらの本が果たしてそもそも読まれたのか、読まれたとすれば、どの程度しっかり、どのような観点で読まれたのかといったことはわからないが。蔵書狂であるアウグスト公は遺書で次のように述べていた。「ヴォルフェンビュッテル図書館の蔵書を、われわれは大いに配慮しつつ、重くのしかかる費用や手間をもって集めたばかりでなく、多岐にわたる信じがたいほどの作業によって、ヨーロッパ全体を見回しても同じようなものはなかなか見つからないほどよく整理し、利用しやすくした[38]」。アウグスト公は遺言で、この図書館を自分の死後（亡くなったのは一六六六年）一般に公開するよう定めていた。そして、そのとおりになった。今日に至るまで、ヴォルフェンビュッテルの図書館は多くの知識人の巡礼地である。しかし知識人のみならず、ブランデス嬢——メヒティルト・ラーベの調査によれば「おそらく官房法律顧問ヨハン・ユスト・ブランデスの娘」もまた、その図書館を熱心に利用していた。一七六八年四月二八日、大いなる読書欲がブランデス嬢を襲った。彼女は一八冊もの本を借り出した。『古い愛の物語』、『シルヴァヌス——甘えっ子』、『アラビアンナイト』、『愉快なジャーナリスト』といった本を運ぶ際に誰が彼女を手助けしたのか、残念ながら私たちにはわからない。彼女の同時代人であるアウグスト・ハーゼ少尉が一七六七年五月に図書館を四回訪れて借りた本のなかには、『哲学する軍人』、エドワード・ヤングの『夜想』、『自然と慣習の帝国』などが含まれている。またその図書館の熱心な利用者の一人に、ヴォルフェンビュッテルのグローセ・シューレ・ギムナジウムの校長代理クリスティアン・アウグスト・ザーリッヒ（一六九二―一七三八）がいる。彼は一七一七年一〇月一八日から一七三七年八月一八日までに何百冊もの本を借り出しており、そのうちの多くは彼自身の著作のために調査し、書物の世界に彼の六巻におよぶ『アウクスブルク信仰告白の歴史』と『トリエント公会議の歴史』を付け加えるために借りたものであった。

[39]以上はヴォルフェンビュッテルにおける、十八世紀後半の市民階級の読書モデルである。読書の歴史の一つはこのモデルを、まったくの例外中の例外として、ぞんざいなほど大ざっぱな図式に組み込んでいる。ヘレニズム時代（つまり紀元前四世紀から三世紀）、まさに個々人による読書の文化のようなものがおそらくはじめて発展した。その時代以前、文字がたいていの場合、暗唱のための補助としてのみ使われていたことを示す証拠は数多くある。ヘレニズム時代と同様、ローマ文化圏においてもまだ、ゆっくり音読するのが通例であった。十三世紀以降、新たに設立されたパリ大学とオックスフォード大学においておそらくはじめて、一人で黙読するという実践がはじまった。黙読の利点はとりわけ、学友や修道僧仲間が、自分の分身《アルター・エゴ》が何を読んでいるかをもはやじかに確かめられないということである。読書という活動がゆっくりと普及していくための明白な助力として、軽んじることができないのは、**十三世紀における眼鏡の発明**であり（その使用が最初に確認されているのは北イタリアである）、それとほぼ同時代に始まった、書見台を立てるという流行である。読書に熱心な人々の眼前にかさばる二つ折りの大型本を広げるのには、平らな台よりも斜めに角度をつけた書見台のほうが勝手が良かったのである。中世中期に至るまで、ラテン語能力はまさに読書の前提であった。そしてそれゆえに、聖職者階級を除いてはごく例外的な人々しか読むことができなかったのである。十六世紀になってようやく、ヨーロッパでは徐々にそれぞれの土地の言葉で書かれた書物の出版が一般的になってきた（つねに言及されるのは挑戦的にドイツ語で教え、出版

したトマージウスである）。活版印刷によって新たな読者層が生まれる。それにもかかわらず、この時代になっても多くの場合は、今日では奇妙に思えるような学習法を続けていた。つまり、まずは読み方を学んでから書くことを学ぶというものである。後から学んだことは最初に忘れてしまうので、近代初期にはまだ、読むことはできるが書くことはできない人がかなり存在する。逆に、中世においてはすばらしいまでに書く（書き写す）ことができるものの、読むことはできない写字生がいたと言われている。

その後ルネサンスの人文主義とともに文化革命が到来し、読み書きの能力が表裏一体のものと見なされ、聖職者や下級貴族、官房書記たちによる識字能力の独占が打ち破られる。法学者や商人、そして大学人たちがますます、共同発言権や共同決定権とはいかないものの、ともに読み、ともに書く権利をもつようになる。**一三四八年**に**プラハ**で、**一三六五年**に**ウィーン**で、そして**一三八六年**に**ハイデルベルク**で有名な**大学の設立**が相次いだのを嚆矢として、各地で大学が設立される。大学が設立されたことによって、識字教育が都市居住者の特権となり、彼らはやがて読み書きのできない村人たちを横柄に見下げることもできるようになる。しかし読むことのできる都市の市民階級においても、生涯を通じてごく少数の本だけを集中的に読むという、古くから慣れ親しんだ読書の態度が保持されている。総じて読書を好む新教徒のあいだで繰り返し読まれるのは聖書であり、説教集であり、教化本である。またカトリック教徒において最初のうち優勢だったのは、聖者の伝記本であり、祈禱書であり、あるいはトーマス・フォン・ケンペンの『キリストのまねび』のような本である。繰り返し読まれる読み物は同時に模範となる読み物でもある。書物から自分の人生に応用できるモラルを入手しようという明白な意志をもって読まれるのである。ゲーテは驚きをもって、それどころか愕然として、この旧来の読書態度が、彼の『ヴェルター』の読者にとってもまだなお保たれていることを認めねばならなかった。「キリストのまねび」ならぬ「ヴェルターのまねび」

（ヴェルターもまた独特のやり方でキリストのまねびを行なっているのだが）が度々なされたのである。つまり、『ヴェルター』の読者のなかから次々と自殺者が出たのである。そのようなわけでゲーテははっきりと「印刷された書物がりっぱにみえることから生まれる先入見、つまりきっとその本は教訓的な目的をもっているにちがいないという、昔ながらの先入見［…］」(40) に異を唱えている。

美しい文学《ベル・レットル》とも娯楽文学とも呼ばれるものにますますひきつけられる読者は、本には教訓的な目的があるという箴言と決別しなければならない。十八世紀には全ヨーロッパで、宗教的な本に代わって娯楽文学が多数出版されるようになる。そして多くの同時代人の眼に「読書熱」と映った現象が現れる。それはほとんど執筆熱と表裏一体である。フリードリヒ・キットラーはこの関連を鋭く分析した。「輪転印刷機用ロール紙の生産に見られるような技術革新、あるいは大変な努力の成果である市民階級の興隆のような社会の変化だけではなく、ディスクール実践そのものの突然変異が、一八〇〇年頃の途方もない書物の増殖をもたらした。よりによって娯楽文学が統計上出版物の頂点に上り詰めたということは、技術的ないし社会的因果関係にさかのぼって考えてみると、偶然かもしれない。しかしこの上昇は類い稀な出来事であり、その歴史は娯楽文学のテクストが自ら記している。ドイツ文学なるものは――内容的、哲学的意見の相違を超えて――その読者層をプログラムして、彼らが文学を増殖させるように書かれている」(41)。古典主義・ロマン主義の娯楽文学が（『親和力』であれ『青い花』であれ、あるいは『黄金の壺』であれ『ヴィルヘルム・マイスターの遍歴時代』であれ）、綱領的に書くことについて書き、今後も文学が書かれ続けるためにはどのように読まれねばならないかを読ませる文学であるのは偶然ではない。言説は作られな《イル・フォー・ク・ル・》ければならない《ディスクール・ス・ファス》。

読書の歴史の書き手たちは、一七〇〇年から一八〇〇年のあいだに起こった読書習慣の趨勢の変化を集

中的な読書から拡散的な読書への移行と特徴づけている。[42] 多読家やメディア・フリークという人物類型が成立する。たくさん、それどころかすべてを読むという性癖を、十八世紀の禁書や図書検閲の実践も、継続的に抑えておくことができなかった。まさに禁止されると読書欲がますます高まる、という逆説を見抜くのはたやすいことである。禁止された、数の乏しいものがとくに熱望されるのは周知のとおりである。一七六九年から一七八九年のフランス革命前夜における**秘密の読書の歴史**に関してはロバート・ダーントンが論じている。その二〇年間、フランスでは七二〇冊を下らない禁書本が存在したことが証明されている。それらには百科全書派啓蒙主義者の作品やポルノグラフィー的作品、そしてたとえば『女哲学者テレーズ』[43] のような両方の性質を備えたものが含まれている（啓蒙が、性の手ほどきと、知ることへの欲望にほかならない知への愛《フィロ・ゾフィー》の主要概念であるのは理由のないことではない）。一七八九年の革命は、厳密な意味において、メディア革命の産物である。革命とは禁じられた著作を広く一般に公開されたものにしようとする読者や弁士、そして著者によってもたらされるのである。

あらゆるものが公開、あるいは出版されることができるようにしなければならない——それが一七八九年の定言命法である。著者になる《ドゥヴニール・エクリヴァン》ということが、多少なりとも野心的な頭をもつ人間の統制的理念になる。しかし著者になる《ドゥヴニール・エクリヴァン》ということが意味するのは、とりわけライン河の向こう岸で起こる出来事を注意深く観察しているドイツの初期ロマン派の面々が認識したように、自分自身の人生、自分自身の物語の書き手に、それどころか、社会と歴史全般の書き手になろうとすることである。フリードリヒ・シュレーゲルが恋人のドロテーアに宛てたエッセイ「哲学について」（一七九九年）に次のような言葉がある。「きみには会話のほうがもしかしたら好ましいかもしれない。しかし私はどうにもとことん著述家なのだ。文字は私にとって、文字のまわりを取り巻く永遠の薄明を通じて、いわく言いがたい秘密の魔術を放っているのかもしれない。［…］私は次のように［…］言いたいくらいなのだ。生きるとは書くことであり、人間の唯一の使命とは、神の観念を、創造的な精神の石筆をもって自然という石盤に刻むことであると」(44)。この若きシュレーゲルが感嘆したフランス革命とナポレオンの政治は、大々的に国民学校とエリート養成学校を創設することによって、十九世紀が紙の時代《ラージュ・デュ・パピエ》(45)となるためのインフラ的前提をつくり出す。この時代は人生、社会、そしてついには自然に対しても、作者と作品の関係と同じような関係をもつことを自分の使命だと思うような作家を大量に産み出す。書物だけでなく、とりわけ新聞と雑誌もまた紙の時代に寄与しているのはもちろんのことである（次章を参照）。

十九世紀は教養市民層の黄金時代ないし紙の時代であり、したがって過ぎし昔《テンピ・パサーティ》のことである。すでに十九世紀半ばには**写真（一八三八年）と録音（一八五〇年以降）の発明**によって印刷術がメディアとしての独占的地位を失う。そして間近に迫っている世紀末までいよいよというときに《ジャスト・イン・タイム》（すなわち一八九五年）、リュミエールという美しく輝く名をもつ二人の兄弟が映画を発明する。そのような競合のもと、紙の時代の庇護は失われるのである。ここで直近の過去へと一気に話をすすめると、ARDとZDF〔第二ドイツテレビ〕による長期調査「マスコミュニケーション」によれば、一五歳から一七歳の若者の一日の読書時間は、一九八〇年から一九九四年のあいだだけで、五六分から二四分へと減少している。しかしまたこの事例について異なった計算をすることもできる。二〇〇〇年の若者たちがインターネットの画面の前で過ごす時間の少なくとも一部を読書の時間として記録しようとするならもちろん、読書欲は息を呑むほど増大したということになるであろう。グーテンベルク銀河系の彼岸に目を向けても、マクルーハンの慰めの言葉は通用する。つまり此岸はつねに存在し続けているのである。それはメディアがないという意味での此岸ではなく、古いメディアという此岸である。新たなメディアが古いメディアの息の根を止めたことは一度もない。紙に印刷されたものが今日もつ価値は――月並みであると同時に反論しがたい洞察であるが――言うまでもなく、グーテンベルクのメディア独占状態にあった紙の時代とは別のものである。ある聡明な詩人が、グーテンベルクの革新の耐久性に関する慰めとなる洞察を魅力的な詩にしている。第二千年紀のちょうど最後の（あるいは計算の仕方によっては最後から二番目の）フランクフルト書籍見本市（一九九九年）にあわせて、ある日刊紙にローベルト・ゲルンハルトの詩「本」が掲載された。

本について私は心配していない。
本はさらに長く持ちこたえる。

人は本を携行できる。
そしてどこでも広げられる。

ただちにそして待つことなく
そうやって読書を始められる。

座って、寝そべって、ひざまずいて――
バッテリーなどまったく必要ない。

飛行機でも列車でも、歩いていても――

本が開かれないままであることは決してない。
食べるとき、料理するとき、スパイスで味を整えるとき――
本はフリーズすることはない。

他のほとんどのメディアは
自ら消えていってしまう。

スイッチを入れたときにはもう
それらは時代遅れだ、といわれる！

そしてもはや互換性がない――
さあ進め、ごみバケツへと

カセットテープや映画やレコードのところへと、
それらを私たちはかつて嬉々として持ちたがった
それなのに、それらはいまではゴミでしかない。
なぜなら再生機器がなくなってしまったから

そして決して戻っては来ないから、
見るべきものも聞くべきものもない。

ただし、人間がもっと利口で
ただちに本を拠りどころにするなら、話はまた別だ

本は数百年後にも、
本がたえずそうであったまま変わらない、つまり

快く読みそして覗きこむことができる、
そのようにして本は不動の地位にある

キャビネットや本棚のなかで
そして本を手に取る人々は喜色満面だ、つまり

本は何とよく持ちこたえていることよ！
本は決して廃れない！(46)

6　新聞雑誌《プレス》／郵便

ローベルト・ゲルンハルトの「本は決して廃れない」という金言は、モノとしての本にも観念上の本にもあてはまる。酸の含有量がさほど多くない中性紙に印刷された文字は、テレビとも呼ばれるモニター上のピクセルよりも明らかに長持ちする。逆に言えば、そのピクセルが保存されているフロッピーディスクやハードディスクは、グーテンベルク聖書ほどには長持ちしない。しかしたいていのCDメディア、フロッピーディスクないしハードディスクに保存されているものは、コンセプトの上でも永久保存をうたってはいないし、うたおうというつもりもまったくない。株式相場や、インターネット上の電子商取引《eコマース》の特売品は永続性を目指してはいない。だが書物はそれを目指しているのである。聖書、不死の詩、古典的戯曲、そして永遠の名作には使用期限があるわけではない。流行や時流の変化に耐えて生き残ることが、書物のアウラの一要素となる。(1) しかし——比較的新しいが、インターネット時代にあってはすでに古びた噂によれば——昨日付の日刊新聞より古いものはない。日刊新聞は基本的に、永遠の書物と同一のメディア・テクノロジーに由来するが、それにもかかわらずまったく異なる時間秩序に属しているように見える。

その日限りの日刊新聞と不滅の書物がメディア・テクノロジーの観点から見ると同類であるということが、十九世紀に決定的に明らかとなった。最も重要な散文作品の多くがはじめは日刊新聞や雑誌の連載小説として発表されている。そのうちの一つに、バルザックやフォンターネの数多くの長編小説とならんで、ヘンリー・ジェイムズの短編『アスパンの恋文』がある。この短編はまず一八八八年の三月から五月までのあいだ、『アトランティック・マンスリー』紙上に発表された。語られるのは、荒廃したヴェネツィアの邸宅で完全に忘れられ、孤独に暮らしている、高齢のミス・ボルドローについてである。著名な作家アスパンの若き崇拝者たちがつきとめたところによると、彼女は数十年前に亡くなった作家の遺稿を所有している。「新聞、電報、写真、インタヴューの発達した十九世紀の後半にこれほどまでに世間から身を隠しおおせたことは全く意外というよりほかなかった」(2)。日刊紙や電報、スナップショット、そして狂奔するジャーナリストたちの時代には、高度な文化的価値に対する文化的記憶の抹消という事態が差し迫っている。この短編は、速度と短期的アクチュアリティーに永遠の価値とハイカルチャーとを対置する図式で織りなされているように見える。しかしヴェネツィアへと赴き、疑い深い高齢の婦人が大切に守っている遺稿を入手するためならいかなる手段も辞さない青年は、ハイカルチャー的価値や高度に道徳的な価値に縛られているわけではない。彼は老婦人の姪であるミス・ティータに対し、自分の目的に達するため結婚の約束すらする。しかし彼女は瀬戸際で書物狂の本来の欲望がどこへ向けられているのかを見破り、おばの死後、手紙と原稿をすべて燃やす。

永遠の価値をもつが、それでいてさほど長持ちしない作品に関するこの物語は月刊紙に、つまり中程度の頻度で刊行される出版物に掲載された。マクルーハンによる金言の一つによると、新たなメディアの内容は、たいていの場合は古いメディアである。雑誌、そしてとりわけ日刊紙は、寄生的な立場にあることをすすんで是認する近代のマスメディアである。これらは体系的にあらゆる永続的価値を崩壊させる。というのもこれらのマスメディアは、センセーションによって、つまりそれらが伝えるニュースがすぐに古びてしまうことによって生き延びているのだから。マスメディアは絶えず新しい情報を伝えることによって体系的に、新しい情報であるという質を自分から奪う。昨日付の日刊新聞より古いものは何もない……。ニクラス・ルーマンは、もはや永遠の価値や永遠の知ではなく、不安定な日々の現実についての情報を伝えようとしている印刷物がどのような問題に直面しているのかを的確に指摘した。「インフォメーション／非インフォメーションというコードにおいて、おそらく最も重要な特性は、それと時間との関係にある。インフォメーションは繰り返されることはない。それはいったん起こってしまえば、非インフォメーションとなる。二度目に流されるニュースは、その意味はそのままだとしても、その情報価値は失われている。インフォメーションがコードの価値として使用される、ということはすなわち、システムのオペレーションは、常にそして強制的にインフォメーションを非インフォメーションへと変換する、ことを意味する。価値から反対価値へと境界を超えることとは、システムのオートポイエシスによって自動的に起こる。このシステムはつねに自分のアウトプットを、つまり事実関係が知られているものとなっているということをシステムの中へ、しかもコードのネガティヴな側へ、つまり非インフォメーションとして導き入れる。そうすることでこのシステムは、新しいインフォメーションをつねに供給することを自己に強制している。別の言い方をすれば、システムは自分で自分を古くしている」(3)。それゆえにこそ情報システムはまさにフェティッシュな情熱で、絶えず新たなものをつくり出す制度を愛する——たとえば、ブンデスリーガや株式市場である。

しかし印刷されたものは、書物の形式をとるか新聞の形式をとるかによって、それぞれ完全に異なる時間、価値、コードの秩序に属しているというだけではない（永遠のものに対して日ごとに更新されるもの／伝統的で信頼のおける不可逆的なものに対して新しく不確かで可逆的なもの／フィクションによる真正の真実に対して情報）。印刷されたものは——世界文学の名作であれ、いずれはトイレットペーパーに再生される日刊紙であれ——いかなる差異があろうとも、まさしく印刷されているという点は共通している。読者がとりわけ、さまざまな情報、広告、娯楽、ホロスコープ、連載小説を擁する新聞というメディアを読む際に困惑しつつ気づくのは、印刷されたものがそれぞれ異なる志向をもつにもかかわらず、同じメディア技術の複合体の一部を成すということである。それゆえに分出が必要なのである。たしかにヘシオドスやプラトン以来、教養人は詩人が嘘をつくということを熟知していた。しかし彼らはまたそれを忘れることもできた。神学者ゴットハルト・ハイデッガー（一六六六—一七一一）には一六九八年、娯楽文学の際立った好景気を前に、昔からの洞察に注意を喚起することが是非とも必要だと思えた。多くの読者を獲得し、ボードマーとブライティンガーによっても議論された作品『ミュトスコピア・ロマンティカ』のなかで、ハイデッガーは簡潔に「小説を読む者は／嘘を読んでいる」と書いているのである。

同時代のあらゆる読書中毒者が、この簡潔な洞察を思い出させられたわけではなかった。事実また、この洞察は続く何十年ものあいだ、人類の美的教育に関する過熱した理論のために、自ら進んで、明らかにやましさもなく忘れられた。というのもグーテンベルク銀河系は、一七五〇年から一八五〇年の絶頂期に、著作権で守られた大作家や古典作家といったメディア界の名士を産み出したのだから。有名な著者《アオトア》は権威《アオトリテート》をもつ。そして言葉と実態とのあいだの相関関係を実に調和的に組み合わせることができる。その結果、正真正銘の卓越した真実として言語芸術をとらえる古典主義・ロマン主義の理論にはすぐに事欠かなくなる。最も極端な例を挙げると——それはゲーテのことだが——そのような権威のある著者は、伝統的な神との観念的競合関係に入ることさえできた。ゲーテはつまり、芸術という宗教において神を補塡するとともに神の代わりとなる存在だった。ゲーテという名で崇められた人物が一八〇〇年頃、そもそも文学に特有な次元は職人仕事的なものであり、それゆえ秘教的なものではないことをよく知る少数者の一人であったことは、賞賛ばかりしたがる同時代人のうちではほとんど知られていなかった。

　例外はヘルダーである。熱い感覚を黒い文字で意のままにしなくてはならないときに、詩人が直面する（生産的な）メディアのジレンマの古典的定式化は、ヘルダーのおかげだと言うことができるだろう。ヘルダーが『現代ドイツ文学に関する断章』で言うところによると、詩人は「感覚を表現するよう求められている。書物のなかで、描かれた言葉によってもろもろの感覚を表現することは困難であり、それどころか不可能である。目で、表情で、音や身ぶりを通じて――感覚はそもそもそのようにして語りかけ、死した思考に死した言葉の領域を委ねる。さあ、哀れな詩人よ、きみの感覚を徹底的に描くがよい、黒い液体の路を通して感覚を勢いよく流れさせるがよい、人々がそれを感じるように書くがよい、そして感覚の真の表現を諦めるがよい。インクが流れてしまうほどに紙を涙で湿らせるべきではない。きみの生き生きとした魂をすべて死した文字に乗せて描き、表現する代わりにぺちゃくちゃおしゃべりするがよい」[4]。感覚を文字で表せば、もはや感覚は失われている。

　美しくも悲しい表現である。「黒き液体の路を通して」熱い感覚と同様、冷たい情報もほとばしり流れる。ゲーテ時代あるいはそれ以降、純粋に印刷技術の問題でジャンルの混交が起こり、娯楽小説が日刊新聞に掲載されるようになればなるほど、情報と娯楽の分出という問題がまざまざと立ち上がってきた。すでにホラティウスの規範的な文言には、「詩人ハ人生ノタノシミニモナレバ益ニモナルモノヲ語ル」とある。つまり詩人は楽しませると同時に教えようとする。だが、美しくあることなど望まない代わりに世界のまずい状況について甲高い声で教えようとする世俗的な印刷物を前にしては、そのような詩人の普遍的能力は信用に値しなくなる。もっとも、ハイカルチャー的な娯楽（たとえばシェイクスピアやゲーテの戯曲）において、詩が楽しませると同様に深遠な意味をもつということがありえないわけではない。しかしこうした作品にとって新情報の伝達は（もはや）権限外である。新聞報道が、『ハムレット』や『ファウスト』ほどの深遠な意味の高みで行なわれる営みだなどと真面目に期待する者がいないのと同様である。

このようなプロセスを説明する魔法の言葉は周知のごとく「分出」である。「ダニエル・デフォーのような鍵となる人物からも読み取れるように、近代の小説は近代のジャーナリズムから誕生した。しかも、それは印刷された出版物において、事実とフィクションを区別する必要性があったからである。プレスは受け手に信じてもらえるような世界を表現できる表現様式と方法へと、そのやり方を変化させた。この変化が起こったのは、事実の記述、あるいは実際に発見された（しかしフィクションとして識別できる）書き物の記述から始まって、最終的にはまぎれもない純粋なフィクションでありながら、しかも想像したリアリティを成立させるために必要ななじみ深い事項を含んでいるストーリーに至るまでに亘っている。（事実として検証できる）ニュースやルポルタージュとリアリティに十分近いフィクションの物語との区別は、印刷物を製作することを可能にする技術の基盤があって、そもそも初めて可能になったのである」[5]。事実とフィクションの分出は、それらの両者が新聞紙面においてそうであるように、互いにきわめて接近している場合には避けられないことである。

グーテンベルクの技術によって、聖書のような永遠の著作のみならず、その場限りのニュースのための報道機関をも生み出せるということに、人々はすぐ気がついた。大量生産品は冒瀆的な傾向をもつものである。**シュトラースブルクの印刷工ヨハン・カロルス**（一五七四―一六三四）は**一六〇四年**、その少し前に亡くなった印刷工ベルンハルト・ヨービンの有名な印刷工場を手に入れた。そのわずか一年後、ヨハン・カロルスは突然ひらめいた。彼は市参事会から、それまでは手書きで一部の人々のためだけに複写されていた週刊ニュースを大量に印刷する許可を得たのである。『すべての重要かつ言及に足る出来事の報告』という美しいタイトルのもと、シュトラースブルクではそれから毎週、**最初のドイツ語の新聞**が発行された（欠号のない最古のものとしては、一六〇九年刊行の紙面がザーレム修道院図書館にて閲覧可能である）。その新聞は紙面情報を、とりわけ帝国郵便の通信網から手に入れていた。

『報告《レラツィオーン》』という新聞タイトルが示しているのは、これがあらゆる記す価値のある出来事を読者へ知らせる印刷物だということである。ユーリヒ＝クレーフェ継承戦争のような政治的事件に関する報道は、出来事がいつどこで起きたかを記す文から始まる。これは今日まで保持されている方法である。ヨハン・カロルスはその情報の信頼性に大きな価値を置いた。彼は印刷する前に注意深く調査した人物として知られている。ヨハン・カロルスは情報の入手に馬を走らせる郵便配達人たちを利用したが、もちろん彼らは彼らで商業の中心地シュトラースブルクの市民、とりわけ商人たちがいかに情報のうえでリードしているかを速やかに他所へ伝達した。新聞を作るという着想は、間もなく他の町へも広まった。一六〇九年、ヴォルフェンビュッテルで『通知《アヴィーゾ》（告知あるいはニュース）』という新聞が刊行された。一六一八年、フランクフルト・アム・マインではすでに三つの新聞が競合関係にあった。ドイツ語圏で最初の日刊新聞（ただし聖なる日曜日には発行されなかった――それは天地創造の最初の一週間以来、何も起こらない日だからである）は一六五〇年七月一日にライプツィヒにて誕生した。この新聞はティモテウス・リッチュという名の書籍出版業者でもあり印刷工でもある人物により発刊され、（世界中から）到着したニュースの謂いである『到着した新聞』という魅力的かつ簡潔なタイトルを持っていた。大部分のニュースは郵便馬車によって運ばれていた。郵便馬車は人間とニュースをまだ同じ速度で運んでいた。遠隔通信《テレグラフィー》の発明があってはじめてニュースが人間を追いつけないほど引き離す《アップヘンゲン》事態が生じ、さらにはニュースが迅速かつ確実に移送されるかどうかに人間がますます依存《アップヘンゲン》するようになった。

新聞ははじめ贅沢品であった。(6) 裕福な商人たちは、新聞にとって最も当てにできる定期購読者に属していた。商人はかつてもいまも、他の職業グループよりも（軍人は別にして）はるかに、確実かつ迅速に届くニュースを必要としているのだから、不思議なことではない。このような需要を満たす新メディア、すなわち定期的に（はじめは毎週、やがて週三回、そして毎日）発行される新聞は、間もなく自らを啓蒙された時代として、あるいは新聞読者であったカントの言葉を用いるならば、啓蒙の時代として理解することを好む時代の光を目にし、またその光を灯した。新聞は大規模広告を掲載するようになってはじめて手ごろな価格の製品となった。それは十九世紀になってようやく起きたことである。しかし散発的な**広告**は新聞が登場したときから存在している。一六二二年から、この新たなジャンルのブームが始まっている。(7) 啓発的なのは、新聞紙上で宣伝をする記号がたびたび記号のための広告を行なっていることである。書物の宣伝は、初期の宣伝広告が新聞読者に注目を促す製品の統計で一位の座を占めている。そしてカレンダーや役所仕事（後には事務仕事）のための必需品のようなそれ以外の印刷物のための広告は、第二位の地位を確保している。そして三番目に多く宣伝されたのもまた記号、正確に言うと宝くじ券である。十七世紀に始まった宝くじの流行ほど世俗的かつ鮮烈に、近代の同時代人であることが何を意味するかを、多くの人々に明らかにするものはなかっただろう。それは、あらゆる可能性があることを経験しなければならない、ということである。近代初期という時代は精神力学的に、世俗的な（つまりもはや神の意志や運命の輪ばかりに依存するのではない）偶然性の克服のための訓練プログラムに心血をそそいでいる。新聞、宝くじの券、そして広告はこのプログラムの基本的な構成要素である。あらゆるものが現状とは別様でもありうる、がそのメッセージである。遺領相続紛争は違った結果になるかもしれないし、くじは空くじではなく大当たりであるかもしれないし、これを買うことができるのと同様、違うものを買うこともできる。

　初期の宣伝広告の言葉遣いは、今日から見れば、注目に価するほど素朴である。広告は当時すでに、品物の過剰という問題に反応していた。「私がいます」というのがそのメッセージであり、「私という存在にあなたの大切な注目をお贈り下さい」というのが広告の懇願である。間もなく――いずれにせよ当時のメディア批判家によるそれほど独創的ではない意見によると――雑誌と新聞の過剰という問題も生じる。十九世紀ないし二十世紀初頭という紙の時代を生きなくてはならない不幸に遭遇した、ショーペンハウアーやキルケゴール、カール・クラウスのような思慮深い知識人にとって、日刊新聞は何にもまして憎悪の対象となる。新聞はなるほど**最初のマスメディア**というわけではない（聖餐式と貨幣の両者を最初のマスメディアないし主要メディアとみなすことには十分な理由がある。この点については、次章「第二の中断」を参照）。しかし新聞は今日でも広く使われている語義における最初のマスメディアとみなされ、批判されるのである。そうした抗議を行なっても、新聞というマスメディアの決定的な成功を妨げることはできなかった。メディア批判は――それが原理主義的にメディアそのものに向かうならば――無力な行為であったし、いまでもなおそうであり続けている。そしてマスメディアがもはやまともに意のままになりはしない発展の賜物であることがはっきりすればするほど、防御的な、とくに独創的というわけではない、しかしそれゆえまた間違ってはいないメディア批判の図式が形成されてくる。それによると、新たなメディア（文字、書物、新聞雑誌《プレス》、映画、ラジオ、テレビ、インターネット）はたしかにたちが悪い（文字、書物、新聞、テレビ、コンピュータ、インターネットのない時代は幸福な時代とは言わないまでも、より良い時代だった)。しかしこれらのメディアは、とにかくそこにあるのである。そして驚いたことに、文字、書物、新聞、映画、ラジオないしテレビ番組そしてインターネットの内容には、良いものと良くないものがあるのだ。

以上のことは月並みであり、事実である。フーゲンベルク〔両大戦間期ドイツのジャーナリストで、数紙の新聞や映画会社ウーファを傘下におさめたメディア・コンツェルンの社主〕の新聞は、ナチスの党新聞については言うまでもなく、ヴァイマル共和国時代に生きた人々に災いを引き起こした。わずかな人生の時間を『ビルト』紙〔ドイツ最大の大衆紙〕を読むよりもましな過ごし方ができるのは確かである。それに対して陰謀を解明したり、戦争を終結させたり、たとえばエコロジー問題に対する意識を高めたりすることによって、不滅の功績をなしとげた新聞もある。良い新聞とそうでない新聞があることや、ある新聞をそのどちらに評価するかがその時々の観察者のパースペクティヴに依存していることを確認するより啓発的なのは、より複雑化するメディア・システムにおいて新聞や雑誌の機能がどのように変化したかを分析することである。新聞はラジオが普及する(そしてそのすぐ後にやって来たのはニュース映画である)以前、都市で、後には都市周辺でも形成されつつあった大衆読者にとって、情報の流布という点で独占的な地位を占めていた。新聞に対抗できるメディアは存在しなかった——対抗できたのは、他の新聞である。これに関連した問題を、一七八九年以降のフランスの新聞雑誌《プレス》を例に説明することができる。政治的・経済的・文化的状況についての観察と評価と専有のさまざまなヴァリエーションとして、世俗主義とカトリック主義、共和派と王党派、左派と右派があった。たとえば一八四八年の革命、パリ・コミューン、ジャンヌ・ダルクのイデオロギー的評価、ドレフュス事件について、さまざまなヴァージョンの現実があることを、読者は学ばねばならなかった。

さまざまなヴァージョンの現実を受け入れ、真実は一つである、それどころか唯一無二である、というすばらしい考えをあきらめねばならないというのは、典型的な近代的要求である（『プラウダ』、つまり「真実」というすばらしいタイトルをもつ新聞はそうした要求に抵抗し、他でもない『日刊新聞』という名の日刊新聞は、「真実」の欄でそうした要求をポストモダン的に皮肉っている）。マスメディアは、ある程度検閲されずに互いに競争しつつ発言できている場合、こうした近代的要求が避けられないことに順応するよう強いる。一七四〇年、プロイセンの啓蒙専制君主フリードリヒ二世はベルリンのいくつかの新聞に対し、数ヶ月間ほど無制限の**言論の自由**を認めた。言論の自由の公示は、そのほぼ五〇年後に行なわれたフランスの革命的な国民議会における最初の決議の一つであった。その二年後（つまり一七九一年）、アメリカ合衆国憲法にて言論の自由が保障される（これは後に追加された補足条項である。アメリカ合衆国憲法は一七七六年に成立しているのだから）。**十九世紀という紙の時代**はそれより後退している。一八一九年のカールスバート決議で、言論の自由が著しく制限される。それが破棄されたのは、ようやく一八四八年のことである。ビスマルクのドイツ帝国憲法も徹底的な検閲の可能性を残している。一八七八年には社会主義者鎮圧法にもとづき、一挙に四二の日刊新聞が発禁となる。この経験と第一次世界大戦中の厳しい出版検閲に鑑みて、一九一九年のヴァイマル共和国憲法および一九四九年公示のドイツ連邦共和国基本法は、言論の自由を基本権と人権の地位にまで高めている。

大部数の新聞雑誌とともに、一七八九年以来ある程度はっきりと、「世論」と呼ばれるものが形成される(8)。この現象の衝撃は――まさしく一七八九年の革命に直面したことで――速やかに意識される。一見無害に見えるが実はそうではない例を一つ挙げよう。一七九七年に雑誌『リュツェーウム』にて発表されたレッシングに関する論文において、若きフリードリヒ・シュレーゲルはすでにこの概念を用いて、その深淵を熟考している。「世論や旧来の論がもつ力は、自立した判断のできそうな男性にも影響を及ぼす。そしてこの力の流れは、しばしば気づきすらしないあいだに彼らをも連れ去る。あるいは彼らがそれに逆らうと、彼らはすべてのものを断固として拒むという別の極端な態度をとるに至る」(9)。またシュレーゲルはすでに「支配的意見」という別の概念も知っているが、それをまだ主として美学的観点から使っている。この大胆な初期ロマン主義者についてはしかしながら、次のような類推をしたいという気持ちにさせる。つまり、美的趣味についてだけでなく、政治や哲学、方法、生活様式そして学問についても論争することが可能だということである。「支配的意見」はあらゆる領域において、影響を及ぼされ、ひっくり返され、そして新たに形成されるために存在する。いずれにしても確かである《フェスト・シュテート》のは、支配的意見を**世論の形成**(フリードリヒ・シュレーゲルはエッセイでまさにこれを企てている)が遮るとき、「支配的意見」がもはや確固たる《フェストシュテート》ものではないことである。そして一八〇〇年頃すでに確かであったのは、世論が一つの「権力」だということである。一夜にして誰もが、レッシングはこれまで軽視されていたのかどうか、あるいは神の恩寵を受けた王をギロチンにかけることが許されるのかどうか、などの議論に加わり共に決定するための情報を与えられる権利を要求できるようになった。それにショックを受ける者もいれば、幸福感に満たされつつそれに同意する者もいる。

世論の由来、機能、可塑性、権力は、すでに十九世紀には憲法学者や政治学者や文化分析家の、二十世紀以降は社会学者や世論調査専門家やコミュニケーション学者のお気に入りのテーマである。世論はマスメディアの時代において——この点に関して奇妙なことに人々の意見は一致している——(立法権、行政権、司法権に次ぐ）第四の権力にほかならない。この事態の衝撃性を明らかにするには、ゲーテが枢密顧問官であったことに注意を喚起すれば十分である。機密的なものと公共的なものを分離することがそもそもまだ適切であるかどうかは、ゲーテ時代に好んで論じられた政治のテーマである。この観点において、フリーメーソン結社が議論の対象となる。なぜならフリーメーソンは、公共の解放のためと称して秘密の保持に固執し、そのことでいにしえの秘密の番人たち（おそらく記録と、とりわけ管理という理由からヴァイマルのフリーメーソンに加入した枢密顧問官ゲーテのような）を激しく苛立たせることによって、機密的なものと公共的なものを分離するという伝統の問題点に注目させるからである。十九世紀の新聞雑誌《プレス》はなおも国家の機密事項に敬意を払っている。古典的な大部数の新聞や雑誌は大いに論評し、意見を形成し、公共で影響力を発揮しようとするが、しかし調査報道という型をまだ知らない。

秘密を体系的に暴露し公にすることが新聞雑誌《プレス》の任務となったのは、グーテンベルク銀河系の彼方に新たなメディアが出現して以降である。戦争報道の巨匠で、ロンドンの『タイムズ』紙のため、とりわけクリミア戦争やアメリカ独立戦争、ケーニヒグレッツの戦い（一八六六年、普墺戦争でプロイセンがオーストリアを破った戦い）を報道したウィリアム・ハワード・ラッセル（一八二〇―一九〇七）[10]は中年になって深刻な危機に陥った。なぜなら彼を雇っていた新聞社が、普仏戦争のさなか、そろそろいいかげんに電信というメディアを使い、雄弁な名をもつ競合紙『デイリー・ニュース』のように「電撃ニュース」をよこすよう彼をせき立てたのである。しかしラッセルはそれを望まなかった。徹底的に背景の情報を調べるためなら、ニュースが三週間ほど遅れて届いてもかまわないと彼には思えた。憶測を辞さずにメディア史を語ることに不安をもたない人なら、**一八九五年**の**映画の発明**と、**エミール・ゾラ**による調査報道的エッセイ「私は告発する……」によって**一八九八年**にはじまった**ドレフュス事件**をめぐる騒動のあいだにある、メディア構造上の深い関連を認めることであろう。出来事が写真で、そして新たに映画でも記録できるようになる。どのヴァージョンの現実が実際に起きたことなのか――たとえば、ユダヤ人ドレフュスがフランスの国家機密を漏らしたということが事実なのか、あるいはこの主張の背後には反ユダヤ主義的な陰謀があるのかなど――調査報道はそれを明らかにせねばならないし、またそうすることができる。文字を分析的に結合するという古いメディア技術は、新たな視聴覚メディア技術に直面したとき、新しい任務を見出す。どれほど高度な印刷技術を備えた日刊紙も、テレビの生中継より素早くはない。そしてそれゆえ古いグーテンベルク・メディアは、ますます背景の報道へと専念するのである。理想の高い書物は意味《ズィン》を求め、背後の世界がどのように構築されているのかを糾明しようとする。そして理想の高い新聞や雑誌は、美しい諸感覚《ズィンネ》の仮象に対し体系的に不信感を抱く背景の報道を行なうのである。

調査報道ジャーナリズムにとっての大事件は、いまでは神話となっている。フランスのドレフュス事件、ドイツのシュピーゲル＝シュトラウス事件〔一九六二年『シュピーゲル』誌の関係者が、連邦軍の演習に関する批判的報道のかどで逮捕、それを指示したシュトラウスは後に国防大臣を辞任〕、あるいはアメリカのウォーターゲート事件。この三つは、遅くて古い印刷というメディアの啓蒙的な業績を示すものとして、集合的記憶に刻み込まれている事例に属する。ウーヴェ・ヨーンゾンのすばらしく緩やかで長大な叙事的長編小説『記念の日々』は、『ニューヨーク・タイムズ』の功績に対し敬意を表した。この新聞は、テレビが普及した時代にもなお、世論とはいわないまでも、オピニオンリーダーや政府の見解に影響を与えるとは具体的にどういうことなのかを示し、ヴェトナム戦争の終結に決定的な影響を与えた。同紙の発行人は自らが行使する第四の権力を自覚的に擁護した。ザルツバーガー氏はケネディー大統領からの要請を受け、ホワイトハウスで会談をする。「ケネディー「あなたは貴社の若い在サイゴン特派員（ハルバースタム）をどう評価しているのですか」。／ザルツバーガー「私たちは彼に大変満足しています」。／ケネディー「彼がヴェトナムでの出来事についてやや肩入れしすぎた報道をしていると思いませんか？」／ザルツバーガー「いいえ、そのようには思いません」。／ケネディー「彼を、場合によってはパリやローマへ配置換えしようとは思いませんか？」／ザルツバーガー「いいえ」[11]。一九七一年六月一三日、この世界的新聞で「ヴェトナム・アーカイヴ――アメリカの介入政策増強に関する国防総省による三〇年間にわたる追跡調査」という、ともすれば見逃されてしまいそうなタイトルの記事の連載が始まる。「ペンタゴン・ペーパーズ」〔アメリカ国防総省内部で作成されたトンキン湾事件に関する極秘報告書〕の公開は、アメリカ国内で明らかに変わりつつある世論に反して続行することのできないこの戦争の終わりの始まりを示している。泥沼の戦争を報じるテレビ映像が、世論の雰囲気を変えるにあたってなしとげた貢献を、誇り高い伝統紙は決して否定しなかった。そして軍隊もまた、第四の権力の機能の仕方を洞察することから帰結を引き出す術を心得ているということは、イラク戦争やコソボでの内戦における西側諸国の――控えめに言っても――情報制限政策によって示されている。

『ニューヨーク・タイムズ』のような新聞の強さは、その弱さの裏面でもある。つまり新聞は、**新たな伝達メディアであるラジオとテレビ**に速さや信頼性という点ではかなわない。かつてのニューヨーク・タイムズ発行人のおそらく実話に基づく逸話は、この点を劇的に説き明かしている。創業者の後裔アーサー・「パンチ」・ザルツバーガーは、オーヴィル・ドライフォース（ザルツバーガー一族のなかで娘婿の一人「でしかない」という地位ではあったものの、もっともな理由から発行人地位の委任に際し「パンチ」よりも優先された）の早すぎる死の後、一九六一年に所有者一族のなかから『ニューヨーク・タイムズ』の社主に指名された。遅ればせながら任命されたザルツバーガーは厄介なケースだとみなされた。修業時代の彼はみっともない失敗で人目を引いていたので、それも不思議ではない。たとえば彼は一九五五年六月一一日、何人もの観客がレーシングカーにひかれて亡くなり、自動車レース史上最もセンセーショナルな事故の一つになったル・マン二四時間レースに「プライヴェートで」居合わせ、その証人となった。ザルツバーガーはその事故について、『ニューヨーク・タイムズ』のパリ支局あるいはニューヨークに電話する必要があるとは考えなかった。ニューヨークに戻った彼はまた忘れがたい不手際をしでかした。彼はある大きなパーティーについて報じ、その主賓のスピーチを要約した。ただし彼は電話に出ていたせいで、直前に行なわれた演説者リストの変更に関するアナウンスを聞き逃してしまった。そういうわけで彼は演説者の名前を間違えた。翌日、みっともない訂正文が掲載された。

　しかしながら『ニューヨーク・タイムズ』に調査報道という方向性を与えたのは、まさにこの、あまり才気のないレポーターである「パンチ」・ザルツバーガーであった。彼は、新しく素早く信頼に足るメディアがさまざま存在する時代における古きメディア新聞の弱点と明らかに重なる彼自身の弱さを、自分のメディアの強さに転じ、新しいタイプのジャーナリズムを宣伝した。そのモットーは、自動車レースやスピーチの記録では映画とテレビのほうが上なので、われわれの新聞は調査をする、である。それ以来、アジェンダ・セッティングしようと功名心を抱くのはこの新聞だけではない。『ニューヨーク・タイムズ』は、晩のテレビ画面に映るものに対するある種の警戒警報である」(12)。ドイツの一流ジャーナリズムの大御所であるハリー・プロスは、情報量豊かな回顧録『二十世紀ドイツの新聞雑誌《プレス》』のなかで、まさにインターネットの時代に、新聞雑誌《プレス》の強みに対する支持表明を行なっている。つまり、新聞雑誌《プレス》とは時間をかけて徹底的に探究するメディアであると理解している(13)。それに対し、印刷されたものが新たなメディアと競り合うときは混乱が起こる。今日、『シュテルン』のように、テレビによる映像の洪水とまだ競おうとする雑誌は困難に直面している。グラフ雑誌が黄金期を迎えたのは映画やテレビの時代以前ではなく、テレビが映像への強い渇望を引き起こしていたが、技術的にはまだ質の高い糧でその渇望をいやすことができなかった時期である。それを『シュテルン』誌は印象的な方法でやりとげたのである。しかし『シュテルン』が文字と手稿からなる出版物でセンセーションを巻き起こすべく、『ヒトラーの日記』を刊行しようとして、末代までの恥をさらしたのは特徴的なことである〔一九八三年に同誌が刊行した『ヒトラーの日記』は、後に捏造であることが発覚した〕。この雑誌は扉の頁ですでに重大なつづり字のミスをしでかしている。ヒトラーの日記とされたものには彼のイニシャルの飾りがついていた。そのイニシャルはもちろんドイツ文字のフラクトゥーアで書かれていた。そしてフラクトゥーアのFは往々にしてAと取り違えられることから、この書物の扉にはAHの代わりにFHが燦然と輝いていた。重大な読み間違い、あるいは誤植である。

グラフ雑誌は自らの名に誇りをもつべきであり、またそうするしかない。つまり、彼らの主たる任務は、テレビがまだ吹雪と見まがうような画面を提供していた時代、見事な図像に対する渇望をいやすことであった。粒子の荒い白黒の点の集合の代わりにヴィジュアル・アートを見たいと思う者は、たとえば一九三六年に創刊された古典的雑誌『ライフ』に手を伸ばさねばならなかった。この雑誌の卓越したドキュメント写真芸術は、高解像度のカラーテレビ・モニターの時代にもはやふさわしい場所を得ることができない。『ライフ』はそれゆえ二〇〇〇年五月についに休刊となった（週刊誌として登場したこのグラフ雑誌は一九七二年に一度休刊した後、一九七八年に月刊誌として復刊していた）。長らえるものを作り出すのは写真である。この伝説的な雑誌は文化的記憶に刻み込まれた多くの写真を産出した。兵士が少女にキスをする光景、警察官に公道で射殺されるベトコン、父親の棺を前に敬礼するケネディーの息子といった具合に。

たしかにこれまで、新しいメディアが古いメディアを破滅させたことはほとんどない。しかし新しいメディアが登場すると、古いメディアはアイデンティティと機能を変えざるをえない。皆の話題になるような週刊大衆グラフ雑誌が、いにしえのルポルタージュ芸術を愛する人々のための特殊な月刊誌となる。そしてレポーターの撮る写真自体も、彼らが提供するメディアの状況によって変化するだけでなく、何が起きているかを記録するために彼らが手にするメディア技術の状況によっても変化する。万年筆であれ鉛筆であれ、ボールペンであれポータブル・タイプライターであれ、カセットレコーダーであれカメラであれ、ビデオカメラであれパームトップ型コンピュータであれ、筆記具や記録用機器は控えめに言っても、メッセージに影響を与える一因である。意味《ズィン》を作り出し、そして／あるいは感覚的《ズィンリッヒ》なものを記録する道具にしばしばフェティッシュなものという地位が与えられるのは不思議なことではない。それが最も顕著にみられるのは、トーマス・マンの卓越したメディア小説『魔の山』においてである。ハンス・カストルプがエロティシズムを帯びた大晦日の気分のさなか、目隠しをして豚の絵を描くため、他でもないマダム・ショーシャ（熱い猫）という名の夫人から借りる筆記具は「銀メッキのキャップをした鉛筆で、キャップについている輪を上へ押すと、中から軸を赤く塗った鉛筆が出てくる仕掛けになっていた[14]」。この筆記具は、フェティッシュな筆記具のとりわけ複合的な例である。新聞を作る人々をめぐる映画としておそらく今日に至るまで最も重要な『市民ケーン』もまた、記録用機器のフェティッシュな性質を扱っている。この映画の中心にあるのは、謎めいた「バラのつぼみ」という商標名の書かれた橇と、この橇のかつての冷たい滑走とその消滅の秘密をかぎつけようとする人物の生涯とかかわりのある、あらゆる筆記具や記録用機器である。

のみから石筆、鵞ペン、チョーク、鉛筆、万年筆、タイプライター、ボールペンを経てコンピュータないしパームトップ型コンピュータに至るまでの、あらゆる筆記具と記録用機器の歴史を書こうとすれば、この本の枠には収まらないであろう。人間が手にする機器の種類によって、書記行為のアウラ、イメージ、そして技術がいかに変化するかについては、一例として**ボールペン**の歴史を見れば理解できる。今日でも多くの知識人がボールペンを、高価な万年筆の購入によって阻止すべき、また阻止することのできる、文化的な没落そのものとみなしている。「あなたの万年筆をちょっとお貸しいただけませんか?」この品物の一時的な譲渡を頼む問いは、他の品物の場合よりも慎重な配慮を要する。十分に礼儀正しい人であれば、ポケットナイフやハンマーや空気ポンプを、それを緊急に必要としている人に自由に使わせてくれるだろう。しかし人は万年筆を——古い噂に従うなら——貸したりはしない。というのも、万年筆は少なくとも教養ある市民的人物にとって、さながら共生的要素のようなものである。その人の性格《カラクター》(そして性格という語はギリシャ語に由来し、まずもって他でもない「刻み込まれた記号」を意味する——性格とは刻み込まれた絵なのだ)について情報を与えるのは紛れもない手書き文字、つまりその人となりを表す文字だからである。ある人に本来的に属しているものをその人が手放すことがないのは、自分の伴侶を手放さないのと同様である。万年筆を見知らぬ誰かの手には渡せないという信条に、万年筆と女を貸すことはできない、という卑猥なヴァリエーションが存在するのは偶然ではない。ゲーテの『親和力』で、エードゥアルトとオティーリエが互いの愛を打ち明けるのは、オティーリエがエードゥアルトの人となりを表す文字を完璧に書き写せることが分かった後のことである。

「きみのボールペンをちょっと貸してくれない?」と尋ねるのは問題ない。この尋ね方は丁寧すぎるくらいである。ボールペンは価値の低い大量生産品でありふれているので、それを借用するのではなく、罪悪感を抱くこともなく自らの物にしてしまうことがあるくらいである。一本のボールペンを預かるという共産主義まがいの行為がそもそも窃盗とされてしまうのであれば、これはくすねると称される行為である。東欧ブロックの回復不可能な経済的凋落の、しかしまた文化的凡庸さの最も確かな徴候の一つは、西側からの旅行者が（この馬鹿げた遊びをそもそも一緒にやりたいとすればの話だが）、共産主義陣営の国民に、ボールペンあるいはただその芯《ミーネン》を放り投げれば、いまだにありがたい表情《ミーネン》を向けられるということであった。この国民にとっては、一本のボールペンを所有することが本当に誇らしかったのである。ボールペン《クーリー》〔ドイツ語でボールペンを意味する語 Kugelschreiber については Kuli という省略形も多用される〕という語には辛辣な両義性がある。十九世紀以来、つまりボールペンが存在するよりはるか前から、この語はドイツ語において、敬意を払われない荷物運搬人や賃金労働者を意味する表現として使われていた（英語に借用されたヒンディー語の同音の語 Kuli に由来する）。

　ボールペンは大量生産品の代名詞である。そしてボールペンは最高度に編成化された群集――すなわち軍隊――と結びついて生まれた。ボールペンが発明されたのは第二次世界大戦直前である。ハンガリー出身でアルゼンチンに亡命した**ラースロー・ビーローおよびゲオルク・ビーロー**という名の兄弟が**一九三八年一二月二七日**、アメリカ合衆国に**果肉状インク用万年筆**の特許を出願した。その進化形である「ペン先用ボール」の追随特許は、それからちょうど二年後の一九四一年一〇月一四日に出願された。初期のボールペンの成功はイギリス空軍で始まった。ビーロー兄弟の発明品は、英国空軍によりきわめて厳しい条件のもとでテストされた。英国空軍のパイロットたちは狂喜乱舞した。ボールペンを使えば、第二次世界大戦中のどれほど困難な条件のもとでも、万年筆や鉛筆を使うよりも明らかに確実で速く（戦闘機のなかで万年筆にインクを充塡したり鉛筆の芯を削ったりするさまを想像していただきたい）、自分たちの戦果や着弾数を記録することができたのである。この筆記具は厳しい試験に合格し、戦争はほとんどすべてのメディアの父であるという推測の正しさをまたしても実証したのである。

第二次世界大戦後、いつでも使える、つまり書きたいときにすぐ書けるボールペンが民間にも広まった。ニューヨークのデパート「ギンベルズ」は、ボールペンを一九四五年に八ドル五〇セントというかなりの価格で提供した。しかし間もなくボールペンは安価な製品となった。一九五〇年代にはすでに、フランス人のビック男爵がプラスチック製のボールペン「ビック」を開発した。素早く交換できる芯はすでに一九四八年から存在していた。果肉状インク用万年筆であろうとビックであろうとボールペン《クーリー》であろうと——まったく容易でない技術（芯先に取り付けられた炭化タングステン製の精密な可動性ボールで、流動性のあるペースト状のインクを均一に送らなければならない）を用いた、使い捨てで安価な筆記具は、実に長きにわたるペンの独占状態を終わらせた。羊皮紙や紙に書くための羽ペンやカラム〔乾かした葦から作るペン〕は遅くとも五世紀から存在する。鵞ペンは筆記具市場において千年以上ほぼ独占状態にあった。

それはもう過去のことである。ニーチェ以来私たちが知っているのは、「文具はわれわれが思考するさいにともに作業している」ということである。二十世紀末期のヨーロッパでは、誰もがともに自分の意見を述べ、ともに決定に関与し、またともに書くことが許されている。誰もがもはや苦力《クーリー》ではなく、誰もが数多くのボールペン《クーリー》やその他の筆記具を所有している。何で書くかを選ぶことができる者は選択《ヴァール》の苦しみ《クヴァール》をもつ。給料の良い地位に応募しようとする者は、手書きの履歴書を書く際に依然として万年筆を手に取らなくてはならない。魔の山にいるハンス・カストルプのように、目隠しをして豚の絵を描くために一人の美しい女性から筆記具を借りようとする者は、「きみのボールペンをちょっと貸してくれますか？」などと尋ねるべきではない。「きみの鉛筆を貸してくれますか？」と尋ねるべきである。いましがた入手したクレジットカードに署名するのに、鉛筆を使ってはならない。ボールペンは今日、本当に重要な署名を行なうための筆記具である。共同決定権をもつ個人が大量生産されている時代、あらゆる人の署名や投票が重要な意味をもつ時代、あらゆる人が貯金口座とパスポートを持っている時代、書類にサインすることをいつでも予期しておかなければならない時代、「登録」という語を文化学の流行語へと昇格させるべき時代――そのような時代には、帝国主義的なヨーロッパ人がアジアの荷物運搬人の苦力《クーリー》を軽蔑するのと同様、あらゆる文化批判家が軽蔑する大衆用の筆記具であるボール《クーリー》ペンが必要となるのである。

ボールペンは長きにわたり、部分的には今日もなお、ジャーナリストたちが仕事のために好んで用いる筆記具である。美しい文学を書こうとするわけではなく、過酷な情報を迅速かつ流れるように（しかし流れ去ってしまわぬよう）記録しようとする彼らにとって、美しく書くということはさほど重要ではない。しかし情報の迅速な伝達は重要である。ジャーナリストや新聞がすぐれたものであるのは、両立させることの難しい二つの要求、つまり信頼性と迅速性を同時に満たすときだけである。このような要求は、通信制度が頼らざるをえない郵便や配送システムにも向けられている。すでに言及した最初のドイツ語新聞の創立者であるシュトラースブルクの印刷工ヨハン・カロルスにとって早くも明らかだったのは、新聞（「新しい情報」）は、新聞／新しい情報を送り届ける機能的な郵便制度が存在するところにのみ存在しうるということである。そしてまた彼はそれゆえに、最初から帝国郵便の通信網と提携した。帝国郵便は彼がとくに好んだ情報源であり、シュトラースブルクの外に住む好奇心旺盛な読者たちにとっては配送メディアとなった。

ニュースは使者を必要とする。使者なくしてメッセージはない。郵便や配送やメッセージ伝達の制度ほど、その歴史を明快に記述できるものはほとんどない。この歴史は簡潔に二つの時代に分けられる。すなわちメッセージが、それを徒歩で、あるいは船や馬や伝説的な郵便馬車に乗せて運ぶ人間の使者と同じ速さと信頼性をもっていた時代と、人間が送り出すメッセージの速さに人間がもはやついていけなくなった時代の二つである。言い換えれば、**伝達メディアの歴史**は、身体もしくは事物が、メッセージもしくは情報と連結し合っていた時代と、精神が「地上の痕跡をのこした者を運ぶ[…]つらい仕事(15)」から解放されている時代――あるいはよりグノーシス主義的でない言い方をすれば、ケーブルと電信信号による身体なき情報の移送の時期――とに分けられる。超音速航空機やロケットでさえも、電信や電話、ファックスやインターネットがメッセージを目的地へ届けるほどの速さで、人々をA地点からB地点へ連れて行くことはできない。送信者と受信者を分け隔てる空間を最速で克服するそのような魔法は、郵便が試みられた当初からの夢であった。発煙シグナル、信号線、伝書鳩、そして激しい河の流れにゆだねられる投壜通信でさえ、人間がA地点からB地点へ移動する際ののんびりした速度を通信技術によって凌駕せんとする速度学《ドロモロジー》的試みだが、これらは天候不良やホワイトノイズ、あるいはさまざまな偶然のせいで失敗してしまう。「速度学《ドロモロジー》」（ギリシャ語で競争を意味するdromosが語源）――人間とメッセージの競争を文化史的かつメディア技術的に分析する学問にそのような名を与えたのは、ポール・ヴィリリオである。時代遅れの人間はすでにこの競争に敗北している――そしてその敗北を受け入れたとき、多くを勝ちえたのである。どれほど速く走る人間ですらも追いつけないほど速くメッセージを伝達するという夢が技術的に実現されて以来、目的地に到着して「私たちは勝利した」というメッセージを発するやいなや、倒れて死んでしまった有名なマラソンランナーのようにへとへとに疲れきってしまう使者はもはや存在しない。

　ギュンター・アンダースの言う「プロメーテウス的羞恥(16)」とは、人間が作り出した製品が人間をはるかに凌駕していることを認めねばならないとき、それに対しどのように人間が反応するかを特徴づけた言葉だが、それには精神力学的にみてプラスの対極がある。すなわちプロメーテウス的誇りである。配送や伝達に関する技術ほど、このような奇妙な恥と誇りの重なり合いが明らかになる技術分野は他にない。これをゲーテの言葉で言えば、「結局のところ、われわれは、自分のこしらえたものにひきまわされるというわけ」である。[17] あるいは電脳空間マニアとともに、人間によるメッセージの伝達が、かつてはヘルメスという名のオリュンポス神あるいはほかならぬ使者《アンゲロス》という名の天使たちにしかできなかったほど、神々しく時間を超越して運ばれることにうっとりとすることもできる。このように、十九世紀における伝達制度の革命は、メディア史全体のなかで決定的な転換点となる。メディア革新の中心部に位置しているのは、十九世紀以来、もはや記憶保存メディアではなく伝達メディアである。初期のメディア史はとりわけ文字と書物という記憶保存メディアの歴史であり、その後のメディア史はとりわけ伝達メディアの歴史である。ハードディスクがますます大きな容量のデータを保存できるようになることは、言ってみれば比較的退屈な事実である。ありとあらゆる送信者と受信者のあいだであらゆる種類（数字、文字、画像）の膨大なデータ量を魔術的な速さで伝達（と加工）できるようにするインターネットがあることは、より刺激的なメディア史上の事件である。

郵便の領域は実際、速度学的《ドロモロジー》なドラマに満ちている。そしてそれは後に、物質と情報の競争にはっきり決着がつき、交通網と通信網の何千年も前から続く結合が分離されるに至ったときにようやく非ドラマ化した。「ゲーテ時代、それどころか十九世紀に入ってかなりたってもなお、周辺的な技術上の例外を除いて、文学的な往復書簡から商業上の注文や清算用の書類を経て軍事上の命令に至るまで、あらゆる空間を超えるコミュニケーション行為は使者や馬車、そして鉄道と結びついている。それに対していまや交通網から分離した電子工学的通信網において、コミュニケーションは空間を克服する際に、時間という要因にはほとんど依存しなくなった。通信網が交通網から技術的に分離したことがおよぼす文化革命的な影響は、その規模において、印刷術による書物の生産への移行がおよぼす影響にも劣らないという推察をあえてすることも許されるだろう(18)」。

身体とメッセージ、物質と情報のさまざまな結合と分離の歴史は、どれほど二元構造的に理解することが容易であろうとも、多くの段階をもっている。迅速な情報伝達に関する最初期の報告で有名なのは、**紀元前四五八年**に初演されたアイスキュロスの戯曲『アガメムノン』のなかの一場面である。この戯曲の冒頭ですぐに、ペロポネソス半島のアルゴスにいるクリュタイメーストラーが、はるか遠くのトロイアはついにギリシャ人たちによって打ち負かされたことを、**松明信号のリレー**によって、知るというよりはむしろ予感するさまが描かれる。後に王の使者が到着したことによってはじめて、確かなことが分かる。これほど重要な知らせははかりしれず《ウンヴェークバール》、またそれを運ぶための道もけわしい《ウンヴェークバール》。(19) 三回にわたって伝えられる（松明ポストと王の使者によって伝達され、また伝達される前から番人がそれを察知している）勝利の知らせは、いずれにせよ比較的迅速に遠く離れたギリシャに届く。クリュタイメーストラーは、後に広まる女性と技術との否定的関係をめぐる一切の戯れ言に前もって逆らおうとするかのように、情報技術の細目に明らかに関心を示している。勝利の知らせがそもそもどれほど信頼できるものなのかというコロスからの問いに対し、彼女は詳細に技術に精通した様子で答える。

コロスの長　しかしまことでしょうか、たしかな証拠がお手許におありと？

クリュタイメーストラー　あります、なくてどうします。ただ、神のたばかりならばいたしかたないけれども。

[…]

コロスの長　それでは、その都が落ちたとしても、どれほどの時がたちましたのか、どれほどの？

クリュタイメーストラー　この光を、夜の胎《はら》が産みおとすほどの間《ま》が、すぎている。

コロスの長　はて、何者でしょうか、それほど早く駆けつけた使いのものとは？

クリュタイメーストラー　ヘーパイストス神が、まばゆい火花を使いにたてたもうたのです。

そして合図のかがり火は、火をかざして駆ける早馬のように、かがりの報せを
この館まで送りとどけた。先ずはイーダーの頂きから　ヘルメースの岩がある
レームノス島へ、そして島から三番目の炎《ほむら》を高々とうけついだのは、
ゼウスのましますアトースの断崖絶壁、

[…]

合図の火柱は、道のり遠いエウリーポスの潮流めざして
駆けぬけると、メッサピオンの炎の番人に報せをつたえる、
それを受けるとこのものたちも、灰色のエリカの枝をつみあげて、
火をはなち、さらに先へとさきを急がせる。
松明の炎の力はいや増しに増し、衰えをしらず、

[…]

わかりましたか、私にはこのような松明《たいまつ》飛脚の駅伝がありました、
つぎつぎに番のものが受け渡し、道のりをこなす仕組みです。
勝利の誉れは、最初と最後を駆けたものに与えられる。

証拠はどこに、とのそなたの尋ね、私の答えはこのとおり、
我が夫がトロイアーから私に、届けてくれた報せです。(20)

速さは魔法ではない。しかしこれほどの速度はおそらく古代初期のギリシャではまだ甚だしく説明を要しただろう。「はて、何者でしょうか、それほど早く駆けつけた使いのものとは」と、コロスの長も尋ねている。まさしくその勝利に決定的な貢献をしていた人間の身体が、出発した場所に再び戻ってくるのにどれくらいの時間がかかったのか——この問題がわれわれの文化的伝統における最も重要な叙事詩に題材を与えた。ことさらにポストモダン的な議論をせずとも、叙事詩『オデュッセイア』をメディア史的に、迅速に情報が流れることや、情報のように迅速になることを夢見る遅々とした身体の物語として読むことができる。

クリュタイメーストラーが、一族の勝利に関する喜ばしい松明のメッセージを受け取ったとき、視界は良好であったに違いない。あらゆる証拠が示しているところによれば、アイスキュロスは、まだはじまったばかりの松明ポストの実験を大々的に書き進めるような想像力あふれた戯曲家であった。古代ギリシャ人たちの機能的な松明ポストについてはいずれにせよ記録がない。当時からその後二〇〇〇年ものあいだ、情報伝達の古典的な事例としては、徒歩、水上、馬ないし馬車による使者という制度が存続した。ローマ帝国はそれを、変化シタ状況ニ応ジテ〔rebus sic stantibus〕見事なまでに完成させた。ローマ帝国が築き上げた道路、橋、港、水道のインフラはしばしば賛美されてきた。当時設計された道路網は今日もその基本的な構造を保持し、驚くほど多くの場所でいまなおヨーロッパの交通の流れを可能にしている。舗装され、

厳しい天候に対して比較的良い備えのあった道路は、信頼のおける目印となる里程標や旅行案内を備えていた。それらの道路の優先的な用途をかつてのローマ皇帝はみな知っていたし、今日では『アステリックス』〔フランスのコミックス（バンド・デシネ）。古代ローマのガリアを舞台とする〕の読者はみな知っている。それらは迅速かつ正確な軍隊の移動を可能にしたのである。

ローマの道路網は実際また、皇帝アウグストゥスの在位中からその死後の時期に最も豊かに進展した有名な**クルスス・プブリクス**の前提となった。これは、統治機関の官吏や統治機関による伝達のための国有輸送網である。この輸送網はその名にもかかわらず、公共の利用に反する場合にも使用され、やがてローマ帝国後期の衰退期には、私的ないし商用輸送の可能性がますます増大した。明らかに拡大しつづけるこのような濫用は、テオドシウス帝やホノリウス帝の在位中、ついに死刑によって処罰されることになった。このローマの道路網と宿駅システムの効率性や信頼性は並外れたものであったに違いない。その荒廃はしばしば嘆かれてきた。いずれにせよローマ帝国崩壊後のヨーロッパでは、一〇〇〇年以上にわたり、国家によって組織運営された郵便システムはもはや存在しなかった。修道院、官房、宮廷、司教、商人は再び、相互に連携なく遮断された、しかもとくに効率的でもない使者の仕事に頼らざるをえなくなった。彼らの仕事のその不確かさはよく知られている。そのような状況では、重要な知らせがつねに配達目的地に届くとは限らない。

事実、自分たちの手紙はしかるべき場所に届かないかもしれないという懸念が、十四世紀のマルゲリータとフランチェスコ・ダティーニ夫妻の膨大で――このような懸念が示されていることからすると――驚くほどよく残されている往復書簡において、再三にわたってはっきりと表現されている。妻のほうは三〇代の自意識の強い女性であり、夫はすでに六〇代を越えた、見たところ相当成功したプラート出身のトスカーナ商人で、フィレンツェやピサなどといった（今日から見ると）それほど遠くはない都市へ頻繁に商用で旅に出ていた。この夫妻の手紙は、書き手たちもよくおどけた様子で言及しているように、鶏肉やワイン、洗濯物やその他の物とともにラバに乗せてあちこちへと運ばれた。手紙は一人の男の日常について伝えている。彼は日々、商用通信に忙殺されているので、それでもなお自分が私信を書く時間を見つけていることを、若い妻に賞賛してもらいたがっている。「今日はあまり気分が良くない、この二日間書いてばかりいたからだ。夜も昼も寝ずに、二日間で食べたのはパンだけだ」[21]。しかしこれらの書簡は、自分が若く美しい妻のことをずっと想っていた証しである（と理解してほしい）。手紙はほぼいつも、旅をする夫がいますでに手紙のあるところ、すなわち愛する妻のもとにあらんことを、という望みをもって結ばれている。

十四世紀トスカーナ市民の日常から生まれた手紙よりもさらに有名なのは、自らの意に反してフランスの宮廷人と結婚した、プファルツのリーゼロッテの手紙である。彼女の手紙が委ねられた**宮廷の通信システム**は、トスカーナの商人のそれよりもたしかに確実なものだった。しかしながら噂話や不平を記した手紙が横取りされて、他人に読まれるかもしれないということは、故郷を離れたこの貴族の女性に絶えずつきまわる当然の心配事だった。たとえば彼女は一六八二年七月二一日、ヴェルサイユから愛するプファルツ選定侯に宛てて次のように書いている。「一時間後に私たちは乗馬学校で上演されるオペラを観に行くつもりです。数日のうちに王太子妃がきっとまた別の音楽を奏でるでしょう。というのも彼女はここ五週間ほど臨月にあり、いつ生まれてもおかしくないからです。私にはそのような心配はありません。というのも私が貞淑に生きるようにさせられて、四年以上経ちます。私がいま閣下にこのようなことを申し上げるのは、ここでは手紙が開封されてしまうことはないと確信しているからです。というのも私はこの手紙に書いたような大変なことを、郵便で書き送るつもりはありませんから。いつものように七時を知らせる鐘の音がしますし、私はカールッツ宛てにも少し書こうと思いますので、ここで閣下宛ての文の筆を置くのをお許し下さいませ」[22]。トスカーナの妻とは違い、四年のあいだ夫に煩わされることなく生きているリーゼロッテが受けとるのは、恋文ではない。そして彼女がしたためる手紙のテーマは、別の人生や別の交通網に対するあこがれである。

信頼できる通信制度の萌芽は、グーテンベルクの独創的な発明の数十年後にようやく出はじめる。ドイツ国民の神聖ローマ皇帝**マクシミリアン**は**一四九六年**に、ローマ帝国時代のクルスス・プブリクスのように軍事的要件を優先的に扱う**軍事郵便の整備**を指示する。しかし古代にすでによく知られていた現象が新たに出現する。それは道徳的退廃、あるいは秘密情報機関らしい表現を用いるのであれば、横領（つまり盗聴と既存の通信伝達チャンネルの共同利用）という現象である。代金の支払とひきかえに私用あるいは商用の書類を一緒に運ぶという誘惑は抗いがたい。そしていにしえのローマではありえなかったことが起こる。つまり、料金を払えば領主が所有する軍事郵便を公認で私的利用できるようになったのである。馬の交換や騎手の交代のため一五キロないし二〇キロごとに宿駅を設置する情報伝達システムを使えるのは、最初は王侯と領主の官房に限られた（教会はなおも長きにわたって自らの使者組織を維持している）が、間もなく私用の客にも利用できるようになった。

「郵便馬車亭」という名をもつ無数の宿屋や「郵便馬車に乗って」のような不滅の民謡、さらに郵便馬車が登場する忘れがたい西部劇映画は、この古典的な配送インフラの魅力をはっきりと示している。ヴィルヘルム・ミュラーは連作詩『冬の旅』に、「郵便馬車」という表題の、非常に簡素な詩を加えている。さらに注目すべきことに、マクルーハンよりはるか以前から敏感な人々がメディアはメッセージであると理解しはじめていることを、この詩はメディア史的に説明している。待ちこがれているが届かない手紙もまたメッセージである。ミュラーやシューベルトの時代にすでに知られていたのは、コミュニケーションしないことがもはや不可能だ、ということである。だが人々はまだ、まさに手紙が輸送されるのと同じ速さで「一度その町の方を眺め」て、手紙が書かれた、あるいは書かれなかった場所で何が起こっているか、確かめることができる。恋焦がれた身体とメッセージはまだ同一の郵便システムと同一の時間秩序に属しているのである。

通りの方から郵便馬車の喇叭が響いてくる。
胸がこんなに高く躍るのはどうしたわけか、
わたしの胸よ。

郵便馬車はおまえに一通の手紙も届けない。
だのにいったいなぜそう奇妙に逸るのか、
わたしの胸よ。

ともあれ、郵便馬車は恋人が住んでいた、
あの町の方からやって来たのだ、
わたしの胸よ。

おまえはきっと一度その町の方を眺めて、
そこがどうなっているか尋ねたかろう、
わたしの胸よ。[23]

恋文と商用通信は同一の御者によって輸送される。御者は、自らの馬車や御者を持つゆとりのない人間の身体も同時に運ぶ。定期的に利用する上顧客のためには、この制度の初期から割引システムがある。**タクシス家の郵便システム**にとってフッガー家は、初期のそのような上顧客であった。ロンバルディア出身のタクシス家は、**一六〇〇年**にオランダ総督の枢機卿公爵アルブレヒト七世から、私的な手紙を郵便料金と引き換えに輸送する特権を与えられる。一五〇〇年以来、この家族はすでに通信業界で活躍していた。当時タクシス家のフランツは、マクシミリアン一世によりウィーンからブリュッセルへの郵便路の整備を委託された。タクシス家はそのようなわけで、帝国とその臣民という二つの主人に仕えるという彼らの提案が受け入れられたときには、すでに一〇〇年の職業上の経験があった。トゥルン・ウント・タクシス家が再び普通の臣民となったのは**一八六七年**のことである。この年の七月一日、プロイセン国家がトゥルン・ウント・タクシス家に莫大な金額を支払うことで**郵便事業譲渡契約**が履行される。

しかしそのずっと前からすでに、帝国とその臣民ないし臣下《ズブ・イエクト》は、郵便事業や通信事業に絶え間なく続く好景気をもたらしていた。タクシス家は周知のとおり急速にドイツで最も富裕な一族の一つとなった。メディア業界やＩＴ業界はマイクロソフトやＳＡＰの時代になってはじめて儲かるようになったわけではないのである。当初は、宿駅に自分宛ての発送物を受け取りに来た郵便受取人から代金が徴収された。発送人が支払う**送り主払い切手**はイギリスで**一八四〇年**に発明される。十九世紀は総じて規格化の世紀である。内側に折りたたんで封印された手紙にかわって、規準サイズの封筒に入れるべき紙が登場する。この手紙を開封するという誘惑は大きかった。十九世紀のあらゆる市民憲法の草案では、実際またメディア法が整備されている。つまりペテルブルクからマドリード、あるいはストックホルムからナポリに至るまで、どの憲法の草案でも、程度の差はきわめて大きいが、言論の自由と信書の秘密が保障されるのである。

信書の秘密を破ることには、エドガー・アラン・ポーの傑作短編小説『盗まれた手紙』等が示しているように、多くの人々が興味をもっている。秘密警察や軍隊、そして互いに競合する企業は、差出人が思う場所（だけ）に文書が届かないように尽力する。中でも一つの職業が、信書の秘密に対して敬意を払わない側に鞍替えする。作家である。書簡体小説はゲーテの『若きヴェルターの悩み』の大成功以来、最も好まれる散文のジャンルとなる。晩年の長編小説『ヴィルヘルム・マイスターの遍歴時代』（これは一八二八年に発表された）において、書簡体小説ブームを大いに後押しした作家ゲーテは、自分がしでかしたことをある種の嘲笑とともに回顧しているように思われる。小説の中心をなすのは謎めいたマカーリエという登場人物である。彼女は遠く離れた星を身近に感じる――そしてこの小説に登場する、遠くにありながら近くにいるすべての人々を。というのも彼女は他でもない郵便システムの中心だからである。ヴィルヘルム・マイスターはそのシステムの基盤と深淵を見抜くことを学ぶ。その深淵がどのようなものであるか、すぐに説明することができる。人々は「内容」ではなく、コミュニケーションをコミュニケートするのである。「ぼくのいまの生活圏では」とヴィルヘルムはこの長編小説全体を通じてもっぱら手紙でやり取りをする妻のナターリエに宛てて書いている。「自分の仕事を親戚なり友人なりに伝えるのに、その仕事そのものに要する時間とほとんど同じくらいの時間をかけるんだね」[24]。

紙の時代である十九世紀、当時の人々のコミュニケーションの欲求と、膨張しつづける経済システムのコミュニケーション需要に対処するために、郵便は自らを統一的なメディア結合体として組織するしかない。それは**一八七五年七月一日**に実現する。普仏戦争の終結後、**万国郵便連合の設立**へと至るのである。万国郵便連合は明らかに、商業と国際的貨幣流通のすさまじい膨張に対応するものである。貨幣が国境を越えて交換可能なメディアになると、コミュニケーションの基盤はこのダイナミズムに耐えられなければならない。ニーチェはメディア・ツールの状況に対する彼独特の注意深さでもって、郵便上の世界統一という出来事についてコメントしている。一八七五年七月八日（つまり一週間後のことである。手紙の郵便はまだ事後的なのである）、彼は妹に宛てた手紙で次のように書いている。「今日は万国の郵便協定が発効した日だ。私がお前に宛てて使ったのと同じ切手で、私はアメリカやスペインやロシア治下の中央アジアなどへも手紙を送ることができるだろう[25]」。「万国」という表現はいささか婉曲的である。世界は一八七五年（そして二〇〇一年においても）の時点でまだ単一のメディア結合体ではない。世界には、直接郵便を送ることができない場所がある（そして今日でもなお南米のスラム街や砂漠、あるいはインフラ上の砂漠ではインターネットに接続できない）。しかしこの結合体への参入は不可避であったし、いまなおそうである。一八七六年に英国領インドが、一八七七年には日本、ブラジルそしてペルシャなどの国が万国郵便連合に加盟する。

この時代はコミュニケーションの需要が急激に増大する時代として理解され、またそのように描写されている。十九世紀末の途方もなく速度を増した手紙のやり取りに関するおそらく最もウィットに富んだ分析は、ゴットフリート・ケラーによるものである。彼の一八六五年に初刊行された短編小説『恋文濫用』は、ヴィクトルという名でヴィギーという愛称を持つ、たんなる商人以上の存在であろうとしている商人について語っている。彼は、自分は作家になるべき人物であると感じている。作家は創造的であるためにミューズを必要とする。そうして彼は妻のグリトリに、彼のミューズとなって、商用で自宅を不在にするときにも、彼の詩的な創造性を情熱的な手紙によって刺激することを求める。しかし同時にこの恋愛関係をめぐる散文は、散文としての権利を守っている。ミューズとの華やいだ気分のやりとりには、ごくありふれた経済にかかわる事柄の追伸が添えられる。「ブルク通りのミュラーの息子に会ったが」と、芸術的心情を吐露した文面の後、追伸に述べられている。「四〇フラン貸してほしいとせびるんだ。他の旅行者もいることだし、人の通りも多かったので、むげに断ることもできなかった。たしかあの男の両親のところにまだオリーブの実が一包みあるはずだから、うちの番頭を使いにやって、そのオリーブの実を買わせ、つけにしておいてほしい。息子が私から金を借りたということが分かる前に、すぐにやってほしい。さもないとオリーブの実もお金も両方とも失うことになるからね」(26)。ケラーもまた、やがて性的な交流とはもはや一致しなくなる夫婦間の手紙の交流が、めまいを起こさせるほど頻繁になっていくことを、郵便という一つのチャンネルが公共的、経済的、文化的そして私的な目的で共同利用されることから説明するのである。

グリトリは、夫の郵便攻撃に太刀打ちできる気がしない。そこで彼女はある策略を思いつく。彼女は自分の隣人の内気な教師ヴィルヘルムが自分を愛していることを知っている。彼女は、良心の呵責を克服し、それを利用するのである。グリトリは夫から自分宛てに書かれた手紙を書き写し、必要最低限の事柄を変更し、宛名の欄に隣人の名前を書く。郵便は素早く届けられる。つまり濫用された恋文を、隣人どうしの仕切りとなっている生垣のなかに突っ込んでおきさえすればよいのである。ケラーがこの短編を執筆していたまさにその時期、**ヴェルナー・ジーメンス**はベルリンで、ヴィルヘルムとグリトリとのあいだを飛び交った手紙と同程度の速度で手紙を発送する**気送郵便**を試みる。最初の気送郵便は**一八六五年**に操業を開始した。それは中央電信局と証券取引所の電信局を結ぶものであった。もしそれが当時のスイスですでに機能していたならば、商人であるヴィギーに対し、未回収金をもっと速く取り立てる機会を与えていたことだろう。グリトリに恋する隣人は気送郵便を必要としない。彼は恋人の近くにいる。それにもかかわらず彼は彼女とさしあたり手紙でしか付き合うことができず、またそうすることしか許されない。そして彼はそれをとことん行なう。彼はすぐに、しかも激しい調子で返事をする。グリトリはその手紙を写し取って修正し、彼女の詩的な情熱に燃えた夫に送る。彼女は徹底的にこの策略の償いをしなければならない。というのもヴィギーは、妻の手紙の才能と情熱的な気持ちに驚き、夢中になるのだから。よって、彼のほうでもまたすぐに返事の手紙を書く。そうしてただちに一冊の書物に足りるほどの往復書簡が成立する。「それであらためてまた、羽根ペンが飛び立つのではないかと思える程に、手紙が書きまくられることになった。グリトリは蒼ざめ、疲れ果てた。まるで官房の書記のように手紙を書かなければならなかったからだった(27)」。

もちろん不正は露見する。ヴィギーはこのコミュニケーション状況の深層構造を見抜く。アマチュア詩人が、最大の転落の瞬間にほとんど卓越したメディア分析家となる。「のっぺり顔で頭はからっぽの浮気女め、恥はかいても手紙はかけない馬鹿女、ほんの短いラブレターを書いて情夫の気をひくこともできないような無知女、それだのに世の中にまたとない破廉恥きわまる瞞着をしでかすだけの悪知恵はあるときてやがる。あの女は、夫の誠実で正直な真情の吐露である手紙を受け取ると、男のところを女に変えて、名前をひんまげ、盗んだ文章に得意になって、同罪の男をだましてもてあそんでいるのだ。このようにして相手の男からも罪の情熱に燃えさかる同じような真情の吐露をおびきだし、酔いしれているのだ。心の貧しいあの女は、まるで吸血鬼の如く他人の豊かさをむさぼっているのだ。だがそれでもまだ足りないときている。あの女は、もう一度手紙の性を入れ換え、また名前を変えて、［…］盗み取りした新しいラブレターを用いて、信じきっている夫を陰険な心でもって欺くのだ。それで互いに面識のない二人の男たちが［…］、互いに欺き合っているというわけだ」(28)。ヴィギーがここで考察しているのは、男性の過剰な通信伝達の精神からの、女性秘書の誕生にほかならない。男たちは、自分の欲望が本当は貨幣の増殖と自己増殖のどちらに向けられているのかを決めることができず、またそうする必要もない。

もはや官房書記官のようには書けず、まだ女性秘書のようにも書けない二人の男性間の狂気じみた文通において、一人の女性が枢要な地位を占めている。というのもケラーがこの見事なテクスト（ちなみに文学の過剰生産も嘲笑している）を書いたのは、**タイプライター**の発明が今か今かと待ち望まれていた時期だからである。有名な**レミントン1型**はようやくその一〇年後（**一八七四年**）、スイスから遠く離れたアメリカ合衆国で誕生する。ある作家がその最初の購入者の一人となる。マーク・トウェインは、文学史上初めてタイプライターで書かれた『トム・ソーヤーの冒険』の原稿を、出版社の事務所に手渡す。フリードリヒ・キットラーの見事な論述が示すように、タイプライターの発明とその着実な成功とともに、性別の秩序全体が変化する。一八〇〇年頃にゲーテがヴァイマルでもし女性秘書を雇っていたとしたらと想像するのは間違っている。ゲーテには男性の書記がいた。ある男性上司が（あるいは女性が解放された時代であれば女性上司が）、いかなる業界においてであれ、男性秘書をそばに置くとしたら、それは今日でもなお倒錯的だと評価されるだろう。

体系的に「男のところを女に変えて」しまうグリトリは、彼女の愛情に薄い夫のために、女性秘書の先駆者となる。多くの作家たちが彼を真似た（これはクラウス・テーヴェライトの壮大な研究が強迫観念のように追究したテーマである）[29]。ケラーのすばらしい短編の結末は分かりやすい。グリトリは病的な商人、作家でミューズを探し求める男と離婚し、長いモラトリアム期間の後に学校教師ヴィルヘルムと結婚する。二人は古い主題パターンのとおり、書物の代わりに子供を作るのである。子供カ書物カ〔aut liberi aut libri〕。そして彼らは声の文化に属しつづける。彼らはまさしく告白するスイス人なのだ〔スイス建国時から続く直接民主制の伝統を暗示〕。それに対して、我を忘れて筆を振るった果てに偉大な作家たちの名を夢み、そして『クルタルヴィーノ、二人の同時代人の手紙』という両性具有的な表題の往復書簡の出版を夢みる商人は、何ら実りをもたらさないままである。無力なメディア・マニアのヴィギーは恋文や商用文書、そして作家のまねごとによって、ただ一つの通信および配達システムである郵便の過剰負担に体系的に寄与する。このシステムは、当時は独占的な状況にあり、その状態の克服が夢見られていた。生産力の段階が生産関係を破砕するというマルクスの有名な定式は、具体的な大量生産工業製品よりも、メディア・インフラに関してより適切に当てはまる。ケラーの描いた病的な執筆者ヴィギーが数十年長く生きていたならば、彼は女性秘書に商用の手紙をタイプさせ、金銭問題についての指示を遠くにいる妻に電話で伝達していたであろうし、自分のミューズに手書きの手紙を送ることができて、原稿を出版社に送付し文学雑誌を自宅の郵便ポストから取り出すことで、文学上の野心も満たされていたことだろう。

ヴィギーはまだ、そのようなメディア・システムの分出の同時代人になることはできなかった。しかしケラーによる短編の半世紀後、それと良く似た注意深さで新たなメディア状況を観察する長編小説がフランツ・カフカによって書かれる。カフカの『城』は見事なメディア小説である。この作品が非常に的確に描いているのは、情報がもはや古典的な郵便によってだけ、つまり文書によってだけ輸送されうるのでないときでも、プライヴェートなコミュニケーションと官庁のコミュニケーションが混じりあってしまう問題が生じるということである。

「それに、電話のことですが、役所とほんとうに折衝しなくてはならない用事がいっぱいあるわたしのところには、ごらんのとおり、電話がありません。酒場とか、それに類した場所では、電話も、お金を入れたら音楽の鳴りだす自動ピアノと同じようにおおいに役にたつかもしれませんが、それ以上のものじゃありません。こちらへ来てから、すでに電話をなさったことがおありですな。それじゃ、たぶんおわかりのはずです。城では、電話は、すばらしい働きをしているようです。話によると、城内では、ひっきりなしに電話をかけているそうです。むろん、そのために仕事は、おおいにはかどるわけです。城内でたえまなしにかけているこの電話の声は、村の電話で聞くと、なにかざわめきの音や歌ごえのように聞こえるのです。これは、たしかあなたも聞かれたにちがいありません。ところが、このざわめきと歌ごえこそ、村の電話がわれわれに伝えてくれる唯一の正しいもの、信頼するにあたいするものでしてね。それ以外は、すべて当てにはならんのです。こちらと城とのあいだには、きまった電話回線もないし、こちらからの呼び出しをつないでくれる交換台もありません。こちらから城のだれかに電話をかけると、あちらでは下級の課のあらゆる電話機のベルが鳴りだすのです。と言うよりはむしろ、これはわたしがよく知っていることなのですが、ほとんどすべての電話機はベルの鳴る装置をはずしてあるからいいようなものの、もしそうでなかったら、城じゅうの電話という電話が全部鳴りだすところです。ところが、疲れきった役人が、ときどきちょっと気ばらしでもしてやろうという気を起して、とくに夕方や夜分に多いのですが、ベルの鳴る装置をつないでおくことがあるのです。こういうときは、返事をしてくれます。もちろん、冗談以外のなにものでもない返事ですがね。［…］これもわたしには不可解なことなのですが、他国から来たばかりの人なのに、たとえばソルディーニに電話をかけて、むこうで返事をしているのがほんとうにソルディーニであるなどと、どうして信じられるのでしょうかね[30]」。

メッセージが——皇帝のものであれ神のものであれ、軍用であれ民生用であれ、私用であれ公用であれ——その目的地に届くのかどうか。この問いは精神分析的、実存主義的、神学的などといったあらゆる読解の可能性以前に、カフカ作品の真の問題の中心である。いましがた引用した部分においても、カフカの作品は見事なまでに、どのコミュニケーションにも付きまとうホワイトノイズ《ラオシェン》の効果を描いている。「ベルの鳴る装置《ロイテヴェルク》」（ブロート版全集においては）という美しい語は、「人々の仕事《ロイテヴェルク》」という語と同じ響きに聞こえる——この語は音を響かせ《ラオシュト》、効率ばかりを考えるコミュニケーションには生み出しえないが、文学なら生み出しうる陶酔《ラオシュ》をもたらすのである。古典的な郵便の時代の終焉でもある古典的な紙の時代の終焉の後、メディア技術に感激した人々が行なったことの一つは、ベルの鳴る装置《ロイテヴェルク》を世間に広めることである。カフカの作品は新しいメディアとの目の覚めるような接触において、それと同時に古い書字システムの内奥において、人々に目覚めの鐘を鳴らす。そのメッセージによれば、十九世紀の終わりにグーテンベルク銀河系を離れることが可能になったのである。録音と電話、写真と映画の発明によって、書字と印刷によるメディアの独占は破砕される。そしてまた郵便も将来的には、情報が人間と同様ゆっくりと運ばれていた時代よりもはるかに速く送られるようになる。

第二の中断──メディアの背後のメディア

ホスチア、貨幣、CD－ROM

はじめに郵便ありき。終わりに郵便ありき。はじめと終わりのあいだでも、ブラジル映画『セントラル・ステーション』(ウォルター・サレス監督、一九九八年)では、郵便が問題となっている。この映画でポストモダン時代の映画鑑賞者に語られる、いやむしろ視聴覚的に示されるのは、メディア史のさまざまな段階を重層的に照射していることからも注目に値するシンプルな物語である。無職の元教師ドロレスはリオ中央駅で、読み書きのできない人々のために手紙を書くことで数ドルを稼ぐ生活をしている。彼女は時にはその手紙に実際に切手を貼って投函することもあるが、普段は家へ持ち帰り、可笑しいものから猥雑なものまで女友達と一緒に楽しんでいる。これらの手紙は、決してその宛先に届くことはないだろう。しかしラテンアメリカの大都市で、手紙以上に危険にさらされているのは、時代遅れの人間である。こうしてドロレスはある日、一〇歳ほどの子供を連れた一人の母親が車にひかれるのを目撃する。はじめドロレスは自分のもとに居ついた子供を、例の手紙のように、つまり金づるになるかもしれないものとして扱う。彼女はその子を、児童売買業者に売るつもりである。だがやがて突然可哀想になり、その子と父親を捜しはじめる。二人はこの捜索中、救済を求める読み書きのできない貧困者であふれかえった、怪しげな巡礼地にたどり着く。そうこうするあいだにすっかり資金を使い果たしたドロレスには、自分の人道的な心変わりには果たして意義があったのかと疑いを抱く理由は十分にある。けれども子供が、救済を求める読み書きのできない人々のためにまた手紙を書けばよいではないかと名案を出す。しかし今回は聖者たちや聖母マリアその人が宛先である。これがすばらしい商売になる。そしてもちろんその男の子も（おおよそ）目的に到達する。おおよそ、である。つまり手紙という一つのメディアが男の子に前途の見込みを与え、うれしい知らせ＝福音をさずけ、もうすぐ父親に会えると約束するのである。

聖母マリア、父、子、代母、人と人とをつなげたり、すれ違わせたりするがゆえに全面的に信頼できるわけではないが大抵の人を満足させる手紙のやりとり。以上がこの映画の素材である。この映画ではしかし、父親探しや魂の救い、ヒューマニズムといった高級なモティーフや価値ばかりではなく、車、列車、バス、電話、郵便など、人間やメッセージを運ぶインフラや輸送手段もまた問題となっている。それ以上に、あるいはこのような現象レヴェルの背後で、いわゆるキリスト教的西洋世界のかなり貧しい地域をいまだに構造化しているメディアが問題となっている。つまり救済を求める人々が巡礼地でもらうホスチア、ドル、郵便や電話、要するにほとんど避けることができないメディア、周知のメディアの背後にあり、人々に基礎的な方向づけのための枠組みを提供するメディアが問題となっている。「人間を本来統合しているものは何か」という問いはしばしば立てられてきたし、そして今引用したかたちでゲーテもこの問いを立てた。この問いは、多くの人々が相互に接して取り乱す《アオス・デァ・ファッスング》ことがないように定められる枠組み《ファッスング》への問いにほかならない。

ゲーテの『ヴィルヘルム・マイスターの遍歴時代』の重要な場面では簡潔に次のように述べられている。

「すると［…］自然な筋道をたどって、最後に、人間を本来統合しているもの、宗教、道徳のことに話がおよんだ」(1)。このわずか一頁後に、理想的もしくは悪夢のような教育区に設置されるべきメディアのインフラ設備について書かれている。「すべての人は、時間というものにたいして最大の尊敬を心に刻みこむ。時間は、神と自然との最高の贈り物であり、存在の最も注意深い伴侶だからだ。時計は、われわれのところでもたくさん製造されているが、ことごとく針とうち鳴らす音によって、十五分ごとに時を告げる。そしてこういう合図をできるだけふやすために、わが国に設けられている信号機は、本来の任務のほかにやることがないときは、昼夜を通して時間の経過をしらせる。しかもきわめて気の利いた装置によっている」(2)。残念ながらその技術について、読者には何も知らされない。宗教と慣習からテレグラフへ。マリアとヨーゼフの物語の反復ではじまるゲーテの晩年の小説は、幅広いけれども明確なアーチを描く。このアーチは宗教と慣習から、ヴィルヘルムの息子フェリックスが見つける宝箱の中身をめぐる問いのような金銭的問題を経て、テレグラフの機能の問いのようなメディア技術的な問題へと至る。

「人間を本来統合しているものは何か」を問う者は、それがゲーテという名であろうと、ポストモダンの映画製作者であろうと、ある程度の規則性をもって宗教、経済、メディアからなる三位一体に出くわす。その理由はすぐに言いあらわすことができる。避けがたい、だからこそ必ずしもメディアであるとは見抜けないメディアは宗教と経済から生じるのである。周知のように――本書の歩みもそれを示しているが――メディアはますます増えている。タイプライターがあっても、手書きの文字は書かれる。映画を観に行くことができる時代であっても書物は読まれる。映画はテレビと共存する。ルーマンの術語「分出」は、メディア史を説明しはしないとしても、その特徴を表す魔法の言葉である。そうであるからこそ、選択《ヴァール》の苦しみ《クヴァール》がある多数のメディア（読者の皆さんは今、本書を読むかわりにテレビを観たり、ラジオを聴いたり、ネット・サーフィンをすることもできる）と、多かれ少なかれ自由主義の時代にあってさえも避けがたいメディアとを区別することに意味があるのである。

本、新聞、手紙を読もうとしても、それは簡単にできることではない。ゴットフリート・ケラーの小説『緑のハインリヒ』等が示しているとおり、これらのメディアを使いこなすためには、識字教育という相当な通過儀礼をくぐり抜けなければならない。インターネットの利用も、かなりの複雑な前提と結びついている。たとえば電力網、複雑な機器、電話ケーブル、その他もっと多くのものが必要である。しかし読み書きできない人々、あるいは今日Eメール・アドレスを持っていない人々はメディア以前の生を生きていると考えるとすれば、それは維持しえない妄想である。

メディア以前の生など存在しない。なぜならメディア以前は存在せず、そしておそらくメディアの彼方も存在しないからである。だが、参加が義務づけられているメディアと自由に選べるメディアを区別することは必要である。映画『セントラル・ステーション』とゲーテの小説『ヴィルヘルム・マイスターの遍歴時代』は、この区別を真剣に考慮することを促す非常に多数の作品のうちの二つである。映画の導入部では、ドロレスはドルを必要としている。貨幣というメディアを批判することはできるだろうが、それを避けることはできない。書くことが好きな女性教師は貨幣を受けとる。彼女は天の諸力とのコミュニケーションを約束し、それを可能にするからである。映画は、完璧なコミュニケーションを示すという落ちを欠いてはいない。つまり、コミュニケーションは聖体拝領《コムニオーン》となることによって完璧となる。子が父と、地上の者たちが天上の存在たちと一つになるのである。

独創的な仕方でこの無職の女性教師は、（少なくともいわゆるキリスト教的西洋の伝統では）真に世界と人間を束ねることを約束する三つの主要メディア、すなわち聖餐式、貨幣、新しい電子工学メディアを結びつける。これら三つのメディアには、一見して気がつく以上の共通性がある。現象するメディア世界において近世以来、急速に高まる美しき多様性の背後では、これらの主要メディアが深層構造を厳格に定めている。他書でもっと徹底的に論じたことをあえて電報のような文体で簡潔に記すならば、聖餐式、貨幣、電子工学メディアは、この時間順に現れ、互いに影響を与えあい、やがて比較的平穏に共存する、われわれの（そしてまたおそらくますます世界中の）文化の主要メディアである。これらのメディアには多くの共通点があるが、なかでも重要なのは、これらが存在－記号論的《オントーゼミオローギッシュ》に働くという点である。それはつまり、これらのメディアが体系的に、存在の論理（存在論）と意味あるいは記号の論理（記号論）を相互連関させるということにほかならない。聖餐式、貨幣、電子工学メディアは、意味というわずかなリソースへのアクセスを可能にする。存在と現存在には意味があると、聖餐式においてパンと葡萄酒が分与されることによって約束される。大胆かつ魅惑的なことに、たんなる約束以上のものであることが約束される。つまり、救世主が聖餐式のパンと葡萄酒のなかに本当に現前しており、記号はたんなる記号以上のもので、聖体拝領《コムニオーン》こそがコミュニケーションの目的であることが約束されるのである。このように聖餐式の儀式は、実体論的存在記号論を意のままに用いる。すなわち、存在と記号が一致するのである。

最初のマスメディアであり主要メディアである聖餐式は、貨幣が近世・近代のマスメディアとして通用しはじめるに従って浸食を受ける。ニクラス・ルーマンの冷静な言葉で言えば、「貨幣は、［近世初頭に］メディアそのものとなる道を歩んでいくかに見えた」[4]。周知のように貨幣はそれ自体で実体的な価値があるわけではない。硬貨とホスチアにはたしかに多くの共通点がある。とりわけデザイン、誰でも発行してもよいわけではないという事情、そして貨幣の領域全体を基礎づけている神学的な意味あいも帯びた概念（たとえば債務者《シュルトナー》、債権者《グロイビガー》、クレジット、開示宣誓《オッフェンバールングスアイト》、商業見本市《ハンデルスメッセ》など）があげられる。だが、現実の財

（もしくはサービス）と、この場合、硬貨や紙幣と呼ばれる記号との間の対応関係はもはや実質的ではなく、機能的である。貨幣は神の慈悲の豊かさについてではなく、財とサービスの不足について機能的に情報を与える。それが作りだす対応関係は価値記号と「リアルな」価値とのあいだのそれである。時折たとえば、このような価値記号が価値それ自体とみなされ、貨幣が物神崇拝的に過大評価される場合、かつての聖餐式における真の現前の意味論に似たものが、貨幣の領域に突然侵入することはある。しかしそれ以外ではここでも「分出」という魔法の言葉が通じるのである。すなわち信仰《グラオベ》は信仰であり、貨幣は貨幣であり、記号は記号である。もっとも貨幣が機能できるためには、信任《ベグラオビヒト》されなければならない。古い主要メディアもまた――本書ではこのマクルーハンの公式をすでにたびたび援用してきたが――新しい主要メディアによって排除されることはない。発展した貨幣社会でも引き続き教会に通うことはできる。しかしもはや、そうしなければならないというわけではない。だがおそらく、もしこっぴどく閉め出される《エクスコムニツィーアト》＝破門されることを望まないのであれば、貨幣というメディアの使い方を知らなければならないだろう。

聖餐式と貨幣は、メディアの有意義な基準（「第一の中断」を参照）のすべてを十分すぎるほどに満たす。そのような基準のうち最も重要なものをいくつか挙げてみよう。これらは記憶保存メディアである（聖餐式は想起のための食事であり、貨幣は価値保存の機能をもつ）。これらは（神のメッセージおよび所有物交換の）伝達メディアであり、データ処理メディアである（聖餐式はカトリック、ルター派、カルヴァン派などさまざまな宗派にコード変換可能だし、通貨は別の通貨へ交換《コンヴェルティーレン》することができる）。これらは拘束力を有する初期マスメディアとして、相互作用を調整し、相互作用を行なう人間を集合させ（教会で、あるいはオフィスビルで）、人々がそうでなければしないであろうこと（たとえば労働）をするように動機づける。この点についてはこれ以上説明する必要はない。これらの主要メディアはどちらも生起する見込みの少ない事柄（すなわち、神が息子を持ち、その母が処女であり、息子は私たちの救済のために自らを飲食に供するということの生起する見込みの少なさ、あるいは一人がもう一人へ財貨を委ねるということの生起する見込みの少なさ）の生起する見込みを高める。これらの主要メディアはどちらも身体を拡張する（聖餐式は極端な身体拡張で、死亡し彼岸から復活したイエス・キリストを、われわれのもとに現前させる。貨幣はより機能的な身体拡張で、貨幣を支払うことによって、遠方の経済プロセスに参加することができる。あるいは、あまり顧慮されていないが驚くべき身体拡張は、地上で亡くなったキリストも遺言《ノイエス・テスタメント》＝新約聖書を残し、自分の財産の行く末を自分で定められることである）。これらのマスメディアはどちらも、信任という戦略に依拠しており、強力な拘束力をもつ。その代わりこれらのメディアは、存在と意味との相関関係という途方もないことを約束するのである。

遅くとも第二次世界大戦後には、これらの比較的古い主要メディアに加えて、新しい主要マスメディアが登場する。すなわち電子工学メディアである（まず先にラジオとテレビが現れ、近年ではインターネットがメディア史の舞台に躍り出た）。新しい主要マスメディアと古典的な主要メディアに共通しているのは、それらを本来的に避けて通ることができないという点である（実際、放送視聴料を支払わなければ法的にも疑いをもたれる）。新しい視聴覚メディア、そしてとくにインターネットは、やはり明らかにかつての貨幣経済の形を変える（これらは宗教のプレゼンテーション形式へも影響を与える。テレビ出演する法王や、パリでテープレコーダーに談話を録音し、それを幾重にもコピーしてイランへ送ったアヤトラ・テレ・ホメイニのイスラム革命のことを考えれば分かるであろう）。貨幣経済の台頭が神学上の根本概念を吸収したばかりでなく、反対に聖体のデザイン・モデルを変換したように（ちぎったパンから硬貨の形をしたホスチアに変わった）、貨幣は今日、古典的な硬貨や新古典的な紙幣の形態を失い、電子貨幣となっている。伝統的な現金払いは徐々になくなり、貨幣の流れが、かねてよりそうであったような情報の流れとして看取可能となる。帳簿貨幣は電子マネーとなる。

落ちをつけるとは、きわめて複雑なプロセスを簡略なテーゼにまとめることからいかがわしい魅力（それはやはり魅力ではある）を引きだすことである。そのような落ちを狙って言えば、存在記号論的な三つの主要メディアに共通しているのは、これまでに挙げた観点に加えて、流れあるいは循環という統制的理念から恩恵を被っているということである。葡萄の木と葡萄酒、私たちのために流された救世主の血、母なる教会とその子供たち。これらが、最初のマスメディアである聖餐式が提供する共生的イメージである。ここで方向性を定めているのは葡萄酒もしくは血の表象、もしくはたんなる記号以上の言葉、つまり肉となり、教会という機関と信者たちを統合する言葉の表象である。血の循環という宗教的表象は、血の循環が身体を維持するように国民経済を統合する貨幣の流れという表象に取って代わられる。貨幣の流れは血の流れよりも冷たいが、より機能的でもある。電子情報の流れは貨幣の流れよりもっと「クール」で、貨幣が絶え間なく流れるために協力する（なぜなら今日、本当に意味のある金額はモニター上の金額だからである）。

変遷するなかでの継続と継続する変遷。一つの存在記号論的主要メディアから次の存在記号論的主要メディアへの移行は、つねに古いメディアの没落でもあるが、しかし決してそればかりではない。社会と文化が貨幣によって世俗化した時代でも依然としてパンと葡萄酒を信仰することはできるが、身命と魂の救いを危険にさらしたくないのであればそれを信仰しなくてはならないというわけではない。また、貨幣がインターネット時代にも有力なメディアであることは、詳細に立証するまでもない。しかし発展した情報社会では、貨幣の現象学と拘束力の度合いに変化が生じる。このように、近世のはじまり以来さまざまな宗派のあいだで改宗《コンヴェルティーレン》が行なわれるように、今日では比較的たやすくさまざまな通貨間で交換《コンヴェルティーレン》が行なわれる（本書の最終章を参照）。改宗《コンヴェルティーレン》＝交換が宗教、貨幣、メディアの領域でキーワードであるのは偶然ではない。三つの存在記号論的主要メディアの内的・外的構造を比較してみると、これらのメディアがそもそも同意義務のようなものの要求をますます放棄していることが目にとまるのである。

一つのカトリック教会から、複数の宗派を経て、信仰する義務の撤廃へ。交換が非常に困難な単一通貨から、多数の通貨へ。ARDという一つの放送局から、どれほど激しくザッピングしてももはや収拾のつかない多数の放送局を経て、インターネットによる二点間コミュニケーションへ。こうしてみると、今日なお人間を統合するものは何か、というゲーテの問いに対する答えはますます難しくなっている。あるいは簡単になっている。私たちはどのような手段で支払ってもよい。肝心なのは、支払うことができるということである。私たちは何を見、聴き、コミュニケートしてもよい。肝心なのは、コミュニケートするということである。ロマン主義者のアダム・ミュラーにとってはまだ、このように新しいメディアによって内容的な基準が壊れるのは非常にいかがわしいことであった。神と貨幣とメディア技術の親近性に気がつき、それに苛立つのは後にも先にもミュラーだけだというわけではない。この保守主義者の希望的観測によれば、貨幣と印刷術というメディアは、「この自堕落な時代に」乱用されることで信用を失墜した。信用失墜をめぐるこのような言葉から、メディアはやはり実質的なメッセージのためのたんなる「補助手段」であるべきだと考えられていることに気がつく。しかしこの政治的ロマン主義者は、もはやそうもゆかない、ということを予感している。メディア、とくに主要メディアはメッセージであり、けっしてメッセージに仕える補助者ではない。「雄弁術に関する一二の講話」では次のように述べられている。「金銀と印刷術の奇跡への信仰は、二〇年前にはまだ人々の心を支配しており、古い世界にあったありとあらゆる奇跡への信仰に取ってかわったかのように見えた。しかしそれも終わった。後世のモンテクッコリ〔オーストリアの軍人〕は、戦争の第一の必需品は金であり、第二は金であり、第三は金であると言うことはできないだろう。後世のフリードリヒは、最後の銭が財布に残っている者が勝つ、と言うことはできないであろう。後世のヴォルテールは、なんらの偉大な行為もなしに、たんに印刷術によってのみ世論の世界制覇をなしとげようと目論むことはないだろう。印刷術と貨幣は、乱用されたことでその力を失った。これらが力をもつのは、人類のその他の補助手段と同様に、節度と限度をわきまえた使用によってのみである。これらが、この自堕落な時代に排除しようと試みた他の物事と並び立っている場合にのみ、力をもつのである」(5)。

ミュラーは自分と他者に勇気を与える。けれども彼は、貨幣とメディアの社会では「節度と限度」が失われることを知っている。なぜならこの社会は内的な拡張衝動に駆り立てられているからである。それに不安をおぼえたのはアダム・ミュラーが初めてでも、最後でもない。存在記号論的主要マスメディアである貨幣と新メディアとの合弁事業はとくに拡張に貪欲である。貨幣と情報／伝達《ミットタイルンゲン》／報道とのあいだの構造的差異は明白であるにもかかわらず（あるいはまさにそれゆえに）、そうなのである。伝達《ミットタイルンゲン》は他者と分け合う《ミットタイレン》ものである。私《エゴ》がもう一人《アルター》に対して行なう伝達は、私《エゴ》から失われることはない。それはもう一方の側へ完全に移る必要はないし、それどころかそのようなことは不可能である。私《エゴ》の貨幣はしかし、定義からしてもう一人《アルター》の貨幣であることはできない。貨幣を譲ってしまうというのであれば話が別であるが。貨幣はこのように非常に厳密な意味で、最初のデジタル・マスメディアである。その機能性を凌駕するのは困難である。というのも、貨幣によって実現されるコミュニケーションは、貧弱であると同時に明白で効果的だからである。つまり、いまやこれはもう私のものではなく君のものだ、という具合に。それに対して教養、知識、情報はこれほど一義的に移転することができない。インターネットの時代においても、ニュルンベルクの漏斗〔バロック期のニュルンベルクの詩人ハルスデルファーによる詩学入門書のタイトルは『文芸の漏斗』〕のような装置を、組み立てて動かすことはできない。ゲオルク・ジンメルはそれを認識していた。一九〇〇年に刊行された着想豊かな『貨幣の哲学』には次のようにある。「たしかにイエスは裕福な若者にむかって汝の所有物を貧者にあたえよとは言うことができたが、しかし汝の教養を低い者にあたえよとは言えなかった。低位者にとっては教養という長所ほど気味悪く思われ、それにたいして彼が内的に無視され無防備であると感じるものはない。それゆえ実践的な平等をめざす努力は実にしばしば、そしてきわめて多くの変種において知的な教養を忌避した。すなわち仏陀、キニク学派、あるばあいのキリスト教から、〈われわれは学者を必要としない〉と言ったロベスピエールにいたるまでである。これに加わるのがきわめて本質的なことである。すなわち言語と文字――抽象的に考察すれば認識の共産主義的な本質の担い手――による認識の確定は認識の累積と、とりわけ凝縮とを可能にし、この累積と凝集とが、この認識点における高い者と低い者とのあいだの懸隔をたえず拡大させる(6)」。

情報の移転《トランスファー》と貨幣の交換《トランスファー》を関係づけるという問題は、当然のことながら、貨幣社会が電子工学マスメディア社会へと変調してゆけばゆくほどはっきり浮かびあがってくる。古典的なモダンの貨幣社会とポストモダンの情報社会のあいだの移行段階において、**クレジットカード**という独特な中間的メディアが生み出された(7)。チャールズ・ディケンズの小説『ドンビー父子』では、ポールが父に「パパ！ おカネってなに？」と問う。子供たちの問いには深い知恵が備わっているものである。そのような問いを立て、実際的な答えを得ると、彼らは子供であることをやめ、深い知恵を失う。大人であるということは、形而上的な問いに対して技術的な答えを出すことを意味するのである。半世紀前からは「おカネってなに？」という問いに対して、コインや小切手や紙幣や為替手形を示して答えるのとは別の答え方ができるし、そうしなければならない。というのも一九五〇年に、ニューヨークのあるビジネスマンが、様式上・道徳上・刑法上の問いの前に立たされ、それに対して財政技術的に答えたのである。彼はこれ以上ないほどばつの悪い赤恥をかいたことがあったのだった。

フランク・マクナマラは、資本主義の中心地マンハッタンで商友たちを食事に招待していた。エキサイディングにことが進んだ晩だったという。契約の成立が間近く、取引は完璧だった。けれどもそれから、支払い不可能《イリクヴィート》な真実についての換金可能《リクヴィート》な瞬間がやってきた。マクナマラは支払いをしようとして、つねに中身のいっぱい詰まった自分の財布を持参していないことに気がつかねばならなかった。自分が招待した商友からお金をせびるなどできるわけもない。しかしよく知られているように必要は発明の母である。赤恥をかいた男はボーイと知り合いだったので、彼に自分のアドレスを渡し、借用書に署名して、次の日すぐに支払ったのである。

この話にはまだ続きがある。技術的にたやすく実現できるアイデアが生まれたのである。ブレヒトのオペラ『マハゴニー市の興亡』でもう二〇年以上前に明示されていた資本主義時代の真の大罪、つまり金を持っておらず、支払い不可能であるという大罪を犯して面目を失うことを、フランク・マクナマラは二度としたくはなかった。そのようなわけで彼は、当時はまだ札入れほどの大きさがあった、赤白の厚紙カードを発明した。そのカードには二つのことが記載されている。財力ある顧客にクレジットを与えるマンハッタンの一二あまりのレストラン名と、クレジットに値する人物の名前である。

支払いができない《イリクヴィディテート》という経験から換金可能《リクヴィート》なビジネス・アイデアが生まれた。百貨店の所有者と弁護士とともに、マクナマラはその一九五〇年のうちにすでに最初のクレジットカード会社を創立した。その名前は、会社設立の原風景を想起させる「食事をする人のためのクラブ《ダイナース・クラブ》」であった。ひとまずは名前で、その後少し遅れて「本当に」支払う、まず情報を流しておき、その後貨幣によって裏づけをする、もしくは保証するというアイデアはすぐに価値を認められた。すでに一九五〇年代のうちにクレジットカードは大西洋を渡ってヨーロッパにたどりついた。当初それは、支払能力の有無を問うまでもなく信用される少数の富裕層の特権であった。今日ではクレジットカードは、大量消費民主主義的に価値が下がっている。この小さなプラスチックの補助手段は、世界中で七〇億枚も使われているのであるから。クレジットカードは、プレステージ性の高いものであるとはもはや言いがたい。たとえそれを発行する銀行が、ゴールドカードとかプラチナカードと名づけて、そう装っているとしても。だが最も狭く厳密な語義でいうフェティッシュであることは確かである。つまり、どれほど小さく目立たなくとも、魔術的な記号の絶対的な力をそなえた物体である。この物体は事物界で驚異的なことをもたらし、生じさせる。すなわち、事物が私たちのものになるのである。

貨幣経済から現金のいらない社会《キャッシュレス・ソサイエティー》への途上において、マクナマラの単純なアイデアは一つの重要な段階である。貨幣と情報とのあいだの境界線が曖昧になる、あるいはつねに見かけ上の境界でしかなかった、ということをはっきりさせるという意味でもクレジットカードは重要な段階である。貨幣は今も昔も、財あるいはサービス行為の不足と買い手の支払能力について情報を与えるものである。けれども古典的な硬貨のかたちをとると、貨幣はやはり絶対的な「価値それ自体」でもあるように見えた。はっきりとそう感じられるのは、硬貨は持つ／持たないのコードに従っているので、最も単純な意味でデジタルだという点においてである。ある人の金は、別のもう一人の金ではない。しかしクレジットカードが与えるクレジットとともに、機能上つかみどころのない仕方で、そうではなくなる。クレジットカードの所有者は、持っていない金を持っているのである。クレジットカードを所有するための前提は、（アイデンティティ、住所、銀行取引などについての）重要な伝達をすることである。そうすれば、「あなたのお名前でお支払い下さい」となる。重要な特例としての貨幣は、非物質的になればなるほど、一般的メディア・システムのなかに埋没してゆく。

しかし、貨幣と情報が混合する社会への途上の中間段階としてのみクレジットカードを理解することはできない。最初期の貨幣形式への回帰としても理解しなければならない。なぜならば、信用貸し（と利子）は年代的にも論理的にも、（交換）貨幣より前にあるということを、多くのことが示唆しているのである。はじめに罪《シュルト》＝負債ありき。罪《シュルト》＝負債は謝罪《エントシュルディグング》＝弁済を要求する。宗教的、文化的、様式的、メディア的、機能的にこの問題を扱う可能性を、オスカー・ワイルドほどシニカルにはっきりと見ていた者はいない。ワイルドは、真・善・美という呪文ではピアノの名手が手形偽造の名手でもありうるという可能性を排除することはできない、と知っていただけではない。私たちが文明と呼ぶものの根本にある基本構造への深い洞察もまた彼に由来する。すなわち、「あらゆる文明の基礎は無限の信用《クレジット》である」[8]。

記号以前

7　写真

二十世紀初頭にドイツ語で書かれたある有名な短編小説において、古びたグーテンベルク銀河系の若くて繊細な住人が、（連続）写真という比較的新しいメディアのがさつな愛好者と出会う。この二人の友人がかわす会話では、それぞれが愛好するメディアの長所も話題にのぼる。「「僕はこのごろすばらしいものを読んだぜ、びっくりするような……」とトーニオは言った。二人は、ミューレン通りの雑貨店イーヴェルゼンのところで十ペニヒ出して買ったドロップスを、歩きながら一つ袋から食べていた。「ぜひ読んで見たまえ、ハンス君。シラーの『ドン・カルロス』だよ。……よければ貸すから。……」／「いや、いいよ」ハンス・ハンゼンが答える。「駄目さ、僕には合わないよ。僕はやっぱりあの馬の本を読むよ、トーニオ君。素敵な插絵が入っているんだ、本当だぜ。高速度撮影で、跑足やギャロップや跳躍や、いろいろな姿勢が全部撮ってあるんだ。普通はあんまり早く動くからどんな姿勢だか見られないのさ。……」／「全部？」トーニオは丁重に言った。「そいつは凄いね。けれども『ドン・カルロス』ときたら、ちょっと口じゃ言えないいんだぜ。その中にはね、嘘じゃないよ、とってもいいところがあって、なんだか、こう、

ギャロップする馬（マイブリッジの連続写真によるゾートロープから）

がんとやられるような物凄いところがあるんだ。……」／「がんとやられるんだって？」ハンス・ハンゼンはきき返した。……「どうして[1]」

もちろん、一九〇三年に出版されたトーマス・マンの短編小説『トーニオ・クレーガー』のなかで、がんと叩かれたような音がするわけではない。本のなかなのだから、「あたかも」がんと叩かれた音がするかのように思われるにすぎない。そして、たとえハンス・ハンゼンがシラーの戯曲を読んだとしても、文字以外には何も見ることにならないだろう。トーニオは「見てくれよ」と言うのだが。世知に長けたトーニオの友人は実際に、見ようとしている。だからこそ、彼は「実際にはまったく見ることのできないもの」さえも目に見えるようにする写真が載っている本に手を伸ばすのである。「いろいろな姿勢」をした馬を「全部」提示しようとする写真は――「全部？」とトーニオは興味深そうに尋ねる――広くよく知られたものであった。ハンスは世界文学の有名な箇所ではなく、瞬間写真で撮影されたさまざまな姿勢に興味を示す。すでにそれ以前から大判の風景写真によって広く知られていた、イギリスからカリフォルニアへ移住した写真家である**エドワード・マイブリッジ**（一八三〇年に生まれて、一九〇三年まで存命であった）は一八七三／七四年に、元カリフォルニア州知事リーランド・スタンフォードの所有馬であるオクシデントが速歩で走る様子を**連続撮影**によってとらえた。その後、**一八七八年**には、短い間隔で並べて固定した一二台――後には二四台――のカメラでギャロップする馬を撮影し、センセーションを巻き起こした。この撮影によって、古くからさまざまな議論が行なわれてきた問題が解決された。すなわち、馬がギャロップしているときに、四本の脚がすべて地面から離れている瞬間があるか否かという問題である。道具を使わずに肉眼で見るのでは、この問題に決定を下すことはできない。目が焦点を合わせることができるのは、つねに視野の一点だけであり、四点に同時に焦点を合わせることなどできないのだから。連続写真によって分かったのは、ギャロップの跳躍は文字どおりの跳躍であり、馬がギャロップするときには、すべての脚が一瞬、腹の下で合わさるということである。それに対して、写真が発明される以前に描かれた馬の絵では、ギャロップの跳躍はたいてい、馬が前脚を前方に、後脚を後方に伸ばした状態で、完全に地面から離れているように表現されるのである。それが事実でないことは、対物《オブイエクティーフ》レンズを使わなければ客観的《オブイエクティーフ》に観察することができなかった。

ということは、デューラーほど精密な芸術家ですら、誤りを犯しているということになる。彼が一四九六年頃に描いた銅版画『小さな使者』では、この使者――大腿部に巻かれた明るい色の布から、使者の権利によって、敵の戦線を通過するときにも守られている人物であることが分かる――が乗っている馬は、ギャロップしているにもかかわらず、後脚が両方とも地面についているのだが、このような姿勢はありえないからである。

マイブリッジは、すでに映画の初期形態となっている連続写真を公開する際に、あわせて「動物の運動のロマンスと現実」という見事なタイトルの講演も行なった。そこに含まれているメッセージは、人間の目を信じてはならない、ということである。ただし、人間の目にカメラという武器を備えるなら、そのかぎりではない。カメラは誤ったロマン主義を信用せず、そのかわりに現実を冷静に再現する。これと同じ対比関係を、ロマン主義的で繊細なトーニオ・クレーガーと現実主義的な性向のハンス・ハンゼンもなぞっている。マイブリッジの講演と、センセーショナルなものとして受け取られた写真はまだ、同一の雑誌、

アルブレヒト・デューラー『小さな使者』，1496 年頃

あるいは書物のなかに収まっている。写真の発明は（伝達メディアを視野に入れれば、遠隔通信のほうが優位であるかもしれないが、少なくとも記憶保存メディアの領域では）グーテンベルクの発明以降、メディア技術における最初の大発明である。この二つの日付のあいだには、ほぼ正確に四〇〇年の歳月が横たわっている。印刷と写真の両者はまだ同一の、紙の時代に区分することができる。しかし、写真が作られる過程は――その結果として作られたものは紙の上にあるのだが――文字どおり、データを担う基礎メディアとしての地位を紙が独占している状況を、化学的に解消しはじめる。グーテンベルク銀河系がこのように解消されたことによる数多くの影響の一つ――ただし、これが最も重要な影響だったというわけではない――は、造形芸術は言わずもがなであるが、文学という古いメディアも、自らの立場を新たに定めなければならなくなった、ということである。

この問題に気づいた者は大勢いるが、そのうちの一人が、作家のパウル・ハイゼである。彼は一八八一年一月一四日、友人であるゴットフリート・ケラーに宛てて次のように書いている。「写真が私たちの芸術や文学に及ぼす影響について、現代の実験美学者の一人が論文を書くのを、長らく待ち望んでいました。写真こそが今日におけるリアリズムの生みの母であり、乳母であると思っておりますので」。

「実験美学者《エクスペリメンタールエステーティカー》」とは言い得て妙である。プラトンからカントに至る哲学的な伝統における美学者とは異なり、実験美学者は真と善と美の関係について問いはせず、人間の知覚能力の可能性と限界を実験する（美学《エステーティック》の語源であるギリシャ語のアイステーシス〔aisthesis〕が意味するのは、「知覚」にほかならない）。彼らが明らかにするのは、健康な若者の耳には聞こえるが、年をとると聞こえなくなるのはどの周波数の音であるかとか、網膜が示すのはどのような視覚的遅延効果であるかとか、写真を用いれば知覚することができるが、それがなければ知覚することができないのは何であるか（たとえば、馬のギャロップがどのようになっているか）ということである。

ところで、一九〇〇年以前およびその前後の作家たちの多くは、実験美学者の側についた。一九〇〇年以前およびその前後の作家たちのうちでアマチュア写真家だったのは、とりわけアーダルベルト・シュティフター（彼の妻は「フォトグラフュー〔Votographii〕」[2]という愛すべき言葉を書いている。また、著名な文学史家ゲルヴィーヌスは彼について、「シュティフターは自然を紙の上にダゲレオタイプするすべを心得ている」[3]と述べている）、エミール・ゾラ、ルイス・キャロル、アウグスト・ストリンドベリ、ジョン・M・シング、アントン・チェーホフ、サミュエル・バトラー、アーサー・コナン・ドイル、ジョージ・バーナード・ショーである。彼らの全員が（写真を撮るときに、ミニヨンやロリータのような少女だけを被写体にした『不思議の国のアリス』の作者ルイス・キャロルの例が示すように[4]）リアリズムに専念していたわけではない。それどころか、どれほど努力しようとも、二四の文字をさまざまに組み合わせたものからは、カメラのシャッターを押すのと同じほど、現実そのままの結果は決して生じないという結論を下す者もいたのである。断固として非リアリズムであろうとする現代文学はまさに（印象主義以降の現代造形芸術については言及するまでもないが）、写真の発明によって生まれたものである。写真は、文字を格子状に組み合わせたものがこれまでなしえた以上に、現実を忠実に再現することに長けているのだから。写真と同じほど自然主義的に「忠実」であることは、ゲーアハルト・ハウプトマンやアルノー・ホルツの筆になる文学作品ですら決してできはしない。

「模倣できないほどの忠実さ」という美しくも逆説的な言葉で、グーテンベルク銀河系のある偉大な老人は新しいメディア技術の成果を説明しているが、まだまどろみから覚めかけたばかりの同時代人たちも、間もなくそれを革命的なものと認識するようになる。「模倣できないほどの忠実さ」は**写真**、あるいは**一八三八年**に日の目を見る**ダゲレオタイプ**(5)の特徴をなしている。なぜならば、それは事物を、絵画には決してできないほど正確に模倣するすべを心得ているからである。七〇歳のアレクサンダー・フォン・フンボルトは一八三九年の初頭、パリにいた。ルイ・ジャック・マンデ・ダゲール（一七八七―一八五一）が自らのメディアに関わる発明を公表して、メディア戦略的に見事に計画された大成功を収めるよりも前に、フンボルトは当地の科学アカデミーの外国人会員として、ダゲレオタイプについて鑑定することを依頼される。フンボルトの判断は明快である。それはメディア革命だというのである。手紙という古いメディアを使って、彼はこの新しいメディアについての判断と高い評価を、彼が文通していた重要な同時代人たちに知らせる。哲学する医師にして無意識の発見者カール・グスタフ・カールス、化学者にして**ネガ方式の写真の発明者**（の一人）**ウィリアム・ヘンリー・フォックス・タルボット**（一八〇〇―一八七七）、ならびにプロイセン国王フリードリヒ・ヴィルヘルム四世が、この大旅行家にして世界的権威が書いた手紙を受け取る。そこには、それより前に、そして最初に（一八三九年一月七日に）すでに公爵夫人フリーデリケ・フォン・アンハルト＝デッサウには知らされていたことが記されている。それによれば、この新しい技術が示している「対象は、模倣できないほどの忠実さにおいて、自らを描きます。化学的な技術に強いられて、光は数分間で持続的な痕跡を残し、いかなる細部に至るまでも明確な輪郭を与え、それどころかこの魔法全体が（たしかに色はついていないのですが）、私たちが住む北方の快晴で太陽が明るく輝く日なら八分から一〇分で、空気が澄みきったエジプトや光に満ち溢れた熱帯であればおそらく二分から三分で、呼び起こされるのを目の当たりにすることになるのです。このことは、たしかに理解力や想像力に訴えかけてやみません。しかし、なんと残念なことでしょうか。アカデミーに報告を行なったアラゴ氏と私は、『学士院報告書』の最初の号（一八三九年一月）に掲載されていること以外には何も知らないのです。パリには、発明者以外には誰も、私たちがそれについて知っている以上のことを知っている人はいません。ダゲールが作ったものを見ましたが、それはガラスの下、枠のなかにはめ込まれた画像です。長さは八インチから二〇インチで、茶色がかった灰色の（陰鬱な）色調なのですが、繊細さという点では、雲や比較的近くにある植生（葉が揺れ動く樹木）を別にすれば、最も美しい鋼版画に匹敵します[6]」。

フンボルトの文章には、注目すべき点が多く含まれている。第一に、センセーショナルなのは「対象が自らを描く」ということ、それも「模倣できないほどの忠実さ」で描くということである。光が紙に定着するときに、人間の手が芸術的な創作欲に駆り立てられて、余計なことをすることはない。写真とは、主体なきメディアなのである。この客観主義的な情熱が、初期の写真論の多くに影響を及ぼしている。ヘルムホルツに学んだピーター・ヘンリー・エマーソンの簡潔な言葉によれば、「写真家が写真を撮るのではなく、機械が彼に代わって、すべてを行なうのである[7]」。第二に、この機械は化学的な手段を用いて、光に「持続的な痕跡」を残すことを「強いる」。写真は、それ以前にはただ、ファウストのように夢見ることしかできなかったことを実現する。すなわち、瞬間は――美しいものであろうと、醜いものであろうと――ついに止まることができるようになるのである。第三に、このメディアは発展可能である。初期に論評を行なった者たちの一人がすでに、この技術的な「魔法」が間もなく、色鮮やかなものにもなるだろうと予感している。第四に、写真は遠くのもの（雲）および近くのもの（揺れる葉）に対する新たな認識と知覚を可能にする。写真が見せ、分析させるのは、メディア技術を用いなければ知覚できなかったであろうものである。フンボルトの美しい共感覚的な言葉によれば、写真という光学メディアは「理解力や想像力に訴えかけてやまない」のであるが、それは、知覚の瞬間が引き止められ、保存され、持続されるから

アレクサンダー・フォン・フンボルト，1847年。
ヘルマン・ビオウ撮影

にほかならない。目で見る《アオゲン・ブリック》ことができる瞬間《アオゲンブリック》はこれ以降、一瞬《アオゲンブリック》より長く続くようになる。

ダゲールの発明の価値を、同時代人たちは完全に、そして明確に認識していた。写真は、いつ発明されても不思議ではなかった。機は熟していた。それどころか、熟しすぎていた。実際にまた、**写真の発明者**であるという栄誉をめぐって、すぐに争いが起こった。裕福なイギリス人の在野の学者であり、何事にも忍耐強く取り組むヘンリー・フォックス・タルボットは、ダゲールの特許について耳にするやいなや、ロンドンの王立特許庁に書類を提出する。それは、「カメラ・オブスクラによって生み出された画像を固定し、それを持続的に保存」する試みに成功したことにおいて、彼に**優先権**があるという根拠を説明するためのものである。フランスではただちに、最初の発明者としての権利をめぐってダゲールと争う者が幾人も現れる。たとえば、科学アカデミーの高名な会員である**フランソワ・アラゴ**や――この頃には存命ではなかったが――**ニセフォール・ニエプス**（一七六五―一八三三）である。ニエプスは一八二九年以来、契約に基づいてダゲールと共同作業を行なっており、彼の貢献について指摘する同時代人は幾人もいた。彼は人生の最後の二〇年間を、写真の実験に捧げた。写真の父親としての権利をめぐって、これらの競争相手が現れただけではなく、さらにそれ以外の競争相手も加わると、ダゲールは自分の名前の裏に隠されている意味（フランス語のゲール〔guerre〕は戦争を意味する）を思い出す。彼は論争を行ない、旧来のグーテンベルクのメディアの助けを借りて、一八三九年に彼の発明についての案内書を出版する。この案内書は、その書名と著者名に添えられている肩書からしてすでに、権威的な印象を与えようと意図している。すなわち、「ダゲレオタイプとジオラマの過程の歴史と説明、ダゲール著、画家にしてジオラマの発明者、レジオンドヌール受勲者、種々のアカデミーの会員等」と扉のページに書かれているのである。ダゲールの方式は――ジオラマという言葉が暗示しているとおり――ポジ方式であり、一回の撮影で一枚の写真しかできない。表面にヨウ化銀の膜を形成した銅板が、カメラのレンズを通して当たる光によって露出されると(初期にはまだ、これに数分かかったため、当初は静物や風景のようなものしか撮影することができなかった)、それによってヨウ化銀が銀に還元され、これをさらに水銀の蒸気にさらすと、はっきりした陰影が浮かび上がる。こうして作られた像をさらに当たりつづける光線から保護するためには、写真を食塩水で定着させる必要がある。この方式で撮影された写真は、タルボットが実践したネガ方式の写真より明らかに鮮明である。しかしタルボットの技術にも、見逃すことのできない利点がある。すなわち、露出時間がダゲールの場合のように数分かかることはなく、数秒ですみ、そして一枚のネガから好きなだけ複製を作ることができるのである。芸術作品は——もしも写真が芸術作品であるならば——複製技術時代に入る。

すぐに理解できるように、これは広範な影響力をもつ発明である。にもかかわらず、同時代人たちにとって、それを評価することは困難であり、写真の発明は印刷の発明よりも重要なものであるか、というような問いがなされた。写真が発明されてからまだ一五年しか経っていない頃に書かれ、この問いに賢明な判断を下している記録を一つだけ挙げておきたい。それによれば、「より重要」なのは印刷の発明だが、「より奇妙」なのは写真の発明である。なぜならば、写真は人間がなしえることを凌駕するからなのだという。『写真ジャーナル』の編集者ヴィルヘルム・ホルンが、一八五四年に次のように書いている。「写真による造形は、これまでになされた発明のうちで、最も重要なものではないが、最も奇妙なものであることは論をまたない。それは、私たちの創造主の最も驚嘆すべき御業の、すなわち視力の模造であり、同時にまた、神秘的ですぐに消えてしまう像の印刷機である。それによって、すべての被造物が、きわめて遠く隔たったところからでも、私たちの目に見えるようになるのである」[8]。このような評価を行なったのは、ホルンだけではない。数多くの同時代人が、新しいメディアには自動的な性質があり、それによって人間は装置を作動させるだけの者になることを強調している。画家がシャッターを押すだけの者となると、印象主義、キュビスム、表現主義などの天才画家たちは、そのような者から自らを、ますます明確に際立たせることができるようになる。「天から降ってきた複製」あるいは「太陽の光によってもたらされた像」として、一八三九年九月二四日付の『芸術新聞』はダゲレオタイプの特徴を説明している。「人間が太陽の光を自分の意のままにし、いわば鉛筆として利用することが可能になるなどと、誰が信じただろうか」と、一八三九年八月二九日付のウィーンの『総合演劇新聞』は問いかけている。そして、ヨーゼフ・ベレスは一八四一年に『ディングラー工芸雑誌』に掲載された報告において、「自然そのものによって描かれた像」としてこの発明を説明しようとする。ウィリアム・ヘンリー・フォックス・タルボットの著書のタイトル『自然の鉛筆』（一八四四年に第一巻が出版された）によって、「自然そのものによって描かれた」という言い回しは、写真という魔法を理解するための、おそらく最も一般的な方法となった。写真《フォト・グラフィー》という言葉（それがドイツで最初に使われたのは、一八三九年二月二五日付の『フォス新聞』においてである）は、きわめて的確なものである。写真《フォトグラフィー》とは、光《フォト》が書いたもの《グラフィー》、つまり光の文字にほかならない。この光は自らを記述し、さらに記録するのである。

　この主観を欠いた即物性は、情熱を排除するものではない。タルボットは自著に、ウェルギリウスの『農耕詩』からの引用をモットーとして掲げている（ドル紙幣にもウェルギリウスの詩節が添えられており、この古代の牧歌詩人が正真正銘の近代詩人であることは明らかである）。「嬉しきかな、前人未踏の山の背をつたい、カスタリアの知恵の泉へとゆるやかな傾斜を下りゆく」[9]。心理学的な示唆に富んだ詩節であるすなわち、タルボットは再び、最初の発明者としての権利を要求しているのである。技術的発見の高みを越えて、自然の知恵の深みに至る道を、彼のために拓いてくれる先人はいなかったというのである。ことさらに明示されているわけではないが、それでも、このような近代的に彫琢された古代の詩節には、写真が直面している問題が暗示されている。その問題とは、実際に自然が自らを描いているのか、すなわち比較的忠実に現実に近づき、現実の信頼できる記録を行なうことが可能になるのか、あるいはまた、私たちが現実と呼んでいるものがたんなる光線に解消されるのか、というたぐいのものである。写真は現実を救済するメディアであるのか、それとも現実を（化学的に）解消するメディアであるのか。存在する《トゥー・ビー・》のか、存在しない《オア・ノット・トゥー・ビー》のか、そのことがメディア技術的な観点においても、シミュレーション技術をめぐる今日流行の議論に至るまで問題となっている。

　視覚を、人間の感覚器官のうちで最も価値あるものとみなす者は多い。盲、唖、聾のいずれになるかという恐ろしい選択を迫られたとき、私たちのほとんどは盲を選ばないだろう。事実また、目を見えなくすることは、テイレシアスやオイディプスの神話時代から、最大の恐怖を呼び起こす刑罰の一つである。その理由はおそらく、たとえばオイディプスやテイレシアスの目を見えなくすることは、明らかに去勢することを象徴しているからでもある。神話上の人物である二人は、性的タブーを犯したために、目を見えなくすること／去勢することによってそれを償わなければならない。オイディプスは近親相姦のタブーを犯し、自らの母とのあいだに子供を作りそうになった。一方、テイレシアスは性的快楽について証言するというタブーを犯した。子供を作る《ツォイゲン》ことと証言する《ベツォイゲン》こと。この境界線にそって、写真の能力も議論される。疑問であり、不確かであるのは、写真が忠実に、そして人を惑わすどころか嘘をつくことさえできる言語というメディアから独立して、現実を証言するのか、それとも、それはむしろ独自の現実らしい見せかけを生むのか、ということである。いかなる言語的記号も用いずに、視覚的印象を技術的に記録できるようになるということは、実際また、ダゲールの同時代人たちの多くを刺激し、視聴覚過多の時代である今日なお、ジャン・ボードリヤールのようなポストモダンのメディア理論家を魅了しうる事実である。「写真の沈黙。これは映画ともテレビとも異なる、写真のかけがえのない特質のひとつだ。映画やテレビは、つねに沈黙を強いなければならず、しかも成功したためしはない。イメージの沈黙はあらゆる注釈を不要にする（不要にしなければならない！）」[10]。

写真は自ら語る。写真はそれ自体としては、注釈を必要としない。写真に説明文を付け加えたときにはじめて、問題が生じる。写真は嘘をつくことができない。嘘をつくのは、その説明文だけである。ますます「コミュニケーションせよ」という命令にさらされる文化において、写真は、禅のように沈黙を約束して奇異の念を抱かせる何物かである。そのメッセージは、すべてはあるがままのものである――すなわち、そう見えるとおりのものである――ということである。事実また、「私は見ることを学ぶ」という文が、写真と映画の首都パリを舞台とする、ある散文作品の冒頭で絶えず繰り返されている。この作品には、『マルテ・ラウリス・ブリッゲの手記』（一九一〇年出版）という注目すべきタイトルが付けられている。小説ではなく手記こそが、この散文作品のジャンルを示す名称である。それが創造的かつ逆説的に試みているのは、もはやあらゆる情報や報告が、文字を格子状に組み合わせたものによって管理されたり、芸術家の手によって形成されたりする必要がなくなったメディア環境において示されているとおりに書く芸当、つまり、意味をなす記号を用いずに意味のデータを書きとめることができるかのように書く芸当である。メディアの状況に対するリルケの分析は、このうえなく断固たるものである。リルケはマルテ・ラウリス・ブリッゲに、やがて前代未聞のメディア革新の世紀となる二十世紀の冒頭に、意味と意味を書きとめることが混ざり合った状況について、以下のような分析を書きとめさせている。「別の解釈をする時期が現われ、どんな言葉も別の言葉に応じないままになるだろう。すべての意味は雲のように溶けてなくなり、水のように引いていくだろう。恐怖をおぼえながらも、結局のところぼくは、なにか大きなことをまえにして立っている人間のようだ。むかしはよく、書き始めるまえに、これと似たような気持ちになったことを、ぼくは思いだす。けれども今度は、ぼくが書かれるだろう」[11]。写真が発明されたことによって、記号を用いずに現実を書きとめることが、メディア技術的に可能になる。

ダゲール、タルボット、ニエプスなどの発明の四半世紀後に早くも、『写真史概観』が書かれる。それを出版したアントン・マルティンという人物は自著に即物的なタイトルを付けているにもかかわらず、詩的な叫びに身を委ねている。

いかに見事に、人間の精神は
光の驚嘆すべき力を利用していることか！
もはや、一瞬たりとも過ぎ去りはしない！
いまや、自然および人間のすべてについて、
たんに本物をまねた写し絵があるだけではない。
お前は、あらゆる存在、あらゆる事物について、
今後は、生き写しの絵を持つのだ。それら自体を持つのだ！[12]

「本物をまねた写し絵」を描くことは、ダゲールよりはるか以前の才能ある画家や銅版画家にも可能で

あった。アラビアの光学研究者**イブン・アル・ハイサム**によってすでに**十世紀**に発明された**カメラ・オブスクラ**が、現実を現実的に写し取ろうとする試みを決定的に前進させた。その原理は単純である。小さな穴を通って光が暗室に差し込むと、外界の輪郭が反対側の壁に、上下と左右が反転した状態で写るのである。熟練した画家の手をもってすれば、この輪郭を卓越した技術で模写し、上下と左右の正しい比率を作り出すことができる。ヘーゲルの哲学では状況が「カメラ・オブスクラのように」逆さまに現れるので、それを元に戻さなければならない、というマルクスの有名な言葉に至るまで、本当の状況を知っていると思っている者たちの誰もが、このことを主要メタファーに利用している。

十三世紀になると、カメラ・オブスクラは芸術家と技術者のあいだで広まる。**レオナルド・ダ・ヴィンチ**は**一五〇〇年**頃に、カメラ・オブスクラを用いて印象的な絵を描き、それに感謝の意をこめて論文を捧げている。**ジョバンニ・バッティスタ**はその後、**一五五八年**に、光が通る穴に集光レンズをつけるという容易に実現可能な着想を得た。このレンズによって差し込む光線が束ねられると、よりはっきりした輪郭が生じるのである。このようにして、**カメラのレンズ**はこの世の光を目にする。フォックス・タルボットも、一八三三年にコモ湖畔で、よく知られている自然に忠実な風景のスケッチを行なったときに、ある種のカメラ・オブスクラを用いている。それは**ウィリアム・ハイド・ウォラストン**がプリズムレンズを利用して、いわゆる**カメラ・ルシダ**に発展させたものである。カメラ・オブスクラの原理は、博学のイエズス会士にして学者**アタナシウス・キルヒャー**が**一六四六年**に発見したように、逆にすることもできた。ガラスのような透明な平面の上に描かれた輪郭を、光源を用いてレンズを通して投影すると、像がスクリーンやその他の壁面に再現される。このようにして発展した**ラテルナ・マギカ**はたちまち同時代人たちを魅了し、写真と映画が誕生するまでさまざまな場で——とりわけ年の市で——人気の見世物でありつづける。

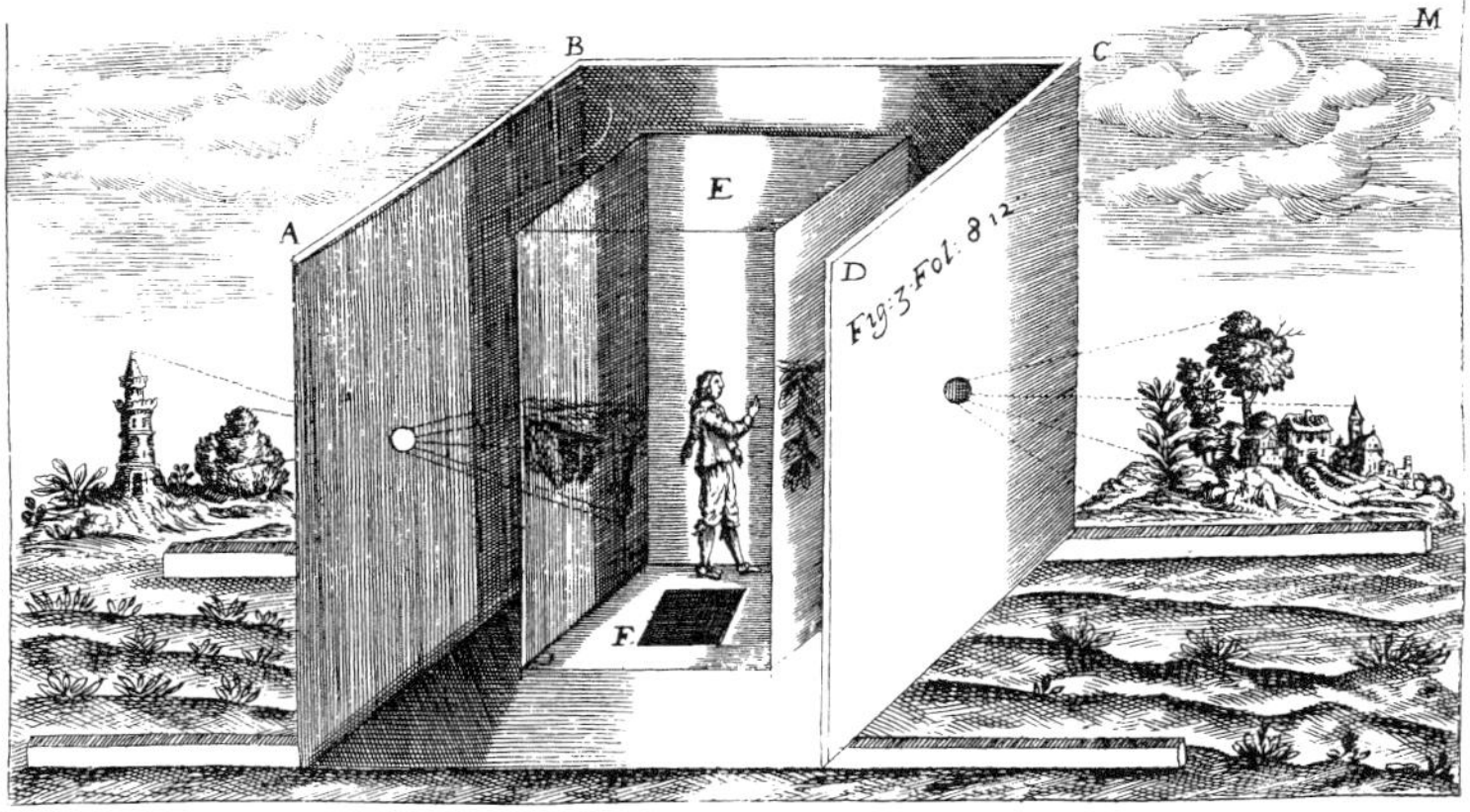

移動式のカメラ・オブスクラ

一六七一年の論文「光と影の大いなる術」においてキルヒャーは、カメラ・オブスクラもラテルナ・マギカも詳細に紹介し、その際に決定的な一歩を踏み出した。すなわち、彼は固定式のカメラ・オブスクラにとどまらず、移動式のカメラ・オブスクラを作るという、以前からあった提案を、計画可能な段階まで発展させたのである。

持ち運ぶことができる光の魔法はたちまち年の市のアトラクションになり、作家たちにとっても、ますます魅力的な対象になった。マルセル・プルーストは生涯、ラテルナ・マギカに魅了されていた。テーオドール・フォンターネも、写真の時代になってもまだラテルナ・マギカの効果に魅了されていた作家の一人である。彼は、ラテルナ・マギカの効果に触れながら、小説の主人公エフィ・ブリーストの心のうちで起こることをはっきりと表現している。エフィは、結婚生活の最初の暗い数年間が過ぎると、プロイセンの郊外で心の安らぎを得る。ベルリンに転居したことによって、人生の新たな時期が始まる。それは郡長インシュテッテン男爵の若くて美しい妻エフィには、ケッシンでの退屈な生活よりも好ましいものである。彼女は皇后によって、「貴婦人の列に加え」られさえもする。こうして、どちらかといえば心地よいものではない、ケッシンにおけるクランパスとの情事の思い出は色あせてゆく。「かつてはそういうこともあった——しかし、それは遠い遠いかなたのこと、他の天体での出来事のようであった。すべてが霧に写った像のようになり、夢となっていったのである」[13]。「霧に写った像」——これは自然の状態を表す言葉であるだけでなく、専門用語《テルミヌス・テクニクス》でもある。一八七七年に出版されたマイヤー百科辞典（第一〇巻、六一六頁）には、この用語について次のように書かれている。「霧に写った像（雲散霧消する像）は、別々の像を同一の画面に描く二つの隣り合ったラテルナ・マギカ（霧像装置）によって作られる。一方のL.m.［ラテルネ・マギカ］のレンズ孔がふさがれると、もう一方のL.m.の像だけが見える。そして、単純な機構によって、第一のL.m.の孔が徐々に開かれ、第二のL.m.の孔がそれと同じ程度にふさがれると、写っている像が徐々に消えてゆき、ある像が別の像に変化するように見える」[14]。写真が発明されるよりもはるか前に作られたラテルナ・マギカは、プロトタイプとして、技巧をこらした画像上の効果を技術的に生み出し、現実を構成する可能性を示している。変化し、重ね、変調し、ずらし、押しのけ、投影する。新しいメディア技術が生まれても、心理学も神学もなくなりはしない。

　技術愛好者にしてイエズス会士アタナシウス・キルヒャーは、多くの同時代人や、後世の読者たちを魅了してきた。それにはいくつも理由があるが、その一つは次のことだろう。すなわち、近代の初期になると、メディア技術によって宗教的環境にさまざまな方向づけがなされるようになったことが彼の作品から読み取れる、ということである。グーテンベルクは、画像《ビルト》を批判しながら一心に教養《ビルドゥング》を追い求めるプロテスタントたちのメディア的英雄になる。それに対して、カトリック教徒たちの多くは、画像に対してより友好的な彼らの宗派をメディア技術で支援する可能性を模索する。「フィレンツェの年代記が、線遠近法の最初の理論家レオン・バッティスタ・アルベルティの死後にその栄誉を認め、彼がその発明を行なったのはグーテンベルクが可動式の活字を発明したのと同時であると述べているのは、故のないことではない。カメラ・オブスクラやラテルナ・マギカがなければ、グーテンベルク以降、あらゆる筆写者の個性から解放されたテクストに、あらゆる画家の個性から解放された技術的な絵をも添えることは、ほとんどできなかったであろう。しかし、印刷と科学、宗教改革における文字信仰と美学的‐技術的な複製の組み合わせは、その発明者たちに逆らうこともあった。ロヨラによって多感覚的な幻覚を、キルヒャーによってラテルナ・マギカを、ポッツォによって線遠近法を用いた楕円形の天井画を宣伝した、あのイエズス会士たちは、ほかのカトリック修道会より効果的にルターの「文字ダケニヨッテ〔sola scriptura〕」を打倒したのである」(15)。(写し絵であれ、生き写しの絵であれ)画像を許容するかどうかという問題をめぐって古くから行なわれている神学上の論争は、メディア技術が進歩しても解決されていない。今日なお、写真やビデオに夢中になっている旅行者たちは、宗教的な画像禁忌にまだ敬意を払っている地域において、身をもってそのことを経験できるだろう。

写真は――アントン・マルティンの見事な詩行が強調しようとするように――たんなる写し絵ではなく、「生き写しの絵」なのである。「お前は、あらゆる存在、あらゆる事物について、/今後は、生き写しの絵を持つのだ。それら自体を持つのだ!」 写し絵が生き写しの絵となって、写真において「それら自体」を、すなわち「あらゆる存在とあらゆる事物」そのものを持つことを強く示唆するに至る。後のヴァルター・ベンヤミンも、その優れたエッセイ「写真小史」で、次のように述べる。「精緻きわまる技術は、その産物に魔術的な価値を与えうるのである。絵画は私たちにとっては、このような価値をもはや決してもちえない。この写真家の腕は確かであり、モデルの姿勢はすみずみまで彼の意図にそったものである。にもかかわらずこの写真を眺める者はそこに、現実がこの写真の映像としての性格にいわば焦げ穴をあけるのに利用したほんのひとかけらの偶然を、〈いま－ここ〉的なものを、どうしても探さずにはいられない。この写真の目立たない箇所には、やがて来ることになるものが、とうに過ぎ去ってしまった撮影のときの一分間のありようのなかに、今日でもなお、まことに雄弁に宿っている。だから私たちは、その来ることになるものを、回顧を通じて発見できるのである。眺める者は、この目立たない箇所を発見せずにはいられない。カメラに語りかける自然は、肉眼に語りかける自然とは当然異なる。異なるのはとりわけ次の点においてである。人間によって意識を織りこまれた空間の代わりに、無意識が織りこまれた空間が立ち現れるのである[16]」。

カメラのレンズは、自らをまだカント的な伝統のなかで理解しようとする主体を混乱に陥れる。ところで注目に値するのは、新しいメディア技術を目の当たりにすると、詩的な精神に満ちた初期の写真愛好家であるアントン・マルティンからも、思慮深いエッセイストであるヴァルター・ベンヤミンからも、事物と本質のあいだにある、古くて形而上学的な根本的差異が消えてしまうことである。きわめて精緻なメディア技術によってさらに、自然そのものが自らに新しい規則を課するようになる。このような初期の写真に対する陶酔によれば、「現実がこの写真の映像としての性格にいわば焦げ穴をあけ」、事物と本質のあいだにある伝統的な境界を打ち破る。このような陶酔には、パラノイア的なヴァリエーションが存在する。ロドルフ・テプフェールは一八四一年に「ダゲールの感光板について」と題されたエッセイにおいて、パリのポンヌフをそれと瓜二つの写真と比較し、瓜二つの写真を「ダゲレオタイプされたソジー」と呼んでいる。大胆な命名である。とりわけモリエールの『アンフィトリヨン』で知られているソジーは、神であるメルキュールが彼と瓜二つの姿になると、この瓜二つの姿によってほとんど発狂しそうになるのだから。誰が誰の生き写しの姿であるのか——ソジーがメルキュールの生き写しなのか、メルキュールがソジーの生き写しなのか、有名な橋が写真と瓜二つなのか、写真が橋と瓜二つなのか——は、奇妙に揺れ動く。ここにパラドックスがあることは、明白である。すなわち、文字を用いずに現実を再現する可能性とともに、非現実化に対する不安も増すのである。完璧であるがゆえに、事実であること、あるいは事実であったことを、もはや区別がつかなくなるほどに記録することができるメディア技術が利用可能になると、存在と仮象、写し絵と生き写しの絵、現実と非現実を区別することがより難しくなる。救済があるところには、危険も増す。この危険はまた、約束とみなすこともできる。すでに定着しており、信頼すべき方向づけを与えるものと考えられている対概念（たとえば、時間／永遠、人間／神、シニフィアン／シニフィエ、下部構造／上部構造、あるいはまた、意味《ズィン》／感覚《ズィンネ》、存在／意味）の代わりに、メビウスの輪が現れるという約束である。つまり、対立し合い、明確に区別された二つの面を一つの（方向づけを行なうことができない）平面にする輪が現れるのである。

ほかならぬリアリズムの小説家バルザックについての信頼すべき報告によると、彼は写真を撮影するプロセスによって自分自身に生き写しの絵になり、それによって自分自身を失ってしまうのではないかと、強く恐れていたということである。バルザックがメディアに対して抱いていたパラノイアは、もしも彼が何度もダゲールのプロセスに身をさらすと、身体的存在を一層また一層とはがされて、写真に取り込まれてしまうのではないか、というものである。有名な肖像写真家にして都市写真家ナダールは次のように報告している。「バルザックによると、生きている身体はいずれも、無数の「スペクトル」でできているのだが、これはきわめて小さな鱗や葉のように層をなして積み重なっており、身体をあらゆる側面から包み込んでいる。何かを創造すること——つまり、たんなる幻影から、手でつかむことができないものから、確固とした身体を形成すること、無から何かを作ること——は、人間にはつねに不可能であろうから、ダゲールの写真においては、写し取るべき身体の層がつかまれ、剝がされ、銀板上にとらえられるにちがいない。したがって、身体は写真に撮影されるたびに、スペクトル層を一枚一枚、つまりその根本的存在の一部を失うのである」(17)。リアリズム、あるいは自然主義は、これほど魔術的なものでありうる。新しいメディア技術が発明されても、心理学も神学もなくなりはせず、事物、人物、本質が本当はどのようなものであるかという問いも依然としてつきまとう。

しかし、これらの問いは異なる方法で提示し、解決することができる。人間の視覚的な知覚能力はいかに構築的、破壊的、脱構築的であるか。この問いは、ダゲールの発明以前からすでに、「実験美学によって」解決するべき課題であった。その一例は、**ステレオスコープの発明**である。ステレオスコープは、**一八三〇年から一八三二年**にかけて**チャールズ・ホイートストン**によって開発され、ちょうど伝説的なメディア革新の年である一八三八年に、論文「視覚の生理学のための報告」において公表された。それは一種の双眼鏡であるが、その名前に敬意を表している。すなわち、ステレオスコープとは（「ステレオ音声《ステレオフォニー》」という言葉が一般的になるより、はるかに前のことである）、二つの覗き穴を通して、直角に並べられた二枚の鏡を覗くようになっている装置であり、それによって、左右それぞれの目が別々の像を認知する。すなわち、両目の視野を一つに統合するという、脳による操作が行なわれないのである。科学はこの場合でも、文字どおり分析的である。すなわち、両目の異なる知覚からどのようにして一つの像が生じるのか、という古い問いに対する答えをさがすときに、科学は密接な関係にあるものを切り離すのである。「この装置を用いてホイートストンは、人間の両目による知覚を技術的に模倣し、それによって生理学的な研究のために分析可能にしようと試みた」[18]。驚くべきことに、ステレオスコープはよく売れる商品になった。今日ならさしずめ、科学教育を受けた上流階級の余興になった、というところであろう。十九世紀初頭の同時代人たちはそれを用いて、メディア技術と人間の知覚能力がどのようにして協働するのか、試験することができた。知覚の主体が見るものと、「客観的に《オブイエクティーフ》」――レンズ《オブイエクティーフ》を通して、ステレオスコープを通して――見えるもののあいだにある境界を徹底的に試験することによって得られた結果は、伝説的になっている。「ステレオスコープの効果が人間の知覚能力に依存していることを決定的に示しているのは、アベ・モワニョーがこの装置のデモンストレーションを行なったときの逸話である。モワニョーは、仲間の科学者たちに問題の像の新しい特質について納得させるために、思いがけない苦労をした。アラゴは視覚異常があって、四つの像を目にし、サヴァールは目が一つしかなく、ベクレルはほとんど視力がなく、プイエは斜視で、ビオは粒子理論の信奉者で、何も認めようとしなかった」[19]。

リアリスティックなメディアの庇護が始まるとともに生じた問題をめぐる多くの実例の一つは、次のようなものである。意味を生産する記号を用いずに記録し、感覚器官にとって事実であることだけを知覚することに成功するならば、まさにそれゆえにこそ、レンズ《オブイエクティーフ》によって仲介されたこの記録もそれほど客観的《オブイエクティーフ》ではないと認めなければならないのは、なおさら苛立たしい。「リアリスティックな」メディア技術が普及してゆくにつれて、まさに明らかになるのは、さまざまな方法で何かを見てから、それに記号あるいは説明文を付けられるということである。現実は解釈を必要としているという認識は、現実を「客観的に《オブイエクティーフ》＝レンズによって」記憶保存できることに伴う、逆説的な意味で生産的な反面である。生前に名声を博し、今日でも数多くの科学技術系のギムナジウムにその名が使われている経験主義者ヘルマン・

フォン・ヘルムホルツ（一八二一―一八九四）のような、きわめて即物的な志向をもった理論家もまた、写真が私たちを、文字を超えた領域へと導くことはできないと知っていた。あらゆる認識が有する二つの根幹に関するカントの定理を明らかに引き合いに出しながら、また二十世紀における記号概念の流行を学問史的に示唆に富んだ方法で先取りしながら、彼は次のように述べている。「感覚は私たちの意識にとって記号であり、その意味を理解するすべを学ぶことは、私たちの悟性に委ねられている[20]」。

見るということがどれほど信頼できるかという問いは、写真がどれほど信頼できるかという問いと一体化する。現象学とシステム理論の、簡素ではあるが広範に及ぶ認識によれば、焦点を合わせることには、必ずその反面が伴う。すなわち、何かに焦点を合わせれば、何かに焦点が合わなくなり、何かを見えるようにすれば、何かが見えなくなり、何かを観察すれば、自分が観察していることを観察することができないのである。ヴァルター・ベンヤミンは、彼の写真に関するエッセイのなかでベルトルト・ブレヒトの有名な言葉を引用したとき、この問題をきわめて鋭敏にとらえていた。「状況を――とブレヒトは述べている――非常にやっかいなものにする原因は、昔とは違って、単純なやり方での〈現実の再現〉が、現実について何も語らなくなってきていることにある。クルップ工場やAEG電機を写した一枚の写真は、これらの施設についてほとんど何も明らかにしない。本来の現実は、他のものに左右される相関物になってしまった[21]」。昔からある楽しい遊びである「何が見えるか、当ててごらん」〔参加者の一人が部屋のなかにあるものから何かを選び、その他の参加者が質問しながら、それを当てるゲーム〕を、写真が発明された後にも続けようとすれば、見えるものも、見えないものも、それまでとは違うだろう。物の見方も違うだろう。視覚的な知覚能力ほど直接的であるように思われるものもまた、写真が発明されて以来、新たな物の見方ができるようになったように、歴史があり、何らかの枠組みによって規定されている。

目が見るもの《アウゲン・ブリック》と、カメラのレンズ《オブイエクティーフ》が客観的《オブイエクティーフ》に見るもの《ブリック》に差異があることに、写真の初期の同時代人たちはすでに気づいていた。周知のとおり、人間の目は視野の一点にのみ鮮明に焦点を合わせる。それ以外は、多かれ少なかれぼやけた「地平」であるが、健康な眼であれば、すぐにその個々の点に焦点を合わせることができる。一方、写真には、焦点を中心として、鮮明な像を結ぶことができる一定の範囲がある。したがって、人間の目と同じものではない。初期の写真理論家と光学理論家のうち、ヘルムホルツに学んだピーター・ヘンリー・エマーソンはこの点に、おそらく最も鮮明に焦点を合わせており、人間の目で見るという伝統に対して、写真は異端であることを強調し、「大いなる「異端」は鮮明さである」[22]と述べている。それゆえにエマーソンは、写真が成功するための条件として、曖昧さを求めた。すなわち、中心となるモティーフは鮮明に際立ち、その背景はぼやけていることを求めたのである。その趣旨は理解できるものである。なぜならば、真に（人間が二つの目で見るものを再現するという意味において）客観的であるのは、写真ではなく、印象主義的な絵画だからである。それは、絵画は写真ほど自然主義的であることは決してできない、ということに対する反応として生まれたものである。悪名高いクールベの（後に精神分析学者ジャック・ラカンが所有した）絵がそうしたように、『世界の起源』を反形而上学的に、また極度に自然主義的に描いたとしても、絵画は写真と同じようになることはできない。

　裸体の撮影やポルノグラフィックな写真は、写真が発明されてすぐに、人気のモティーフになった。性的なこと以外の領域でも、写真は発見し、暴き、さらすことに専念している。後にヴァルター・ベンヤミンが「視覚における無意識的なもの」[23]と呼んだもの――たとえば、馬のギャロップ――は、写真によってはじめて、意識的に知覚された。「写真はスローモーションや拡大といった補助手段を使って、それ「肉眼では知覚できない状況」を解明してくれる。こうした視覚における無意識的なものは、写真によっては

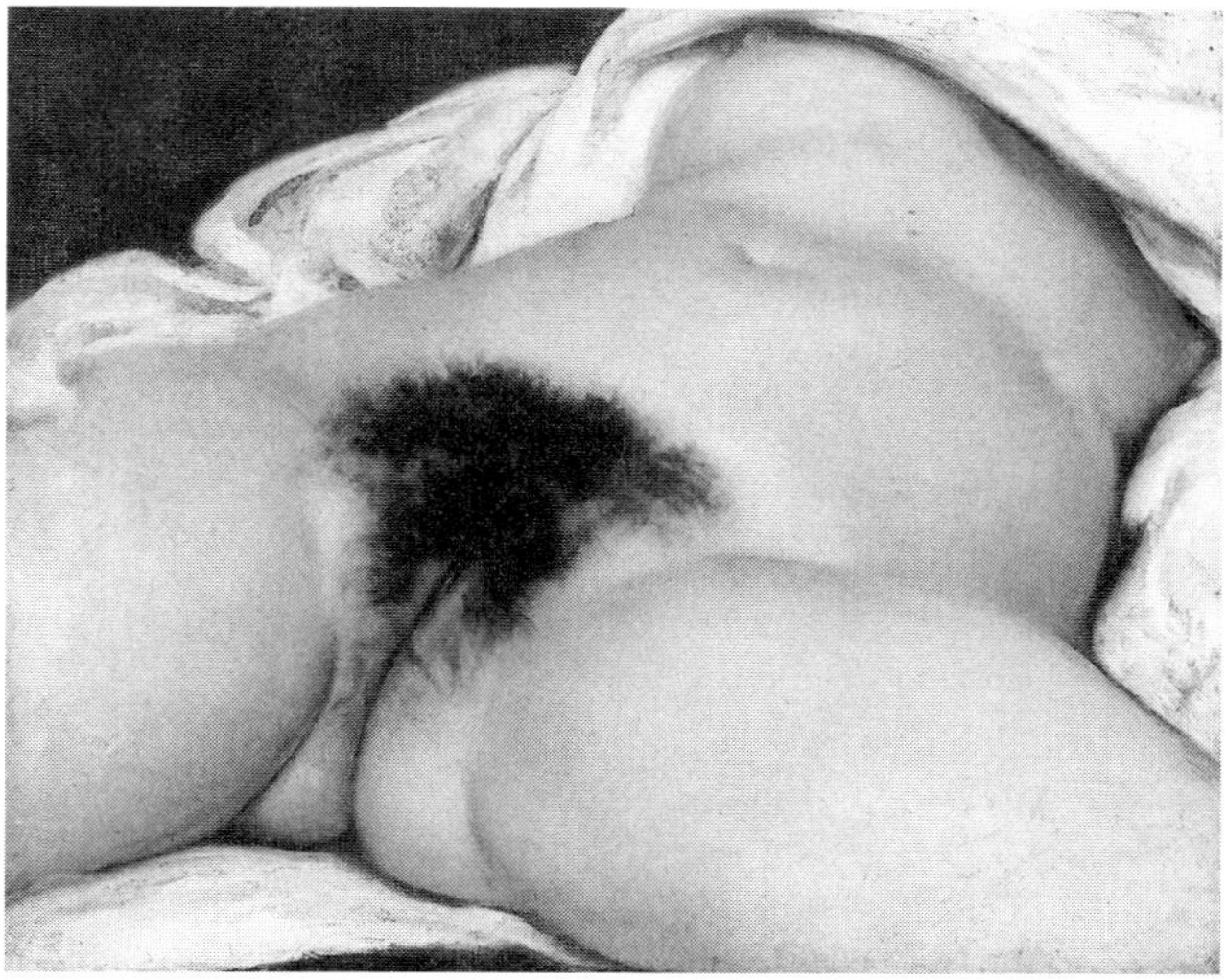

ギュスターヴ・クールベ『世界の起源』

じめて知られる。それは衝動における無意識的なものが、精神分析によってはじめて知られるのと同様である」。この論証の最初の部分はすでに、ダゲールによる発明の最初期の同時代人たちにもよく知られていた。写真を拡大鏡で観察すると、そこに「繊細なニュアンスを無数に見つけることができるが、それは肉眼では捉えることができないものである」と、すでに何度も引用した『芸術新聞』の第一面に掲載された、一八三九年九月二四日付のダゲレオタイプについての報告に書かれている。

ダゲール以後の光学的な発見も、メディア技術を拡張することによって、そうしなければ人間の目には見えないものを知覚しようとする意欲が動因となって進展した。**カラー写真**についてのフンボルトの夢は広く一般に共有されたが、実現したのはかなり後のことである。**J・C・マクスウェル**もまた他の人々と同様に、十九世紀の六〇年代以降、この分野で実験を行なうが、それは彩色の域を出るものではない。ようやく**一九三五年**に**コダクロームの三層フィルム**が開発され、カラー写真を大量生産することが可能になる。写真機は当時すでに、手頃な価格の大量生産品になっていた。それは、コダックという文字どおり内容のない名前の会社のおかげである。この社名は何かの略語であるわけでも、何らかの意味があるわけでもなく、創立者であるイーストマンの気まぐれにすぎない。**一八八八年**に**ジョージ・イーストマン**（一八五四―一九三二）は、セルロイド製ロールフィルムを利用する、わずか二五ドルの**ボックスカメラ**を開発していた。このカメラは間もなく、由緒ある写真板にとどめを刺した。また彼は――飛躍的な発展をとげて、大量に写真が撮影されるようになるための重要な一歩であるのだが――規格化によって手頃な価格で、写真の現像と焼付のサービスを提供していた。これは夢のような商売で、それがいかに儲かったかもよく知られている。すなわち、暗室で手作業で行なっていた写真の現像が、工業化されるのである。それ以降、家族写真のアルバムや休暇の写真が大量に生まれる。やみくもにシャッターを押す者が、メディア史の舞台に登場する。「あなたはシャッターを押すだけです、あとは私たちにお任せください」というイーストマンの宣伝文句は伝説になっている。注文の多いアマチュア写真家は**一九二九年**以降、このような世俗化から距離を置いて、二眼式の**ローライフレックス**（六センチメートル×六センチメートルの判型）、あるいは**一九三六年**以降、小型一眼レフカメラの**エクサクタ**を利用することができた。インスタント写真は**一九四七年**以降、**ポラロイド方式**で提供された（一九六三年からは、カラー化もされた）。そして一九九四年以降、デジタル技術が古い化学式の写真と競合するようになる。

　しかしながら、ダゲールの発明がその後にたどったこのような発展よりも、メディア技術という点でより課題が多く、文化分析という点ではるかに刺激的なのは、光学技術の新たな発展である。これは目に見えるものの世界だけに指針を求め、関心を抱くにとどまるものではない。写真によって目に見えるものの世界が新たに発見された後、目に見えないものの世界が発見される。写真によって、馬のギャロップのような物質的‐世俗的な秘密が発見された後、形而上学的な意味の秘密が暴かれることになる。そして実際に、世界を内部で一つにまとめているのは何であるか、というファウスト的な問いに、形而上学的《メタフュージッシュ》にだけでなく、物理学的《フュージッシュ》にも答えられることを示す徴候が増してゆく。しかしながら、その代償は小さなものではない。物理学は手で触れることができる確固としたものを扱うものだ、という考え方をほとんど捨てなければならなくなったのである。むしろ、振動こそがあらゆるものを一つにまとめている、という考え方が広まってゆく。ハインリヒ・ルードルフ・**ヘルツ**（一八五七―一八九四）は**一八八七年**に**電磁波**を発見し、それによってマクスウェルの光についての理論を実証する（しかしながら、この発見は光学メディアよりもむしろ、音響メディアがその後にたどった発展にとって重要であろう）。ヨハン・ヴィルヘルム・**ヒットルフ**（一八二四―一九一四）が**陰極線**を、アンリ・**ベクレル**（一八五二―一九〇八）が一八九六年にウランの**放射能**を、そしてヴィルヘルム・コンラート・**レントゲン**（一八四五―一九二三）がその前年にX線を発見するが、これはほどなくして、ノーベル物理学賞（一九〇一年）の最初の受賞者である彼にちなんだ名前をつけられている。

レントゲン写真が発明されてから振り返ってみると、バルザックのパラノイアも、まったく理解できないものではないように見える。レントゲン写真を撮影されると、（少なくともこの技術が初期の段階にあった頃には）健康を損なうおそれがあったからである。パラノイア患者もまた、時として、実際に迫害されることがある。しかし、内面を観察する技術を発明したレントゲンは迫害されることなく、祝福され、それどころか一八九六年には皇帝ヴィルヘルム二世に招待された。この科学者が皇帝に報告しているのは、「彼がいかにして自らの知覚能力に対して、自らの感覚に対して不信感を抱くようになったか、またいかにして、ついには自らに対して、人間の目は誤ることがあるが、写真板は誤ることがない、と言い聞かせるようになったか」[24]ということである。もはや事物（とりわけ人間の身体もまた、その一部である）の表面だけでなく、その内面に隠されたものを再現する場合にも、写真板は誤ることがない。レントゲンが用いた客観主義的なレトリックに反して、初期の写真によって飛躍的な発展をとげた即物性を強調することは、間もなく限界に達する。目に見える世界の背後に、さらにそれ以外の、本来の現実がひそんでいることは、あらゆる形而上学者たちが古くから確信していたことである。一九〇〇年頃、目に見えないものを見えるようにするメディア技術が彼らに力を貸す。レントゲンほど即物的な研究者が発見したものさえ、さまざまな評価を受け、それによって、必ずしも冷静なものとはいえない目的のために利用されることもある。メディア技術に対して哲学的な接触不安を抱かない形而上学者は、一九〇〇年頃、ますます**心霊主義者**になってゆく。

一九〇〇年頃に「メーディウム〔Medium〕」という単語が使われる場合、それは心霊主義の文脈において「霊媒」という意味で使われている可能性が高い（それ以外の意味で使われる場合、その意味は、選り抜きのものであろう。というのも、前世紀の転換期頃に「メーディウム」を用いると、古代ギリシャ語における動詞の中間態〔能動態と受動態の中間にあたる〕、あるいは古き良き元素や、ある素材の品質等級などを意味しえたからである）。「メーディウム」という単語を、一九〇〇年頃に用例が最も多かった意味で使った場合に意図されているのは、この世界の背後にある形而上学的な世界からのメッセージを受け取り、そのことによって、自分がカント的な主体であることを忘れてしまう人間（多くの場合は女性）である。**ヘレナ・ペトロヴナ・ブラヴァツキー**（彼女は一八三一年に生まれ、一八九一年まで存命で、**一八七五年**に**神智学協会**を設立し、一八七七年にベストセラーとなった『ベールを脱いだイシス』を出版した）やカミーユ・フラマリオンのような世界的に有名な心霊主義者は、眼に見えないものを見えるようにすることができ、耳に聞こえないもの、すなわち死者の沈黙を聞こえるようにすることができると考えている。彼らの神智学から学んだ者たちは、さしたる困難もなく、振動や放射についての新理論を受け入れる。レントゲンは期せずして、彼らの英雄の一人になる。「媒体《メーディウム》はどれも、決定的に幽霊と結びついている」(25)。一九二四年に出版された長編小説『魔の山』において、トーマス・マンは、心霊主義的な霊媒《メーディウム》と技術的な媒体《メーディウム》が置かれた状況を見事に描いている(26)。若きエンジニアであるハンス・カストルプはショーシャ夫人の写真ではなく、彼女のレントゲン写真を胸ポケットに入れて持ち歩いている。そして、彼は心霊主義的な集会に参加する。この集会がこれほど示唆に富んでいるのは、とりわけ、この集会を組織する者たちが映写機やグラモフォンに対する接触不安を抱かないからである。死者の霊を呼び出すあいだ、レコードが絶え間なくかかっている。そして、心霊主義の章の前に置かれた章のなかで、グラモフォンは、生と死を分かつ境界を技術的に踏み越える器具として説明されている。生物はこの世の光を目にして、叫ぶ。自分が叫んだり話したりするのを聞けば、自分が死んでいないことが分かる。「きたまえ、一緒に喋りあおう／喋るものは死なない」(27)とゴットフリート・ベンは、後に詩に詠んでいる。響きわたる語りは、昔から生の化身と見なされてきた。いや、化身ではなく権化である。語りには身体がないのだから。生きた語りと死んだ文字の対立。これほど有無を言わせぬ説得力をもつ図式はまたとない。死んだ文字を凌駕するメディアは、この図式を破壊する。レントゲン写真は私に、エンジニアのハンス・カストルプが戦慄のうちに知るように、私の未来完了《フトゥールム・エクサクトゥム》を認識させる。すなわち、私は骸骨になるだろう、いつかはもう死んでしまっているだろう、ということを認識させるのである。それに対して、録音は私たちに、「本来は」とうに聞こえなくなってしまった声と響きを聞かせる。メディアは不在を埋めるものであること、メディアはその技術のすべてにおいて、魔の山に適した側面をもつことを、録音は凌駕しがたい説得力で示すのである。飛び去る音、声、響きは繰り返し飛び去る、永遠に。消え去る声は、「話シ言葉ハ消エ去ル」という古くからある格言と、声を発した死すべき人間をあざ笑おうとするかのように、不死になる。

8　録音と遠隔通信

写真と録音のどちらが、より重要な発明であるのか。これは十九世紀にはすでに、頻繁に議論される流行の問いとなっていた。言葉の人として知られるトーマス・マンはこの問いに対して、奇妙なまでにイロニーを含まない単純さで、音波を記録することは、「等級、品位、価値、いずれの点から見ても」光波を記録することより、はるかに重要であると答えている。最近の言葉で表現すれば、録音は写真を越えるのである。『魔の山』の「妙音の饗宴」という章の冒頭では、そのことが巧みな言葉で表現されている。

「私たちの長年の友人ハンス・カストルプは、トランプ占いの呪縛から解放され、変っているという点では結局同じだが、もっと高尚な情熱の虜になった。そのきっかけとなったものは「ベルクホーフ」当局が新たに購入した器械であったが、それはどういうものだったか。私たちもその器械の密かな魅力の虜になり、その魅力について話してみたくて仕方がないので、これからそれを話そうというのである。／つまり、一番大きな社交室の娯楽器具がまた一つふえたのである。日夜サービスに心を配っている「ベルクホーフ」事務局によって発案され、管理委員会で決議され、別に立ち入って知る必要もないだろうが、とにかく莫大なと見て差支えない大金が投ぜられて、この無条件に推奨できるサナトリウムの管理当局が、ある器械を購入したのである。ではそれは、今までにもあったステレオスコープや望遠鏡型万華鏡や、活動写真のびっくり箱などと同じような、気の利いた玩具だろうか。そのとおりなのだが——しかし、やはり少し違うのである。なぜなら、ある晩みんなが、それがピアノ室に置いてあるのを見て——両手を頭の上に打ち合せたり、前屈みになって膝の前で打ち合せたりして歓迎した——その器械は、第一に光学応用の器械ではなくて、聴覚に訴える器械であったし、さらにその等級、品位、価値、いずれの点から見ても、今までの単純な玩具などとは全然比べものにならないほどに立派なものであった。それはわずか三週間もたてばもう飽きあきして、さわってみる気もしなくなるような単純な子供だましの玩具ではなかった。それは明朗な、そして深遠な芸術的な楽しみが溢れるように湧き出る宝角であった。それは音楽の器械、グラモフォンであった(1)」。

この一節は、ほとんど解釈を必要としない。「光学応用の器械」は楽しいが、その魅力はすぐに尽きてしまう。つまり「単純な玩具」でしかない。それに対して、「聴覚に訴える」器械、つまり音楽の器械であるグラモフォンは、凌駕しがたいほどの意義をもっている。「彼が聞いた男女の声楽家たちは、その声は聞けても、その姿を見せているわけではなかった。彼らの肉体的部分はアメリカやミラノやウィーンやペテルスブルクにいた。——彼らがどこにいようと、それは一向に構わなかった。ハンス・カストルプが今ここで接しているものは、彼らのもつ最良のもの、つまり彼らの声だったからである。彼はこの純粋化と抽象化を面白く感じた。純粋化され抽象化されていても、その声にはやはりまさしく血が通っていて、そばで聞くときの粗が全くなくなり、余計なものに煩わされずに人間的に批評を加えることができた(2)」。トーマス・マンの巧みな説明の趣旨は明確であり、文体上の巧みさではそれに劣る理論言語にたやすく翻訳することができる。録音が魅力的なのは、伝統的に意味生産の中心そのものであった声を、「まさしく血が通ってい」るがごとく再生産可能にするからである。録音によって、意義と意味の領域、（たとえばインクと鉛からの）「純粋化」と「抽象化」の領域が感覚的に記録可能なものになり、それによって「人間的に批評を加える」ことができるようになる。そのことが意味するのはまた、録音によって「そばで聞くときの粗が全くなくな」る、ということである。理論言語を用いて表現すれば、コミュニケーションの内奥である声において、相互作用を遮断できるようになる、ということである。録音がそれに加えて、時間的なものとしても空間的なものとしても理解することができる、途方もない《ウンゲホイアー》距離の克服をなしとげることは、いわば自明の理である。しかし、トーマス・マンの小説が主張するのは、それが自明であるからといって、グラモフォンによって死者の声が生きたまま保存されることの途方もなさ＝不気味さ《ウンゲホイアーリヒカイト》を忘れるべきではない、ということである。それゆえに、「音楽の器械」は繰り返し「聖遺物箱」と呼ばれる。グラモフォンが聖遺物箱であるのは、感覚的《ズィンリヒ》にとらえることのできる音波を記録するためのこの装置のなかで、同時に意味《ズィン》が具体化しているからである。録音が発明されたことによって、技術はついに、身体の人工補装具の技術であるだけでなく、意味の技術、すなわちロゴス技術ともなる。アメリカ語法を避けようとし、またそうすることを求められる、自国語に誇りをもつフランス人は「ソフトウェア」と言わずに「ロジシエル」と言うが、その意味における技術である。

グラモフォンは第一次世界大戦の直前に、魔の山にやって来る。それはまだ限られた者しか使うことができない高価な機器であり、誕生してからさほど時間が経っていない。**一八五七年**前後の数年間（これは美学的に類を見ないほど生産的な数年間で、ヴァーグナーが『トリスタン』という魔法の音色を作曲し、近代の古典的作品『ボヴァリー夫人』や『悪の華』が出版されたが、『緑のハインリヒ』を除けば、ドイツ語文学は停滞していた）に、**エドゥアール・レオン・スコット・ド・マルタンヴィル**（一八一七―一八七九）はある装置の実験を行ない、それに「**フォノトグラフ**」という美しい名前を付ける。それが意味するのは、音が自らを記録する、録音《フォノグラフィー》は音響の自伝《アオトグラフィー》である、ということにほかならない。この名称は的確である。すなわちフォノトグラフは、音波を記録する振動板に結びつけられた豚毛の筆を用いて、煤を塗布して黒くした円筒状の紙に音の波線を書きとめるのである。この装置はたしかに作動したが、さほど耐久性がなく、記録することはできても、きちんと再生することはできない。スピーカーがまだ発明されていないからである。この装置は一八五七年三月二五日にフランスで特許を取得し、一八五九年にパリ科学アカデミーで披露されると、ある程度のセンセーションを巻き起こす。しかし、音を記録するという、まだ製品化するほど成熟していない技術を夢見ているのは、レオン・スコットだけではない。それは、二〇年前にダゲールが写真を開発したときと同様である。グラモフォンにも大勢の父親がおり、彼らは写真の父親たちにもまして熾烈に親権をめぐって争う。

一八七七年二月八日、**トーマス・アルヴァ・エジソン**（一八四七―一九三一）――彼は発明王のプロトタイプである。ウォルト・ディズニーは漫画キャラクターのジャイロ・ギアルースによって、そのような人物像の基本形を作った――が「**印字電信機**《エンボシー・テレグラフ》」の特許を申請する。この名称はいささか誤解を招くが、それは生産的な誤解でもある。というのも、この装置を使えば、電信で伝えられた情報が凍結し、刻印される、あるいは刻印されたものが消えずに残る（英語の動詞 emboss が意味するのも、おおよそ同じことである）からである。事実上、この機器こそが後に**グラモフォン**と命名されるものであるが、これが開発されたのは――まさに、名ハ体ヲ表ス〔nomen est omen〕といえよう――電信技術上の問題を解決するためである。すなわち、遠隔地に情報を伝達する際に、いかに電流を増幅するかという問題である。エジソンが開発したのは、一種の聴覚的緩衝記憶装置である。わずか数週間後には、遠く離れたパリで、スコットの特許明細書をはっきりと引き合いに出しながら、エジソン（彼は大西洋の両岸で話題になることを好む人物であり、またPRの大天才である）に対抗して、ヴェルレーヌやマネと親交のある詩人にして科学者**シャルル・クロ**（一八四二―一八八八）のほうでも特許を申請する。彼の機器に付けられた美しい名前は**「パルレオフォン」**である。この装置は、筆を使って音の振動を蠟管に刻み、こうして刻まれた痕跡を後で再び音に戻すこともできる。クロの記述は的確であったが、この機器は正常に動作しなかった。その年末、正確には一八七七年一二月六日、エジソンのフォノグラフが正常に動作したのとは対照的である。エジソンは、クリスマス前の時期にふさわしく、ハンドルの付いたシリンダーに巻きつけられた薄い錫箔（それには、録音用と再生用の二枚の振動板が取り付けられていた）に向かって童謡「メリーさんの羊《メリー・ハズ・ア・リトル・ラム》」を歌ったのだが、その歌は実際に再び聞くことができたのである。

しかしながら、シリンダーは音波の記録に最適なものではないことが明らかになる。こうしてある粘り強いドイツ人も、録音の父親の一人になろうと名乗りを上げる。**一八八七年**九月二六日にワシントンで、一八七〇年にアメリカへ移住した**エーミール・ベルリーナー**（一八五一―一九二九）が、遅ればせながらようやく**「グラモフォン」**と名づけられた機器の特許を申請する。「グラモフォン〔Grammophon〕」が意味するのは、フォネー〔phoné〕、すなわち声が、グランメー〔grammé〕、すなわち書き込みに、文字になる、ということにほかならない。また、ベルリーナーによって、不格好なシリンダーのデザインが音声記録の領域から消え、それに代わって、古典的な円板のデザインが登場することになる。硬貨であれホスチアであれ、レコードであれCD－ROMであれ、メディア技術の世界は球体ではなく、円板の形をしているのである。その技術的な利点は明白である。円盤状のコピーは、円筒状のシリンダーより容易にプレスし、積み重ね、保管することができるのは明らかである。しかし、先に市場を支配したのは、一年後に出たエジソンの「改良型フォノグラフ」である。シリンダー型機器の「クラス・M」や「クラス・E」は、バッテリー駆動の電気モーターを内蔵しているか、電灯線に接続することができる。こうしてトーマス・アルヴァ・エジソンは、二つの発明——**一八七九年**、ジョゼフ・ウィルスン・スワンと同時に、しかし独自に発明した**白熱電球**とフォノグラフ——をともに商品化することができる。二種類の機器は一八八九年のパリ万国博覧会でセンセーションを巻き起こし、当初は少量であったが、間もなく大量に生産される。一八九五年に市場に出せる段階まで成熟した豪華版は「トライアンフ」と名づけられ、価格が一〇〇ドルもしたが、電気は必要としない。というのも、ゼンマイを巻くことによって動作するからである。可動性のあるメディア機器のプロトタイプが作られたことによって、野外で朝食をとっている最中に、田園的な音楽や扇情的な音楽が鳴り響くことが可能になる。このようなメディアがなければ、それは幻聴でしかなかったであろう。

録音技術は一体、何の役に立つのかと、このたゆみなき発明者は多くの同時代人に尋ねられた。一八七八年のエッセイ「グラモフォンと未来」で述べられたエジソンの回答は注目に値する。なぜならそれは、発明されたばかりの新しいメディア技術は長いあいだ、何の役に立つものであるか分からないことが往々にしてあることを示す、数ある証拠の一つだからである。グラモフォンは何の役に立つのか、という問いに対して発明者が最初に与えた回答は、「速記者がいなくても、口述することができる」というものである。さらにエジソンは、文字を読めない人や目が見えない人をテクストで楽しませることを考える。この発明者の念頭には、自らの発明のさらなる重要な用途として、今日ようやく流行するようになったもの、すなわち一九八〇年頃にアメリカで、後にヨーロッパでも広まったオーディオブックが思い浮かぶ。まだ文字を書くことができない孫でも、それを使えば、遠くに住む祖母にクリスマスの挨拶を送ることができるだろう。それどころか、音声を記録すれば、ほとんどの場合、手紙をやりとりしなくてもすむようになるだろう。このようにエジソンは想像を続けてゆき、かなり後のほうになってようやく、いつかは音楽も録音することができるかもしれないと認める。この逸話やまた他のさらなる逸話から、まさに現代の民間におけるメディア発明の法則とまではいえなくとも、その傾向を読み取ることができる。すなわち、そういった発明は決して利用者の要求から生じるのではなく、むしろ現代の光を目にしてからようやく、自らの本当の用途をさがすのである。グラモフォンが発明された後、それを何に利用できるか無秩序に試行錯誤するという時期を、おそらくは必ず経てからようやく、ハンス・カストルプのような人々の多数が、それは主に音楽を記憶するために使うべきだと考えていることが明らかになる。留守番電話が発明された後、それをコミュニケーションの拡大に使うか、コミュニケーションの阻止に使うか、という問題が生じる。ファックス技術が発明された後しばらくして、それを用いて送られたテクストを、旧来の書留と同じように扱ってもかまわないか、そうするべきか、そうしなければならないか、明らかになる。もっぱら学術的なコミュニケーションを行なう目的でインターネットが発明された後、長い時間が経ってからようやく、それは本当に「すべてのことのために」、すなわち銀行業務や極右の出版物のためにも、『ビッグ・ブラザー』のような他人の私生活の覗き見のためにも、学術調査のためにも、Eメールやチャットのフォーラムのためにも、音楽をコピーしたり写真を送ったりするためにも、買い物をしたり新聞を読んだりするためにも、株式相場や組織的な虚偽情報のためにも役立つのか、それとも分出という魔法の言葉がインターネットにおいても最後から二番目の結論（というのも、最終的な結論など存在しないのだから）であるのか、明らかになる。

一八九四年の終わり頃、ベルリーナーの最初の**レコード**が市場に出る。直径一七センチメートルの**硬質ゴムでできた物体**に、約二分間の音楽が記録される。一八九七年にはすでに、硬質ゴムに代わって**シェラック**が使われるようになる。間もなく、適切な再生速度として、一分あたり七八回転が広まる。レコード産業が好況を迎える。ベルリーナーはフィラデルフィアに自前の録音スタジオを建設するが、すぐに世界中の競争相手としのぎを削らなければならなくなる。メディアの発明は一般的にますます特許権、配当、使用料、肖像権などをめぐって争う法律家のために仕事を作るものになってゆく。世紀転換期にちょうど《ジャスト・》間に合って《イン・タイム》、画家フランシス・ジェイムズ・バラウドがイギリスのグラモフォン会社に売った絵画『ヒズ・マスターズ・ボイス』が、今日に至るまで有名な商標となる。忠実なフォックステリアが、メガホンから聞こえてくる亡き主人の声に耳を傾けている。死に生を支配させたくないのは、グラモフォン中毒のハンス・カストルプだけではないのである。

新しいメディアのための広告ロゴは、これほど世俗的かつ意味深長なものでありうる。メディア会社がこの絵を用いて、またこの絵に対して行なおうとすることもまた世俗的である。この絵に描かれていたエジソンのフォノグラフはすぐに、ベルリーナーのグラモフォン――レコードはこのシステムのために生産されたものである――に取って代わられたのである。

一九四八年以降、レコードの新しい規格が広まる。この年に**ピーター・ゴールドマーク**がアメリカのレコード会社コロンビアのために、ＬＰ盤（**長時間再生レコード**）を開発する。このレコード盤は、一分あたり三三・三回転で、それまでは一インチあたり八五だった溝の数が、二二四から三〇〇となる。ＬＰ盤

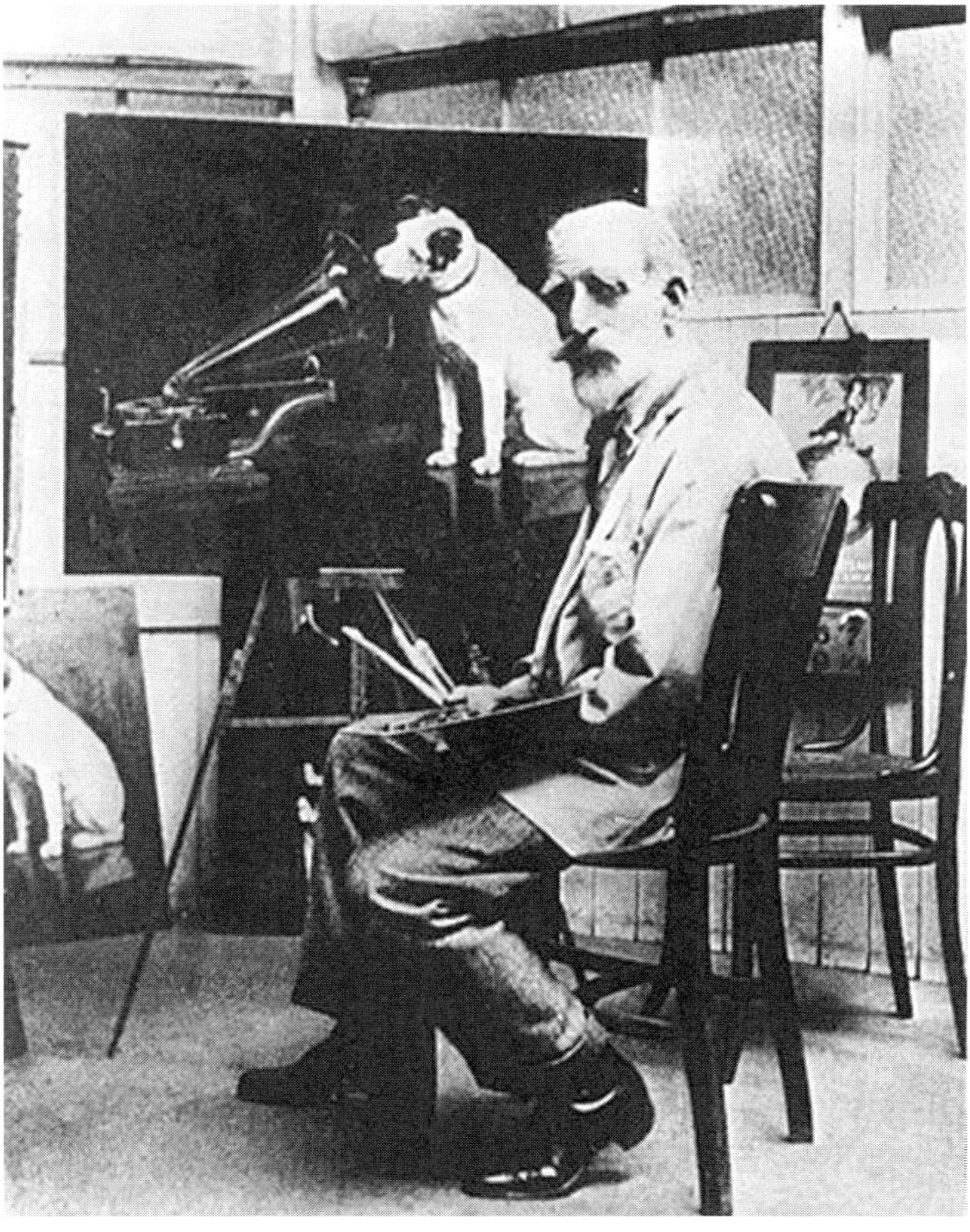

画家フランシス・バラウドと『ヒズ・マスターズ・ボイス』

は新しい材料でプレスされる。シェラックのかわりにビニールを、というのがそのスローガンである。一九四九年には、ライバル会社のRCAビクターから、一分あたり四五回転の**シングル盤**が出る。そして、スピード戦争が起こる。この戦争が終わってみると、二つの勝者がいた。ポップ音楽用には速いシングル盤が、クラシック音楽用には遅いLP盤が普及したのである。クラシック音楽と娯楽音楽は、このように技術的に区別することができる。

「ヒズ・マスターズ・ボイス」、つまり亡き主人の声は、間もなくカルト的な次元に達する。すでに一九〇三年、教皇レオ一三世がやがて訪れる死を予期しながら、自らの牧者としての言葉を録音させている。声のスターである**エンリコ・カルーソー**は、教皇に一年先んじている。**一九〇二年**、彼は一〇〇ポンドという信じられないほどの報酬を受け取って、**一〇曲のアリア**を歌う。ミラノのホテルで録音されたこれらの曲で、彼の世界的名声は大いに高まった。なにしろ、これは世界初の「完全な」**グラモフォンによる録音**の一つなのだから。一九〇六年には録音技術が、カルーソーの声と伴奏のオーケストラを録音できる水準に達していた。録音されたのは、『運命の力』の数パッセージである。カルーソーとともに――まだ映画スターが誕生する前に――熱狂的なファンの集団をもつカルト的スターという類型が、メディア史の舞台に登場する。第一次世界大戦前の数年間に録音に熱狂していたのは、メディア愛好家のハンス・カストルプだけではない。一九〇六年には、ドイツだけでも二五万台のグラモフォンと一五〇万枚のレコードが売られている。そして、その売上高は着実に伸びつづける。ラジオの登場によってはじめて、第一次世界大戦後の経済不況と相まって、世界中で音声記録媒体の産業に大幅な減益がもたらされる。アメリカでは、音声記録媒体の市場における売上はラジオ放送の開始以降、まさしく壊滅的であった。戦前には売上が一億ドルをはるかに上回る好景気にわいた業界が、危機に陥った。一九二二年のレコード売上は九二〇〇万ドルしかなく、世界経済危機後の一九三三年には、六〇〇万ドルという記録的な低売上にまで落ち込む。

ヨーロッパでの事態の推移は、それほど極端ではなかった。そこでは——カルーソーの例からも分かるように——アメリカよりも早くから、危機をものともしないカルト的なレコードというタイプが広まっており、トーマス・マンの教養小説もそれに夢中になっている。一九一三年には、アルトゥーア・ニキシュ指揮でベルリン・フィルハーモニーがベートーベンの交響曲第五番をノーカットで録音し、名声を博す。その奔放な響きは四枚のレコードに収録され、合計で四八ライヒスマルクもする。このような録音が行なわれたことによって、またやがてヴァーグナーのオペラ全部が録音されたことによって、今日の私たちにはもはや想像しがたい精神的な困窮の時代は終わる。かつては、シャルル・ボードレールのような音楽中毒者たちが、聞かなければならないと思うものを聞くことができなかったのである。ボードレールはパリでヴァーグナーの『タンホイザー』を聞いて、その音色の中毒になったが、メディア時代のタンタロスというべきであろうか、それを聞くことができなかった。なぜならば、このロマン主義的な魔法の音色が初演のスキャンダルの後、すぐに上演中止になったからである。そして、十九世紀中頃にはまだグラモフォンがなかったからである。ボードレールは「私は今すぐに『タンホイザー』を聞かなければならない」と叫びながらパリを走り回ったといわれている。しかしながら、早く生まれすぎた彼は、ヴルリッツァー社によって**一九三三年**に発明された**ジュークボックス**（後にペーター・ハントケは、それに文学的記念碑を捧げている）のあるカフェに足を踏み入れることがまだできなかった。したがって、ハイファイの音質で音を再現することについては、せいぜい夢見ることができただけである。**ハイファイ**という分かりやすい広告文句が生み出されたのは、一九二六年である。これは意味深長な言葉であり、主人の声に耳を傾けるフォックステリアの忠実性の系統を受け継いでいることを示唆する。最高度の忠実性は、録音に関しても写真に関しても、このアナログ技術時代の原則である。**一九四〇年**に、ウォルト・ディズニーのアニメーション映画『ファンタジア』が高再現性《ハイ・フィデリティ》の水準に達する。この映画は**ステレオ音声**をはじめて試して、成功を収める。大規模なオーケストラの音色が、八本もの光学式サウンドトラックに記憶保存される。卓越した筆致で共感覚を描き出した象徴主義の詩人ボードレールは、これらのことについて何も知らなかった。十九世紀中頃には、世俗的な**ウォークマン**（これは**一九七九年**にはじめて、ソニー社によって発売される）や『タンホイザー・ハイライト集』のカセットによって、彼が望んでやまなかった天からの贈り物をすることは誰にもできなかった。

ウォークマンのなかに入っているミュージック・カセットは**録音テープ**を小型化したものであるが、その原型は**一九二八年**に**フリッツ・プフロイマー**が特許を申請したものである。一九三四年以降、四〇分の一ミリメートルの薄さで、鋼粉末の層で被われ、その後さらに改良を重ねてゆく磁気テープが、ＢＡＳＦ〔ドイツの総合化学製造会社〕によって大量生産される。**一九四一年**に**ブラウンミュールとヴェーバー**が録音テープの**高周波磁化**を考案したことによって、周波数範囲とダイナミックレンジを大幅に拡大することが可能になった。このハイファイ・メディア編集技術によって、記録と記録された出来事の伝統的な関係が、徐々にではあるが着実に、注目すべき転換をとげる。すなわち、磁気テープへの記録が可能になって以来、ライブのコンサートをいかに忠実に記録するか、だけが重要なことではなくなるのである。いまやそれとは反対に、ライブで演奏する音楽家のほうが、さまざまな修正を加えることができる記録の水準に遅れをとらないよう努力しなければならない。完璧なスタジオ録音はコンサート業界にとって、恐怖の競争相手となる（そして再生トリックは、ライブのパフォーマンスとスタジオで行なう高品質の録音の気まずい落差を埋めるために、頻繁に用いられる手段となる）。レコードとは異なり、録音テープはプロたちおよび上級のアマチュアたちの道具でありつづける。彼らは完成品を買うのではなく、自らのサウンドを組み立てることを望むのである。その際、録音テープにどのような利点があるかは明らかである。思うままに編集したり消去したりしても、耳に聞こえるほどの欠損は生じないのである。欠点は、録音テープはレコードよりも明らかに早く古くなり、劣化することである。絶え間なくコピーを行なわない者に対して生が下す罰は、不死であるはずの声が死んでしまう、ということである。録音テープからフロッピーディスクまで、酸性紙からハードディスクまで、黄色く変色する写真からビデオカセットまで、新しい記憶保存メディアの耐久性は、ロゼッタ・ストーンには及ばない。メディアはすべて遺言のごとき性質を備えているが、遺言がすべて時の激しい流れに耐えて、生き残るとは限らない。新しいメディアは、その素材の論理からしてすでに、古い文字メディアほど永続性に関心を示さないのである。文字と書物は永久的に意味《ズィン》に固定されている。古典的な視聴覚メディアである録音と写真は——まさに、名ハ体ヲ表スといえよう——この有限な世界の感覚《ズィンネ》に焦点を合わせている。

すぐに消え去ってしまう声を固定することに卓越した録音のメディアは、ボードレールが夢想する欲求の対象であり、魔の山で愛と死の深遠な知識を得ることを望む若きエンジニアが熱中する対象であるだけではない。それはヴィトゲンシュタインのような哲学者にも、思考の材料を提供している。一九一四年以前に書きはじめられ、一九二一年に出版された『論理哲学論考』の命題四・〇一四には、次のように書かれている。「グラモフォンのレコード盤、音楽の思想、楽譜、音波、これら全ては相互に、言語と世界との間に存する写像の内的な関係をなしている。／これら全てに論理的構造が共通である。／（メルヘンの中の二人の若者、彼等の二頭の馬、彼等の百合のように。それらは全て、或る意味で一つなのである）[3]」。分析哲学の父とみなされているこの思想家の命題は、評判とはうらはらに、それほど明確なものではない。

むしろ、メルヘンがもつ深い意味に近づこうとしていることは明らかである。ハンス・カストルプが新しいメディア技術を秘跡の知恵のクールな代替物としてではなく、それへの敷居を踏み越える魔法として理解するのと同様である。ヴィトゲンシュタインにとってもやはり、「或る意味で」それら――メルヘンのような若者、彼らの二頭の馬、百合――は「一つなのである」。ワインとキリストの血が、そして肉となった神の言葉が、同一性の極限に至るまで同様であり、それどころか一つであるように、グラモフォンのレコード盤、楽譜、音波、それどころか音楽の思想までもが相互に写像の内的な関係をなしている。それらに共通しているのは「論理的構造」である。しかしながら、哲学者を刺激して、関心をかきたてるモティーフはせいぜいのところ、暗示的に明らかになるにすぎない。すなわちレコード盤は、他のメディア技術と同じように内在技術であり、世界に対して「内的」な関係をなしているのである。そして、決して形而上学的な領域に対して超越的な関係をなしているのではない。ヴィトゲンシュタインと同年に（またチャップリンとヒトラーとも同年に、つまり一八八九年に）生まれた哲学者ハイデッガーであれば、このようなコンテクストにおいて、「形而上学の克服」に言及することであろう。この「形而上学の克服」が、新しいメディアの登場によってもたらされたものであることを、ハイデッガーとヴィトゲンシュタインほど対蹠的な思想家の両者が、言葉で述べた以上に予感していたのである。

形而上学およびそれに固有の意味と記号への執着から決定的に決別したのは、二十世紀における音響の前衛芸術家たちである。彼らは意識的に、意味を求める音から雑音を解放しようとする。音楽ではなくノイズ、楽曲ではなくサウンド、意味《ズィン》ではなく感覚《ズィンネ》。このような原則が、一九一三年に出版されたルイージ・ルッソロのマニフェスト『騒音芸術』にすでに示されている。「たとえば『英雄』や『田園』の練習よりも、路面電車や自動車の排気音や騒々しい群衆による騒音の組み合わさったものに、私たちははるかに満足を覚える」[4]。シュトックハウゼンは「あらゆる雑音が音楽である」[5]というテーゼによって、数十年後になお、このすぐに古びてしまったアヴァンギャルドの伝統の路線を受け継ぐだろう。街頭の騒音やそれに類するものをとらえることができた当時の新しい記録テクノロジーによってはじめて、意味のあることを何も語らない「騒音」という逆説的な名において、典礼音楽から標題音楽までの、意味に執着する伝統から自由になるものとしての、このアヴァンギャルドが可能になった。音楽と絵画には新しい素材（典型的な例を挙げれば、エンジンの騒音や合成物質）が利用できるようになったことが、近代における芸術システムの枠内で、視聴覚芸術と文学を隔てる相違点である。すなわち、文学は新メディアの時代になってもまだ、二四あるいは二六の文字をさまざまな方法で組み合わせるしかないのである。それは新しい素材を知らないが、新しい記録システムを知っている。道具として用いるのが石筆であれ、羽ペンであれ、鉛筆であれ、万年筆であれ、ボールペンであれ、タイプライターであれ、ＰＣであれ、著述を行なう者は、文字を事とする者である。二五〇〇年前から、彼らが行なっているのは、限られた数の文字を、数えきれないほど幅広いバリエーションで並べることなのである。

　音声をデジタル方式で記録する最新の技術は、同時にまた、音声を統合的に生産する技術でもある。この技術が生まれたことによって、ノイズを意味から解放する前衛音楽のほうが時代遅れのものとなった。ある当世風ドイツ・リートが、自分自身および自分を聞く者たちに対して、録音にまつわる事柄の最新の水準、つまりデジタルな水準について説明している。「ボクは音楽家　デンタク片手に　たしたり　ひいたり　そおさ《ママ》して　作曲する　このボタンおせば　音楽かなでる」〔歌詞は日本盤『電卓』（一九八一年）のジャケットに記載されたものによる〕と、一九六八年にデュッセルドルフ芸術アカデミーの学生たちによって結成され、最初のアルバム『トーン・フロート』の成功後、クラフトワークと改名されたバンドの歌詞の一節に述べられているのである。このバンドを結成したラルフ・ヒュッターとフローリアン・シュナイダーは、彼らの音楽が従う原理を厳密に、すなわちデジタルな対概念によって名づけている。「私たちは物語を作り、それに音楽をつける［…］私たちの音楽は、次のような構造をもっている。すなわち、上／下、前／後、速い／遅い、大きな音／小さな音、直線／垂直、柔／硬、密／疎、美／醜、暗／明、という構造である」[6]。デジタル音楽には、ノイズも背後の雑音もない。その「マスター盤、あるいはリマスター盤」が作られる。つまり、雑音が取り除かれるのである。そして、まさにそれゆえにこそ、技術的に排除された雑音を再び取り入れたいと思わせる。こうして、トラッシュミュージックがヒットチャートを席巻することになる。

静寂／騒音。このような音の世界が二進法に基づくことは見逃しようがない、というよりも、聞き逃しようがない。ヴィトゲンシュタインは、（数字システムや文からフォノグラフにまで至る）あらゆる種類の記録システムと「世界」に共通する「論理的構造」があると指摘しているが、デジタル録音を目の当たりにしてもなお、その指摘を撤回しなかったかどうかについては、少なくとも疑問の余地がある。というのも、ヴィトゲンシュタインの思考は、アナログ技術とデジタル技術を分かつ境界線にあるからである。クリスタルの真理値表か、背後の雑音を許容する言語ゲームか、それが問題だ。**コンパクト・ディスク**は、いかなる雑音も許容しない。コンパクト・ディスクは一九七八年に開発されたが、当時はまだ広く一般に使われるものではなかった。というのも、レーザー光線技術はこの頃はまだ、巨大な再生装置を必要としていたからである。しかし、八〇年代初頭にはじめて、（ソニーとフィリップスによる）コンパクトなCD再生装置が市場に出る。大企業がこの時ばかりは（録画《ヴィデオグラフィー》の場合は、三つの互換性のないシステムで始まったのとは異なり）一つの標準規格を作ることに合意した。（コンピュータを含む）あらゆるコンポーネントのデジタル・インターフェースを表す魔法の言葉は、ＭＩＤＩ（Musical Instrumental Digital Interface）である。ＣＤが登場したことによって――それによって排除されたのはＬＰだけではない――ホスチアと硬貨に次ぐ第三の小さな円盤が普及する。この円盤は、「すべてのこと」に使用され、すべてのことをすべてのことと結びつけるものである。

円盤――より厳密には文字盤――はまた、すべての者をすべての者と結びつけるわけではないが、二つの口と二つの耳を結びつけるコミュニケーション技術、つまり電話の古典的デザインにも見られる。録音の歴史は、写真の歴史よりもはるかにラディカルな意味において、記録メディアと伝達メディアという二重性を内包する歴史である。前述したエジソンの「印字電信機」は、録音の歴史でこの二つの主流が交差する点の一つである。音を記録する技術と声を伝達する技術は、相互に密接に関連している。これらは往々にして、同一の発明者の頭脳から、あるいは同一の実験室から生まれる。そして、同じような魔力を発揮する。自分と数千キロメートルも離れている誰かと話せることは――実益についてはひとまず措くとして――完全に遠く離れた人、彼岸の人、死者の声が響くという状況とほとんど同じくらい不思議で魅力的なことである。メディアは、あらゆる種類の不在に対する防衛魔法である。そして電話は今日まで、すなわち携帯電話の時代に至るまで（とりわけ映画『ベスト・フレンズ・ウェディング』が示しているように）、この防衛魔法装置のうちで最も一般的なものである。事実また、電話の初期には多くの人々がそれを魔術的な装置として経験した。「カンヌに着きました」と、ペーター・トゥリーニの戯曲『マダガスカルの愛』に登場する年老いたファンが電話口に向かって言う。この電話が、経営の思わしくない田舎の映画館を所有している彼を、彼が崇拝する俳優と結びつけるのであるが、この俳優は恥知らずにも、自分の崇拝者を利用しつくすのである〔入院中で高額の治療費を必要とするキンスキーは旧知の映画館経営者リッターに、自分の代理人としてカンヌへ行き、映画の出資者と交渉するように依頼する〕。「私は意識不明だ」というクラウス・キンスキーの声が帰ってくる。(7)

電話が及ぼす影響を最も客観的に記述したものの一つは、当然のことながら、事典である。「電話を使用することによって、社会生活および公共生活は変貌した」。一八九五年に出版されたブロックハウスの「電話による会話」の項目（第一五巻、六八二頁）は、このように冷静かつ適切に記載している。紙の時代の驚嘆すべき代表者であるこの浩瀚な事典が、新しいメディアを注意深く観察していることは明らかである。一八九五年（これは映画が誕生した年でもある）の時点で、電話はすでに誕生から二〇年も経っている。あるいは、ヘッセンの教師**ヨハン・フィリップ・ライス**（一八三四―一八七四）が一八六一年一〇月二六日にフランクフルト・アム・マインで「ガルヴァーニ電流による遠隔通話《テレフォニー》について」と題する有名な講演を行なったときを電話が誕生した瞬間と理解するならば、三四年である。ライス（ここでもまた、音声を旅《ライゼ》に出そうとする発明家の名前に注目しておいてよかろう）の装置はまだ、人間の耳を直接的に模倣するものである。鼓膜を模して豚の腸で作られた振動板が、音圧によって振動する。しかし、信頼できる技術と呼ぶには程遠いものであった。ライスが死去するのがあと二年遅ければ、アメリカ人のライバルが成功を収めるのを目の当たりにすることができた、というよりも、しなければならなかっただろう。

新しいメディア技術には何人もの父親がいるものだ、という基本的な認識の正しさが、ここで新たに証明される。しかし、二人の発明家が、電話の場合ほど短い間隔で相次いで父親であることを主張したのは稀である。一八七六年二月一四日、メディア技術上の発明の歴史が凝縮されて、伝説的な出来事が起こる。わずか二時間の差で、二人のアメリカ人が特許局に駆け込んだのである。一方はガーディナー・グリー

新型のインタラクティブ墓石のようですね！

インタラクティブ墓石

ン・ハバートという名の弁護士で、**アレクサンダー・グラハム・ベル**（一八四七—一九二二）の代理人を務めている。それにしても、メディアの発明者たちの名前は意味深長である。ダゲール（戦争）、リュミエール（光）、ライス、ベル（鐘、鈴）というのだから。自分の依頼人であるベル——そのうえ、彼は聾唖者の教師でもあるのだ——のために、ハバートはボストンで**電話**の特許を申請する。彼の二時間後、シカゴにおいて**イライシャ・グレイ**（一八三五—一九〇一）が当地の特許局を訪れ、同じように電話の特許を申請する。特許紛争が起こり、グレイが敗北し、ベルが勝利する（もしも、六〇〇もの訴訟およびそれに付随する訴訟を、これほど簡単に要約することが許されるならば）。ベルの申請は三月七日に受理されるが、彼の装置はまだ完全に機能するものではなかった。特許が認められてから三日後にようやく、エクスター・プレース五番地（今日そこには、この出来事を記念する真鍮板が置かれている）にある実験室で、電話による会話がはじめて正常に行なわれることになる。彼が話した言葉は、「ワトソン君《ミスター・ワトソン》、来たまえ《カム・イン》。君に会いたいんだ《アイ・ウォント・ユー》」というものである。人間の口が電話の送話口に向けて話した最初の言葉は、これほど高圧的なもの、あるいは物欲しげなものだったのである。

グレイの電話は「送信側は振動板で制御される電解液の抵抗器で、受信側は電磁石の変成器で構成される。送信器はガラスの容器でできている。この容器は溶液で満たされており、底には電極がついている。もう一方の棒状の電極は振動板に固定され、溶液に浸されている。この振動板に向かって話すと、それに固定された電極がその言葉の音波に合わせて、溶液のなかで上下に動く[8]」。四大元素である水、土、火、空気は、技術上の発明がこの概念を占有する前は、「メディア」という言葉に従っていた。ベルという美しい名前の聾唖者の教師（一八七三年からは、ボストン大学で音声生理学と言語教育の教授を務めた）が電話の特許をめぐる裁判に勝訴したのは、メディア史的な観点から見て、あまりにも不当なことだとはいえない。というのも、ベルは新しいメディアを古い元素から切り離すからである。元素から解放された流れに――つまり**電気**に――彼は全幅の信頼を置く。彼の装置は、受信側でも送信側でも電磁石式変成器を利用しており、それによって振動板が振動するのである。

電流を作り出すことが可能になったのは、基本的には、マクデブルク市長**オットー・フォン・ギューリケ**（一六〇二―一六八六）が有名な実験を行なってからである。この空気ポンプの発明者が、摩擦熱と電磁気を発見したのである。彼は一六五四年に、ニュルンベルク帝国議会で金属製の半球を二つ用いて磁気実験を行ない、名声を博した。十八世紀には、電気を作るための実験（たとえば、ノレ神父による球形の感電機械）が、時を同じくしていくつも行なわれた。しかし、電流が産業的な規模でようやく――あるいは、遠隔通信《テレグラフィー》と遠隔通話《テレフォニー》というメディア技術にちょうどいい時期に《ジャスト・イン・タイム》――利用できるようになったのは、イギリス人の**マイケル・ファラデー**（一七九一―一八六七）が**一八三一年**に（つまり、ゲーテの存命中に）

磁気を電気に変換することに成功してからである。イギリスの化学者**ジョン・スティーヴン・ウールリッチ**は、ファラデーの研究を技術に応用して、**一八三六年**に実用性のある**発電機**を発表する。特別な有用性が実証されたのは、**ヴェルナー・ジーメンス**（一八一六―一八九二）が発表した**ダイナモ**と、一八六六年に彼が設計した**電気力学式機械**である。もともと遠隔通信《テレグラフィー》に情熱を傾けていたヴェルナー・ジーメンスとその兄弟たちは、やがて工業国ドイツの体現者になる。ニューヨークのパール・ストリートに当時としては巨大な発電所を建設したエジソンにとってそうであったのと同様、彼らにとって発電の技術は、メディア技術上の問題を解決するための前提にほかならなかった。独創的な発明家であるエジソンやジーメンスの登場とともに、技術者や発明家が独立独歩で革新的な発見をすることができる時代は終わる。エジソンは七〇年代にニューヨークで、大きな設計事務所を設立する。ジーメンスは同時期に、組織的な大規模研究を行なう必要があることを認識している。こうして、分業と協力に基づくエンジニア事務所が生まれる。鉛蓄電池の発明や、直流電流から交流電流への変換は、もはや個人でなしうることではない。これ以降、競争はエジソンとグレイ、あるいはエジソンとジーメンスのような個人のあいだよりはむしろ、技術革新に専念するコンツェルンのあいだで行なわれるようになる。エジソンは仕事上のパートナーを旧大陸のヨーロッパに求め、そして見つける。そのうちの一人が、**エーミール・ラーテナウ**（一八三八―一九一五）である。彼は一八八三年、ドイツ・エジソン社（DEG）を設立する。この会社は一八八五年、ドイツで最初の公共発電所を建設し、**一八八七年**に社名を**AEG**〔Allgemeine Elektricitäts-Gesellschaft の略称で、「総合電気会社」を意味する〕に変更する。これ以降、「総合的な《アルゲマイン》」という形容詞が個人名の代わりに使われるようになる。それがどれほど有名な人物の名前であろうとも。

電化は十九世紀末の時代の象徴となる。同時代を観察し評論する者であればほとんど誰でも、照明《エアロイヒトゥング》、イルミネーション、啓蒙《アオフクレールング》、あるいは光の世紀《シエークル・ドゥ・リュミエール》といった言葉がもつ意味の可能性と戯れる機会を利用する。そして、電流がなければ、比較的大規模なコミュニケーションの流れもありえないことは、さほどの推測力がなくとも理解できるに違いない。電気に依存しているのはインターネットとコンピュータが最初ではなく、すでに電信と電話がそうであった。ベルの電話は**一八七六年**、すなわちアメリカ独立宣言の一〇〇周年記念祭に好適な時期に、センセーションを巻き起こす。**フィラデルフィアでの一〇〇周年記念展**に、ブラジル皇帝ドン・ペドロ・デ・アルカンタラも現れる。記念展を訪れた人々は早々に電話をハイライトと見なし、新しいメディアの可能性を目の当たりにして、ほとんど興奮を抑えることができなかったが、彼もまたその一人であった。またしても、(ビル・ゲイツの時代には)すでに目新しいものではなくなっている認識が間違っていないことが証明される。それは、メディアの成功は技術の機能だけでなく、エジソンのような宣伝の天才に左右される、という認識である。

　電話はたちまち成功を収める。いくつかの数字を挙げて説明すれば、この新しいテクノロジーが急速に普及したことを説明するには十分であろう。一八八四年、ボストンとニューヨークのあいだではじめて電話が結ばれる。ニューヨークにあるコロンビア大学の数学教授ミカエル・**I・ピューピン**が**誘導コイル**を発明したことにより、九〇年代以降、電話で乗り越えられる距離を着実に拡大することができるようになる(ピューピンは、彼にちなんで名づけられたピューピン・コイルの特許のおかげで億万長者になる)。一八八一年にはベルリンの電話局(当時、この首都に対抗したのはライン河畔のケルンだけである)の登録加入者数は四八だけであったが、一九〇〇年にはドイツの一五五〇の市町村に電話があり、これらの電話をつなぐ五〇万キロメートルのケーブルが敷設されている(エトガー・ライツの映画『故郷』にはすばらしい場面があり、どのようにして電話がフンスリュック郡のシャープバッハ村にやって来たかが描かれている）。第一次世界大戦が始まった頃、ドイツには一〇〇万台の電話があった。ドイツ国営郵便は電話の普及にさほど関心を示していなかったにもかかわらず、これほどの電話があったのである。ドイツ国営郵便が無関心であったのは、郵便事業と高収益の電報事業が縮小することを恐れていたからである。電報事業には、それまでに多額の投資をしていた。それにもかかわらず、国家独占事業であるドイツ国営郵便は、伝説的な「郵便局総裁」ハインリヒ・フォン・シュテファン（一八三一―一八九七年）のもとで、この新分野に多大な支援を行なう。その当初の目的は、電話によって遠隔通信《テレグラフィー》を支援することであった。つまり、電話口の末端消費者に対して、電報の文面を読んで聞かせるのである。ベルはドイツで電話の特許を取らなかったことで、大いに憤慨した。郵便局とジーメンスは、見事な共同事業を行なったのである。

　このようなダイナミックな発展を目の当たりにすると、古いものに見えてしまう新聞雑誌《プレス》というメディアは、電話という新しい競争相手にことのほか魅了される。幅広い読者に購読されていた雑誌『あずまや』は一八七七年、（ライスの名前をほのめかしながら）「人間の声が旅《ライゼ》をする」と題して、ドイツにやって来た電話を次のような言葉で歓迎している。「連続した音は、それ自体としては途中で消えるが、向こう側でよみがえる。まるで、一度も消えてなどいなかったかのようである。燃え立つ感情のすべてを含んだニュアンスが、魂をもたない機械装置によって新たに生み出されるとは！　これと比べてみれば、ミュンヒハウゼンの角笛に何の意味があろうか。彼の角笛の音は途中で凍りついてしまい、宿屋の温かい暖炉で溶けてから、鳴りはじめる。このように、科学の成果は、どんなにひどいほら吹きの空想をも凌駕するのである」[9]。遠隔通話は消滅することを消滅させ、距離《エントフェルヌング》を（Ent-Fernungという単語が「遠さを克服すること」を意味しながら、同時に「遠ざけること」も意味するという、見事な両義性を保ちながら）

克服《エントフェルネン》し、遠く離れた者たちを互いに近づける。それによって、『あずまや』が大胆にもマクルーハンの「グローバル・ヴィレッジ」のテーゼを先取りしながら述べているように、「全世界が［…］たった一つの大きな談話室にな」ろうとしている。しかしながら、それを実現するためには、ケーブルの設置という難問を克服しなければならない。電話通信《テレフォニー》の初期に撮影された写真には、ほとんどグロテスクなほど大量に都市の電話線が写っている。というのも、一本一本の電線はそれぞれ一つの会話しか伝達することができなかったからである。一九一〇年にようやく、交流の技術によって対策が講じられ、一本の電線の上で異なる周波数を用いることによって、同時に複数の会話を伝達することが可能になる。

発行部数の多い雑誌だけでなく、ヴァルター・ベンヤミンほどの優れた知識人もまた、電話通信に魅了されている。ヴァルター・ベンヤミンは自著『一九〇〇年頃のベルリンの幼年時代』において、「新しく生まれ出てきた」電話を、次のような挨拶の言葉で迎えている。「この装置の構造のせいかもしれないし、あるいは、記憶の構造のせいかもしれないのだが――ともかく確かなのは、最初期の電話で話したときの耳に残っている音の響きが、現在のそれとはずいぶんちがう、ということである。それは夜の音だった。どんなミューズの女神もあのような音を伝えはしない。それが生まれ出てきた夜は、真なる新生に必ず先行する夜と同じ夜だった。そして、そこで新しく生まれ出てきたものが、あの装置のなかでまどろんでいた声にほかならなかった。電話はその誕生の日時からして、私の双子の兄弟だった。それで私は、電話がその新米の頃に味わった辱めを乗り越えて誇らかな経歴を歩みゆくさまを、体験する恩恵に与った。というのも、当時表側の部屋で輝いていたシャンデリア、暖炉用衝立や鉢植えの木、置き物台、一本脚の小型の円テーブルや張り出し窓のしたの壁といった室内装飾が、もうとっくに廃れ没落してしまっていたときに、山峡に遺棄された伝説の英雄にも似て、この装置は薄暗い廊下をあとにし、いまでは次の若い世代が住む部屋、あれやこれやの装飾物が取り除かれ、以前よりもずっと明るくなった部屋に、王者のごとき入城を果たしたのだった。そこに住む若い世代にとって、電話は孤独の慰めとなった。この悪しき世を去ろうと思っていた希望なき人びとに、電話は最後の希望の灯を瞬かせた」(10)。この心に迫る文章は、ゲーテの『親和力』についてベンヤミンが書いた長編エッセイの結末部分に対応している。それによれば、私たちには、ただ希望なき人々のためにだけ希望が与えられている。すなわち、電話は人間の声を新たにし、さらに、この悪しき世を去ろうと思っていた希望なき人々に、思いとどまろうという気持ちを起こさせるのである。すでに写真について、それが完全に「現実によって焦げ穴をあけられている」ことを賞賛していたベンヤミンは、このように電話を約束として——つまり、私たちを悪しき世界に結びつけている感覚《ズィンネ》のほうが、彼岸の世界における意味《ズィン》の約束よりも価値があるという約束として——理解している。写真、録音、遠隔通信《テレグラフィー》、遠隔通話《テレフォニー》によって、私たちは彼岸にあるものを指し示す記号のこちら側の領域に、それどころか、形而上学過多の(文字)記号のこちら側にたどり着いた。電話を通じて、遠くから私たちに声が聞こえてくるが、それはもはや「まったく異なる」領域から聞こえてくるのではない。マッタク異ナルモノ〔totaliter aliter〕は、距離を克服するさまざまな遠隔技術《テレ・テヒニーク》が普及するにつれて、消えてゆく。

　親しい間柄ではあるが遠く離れたところにいる人物に電話で声を聞かせるためには、その人物との接続を確立しなければならない。**自動電話交換機——一八八九年**にはすでにアーモン・ストロジャー(一八三九—一九〇二)が特許を出願していたが、これが普及したのは数十年後のことである——が発明されるまで、接続を行なっていたのは伝説的な女性電話局員である。男性局員が接続を行なっていたのは、電話通信の最初期だけである。しかしほどなくして、またこれは注目に値することなのだが、オフィスにおける性的革命が起こったのと同時期に、つまり羽ペンで書く男性の官房書記がタイプライターを使う女性秘書に取って代わられたのと同時期に、電話の接続は女性に占有される分野となる。このことを強調して、「タイプライターと電話なくして、女性解放なし」と言うこともできるかもしれない。もしも女性解放という言葉を主として、女性たちが大勢、農場の外で職業につくことと理解するとするならば。この解放にも暗い側面があることは、遅くとも、世紀転換期の直後に電話の利用者数が急増し、女性局員たちのあいだで集団ヒステリーのような場面が頻繁に生じるようになったときには明らかになる。一九〇四年に合衆国で、このことに関連した委託研究が行なわれる。その結果によれば、ヒステリーが起きるのも無理からぬことである。彼女たちは大勢の他人と一緒に座っていながらも、互いに話すことは許されておらず、またできもしないのだから。そうすることができないのは、かかってくる電話の対応に忙殺されているためであるが、その電話がもっている意味といえば、他の電話に接続すること以外には何もないのである。

内容のない電話。コミュニケーションを伝達《コミュニケート》するのであり、決して何かを伝達《コミュニケート》するわけではない。誰かと（これ以上）話したくないときには、「また電話するよ」と言う。タイプライターを使う女性秘書も、これと構造的に類似した経験をしている。彼女は口述のとおりに書く。しかも、自分が何を書いているのか分からないほどの速さで。タイプライターによるヒステリーが生じるのは、**レミントン2型**が市場を席巻したことによって、今日まで使われている「qwerty」配列の——ドイツ語では「qwertz」配列の——キーボードが普及してゆくとともに、文化闘争が始まるときである。中央のキー配列はおおむねアルファベットに従って、dfghjkl という順番で並んでいる。しかしながら、頻繁に使われる母音のeとiはそこにはなく、周辺に追いやられている。それはなぜか。キーを速く打っても、アームが絡まらないようにするためである。この配列についての議論が、幾度となく繰り返される。フランス人は当初、この英語中心主義的な論理と関わり合おうとしない。女性秘書たちは競争して、どの配列だと一分につき何ストローク《アンシュラーク》多く打つことができるかを示さなければならず、自分たちの文字どおりの完全性に対する打撃《アンシュラーク》を受けて衰弱する。コンピュータになっても、そのキーボードは古典的な「qwertz」の論理に従っている。あまりにも速く連続してキーを打つとアームが絡まってしまうという問題は、コンピュータのキーボードではもはや生じないにもかかわらず。革新的なメディアもまた時として、由緒ある伝統に配慮するのである。

電話によるコミュニケーション行為とタイプライターによる口述のすべてが、女性電話局員たちや、タイプライターを打つ速さを競う女性秘書たちの場合と同じくらい、内容空疎なわけではない。どれほど多くの愛のささやきが、どれほど多くの売買の指示が、どれほど多くの文字による記録を残すわけにはいかない陰謀と命令が、今日に至るまで、この世界の電話網を流れているか。そのような問いは、無意味である。非常に具体的な事柄や世界内部的な事柄が、**遠隔通信**《テレグラフィー》において扱われることもある。この技術は遠隔通話《テレフォニー》より先に、発明史上に登場する。この時系列は注目に値する。はじめに話された言葉があり、次に書かれた言葉がある、という順番で運ばれるメディアの発展が逆転し、電話で話された言葉より前に、文字記号が電信の旅に送り出されるからである。（たいていの場合は創作や夢想の産物だが）ギリシャにおける松明ポストのような、遠隔通信《テレグラフィー》の初期形態についてはすでに論じた（第六章を参照）。そして、天使のように高速に情報伝達するという夢は、自らを福音の宗教と規定するキリスト教の歴史にたえず現れるだけではない。一八〇〇年頃、この夢が実現する。一八一〇年一〇月一二日発行の『ベルリン夕刊新聞』に、略記号（「rmz」）だけの署名で記事を寄稿した者が認めているように。ほかならぬクライストその人の筆になるこの記事は、「役に立つ発明——砲弾ポストの計画」という題名が付けられており、次のような言葉で始まる。「近ごろ四大陸の領域内で、通信の促進のために電磁気によるテレグラフが発明された。思考がめぐるのと同じ速さで、つまり、ある種の時間測定の器械が目盛りで示すことができるよりももっと短時間で、起電盤と電線によってニュースを伝えるテレグラフのことである。そういう次第で、さらにそのための装置が備えられていさえすれば、ある人に地球の反対側に住んでいる親友がいたとして、その親友に「調子はどうだ」と訊きたいと思ったとき、訊かれた相手は掌を返す間もなく［…］「かなりいいよ」と答えられるといった調子なのである」(11)。ここに皮肉まじりの批評があることは明らかである。すなわち、伝達《コミュニケート》されることはさほど重要ではないのである。新しく敷設された回線で送信されたり交換されたりする最初の言葉が、思慮深いものであることは稀である。「メリーさんの羊」、「聞こえるかい」、「調子はどうだ」といった言葉ばかりである。たとえば「商人の利益」に役立つような、より複雑なコミュニケーションは、一八一〇年に使用可能になったテレグラフでは、まだ行なうことができない。

こうして、クライストは皮肉まじりに、砲弾ポストを提案する。作家兼軍人であるクライストの筆になる、高尚な戯言である。彼が想像しているのは「「発射体ポスト」または「砲弾ポスト」なるもの」である。「射程距離の範囲内で、臼砲とか榴弾砲とかを使って目的に適うよう装備されたいくつもの砲台で、火薬の代りに手紙や小包を入れた空砲を発射する仕組みのことである。その場合、その発射された砲弾は大した苦労もなく目で追っていけて、落ちた場所が泥土でない限り、再び落下点で見出すことができるわけである」(12)。このようにして発射された情報なら、ある程度長くて複雑なもの、つまり「調子はどうだ」以上のものになり、「商取引上の通信」に役立てることさえできるかもしれない。しかし、この腕力によるメディア技術は、正常に機能することができるためには、いまだに四大元素の恩恵を当てにせざるをえない。球体が飛んでゆく軌跡を確認しようとすれば、空気は澄んでいなければならない。恋文が沈んでしまわずに宛先に届いてほしければ、地面は沼地であってはならない。クライストのテクストの背後にある**テレグラフのモデル**は、脳解剖学者**ザームエル・トーマス・ゼメリング**（一七五五―一八三〇）が**一八〇九年**八月二八日に、バイエルン王国の文部大臣モントゲラス伯爵の依頼を受けて、ミュンヒェンの学術アカデミーに提示したものである。ゼメリングのテレグラフは、電気化学的な方法で機能する。すなわち、三五本の電線がアルファベットの二五文字と数字の一〇文字に対応しているのである。それぞれの文字に回線を、というスローガンのとおりに。四大元素とメディアの結合が概念史上だけのものでないことを、このテレグラフが感覚的に明らかにしている。送信者がある文字の電線を通して電流を送ると、回線の反対側で、その文字に割当てられた容器のなかで、酸を加えた水素が上昇するのである。

ゼメリングは自らのテレグラフを、ナポレオン戦争の最盛期に発表した。彼はそれによって、フランス革命軍がとりわけ、当時としては先進的だった通信制度《ナーハリヒテンヴェーゼン》のおかげであげた華々しい戦果に対する反応を示しているのである。通信《ナーハリヒテン》が——このドイツ語の単語は、きわめて明白にそのことを示しているのだが——意味しているのは、それによって《ナーハ》自らの方針を決定《リヒテン》するための基準となるものである（同様に、情報《インフォルマツィオーン》を表すドイツ語の単語を見れば、情報が私たちを形成《フォルミーレン》し、フォーマットすることに、疑問の余地はない）。軍事上の通信制度の改革が始まったのは、一七六二年に生まれ、遠隔通信《テレグラフィー》の発明者としての権利をめぐる争いで疲弊し、一八〇五年に自ら命を断った**クロード・シャップ**が言うことに、ナポレオンが耳を傾けたときである。シャップは、古くからある松明ポストの夢を受け継いでいる。当初は「**タキグラフ**」〔タキグラフは「速く書く」、テレグラフは「遠くへ書く」を意味する〕、後に「**テレグラフ**」と名づけられた光学式伝送システムを、彼は一七九二年三月二二日にパリの国民公会で公開した。その機能は単純であるが、間違いなく機能するものであることは、一七九三年にパリとリールのあいだに建設された、少なくとも二一二キロメートルの長さにおよぶ試験区間で、すでに実証済みである。シャップは一〇キロの間隔で二二の中継点を設置する。これらの中継点のあいだで、大きな翼を用いて、コード化された符号を次々に伝達してゆくのである。すぐに分かったことだが、肝心な点はソフトウェアにある。定位置で一五秒ずつ示される翼は、敵を含めて、誰でも見ることができる。しかし、それを役立てることができるのは、可変式のコードを理解している者だけなのである。

一七九四年八月一五日、国民公会は会議の最中に、フランス軍がル・ケノワを奪還したことを、その出来事のわずか一時間後、このテレグラフ回線を通じて知る。このような報告によって、投資への意欲が高まる。国民公会はさまざまな党派に分かれていたが、通信網は拡張されなければならないという点では意見が一致する。そして、それは実際に拡張されるのである。夭逝した劇作家クリスティアン・ディートリヒ・グラッベ（一八〇一―一八三六）にとって、テレグラフは強迫観念のようにつきまとうテーマになる。グラッベは、一八一五年に流刑から帰還したナポレオンについての戯曲を一八三一年に完成したが、この作品では、ルイ一八世を中心とするグループがよそよそしい態度や儀式のような方法でテレグラフを利用する様子が、ナポレオンが高速通信に熱中する様子と対置されている。「式部長官（登場する）「通信《テレグラフ》長官でございます」／国王「入るがよい」／式部長官、退場。通信長官、登場。／通信長官「陛下、ボナパルトが一時間半ほど前から、数千名の部下とともにリヨンを前にしております」」。メディア技術の衝撃性を理解しているのは、旧体制《アンシャン・レジーム》の男性たちが居並ぶなかに、ただ一人いる女性のみである。「アングレーム公爵夫人「あなたたちの使者と通信文書は、いつも彼より遅れてきましたね[13]」」実際、「彼」のもとでは、異なる速さが支配している。ポール・ヴィリリオの言葉を借りるならば、異なる速度学《ドロモロジー》が支配しているのである。ナポレオンとテレグラフの密接な関係は、まさにこの戯曲におけるお決まりの冗談《ランニング・ギャグ》となっている。

「侍従（登場する）「陛下、通信文書《デペシュ》をお持ちいたしました。テレグラフによる報告文書でございます」。／ナポレオン「それを見せろ。［ナポレオンは書記に、テレグラフのための命令を口述している］またテレグラフか。ミュラが進軍［…］」／侍従（再び登場）「新しい通信文書でございます」／ナポレオン「分かった［…］またテレグラフか［…］お前は何を持ってきたのだ」／伝令兵「こちらを、陛下」／ナポレオン「またテレグラフか［…］それでは、お前は」／別の伝令兵「モンメディからの通信文書でございます[14]」」。以下同様に、続くのである。

グラッペが予感していたのは――このことを予感していたのは彼だけではないが――テレグラフによって時代が区切られる、ということである。というのも第一に、遠隔通信《テレグラフィー》の発展とともに、情報は（撞着語法を用いることが許されるならば）目に見えて、そしてますます非物質的になるからである。そして第二に、情報は実用的なテレグラフが生まれて以来、運ぶのに苦労する地上の残滓で叩きのめされ、これらの情報に打ちのめされる人間より速くなる。人間は反時代的になりはじめる。情報技術が古い四大元素の支配力から完全に解放されるときには、なおさらである。シャップの光学式テレグラフは、それに使用される翼が多くの同時代人に風車を連想させたが、まだある程度は視界が良いことに依存している。**ヴェルナー・ジーメンス**が革命の年である**一八四八年**に公開した**電気式テレグラフ**（同年にパウルス教会で開かれたフランクフルト国民議会の議員たちは、同時代人としてこの発明に関心を示している）は、もはや四大元素の力に依存していない。それは送信者と受信者を同期する電磁式指針電信機であり、その回線は、住民が破壊活動《サボタージュ》をするのではないかという無理からぬ心配ゆえに、地下に埋設された。それが導入された分野の一つは、列車の保安である。このシステムは非常によく機能したので、**一八四七年**に**設立**された

「ジーメンス・ウント・ハルスケ電信製造所」は大成功を収める。

しかしながら、ジーメンスは一人で電気式テレグラフを発明したとは主張できないし、またそうするつもりもない。一八三七年にすでに、イギリス人の**ウィリアム・F・クック**と**チャールズ・ホイートストン**が**電気式テレグラフ**の特許を取得している。このテレグラフもまた、当初は列車に付随して導入された。古い元素である火を動力として猛スピードで進む機関車、あるいは機関士に、障害物、転轍機、予期せぬ事故、緊急ブレーキについての情報が、テレグラフによる信号で伝えられる。チャールズ・ディケンズは、一八六六年に出版された鉄道物語『信号手』のなかで、点／線あるいは短／長といったデカルト的な二元論がいかに狂気に近接しているかについて語っている。支線で働く男の仕事は、トンネルのそばでモールス信号を受信して転送することなのだが、彼はやがて、死／生、男／女、明／暗といった、まったく別の二元論で幻覚を見るようになる。一八八八年に出版されたゲーアハルト・ハウプトマンの短編小説『線路番ティール』もまた、次第に狂気に陥ってゆくタイトルと同名の主人公を、非常に速いニュースと、電車に乗って比較的速く移動する乗客と、死別した最初の妻と過ごした過去を悲しみながら、ゆっくり年をとってゆく男が交差する地点に置いている。

クックとホイートストンが、間もなく鉄道のインフラストラクチャーで検証されることになる電気式テレグラフの特許を出願したのと同じ年に、より正確にいえば一八三七年九月四日に、アメリカ人の画家**サミュエル・フィンリー・ブリース・モールス**（一七九一―一八七二）がニューヨーク大学で、華々しく舞台に登場する。彼は自らが考案した、たった二つの記号から構成されるモールス・アルファベットを発表する。（聴覚的には）短／長、（視覚的には）点／線という記号を用いれば、どんなことでもコード化できるのである。たしかに、この発見はそれほど新しいものではない。すでにライプニッツが二進法を完成さ

ヴェルナー・フォン・ジーメンスの指針電信機

せている。しかし、モールスはこのアイデアを実用化する。彼は**一八四四年**、ボルティモアとワシントンのあいだに、モールス・アルファベットを利用した**電信回線**を敷設する。この回線を通して最初に送られたメッセージは、「メリーさんの羊」《メリー・ハズ・ア・リトル・ラム》のような、他の事例で最初に送られたメッセージを、思慮深さという点で著しく凌駕するものである。すなわち、「神が造り給いしもの」《ホワット・ハズ・ゴッド・ロート》（民数記二三・二三）である。メディアのなかには神学が非常に多く含まれているので、「メリーさんの羊」を適当に選ばれた童謡だとしか考えない人物ですら、この無邪気な詩行のなかにも熱い宗教的な核心があるのではないか、と問いかけるほどである。マリアの羊は、福音を準備している。そう約束するのは、古い聖書だけではない。二進法の電信記号の羅列もまた、それを望んでいるのである。

モールスの記号二元論によって過度の複雑性、雑音、誤解から解放された遠隔通信は、急速に広まってゆく。一八五一年、プロイセン政府はヴェルナー・ジーメンス（この頃には軍務から離れていた）に、モールスのシステムを民生用および軍用に改良する気はないかと問い合わせる。このような問い合わせは無用である。**一八六六年**、ヴィクトリア朝時代の植民地主義的なイギリスにおける伝説的な蒸気船「グレート・イースタン」が、**大西洋を横断する最初の銅製ケーブル**を敷設する。イギリス中が歓喜に沸く。アメリカの独立宣言は、イギリスと大西洋の対岸が結ばれたからといって、撤回されたわけではないが、それでもコミュニケーションによって緩和されている。[15] このケーブルの転送量は当初、一分間に二語であった。今日では、毛髪二本分の細さのグラスファイバー・ケーブルを通って、同時に二〇〇〇万回線の通話が北大西洋を渡ることができる。二〇〇〇年の時点では、「イノベーター」という船が、息を呑むほどの速度で増大するインターネット通信のために、銅、合成物質、鋼からなる被膜で保護された八本のグラスファイバー・ケーブルを同時に敷設しようとしている最中である。そのための投資は一五億マルクにのぼり、五一のメディア企業がそれを分担する。そのうち、ドイツ・テレコムは二億五〇〇〇万マルクを負担している。このケーブルの転送能力は一秒間に六四〇ギガバイトであり、これは七〇〇万回線の電話を同時にかけることに相当する。これほどの規模を前にしても、今日の私たちはたじろいだりしない。崇高《エアハーベン》な次元に対する私たちの感覚は、想像を絶する《エアハーベン》ほどのデータと絶えず接しているために、ほとんど失われているのである。

崇高《エアハーベン》であるのは、偽ロンギヌスからカントとシラーを経てリオタールに至る美学思想家の意義深い伝統に従うならば、表象できないものであり、私たちの想像力が及ばないものである。文学は以前から、逆説的なプロジェクトに挑戦し、「本来」あらゆる想像力を超越しているものを表現し、提示しようとしている。多くの場合、それは情熱《パトス》もなく行なわれるわけではない――「人間が苦悩のうちに沈黙するとき、神は私に自分の悩みを言いあらわす力を与えられたのだ[16]」。しかし、想像を絶する《エアハーベン》ほどの規模（たとえば、一秒間に六四〇ギガバイト）が、書きとめることはできても想像することはできないものであればあるほど、文学は（当然、例外はあるのだが）情熱《パトス》に対する抵抗力をもつ。それはかならずしも、多くの人々が抱いている進歩ゆえの多幸感に対して、文学が抵抗力をもつことを意味するものではない。この時代の文学(17)は、十九世紀の後半にケーブルが敷設されたことによってもたらされた多幸感——ドイツでは、電気の発明者にちなんで命名されたジーメンス社のケーブル敷設船「ファラデー」が有名である——を観察しただけではない。文学のほうでも、それを全力で促進したのである。その基調は、聞き逃しようもなく明らかである。すなわち、新技術はすべての人間と文化を結びつけ、古い四大元素と自然の猛威だけでなく、好戦的な心情をも打ち負かす、と期待されたのである。たとえば、海神ネプトゥーヌスに捧げられた詩行には、次のように述べられている。これは、ハーゲン出身のエードゥアルト・シュルテなる人物が、大西洋へのケーブル敷設が成功したことを受けて書いたものである。

彼［ネプトゥーヌス］は明瞭なる精神の一群をして、
自らの領域たる大洋を横断せしめたまう。
言葉の大群に道を切り拓いたものこそ、
平和をもたらす強力なガルヴァーニ電池である。

愛すべき情熱である。愛すべきであるのは、すでに皮肉まじりであるのが明らかだからである。情報とモールス信号で打電された「言葉の大群」は、大西洋を横断し、そして間もなく他の海も横断するが、それらは仲介者によって集められ、管理され、束ねられ、売られるのである。ケーブルによる遠隔通信は、公共の報道事業《ナーハリヒテンヴェーゼン》に変革をもたらす。強大な**通信社**であるAP通信社（Associated Press／ニューヨーク）、ヴォルフ電信社／ベルリン（後にドイツ通信社〔dpa〕となる）、ロイター通信社／ロンドンは、世界中で何に注目が集まり、何に注目が集まらないかについて、今日でも（少なくともCNNが開局するまでは）広範な影響力をもっているが、これらの通信社は、一八四八年から一八五一年という短期間に相次いで設立される。しかしながら、ケーブル敷設のもたらした多幸感の拡大に対して、冷静で注意深い反応を示す者もいる。たとえば、一八八六年に小説『セシールの秋』を出版したテーオドール・フォンターネがそうである。ここで言及しておく価値のある「民間エンジニア」という職名とともに紹介される登場人物レスリー・ゴードンにモデルがいることは、ほとんど隠されてもいない。すなわち、ヴィルヘルム・ジーメンス（ヴェルナー・ジーメンスの弟）とともに電信ケーブルを地中海に敷設したルイス・ゴードンである。セシールは明らかにこの人物に魅了されており、サンタルノーに彼のことを尋ねる。

「「彼が軍隊をやめたのは……」／「えっ？」／「ただ借金のためなんだよ。この点ではサスライノ騎士としての彼の履歴はいたって陳腐な始まり方をしたわけさ。初めはマクデブルクの工兵隊に勤務し、それからゴルツ指揮下の鉄道大隊にいた。普通は借金づくりでずばぬけるには賢明すぎるぐらいの軍隊なんだが、どんな法則にも例外があってね。簡単に言うと、持ちこたえられなくなって、イギリスへ移住したってわけだ。もっとも、ああいう状態を移住と言っていいかどうかは問題だがね。そして、そこで科学の知識を実用に供することはできないかと考えたんだが、これが実際うまく行き、七〇年代の半ばには、大きなイギリスの会社の委託を受けて、紅海とペルシア湾にケーブルを敷設するためにスエズへ行った。そう言われてもわからないだろうが、地図で教えてあげよう」／「いいから先を話して」／「そのあとペルシアに勤務し、彼の総監督のもとで、その国の二つの首都のあいだに電信を接続する仕事をおえると、今度はロシア勤務にかわった。［…］こうしていまは、彼が最初に務めたあのイギリスの会社、折から北海に新たにケーブルを敷設しているが、その会社の代理人というわけだ。［…］」／「で、それでおしまい？」／「そう言うけれど、セシール……」／「そのとおりですわ」と、セシールは笑いながら応じた。「それだけで充分多彩な生涯ですわ。でも、あたしなんか、電線でもケーブルでもいいけど、それをどこだか知らない海岸（あたしが知ってる海岸なんてありゃしませんもの）に敷設するのも、借金を作るのも結局同じくらい陳腐なことだって思いますわね」／「こうなると、お前がどんなことを陳腐でないと思いたいのか、それを聞かせてもらいたくなるね[18]」。陳腐でないのは「冒険、狩猟、砂漠、あやまちなんか」である、とセシールは答える。そして、風によって「バラの花びらが雲霞のようにセシールのほうへ」吹きよせられる。

しかしながら、あやまち《フェアイルンゲン》と混乱《フェアヴィルンゲン》に満ちているのは美しい女性の恋愛生活だけではなく、電信ケーブルの世界もまたしかりである。一八五〇年八月、ある漁師がカレーとドーヴァーの間に敷設されたケーブルを海の魔物と思い、十九世紀のドン・キホーテよろしく、勇敢に退治することに成功した。それ以降、多くのケーブルを海中のみならず、海底下にも敷設することになる。第一次世界大戦中、海軍の部隊にとって、自軍のケーブルを敵の攻撃から守り、敵軍のケーブルを切断することが主たる任務の一つとなる。

ほかならぬヘルムホルツが一八六三年にすでに、ケーブルを張りめぐらせた世界を人間の神経系と比較している。そして彼は、多くの同時代人と同じように、人間の神経系と電信の神経系の双方を、負荷に耐えることができ、基本的に健全なものとみなした。全大陸間に張りめぐらされたケーブルの束は、ほどなくして一般的になった技術のメタファーに従うならば、現代世界の大規模神経系なのである。このような観点から見るならば、第一次世界大戦は、メディア技術によって総動員された世界が経験した最初の大規模神経衰弱として理解することができるだろう。この神経衰弱は、一つのものへと構築されつつあるメディア世界だけでなく、何百万もの人間の時代遅れとなった肉体をも道連れにして、引き裂いたのである。

9　映画

写真が発明される直前の一八三七年八月二二日、若き日の作家ヴィクトル・ユーゴーは、彼のいつもの方法で――つまり書くことによって――奇妙な経験を記録に残した。というのも、彼ははじめて鉄道に身をゆだね、走行中に、馬車の時代にも乗客がよく行なっていたことを行なった。つまり、窓から外を眺めたのである。しかし、そこに見えたのは、輪郭のしっかりした、見慣れたものではなく、ぼやけたものだけであった。「畑の端に咲いている花はもはや花ではなく、色のついたしみである。それとも、赤や白の縞模様というべきかもしれない。穀物畑は長い黄色の線になり、クローバー畑は長い緑のお下げのように見える。町や教会の塔や木々が群をなして踊り、奇妙な方法で地平線と混ざり合う」(1)。技術、とくにメディア技術に敏感な感覚をもつユーゴーがここで描写しているのは、鉄道旅行の精神からの印象主義のためらいがちな誕生である。しかし印象主義の絵画が流行するのは、旧来の物の見方を過去のものとする輸送手段ができたからだけではなく、写真が発明されたからでもある。どれほど努力して自然主義的な絵を描いても、写真にはとうていかなわない。鉄道と写真が発明された以上、長い伝統をもつ造形芸術は新たな居場所を見つけ、自らにとって何が正真正銘の真実であるのかを新たに定める以外にない(2)。

鉄道は移動することができるし、またそうしなければならない。それが鉄道の定めである。写真は鉄道を記録にとどめることはできるが、動いている鉄道を示すことはできない（被写体をぼやけさせたり、露出時間を極端に長くしたりすることによって、それが動いていることを「印象主義的に」示す場合はそのかぎりでないが）。駅、列車、旅行者は初期の写真において、際立って頻繁に利用されたモティーフであるが、写真は時間との関係という点で、奇妙な二重状態にある。写真のパトスは一方で、時間の流れを止めることにある。瞬間は、写真に固定されると、実際に止まることができる。ファウストの夢が実現する。何百万人もの人々が、とうに過ぎ去った時間や瞬間の写真を見て、世俗的な悲しさのうちに経験することは、ヘーベルの短いテクスト「思いがけない再会」に登場する老女が、半世紀前に採掘中の落盤事故で生き埋めになった婚約者の、生前と変わらぬ遺体と対面したときに、大いなるパトスのうちに経験することと同じである。他方で写真は時間の流れも、それを示唆する視覚的対応物――すなわち、何かが動いていること――も再現することができない。だが写真は、発明されて以来ずっと、それを夢見ている。写真は生まれてからずっと、映画《キネマトグラフィー》（この言葉が意味しているのは、動きを記号で記録することにほかならない）になることを夢見ている。

一八九五年三月二二日、それはようやく実現する。映画は早春に、この世の光を目にする。まさに光を意味する**リュミエール**という名前の二人の**兄弟**が、**世界史上初の映画**を発表する。それは八メートルないしは一分足らずの長さであり、正確には『リュミエール工場から出てくる労働者たち』というタイトルである。数ヶ月後、この出来事は選ばれた観客の前で繰り返される。六月一〇日にパリで開催されたフランス写真協会（写真撮影はこの頃には、そのために協会が設立されるような高尚な大衆娯楽になっていた）の大会で、八本もの映画が上映された。そのなかには、伝説的な映画『水をかけられた散水夫』も含まれていた。この作品のなかで水をまいている人物は、ホースを覗きこむやいなや、見えないものが顔にかかるのを感じるはめになる。また『列車の到着』も上映された。これは鉄道を写真に撮ることによって魅惑するという伝統を映画によって取りあげ、それに動きを付け加えたものである。それに対する反響は申し分のないもので、世間の人々はほとんど、ダゲールがダゲレオタイプを発明したときのように興奮した。ほとんど、である。というのも、映画の発明はいささか時機を逸していたからである。それは、先験的にではなくとも、技術論理的には演繹することが可能であった。それゆえに、映画の場合には、新しく生まれたメディア技術の父親が、これまで以上に多く舞台、もしくはスクリーンに登場する。**エジソン**の功績は、映画においても異論の余地がない。ルイ・ジャンとオーギュストのリュミエール兄弟が利用した**キネトグラフ**は、この発明王が**一八九二年**二月二〇日にすでに発表していたものである。この撮影機は、なかにセルロイドのフィルム（イーストマンの発明）を入れて、一秒間に一六枚の写真を撮影することができる。リュミエール兄弟が発明したのは撮影機ではなく、実用的な映写機である。

そこにドイツ人の兄弟も登場するが、少し遅すぎたために、はじめて映画を上映したという栄誉を受けることはできない。ベルリンの「ヴィンターガルテン」で、**一八九五年一一月一日、エーミールとマックスのスクラダノフスキー兄弟**が撮影した数本の映画が上映される。世界中で、同様の試みが数多く行なわれている。一八九五年にワシントン、ニューヨーク、ロンドンでも**短編映画**が上映される。そして、特許局に――また事典の紙面に――大勢がつめかける。世紀が変わる前年、つまり映画が発明されてからわずか四年後に、ヘンリー・V・ホプウッドが『生きている写真』（一八九九、ロンドン）という意味深長なタイトルの著書のなかで、生きている写真を作り出すための装置を表す言葉のリストを作成している。そのリストは、アナリトモスコープ〔Anarithomoscope〕、アートグラフ〔Artograph〕、バジドグラフ〔Bazidograph〕から始まって、アルファベット順の中ほどでムーブマンスコープ〔Mouvementscope〕やルミノグラフ〔Luminograph〕のような美しい言葉を挙げ、エクソグラフ〔X-ograph〕、ゼオプトロトープ〔Zeoptrotope〕で終わっている。これらの名称はすべて、それと同数の、鼻高々の発明者の作った類似の製品に対してつけられたものであるが、こういった名称をつけようとするパトスの核心は同一のものである。すなわち、生の中心的な特徴ではなくとも、一つの特徴――すなわち、生とは動かされ、動いているものであるということ――を再現することがようやく可能になった、ということである。「映画は我々に写真を提示し、それから写真を動かすのではない――映画は我々に直接、動く写真を提示するのである」[3]。映画嫌いの哲学者アンリ・ベルクソンがそれを認めたがらなかったとしても、映画とは、ベルクソンのいう「生の飛躍《エラン・ヴィタール》」が具体化したものなのである。印象主義であれ、ベルクソンの哲学であれ、映画であれ――一九〇〇年頃に「万物ハ流転スル〔panta rhei〕」というヘラクレイトスの洞察は、注目すべきルネサンスを迎える。電気や貨幣の流れがどのように機能するかを問うエンジニアや国民経済学者であれば、ヘラクレイトス、ベルクソン、あるいはリュミエールの深い洞察に同意するのに、さしたる困難もない。

しかしながら、同時代人の多くが映画を見ているさなかに気づいたのは、「動く写真」がいかに厄介なものであるか、ということである。それは誰もが知っているように、一枚一枚の動かない写真から構成されているのだから。視覚的な印象が信頼できないものであることは、映画が発明される前の数年間に、とりわけジュール・ジャンサンが、目に映る像は短時間しか続かないことを発見したことによって、あるいはエティエンヌ＝ジュール・マレーが、網膜には惰性があることを発見したことによって、明らかになった。彼らが発見したのは、知覚された像は一〇分の一秒間だけ、網膜上に持続するということである。それからすぐに、次の像が続く。この洞察こそ、映画技術が利用しているものである。映画は当初、毎秒一六フレーム、後に毎秒二四フレームで撮影されており、それによって網膜があざむかれる。実際には、とぎれとぎれに連続している画像が、目および目の知覚を処理する人間の脳には、なめらかに連続しているように見える。さまざまなメディアのうちでも、今日に至るまで「最も写実的」なメディアである映画の魅力は、視覚的な錯覚のおかげである。草創期において映画を夢見た発明品の多くが、すでにこの錯覚を利用していた。一例をあげると、**一八七四年**に**マレー**が発明した「**写真銃**」がそうである。この「銃」は素早く連続写真を「撃ち＝撮り《シュート》」、まさにそれによって、運動の秘密（ギャロップの秘密についての記述を参照）に迫ろうとする。あるいは、「フェナキストスコープ」の多くもそうである。これは、今日なお子供のみならず、大人も魅了するパラパラ漫画のシステムによって機能する。これらはますます、人気のパノラマやジオラマに不可欠の構成要素となってゆく。パノラマやジオラマは、十九世紀の大都市を訪れた人々に、その都市全体を見せるものであるが、十九世紀に流行した、ヴィルヘルム・ブッシュからルイス・キャロルに至る**絵物語**と同様に、古いメディアにも可能な範囲内で、映画という新しいメディアを夢見ている。

パノラマの起源は動乱の時代にある。最初のパノラマ館は、フランス革命後にパリで建てられた（ところで**ダゲール**の場合も最初に、つまり**一八二二年**に名声を博したのは、大きなパノラマ館を建てたことによってであった）。それがどのようなものであるかについて、とりわけ一八〇二年の『ブレーメン週報』が、ドイツ人の読者に対して明らかにしている。「パノラマとは、大きな絵を展示する方法であり、見物

客は絵に描かれた全体像を徐々に目にすることで、ついには完全に錯覚させられる」(4)。「見物客」は円形のホールに入る(あるいはのぞき穴を通して、それを外から眺める)のだが、そこには風景、都市、あるいは伝説的な戦場(これがとくに好まれている)を三六〇度にわたって描いた絵が展示されている。後には「錯覚を完全なものに」するために、これに「フェナキストスコープ」が組み込まれる。この原理は十九世紀末頃、アウグスト・フーアマンのカイザー・パノラマ館で最大限に活用された。彼は写真家を何人も雇い、民衆教化に情熱をかたむけつつ、高度にアクチュアルであろうと努力する。『一九〇〇年頃のベルリンの幼年時代』でヴァルター・ベンヤミンは、奇妙なほど妥協的に従来の造形芸術と映画という夢の新マスメディアとのあいだで揺れるこの施設についても証言している。「皇帝《カイザー》パノラマ館で見られる旅の写真の大きな魅力のひとつは、どの画面から見始めてもかまわない、ということだった。座席付きの観覧面全体が円形をなしているので、どの画面もすべての客席のまえを通っていったからである。客は自分の座席から、その観覧面に付けられた一対の小窓を覗きこみ、淡い色調を帯びた遠方の地の風景に見入った。席はいつでも見つかった。とくに私の幼年時代の終わり頃には、皇帝《カイザー》パノラマ館が提供するようなパノラマ写真は、すでに流行に背を向けられてしまっており、

ルイ・ブラウンのパノラマ『セダンの戦い』, 1880年（部分）

私たちは半ば空っぽの館内でこの写真画面上の周遊旅行をすることに、慣れっこになっていた」[5]。ヴァルター・ベンヤミンが生まれたのは一八九二年、すなわち映画が発明される少し前である。その映画のために、十九世紀におけるパノラマ館の流行はたちどころに終焉を迎えることになった。それからというもの、もはや円形ホールに行って、心ゆくまで周回する写真の一コマの前でたたずみ、意味深長に閉じられた地平のなかで周遊旅行をすることもなくなる。そのかわりに映画館へ行って、予め定められたテンポで物語に感動することになるが、この物語が周遊旅行でないことだけは間違いない。

映画はたちまち、大勢の観客を引きつけるメディアになる。その評判は当初、このうえなく厄介なものであった。つまり、年の市の娯楽だったのである。ただし、多くの人々がその将来性を認めていた。**シャルル・パテ**もその一人であった。彼はその長い人生（一八六三—一九五七）において、映画を高尚にすると同時に、大衆ビジネスにすることに多大な貢献をした。パテは早くも**一八九六年**、間もなく**株式会社**化される会社を設立し、**フィルム**（および映写機）を製造する。映画が誕生してから最初の一〇年間に作られたのは、一〇分から二〇分ほどの短編映画で、張りつめた人生の場面に満ちたものである。たとえば自転車からの転落、追跡、恋人たちの感傷的な再会のような場面である。パテは当初、すぐに消耗して使えなくなるプリントを販売していたが、一九〇七年、単純で儲かる着想を得て、この頃にはある程度、耐久性が向上したフィルムを貸与するようになる。フィルムを借りた者に対する管理が可能になるのは、一九一〇年頃には映画が年の市から急速に離れてゆき、決まった場所で上映されるようになるからである。**映画館**が作られる。**一九一一年**にはパリで、座席数が**四八〇〇**もある（そのなかには、立ち見席も多く含まれている）映画館が作られる。一九一三年、ドイツでは、一日に一〇〇万人以上の観客が映画館を訪れている。第一次世界大戦前には、アメリカでは一万以上、イギリスとフランスとドイツではそれぞれ数千の映画館が作られている。「下層階級の劇場」は急速な発展をとげ、その後、さらに急速な発展をとげることになる。教養市民層や文化的保守層は慄然とする。一九一〇年、ベルリンでW・コンラットによる『教会とキネマトグラフ』というすばらしい題名の小冊子が出版される。コンラットは事実に即して論証を行ない、どれほど細かいことを数え上げることもいとわない。それによれば当時、著者が見ることができた二五〇本の映画に、殺人の場面が九七回、自殺の場面が四五回、姦通の場面が五一回、誘拐の場面が二二回、誘惑の場面が一九回、見られる。さらに、酔っ払い――彼らが映画において、抗いがたい魅力をもつ登場人物であるのは周知のとおりである――が三五人、娼婦が二五人、登場するのだという。

映画という新しいメディアもまた「芸術的な価値のある」作品を生み出せることを見て見ぬふりはできるとしても、映画館に行ったことがあれば、それに異論を唱えるのは難しい。一九一三年には、『プラハの大学生』（ハンス・ハインツ・エーヴェルス脚本、シュテラン・ライ監督）が制作される。そして翌年に制作された『ゴーレム』によって、映画が深遠で難解なことも表現できると、ほぼ認めざるをえなくなる。映画が高度文化や国民神話の素材を翻案できることを、遅くとも一九二三年、フリッツ・ラングが『ニーベルンゲン』二部作によって示す。この作品は大成功を収める。それに続いて一九二七年、同じ監督が映画『メトロポリス』を公開する。この作品は『ニーベルンゲン』とは対蹠的に、過去の深淵ではなく未来の深淵を観客に提示し、驚愕させた。当時としてはとてつもない費用が投じられた（すなわち五〇〇万マルクもの制作費を必要とした）、長編の（すなわち四〇〇〇メートル以上にも及ぶ）、完璧主義的な映画である（上述の四〇〇〇メートルは、六二万メートルも撮影した素材から編集されたものである）。まだ若い映画がどれほど急速に成長し、古典的な形式を獲得するにいたったのかを目の当たりにすれば、同時代の観客もメディア史家も唖然とするばかりである。チャップリンやヒッチコックの、最初期のものでありながら、すでにそれぞれのジャンルを驚くほど完璧に体現している映画が封切られたとき、このメディアはまだ二、三〇歳でしかない。文学のきわめて古いトポスである「年老イタ子供〔puer senex〕」（つまり、あらゆる老人の知恵をもった早熟な子供）は、よりによって新しいメディア（周辺）領域である映画にこそ当てはまる。ヒッチコックよりすぐれた探偵映画や、チャップリンより賢明な喜劇など考えられるだろうか。

しかし、映画が完全に大人になるためには、さらに二つの特性が必要である。映画は、話すことを学ばなければならない。そして、色彩を持たなければならない。そうすれば、ゲーテが演劇を宣伝するために用いた古い言葉「太陽に映える色とりどりの輝きにこそ、われわれの生がある」[6]（出典は『ファウスト』第二部、つまり伝統的な舞台技術をすべて打ち破り、映画について夢見る巨大なドラマである）が、メディア技術に支援された、演劇にとって最大のライバルにも当てはまることになる。トーキーの実験は、映画そのものと同じくらい古い。それも驚くにはあたらない。なぜならば、映画がこの世の光をセルロイドに固定しはじめたとき、すでに録音は利用可能だったからである。映画用フィルムは短い。それを最後まで回すのに要する時間は当初、一分であり、当時のフォノグラフが音を出せる時間もそれとまったく同じである。視覚メディアである映画に音楽を奏でさせたり、言葉を話させたりするためには、人間に特有の三つの手段がある。すなわち、ピアニストが演奏する、文字による中間字幕を挿入する、実在したというよりはむしろ神話的な「活動弁士」(7)が視覚的な印象に意味深長な言葉を添えるという手段である。これらには最初から、録音という技術に支援されたライバルがいる。つまり、意味《ズィン》と感覚《ズィンネ》はまだ半ば分離されているのである。後から意味を付け加えるのは（繰り返し述べるならば、メディア史あるいは初期の映画史においてというよりはむしろ、ゲルト・ホーフマンの一読に値する小説において）、実際にその場にいる人間の役割である。感覚《ズィンネ》の欲求や感覚的《ズィンリヒ》な欲求は、メディア技術に支援された映画によって、スクリーン上で満たされる。

しかし**トーキー**が生まれたことによって、密接な関係にあるものがメディア技術的にも一体になる。一九二七年、映画『ジャズシンガー』が公開される。この映画に合わせて、サウンド・オン・ディスク方式〔ヴァイタフォン方式とも呼ばれる〕で一連のレコードが再生されたが、レコードは、一一分ごとに同期信号に合わせて交換する必要があった。フィルムが切れて巻き戻されたときに同期がどうなってしまうかは、想像に難くない。この問題は、いわゆる**サウンド・オン・フィルム方式**〔サウンド・トラック方式とも呼ばれ、音声を光の波に変換してフィルム上に記録する〕によってようやく解決された。この方式は、一九二一年から**フォークト**、**マゾレ**、**エンゲル**らによって開発されたもので、視覚と聴覚という二つの感覚に対するデータを一つの媒体に記録するというアイデアに基づいている。これは費用のかかる方式である。というのも、音と光の波に互換性をもたせなければならず、また、画像と音声のトラックを同一の映写機で読み取ることができなければならなかったからである。ウィリアム・フォックスはこの方式の特許を、自らの映画会社

「二十世紀フォックス」のために取得した。成功を収めるまでに、さほど時間はかからなかった。「フォックス・ムービートーン・ニュース」という言葉を、少なくとも年配の世代なら、今でもよく覚えているだろう。しかしながらトーキーに対する抵抗は特筆に値するほど苛烈で、その結果、奇妙な同盟が結ばれることになった。映画館で雇われていたピアニストたちは、表現主義的な訓練を受けた俳優たちと協力してトーキーと戦った。彼らのあまりにも分かりやすい表情は突如としてしかめ面をしているように見えるようになり、時代遅れになったのである（現在なら、さしずめ「メガ・アウト」とでもいうところだろう）。さらに、トーキーのために必要な投資ができなかった映画館の所有者たちや、サイレント映画なら国際市場で成功を収めることができても、トーキーではその見込みがなかった国内の（とりわけスウェーデンの）映画産業や、無声であるからこそまだ半ば抽象的だった映画芸術が、平板なものになることを危惧した文化批評家たちも、ピアニストたちの味方であった。

このような戦いや批評には、まったく効果がなかった。一九三〇年頃、トーキーは世界中に広まる。それとともに、費用のかかる技術を利用することができた大規模な映画会社が優位になる。ここでも、メディア技術が広範囲にわたる美学的規定をもたらす、という認識の正しさが証明される。サイレント映画なら、より小さなカメラでも間に合うため、むしろ屋外で撮影することに主眼が置かれる（労働者たちが工場から出てくる、乳母車が幅の広い階段を転がり落ちる、列車が駅に到着する）。これに対して撮影技術的に費用のかかるトーキーは、資本集約型のスタジオと舞台装置の会社に好況をもたらす。資本集約型であることは、**カラー映画**も同じである。映画が発明された一八九五年の直後からすでに、多くの人々がそれを発展させようと試みている。最も単純な方式は、最も手間のかかるものでもある。すなわち、一枚一枚の写真に後から手作業で彩色するのである。**一九一二年頃、レオン・ゴーモン**が**三色法**を開発するが、そのフィルターシステムによって可能になるのは、かならずしも鮮明ではない、せいぜい印象主義的な色彩効果である。これに対して、**一九三〇年**以降に利用できるようになる**テクニカラー方式**は高額な費用がかかるが、優れたものである。それがどれほど優れたものであるか、第二次世界大戦が勃発した年に、アメリカ南北戦争の大きな歴史を鮮やかな色彩で回顧しようとする者であれば、誰でも納得することができる。すなわち、一九三九年に『風と共に去りぬ』は——世界《ヴェルト》中のスクリーンではないが——大陸《ヴェルトタイル》中のスクリーンを席巻するのである。

概して、初期の映画がもっていた国際性はますます失われてゆく。映画史の黎明期が終わると、パテ兄弟社が映画制作の世界市場の大部分を支配するが、やがてアメリカからそのライバルが現れる。そのために今日でも、旧ヨーロッパと新世界のあいだで熱い議論が戦わされている。一九一一年にハリウッドで、原材料であるロールフィルムの供給業者イーストマンに促され、アメリカ映画連合の基礎が築かれるが、それは間もなくワーナー・ブラザーズ社とフォックス社の二つに分かれる。その両者の商業主義路線に反発して、一九一九年以降、「ユナイテッド・アーティスツ」という意味深長な名前にふさわしい映画制作協会が抵抗を試みる。成果がなかったわけではない。グリフィス（カルト映画『国民の創生』は彼の作品である）やチャップリンが、創立時のメンバーに名を連ねている。トーキーが普及するにつれて個々の映画が国際的に広がることには制限が加えられるようになるが、言葉の壁に由来するこのような制限は、当然のことながら、無声映画にはなかった。やがて第一次世界大戦が勃発すると、国際的なメディアが決定的に国家主義的なメディアとなる。このような推移を考察するうえで、特徴的な日付が存在する。一九一七年七月四日、参謀本部総長ヒンデンブルクのもとで次長を務めた**エーリヒ・ルーデンドルフ**は、国防省に宛てて次のように書いている。「戦争は、啓蒙と影響力を行使する手段として、写真と映画に卓抜した力があることを示した。残念ながらわれわれの敵は、この分野での優位を徹底して利用したので、われわれは甚大な損害を蒙ったのである」[8]。ルーデンドルフは実行の人である。同年中にも、より正確には**一九一七年一二月一八日**、ルーデンドルフ主導のもと、**ウーファ**（Universum-Film-AG）が──ドイツ軍の参加する合弁会社として、ドイツ銀行から巨額の資金注入を受けて──設立される。プレミア上映会はホテル・アドロンで行なわれる。ウーファ設立者たちが表明した目標は、終結しつつある大戦の物量戦におけるドイツ兵たちの防衛力を強化し、ドイツに勝利をもたらすことであった。この映画会社はそれを達成することはできなかったが、一九三九年までの短い平和な期間に、ポツダム＝ノイバーベルスベルクのスタジオというかたちで、特筆に値するほど生産的なインフラストラクチャーを残す。ナチ党員たち、とりわけ映画とスタジオ・バーベルスベルクの女優たちの友であるゲッベルスは、軍事的な精神のなかで成長した映画という子供を、彼らの目的のために力のかぎり働かせることができた。

長く続きすぎた一二年間の千年王国がついに終焉を迎えると、ゲッベルスのように自殺をしなかったナチ党員の大物たちは、ニュルンベルク戦争犯罪裁判所の被告席に座ることになる。そこで上映され、司法手続きにおいて証拠品としてはじめて認められた映画がある。ドキュメンタリー映画『ナチ強制収容所』である。ヘルマン・ゲーリングのたしかな判断力によれば、この映画はナチ党員の被告たちの弁護戦略が不合理なものであることを論証した。「それからこの恐ろしい映画がかけられ、何もかも台無しになった」[9]というのである。それがどれほどのものであったのか、今日に至るまで解明できないほどの規模で、ナチ党員たちは新しいメディア（とくに映画というメディア）を動員した。映画というメディアの時代には、彼らが犯した大量殺人の罪を記憶から排除することは不可能になった。パウル・ツェランの詩「死のフーガ」やペーター・ヴァイスの戯曲『追及』のほうが、『ホロコースト』のようなテレビ・シリーズや『シンドラーのリスト』のようなハリウッド映画よりも、美学的によりよく考えられており、否定的超越性（再現不可能であること）や言語化不可能であることの深淵をより敏感に心に留めていることは否定しがたい。その一方で、これらの映画のほうが、前述の文学作品やそれ以外の数多くの文学作品より多くの（これらの映画がなければ、目を閉ざしたり、逸らしたりしたであろう）人々の目に留まったこともまた、否定しがたい。

　映画は、きわめて外面的な意味におけるマスメディアである。書物に没頭するのは孤独な頭脳であるが、スクリーン上の出来事のとりこになるのは（少なくとも、大規模な映画館があった古典的な時代には）何百もの、時としては千以上の目と耳である。映画館に行く人々は、スクリーン上の出来事に対する自らの反応を、他の観客たちの反応に合わせることができるし、それどころかまさに合わせなければならないのである。一緒に笑い、泣き、恐れ、喜ぶ。映画の観客は大衆《マス》そのものである。たとえ楽しみ、気晴らしをしたいと思っていても、この気晴らしの意志において彼らはまとまっている。そして特筆に値することだが、読書をする場合ならどうしてもしなければならない努力から解放されている。読書をする場合には、作業をしなければならない。すなわち、記号を解読し、それから、記述されている人物、筋、風景などがどのようなものか想像しなければならないのである。読書というメディア受容の形式は、尋常ではないインプットを読者に要求する。それに対して映画は、視覚と聴覚にかかわる知覚を観客に直接的にもたらし、圧倒する。映画は、あらゆる文字の背後にある意味《ズィン》を解読するという野心に訴えかけることはない。完全に（文字）記号のこちら側で生起するメディアとして、むしろ感覚《ズィンネ》に訴えかけ、それを見つめる。そして、感覚《ズィンネ》が――しかるべき理由があって、数年間におよぶ教育を前提とする読書とは異なり――きわめて自動的に機能するのは周知のとおりである。要するに、映画は圧倒的なまでにデータと感覚《ズィンネ》に満ちているために、識字教育をまったく受けていない者でも、大がかりで、説得力があり、興奮させ、感動させる視覚と聴覚による物語によって圧倒するのである。

もはや書物ではなく映画こそが、テーマ、流行、気分、ライフスタイル、意見、感情に多大な影響を及ぼすものであることは、すぐに明らかになった。「映画を手にしたならば！」というよく引用されるタイトルは、一九二〇年に出版された社会民主党員カルロ・ミーレンドルフによる小冊子に付けられたものである。この小冊子には次のようなくだりがある。「大衆。何百万もの人の数。生まれてきて、生きて、また去っていく。名前など持たず、しかしそこに存在する。巨大な集団となって動き、すべてを作っていく。それゆえ彼らを手の内に握らねば。それには映画が一番だ」[10]。このような認識を抱いているのはミーレンドルフだけではない。それゆえに世界中で、映画およびそれが明らかに有している能力をめぐって戦いが起こるようになる。それは、大衆に感銘を与え、影響と感化を及ぼす能力である。その後ウーファがたどった歴史に少なくとも簡単に触れておくことは、意味のないことではないだろう。一九二一年、ウーファはルーデンドルフの庇護のもとを離れ、完全にドイツ銀行の所有になる。そして一九二七年には、アメリカのライバル会社が成功を収めたことも一因となった経済的な混迷を経て、国粋右派の大物実業家アルフレート・フーゲンベルクの影響を受けるようになる。彼は株式の過半数を取得することで、リベラル左派の出版者ウルシュタインとモッセが会社を買収しようと試みるのに対して先手を打つ。

しかし、このようなことはむしろ、暗い背景での出来事である。それに対して、世間の注目という光を浴びて、一九一八年頃に（一九一七／一八年の政治的な革命ほど注目も言及もされないが）メディア革命が起こる。すなわち、映画が普及し、ラジオ放送の地位が高まりはじめると、グーテンベルク銀河系がゆらぎはじめ、メディア宇宙の太陽は一つではないということから、目をそらすことも、耳をふさぐこともできなくなるのである。これはメディアの大変革である。伝統的な書物の天球はそれを注視している。ある教養人にして映画愛好者が、映画の好況によってもたらされたメディア構造上の変革を明確に論じている。すなわち、ヴァイマル共和国時代に『フランクフルト新聞』で学芸欄の編集員を務め、熱心な映画ファンでもあったジークフリート・クラカウアーは、映画を簡潔に「異なる芸術」と定義したのである。

事実、映画は伝統的な諸芸術とは異なっている。それには多くの理由があるが、そのうち六点だけを以下に挙げておこう。第一に、映画はたんに芸術であるだけではなく、同時にまた費用のかかる技術である。そして、この技術を使うためには資金が、それも多額の資金が必要となる。ソナタを作曲することも、詩を書くことも、そしてカンバスを油彩の花のモティーフで埋めつくすことさえも、あまり費用のかからない企てである。それに対して九〇分間、映画によってスクリーンに生命を与えるためには、相当な費用を投じる必要がある。そして第二に、映画は一人の作者だけでは作れない。著者、作曲家、絵の天才といったカテゴリーは、映画芸術では崩れ去る。映画はこの点においても、他の芸術とは異なっている。映画のエンディング・クレジットでは、絵の下に記される署名や、本のカバーに記される著者名とは異なり、一つの名前だけではなく、百にもおよぶ名前が挙げられる。第三に、これほど大勢の人々が関与していることを忘れさせようとでもするかのように、映画はスターシステムを発展させる。それによって、一人か二人の俳優（グレタ・ガルボ、マルレーネ・ディートリヒ、ハンフリー・ボガート、マリリン・モンローなど）が観客たちの崇拝の対象となる。真と善と美には密接な関係があるというプラトンの命題に少しでも妥当性があったかといえば、それはきわめて疑わしい。この命題がグーテンベルク銀河系において権威ある言葉であったのはたしかだが、映画の時代に魅力的な言葉でないのもたしかである。第四に、（音と色のある）映画は最初の、本当に共感覚的な芸術およびメディア技術である。映画は、映画以前の芸術とメディア（演劇は例外としなければならないが、その共感覚的な刺激は記録できない）には不可能であった方法で知覚とコミュニケーションを結びつける。そして第五に、映画は（無限に再生産できるために、演劇よりもはるかに広い意味において）より多くの人々を同じ時間に、同じ場所に、同じ受容目的で集める最初のマスメディアである。映画が異なる芸術であるのは、第六に――最後になったが、とりわけ重要なことである――映画がそれ以前の他の芸術には夢見ることしかできなかった方法で「リアリスティック」でありうることによる。すなわち、映画に撮れるのは（デジタルな――撮影ではなく――制作の技術が発明される以前には！）、今ここで実際に起こっていることだけなのである。

　映画が発明されてから三年後、写真が発明されてから六〇年後にあたる一八九八年、ヤルマー・セーデルベリが『水墨画』という表題の物語を発表する。このテクストは、前々世紀転換期にメディアによってもたらされた、意味《ズィン》と感覚《ズィンネ》、言葉と知覚の新しい関係を究明しようとする多くのテクストの一つである。ただしこのテクストは、実際の出来事に意味を付与するという企図とはどのようなものであるかを、簡潔かつ印象的に描くことによって際立っている。語り手である「私」は、いつも煙草を買っている店の年若い少女に、たまたま紙入れのなかにあるのを見つけた水墨画を見せる。「「これを見てください」と私は言い、それを彼女に見せた、「何だと思いますか」／彼女は興味を引かれたような様子で絵を手に取り、とても長い間、子細に観察した。彼女はそれを裏返した。そして、彼女の顔には集中して考え込んでいるような表情が浮かんだ。／「ねえ、これはどういう意味なの」と、とうとう彼女は、知りたくてたまらないといったまなざしで尋ねた。／私は少しばかり当惑した。／「とくに意味なんてありません」と私に答えた。「ただの風景画ですよ。そこが地面で、そこが空、そしてそこに道があって……普通の道です」。／「ええ、そんなことは、見れば分かります」と、彼女は無愛想な口調で言った。「でも、それがどんな意味なのか、知りたいんです」／私はどう答えればよいか分からず、途方にくれた。それが何かを意味しているなどと、考えたこともなかったのだ。／［…］するとその貧しい少女は突然、火のように赤くになって、涙声で叫んだ。「まったく、あなたって本当に意地悪ね、そんなふうに私を馬鹿にするなんて。分かっているわよ、自分が貧しくて、少しばかりの教養を身につける余裕もなかったことくらい。だからといって、私を馬鹿にすることはないでしょう。教えていただけないかしら、それがどんな意味なのか」／私は、何と答えればよかったのだろうか。それが何を意味するのか、彼女に言ってやることさえできるなら、何でもしたことだろう。だが、それを言ってやることはできなかった。何の意味もなかったのだから！」[11]

すべては、あるがままのものである。意味を超越した映画のリアリズムが、魅力的であると同時に厄介なものでもあることは明白である。映画理論における初期のリアリズム的な言説（そして初期の映画理論はほぼ例外なく、リアリズム的な言説である）[12]に対する異論はすぐに思いつくものであり、よく知られている（トリック、カットの選択、カメラのパースペクティブ、省略、スタジオ、舞台装置——要するに、映画ではさまざまな操作が行なわれているという異論である）ので、ここである単純な認識に注意を喚起しておくことも無駄ではないだろう。すなわち、映画がリアルタイムで、視覚的および聴覚的に記録し再生することができるのは、実際にある特定の空間で、ある特定の時間に、（瞬間においてだけではなく）連続して起こる出来事である。そして、まさにこれこそ、映画以前の他のどの芸術にも、どのメディア技術にもできないことなのである。まさにこの圧倒的な映画のリアリズムによって、その限界を試し、超えたいという気持ちがかきたてられることは、ほとんど自明の理である。ただし、スタジオにおける出来事は実際にスタジオにおける出来事であり、演出は実際に演出であり、たとえば（ジョルジュ・メリエスが一九〇二年に制作した『月世界旅行』や、フリッツ・ラングが一九二八年に制作したウーファ映画『月世界の女』において）人間が月に着陸することを示唆するために用いられるトリックの技術は、実際にスタジオで行なわれたトリックなのである。映画のリアリズムの実に攻撃的な崇拝者であったクラカウアーによれば、映画はその黎明期からすでに非リアリスティックであることもできた。彼が用いた図式は、リュミエール対メリエスというものである。メリエスはリュミエール兄弟とは異なり、最初から映画的にトリック効果をあげられることを考慮に入れている。最も簡単なトリック効果は、すぐに見つかった。フィルムを逆方向に再生するのである。すると、ばらばらに崩れようとしている壁は一つに戻り、水中に飛び込もうとしている水泳選手は足から先に、水中から飛び板に戻り、ソーセージは——あらゆる復活の神学を世俗化して——豚に戻る。

映画は（文字とは異なり）「リアリスティック」であることができる。そして、まさにそれゆえにこそ、現実とは構成され、演出され、操作されたものであること（また、現実とはいかに構成され、演出され、操作されたものであるか）を明らかにできる。映画は啓蒙することができる。映画は記号のこちら側において、現実の構成は構成の現実と同一なのだという交差配列法で表される認識を可能にするのだから。[13]この構造を認識させるのはまさに、自らが「リアリスティック」でありえながらも高度に演出されていることを明らかにするような映画である。この認識の射程において、グーテンベルク銀河系の巧妙な顕現が映画のそれと出会う。現実の構成と同時に構成の現実も示す総合芸術へと向かう傾向が、まさにここ数十年のアヴァンギャルド映画の監督たちに顕著に見られる。トリュフォーは自らの映画の特徴を、混成物であること、つまり「映画の書物《フィルム・リーヴル》」および「書物の映画《リーヴル・フィルム》」であることに見出している。また、自らの特徴を「映画の画家」であることに見出しているピーター・グリーナウェイは、「私たちはまだいかなる映画も見たことがない、という挑発を提示しなければならない[14]」と発言している。すなわち、私たちが映画館に行ったときに見るのは通常、顔、通り、自動車、建物、風景、身体などであって、決して、これらすべてを見せている、映画の論理あるいは技術論理ではないというのである。グリーナウェイの映画の多くが、二四という数字に極度にこだわっているのは、理由のないことではない。二四冊の書物が『プロスペローの本』で提示されるが、これらの書物は百科事典のように、近代における主要な知の領域を表すものである。アルファベットは二四文字であり、古典的な三五ミリフィルムは毎秒二四フレームである。

　映画が誕生したことによって、グーテンベルク銀河系の独占的地位は決定的に終焉を迎える。すなわち、映画はこの銀河系を――『プロスペローの本』やその他の作品が示しているように――賢明かつ寛大にも統合し、置き去りにすることができるのである。メディア技術と政治上の根源的な衝動が相互にどのような関係にあるかという、想像をかきたてる問題に興味があるならば、二十世紀の左右の全体主義には、どれほど構造的な類似点があろうとも、相違点もあるという認識について、深く考えてみてもよいだろう。その相違点とは、ソビエト連邦および「現実社会主義」の東欧ブロックは、書物に対して奇妙な信仰を抱いていたことである。振り返ってみると、それは現実風刺のように聞こえる。だが実際に、ブレジネフ全集やホーネッカー全集は――ほとんど読まれることはなかったとはいえ――版を重ねていた。ヒトラー、ムッソリーニ、フランコ、ピノチェトらは（『我が闘争』は半ば例外であるが）、有名な作家と見なされることにはほとんど価値を置かなかった。それに対してナチ党員たちは、進んだメディア技術、映画、ラジオ、そしてまた着実に発展するテレビ技術に、きわめて活発な関心を抱いていた。しかしながら、それらに関心を抱いていたのが彼らだけでなかったのは、幸いであった。アメリカをはじめとする西側の民主主義国家もまた、グーテンベルク銀河系の終焉に寄与したのである。ただし、背景にある原因はまったく異なっている。すなわち、アメリカのメディア産業が憲法のスローガンである「幸福の追求」の恩恵を受けていることは、明らかなのである。それに対して右翼の独裁者たちは、新しいメディアが教会のような伝統的に意味を司る機関をむしばむのを目の当たりにして、メディアを利用した。なぜであろうか。最も陰気な形式の形而上学（何があろうとも権力を獲得しようとする意志）を、メディアの新しい状況と両立させる（また映画的に上映する）ためである。映画は反形而上学的である。映画は事実（演出と構成もそれに含まれているが、これらもまた事実である）に焦点を合わせる。それだけになおさら、意味《ズィン》ではなく感覚《ズィンネ》に焦点を合わせる映画は、現代の過激分子たちの一部を刺激して、きわめて無意味な意味の全体を是が非でも求めようとさせるのである。

　グーテンベルク銀河系が終焉を迎えた後、メディアと形而上学がどのような状況を迎えることになるのか、ロマン派の詩人アイヒェンドルフはすでに予感していた。晩年に初期の写真の同時代人となったアイヒェンドルフは、次のような言葉を残している。「このようなダゲレオタイプの肖像写真はたしかに髪の毛の一本一本、いぼの一つ一つまで再現するが、物質的な光が認識することができるのは、まさに遺体だけである。芸術家の精神的な慧眼があってはじめて、人間のなかの驚嘆すべきもの、つまり魂を解放し、目に見えるようにすることができるのである」[15]。すぐれた言葉である。繊細な、つまりメランコリックなモダンの同時代人なら誰でも、同意してうなずくことだろう。それから、ラジオのスイッチを入れたり、テレビを見たりするのである。十九世紀のメディア技術によってはじめて、記号のこちら側で光と音の波を記録し（写真と録音）、転送し（遠隔通信と遠隔通話）、動いているところを再現する（映画）ことが可能になる。この技術は形而上学および、形而上学による意味への執着を克服した、あるいは「傷つけた」のである。

第三の中断——メディアの系譜学

戦争、経済、宗教

戦後期の最も有名で、最もよく売れた最良のレコード・アルバムの一つは、ただたんに曲を連ねるだけではなく、意味深い物語を語っている。第二次世界大後に陸へあがり、シリアスな分野から娯楽分野へ鞍替えした、ある潜水艦の司令官をめぐる暗くて明るい物語である。敵を殺すことよりシリアスな仕事などありえないであろう。ペッパー軍曹はこの仕事にはもううんざりしている。こうして彼はイエロー・サブマリンを去り、バンドのリーダーとなる。ビートルズは、現代ポップ音楽の首都リヴァプールには軍事的な前史があることを知っていた（この街は英国潜水艦隊の主要基地だったし、今もそうである）。戦争するより愛し合おう《メイク・ラヴ・ノット・ウォー》。だが戦争が終わってもまだ、ステレオ音楽の響きに取り囲まれている私たちは、潜水艦のなかで生きているのである。このような洞察をもたらしてくれる音楽には、リズミカルな説得力がしかとそなわっている。ぼくらはみなイエロー・サブマリンの住人さ《ウィー・オール・リヴ・イン・ア・イエロー・サブマリン》、イエロー・サブマリン。リヴァプール出身のバンドによるこの分かりやすい命題には、先見の明があった。メディア技術を贅沢に装備した日常において——自動車を運転しながら六つの一〇〇ワットスピーカーで音楽を聴き、PCモニターの前に座って情報の海でサーフィンをし、テレビの前に腰掛けて五〇ものチャンネルを次々にザッピングし、未公開株の取引場で経済世界を意味する長い数字の列に見入る——われわれは実際、婉曲的に潜水艦の司令官と呼ばれはしたが、明らかに自らが司令の受信者だった者たちと似ている。もっともな理由があって流行しているシステムと環境という対概念には、システム理論の過剰な抽象性を批判する者たちが予感しているよりもずっと確実な次元があるのである。

　それはそうと現代のステレオはいまだに軍事テクノロジーの、より正確に言えば潜水艦の位置測定技術のリサイクル品である。その意味でも奇抜な衣装を身にまとったバンドリーダーのペッパー軍曹は、自分がその元を去った潜水艦の司令官に対して忠実でありつづける。軍務を退き娯楽部門に貢献するペッパー軍曹には、現実の歴史上に数多くの先例がある。そのうちの一人はヴェルナー・ジーメンスである。ジーメンスは一八三五年にプロイセン軍に入隊し、一八四九年に退役した。彼の退役後も軍隊との良好な関係は変わらず、軍はただちに彼のプロジェクトのいくつか（その一つは電報）を金銭的に援助する側に加わった。一八八八年にフリードリヒ三世はジーメンスを貴族へ列した。これは軍事からメディア、シリアスな分野から娯楽分野へのスムーズな移行を示す数多くの実例のうちの一つである。さらなる著名な実例としては、映画会社ウーファを設立したルーデンドルフ将軍が、軍事技術とメディア技術とのあいだの内密な、より正確に言えば系譜学的な関連を示している。フォンターネの小説の登場人物ゴードンも、将校から「民間エンジニア」となる（第八章を参照）。ポール・ヴィリリオやフリードリヒ・キットラーの著作、そして機知に富んだタイトルの論集『ハード戦争《ウォー》／ソフト戦争《ウォー》[1]』が強調しているのは、戦争が万物の父ではないとしても、目に見えて多数のメディア製品の父だということである。

　多くのメディアが軍事技術から生まれたことは、実に容易に、かつ有無を言わせぬ説得力をもって示すことができる。だから、テフロン加工のフライパンは周知のように宇宙航空学のおかげであると指摘してみたところで、その誇張された無害さゆえに、馬鹿げた印象を与えるばかりである。軍事技術とメディア技術との実りの多いランデヴーを次のように列挙しても、完全にはほど遠いのである。鉛からは弾丸と活字ができる。セルロイドは、爆発物と（燃えやすいことはよく知られている）フィルム製品ができる原料である。写真は撮《シュート》られるし、タイプライターは撃《ストローク》たれる。これらは偶然に生じた語法、あるいはふとした思いつきの表現にすぎないのだろうか？　レミントン社は兵器製造業者であったが、南北戦争が終わると兵器の生産では通常の売上を維持できなかったがゆえに、民間の事務用品部門へと徐々にシフトした。レミントンが兵器業者でなければ、たとえどれほど多くの敵対的企業吸収を行なったところで、タイプライターを製造する準備などなかったであろう。初期の遠隔通信が軍事的な関心から生じたことは言うをまたない。機関銃の弾丸を送る装置と映画のフィルムを送る装置は、同じエンジニアの頭脳から生まれた。ラジオ放送《ルントフンク》――名ハ体ヲアラワス〔「ルント」は「円形、周囲」を、「フンク」は「無線電信」を意味する〕――には、厳密に名指すことのできる先駆者がある。軍事無線電信である。テレビ受像器はレーダー技術のリサイクル製品である。コンピュータは第二次世界大戦時、ドイツの暗号機械エニグマによる謎めいた記号列を解読するための複雑な計算を行なう目的で開発されることになった。加えて、これほど民間に普及したインターネットは米軍が大学へ、そして全世界へプレゼントしたものである。

軍事領域とメディア領域とのあいだの結びつきは実際、時として、ルーデンドルフとウーファの物語と同様に息もつけないほど直接的である。開戦時にゲッベルスは陸軍用に七つ、空軍用に四つ、海軍用に二つの宣伝部隊を用意していた。ナチスの宣伝部隊の行動は、たとえば十九世紀にウィリアム・ハワード・ラッセルがロンドンの『タイムズ』紙用に書きつづけた古典的な戦争報道とはもはや何も共通性がなかった。ゲッベルスのために記事を書き、写真や映画を撮る宣伝部隊員は、「塹壕、戦車、飛行機、あるいは海軍の戦艦で任務を遂行し、ときには戦闘に参加した。イギリスと戦う空軍の爆撃機に狙撃兵として搭乗していた宣伝部隊員による写真が、国際的なセンセーションを引き起こした。彼は機関銃で攻撃してくる英国の「スピットファイアー」機を撃ち落とし、その後、素早くカメラで狙いをつけ、炎上しながら墜落する機体を至近距離から写真に撮ったのである」[2]。西ドイツの最初の数十年で最も有名なジャーナリストのうち目に見えて多数が、一九四五年以前はナチスの宣伝部隊員であった。数多くの例がある中、ZDFの初代局長カール・ホルツアーマー、『シュテルン』誌の編集長アンリ－・ナネン、伝説的な朝のトークショー番組の司会者ヴェルナー・ヘーファー、『シュピーゲル』誌のスター写真家マックス・エーレルト、またルードルフ・ハーゲルシュタンゲやエルンスト・ローヴォルトのような作家もナチスの宣伝部隊出身であった。

どれほど愚かな反乱者でも、一番はじめに何をしなければならないかは知っている。それは放送施設を占拠することである。軍事テクノロジーとメディア・テクノロジーとのあいだに緊密な系譜学的関連が存在することはほとんど異論の余地がない。この関連は第一次世界大戦末期の数ヶ月間に、説得力のある逸話に凝縮されて浮き彫りとなった。後にドイツにおけるラジオ放送の先駆者となるハンス・ブレドウは、通信士官として北フランスの前線で働いていた。当初の熱気をとうに失っていたドイツ兵の士気を保つためにブレドウは、軍事用の無線機を通じてレコード音楽や新聞記事の朗読を塹壕へ放送させた。「そうして得られた一大成果も、だがしかし、それを聞きつけたさらに上の司令官が〈軍用機器の濫用〉と騒ぎたてて、それ以上の音楽や言葉の放送を禁じたので、はかなく消え去ってしまうしかなかった」[3]。軍用機器の濫用とは、フリードリヒ・キットラーが注意を促して以来、メディア史研究においてすぐに有名になった言い回しである。だが、ハンス・ブレドウが戦後すぐに続行したこと、つまり軍事無線をラジオ放送としたことも、この言い回しの歴史に属している。ブレドウは軍用機器を徹底的に民用機器に変えた人物である。その後ゲッベルスによってラジオ放送は再び、ドイツ人を戦時へと調整する機器と化した。ゲッベルスとブレドウはお互いに用のない存在であった。

　つまり、軍事技術の発展とメディア技術の発展とのあいだのほぼ異論の余地ない系譜学的関係を、たとえばフリードリヒ・キットラーのように、真っ黒な関係として見ることも可能だ、ということである。キットラーはメディアが第二次世界大戦後にももっていた、そして第二次世界大戦後にこそもっていた娯楽機能を、メディア本来の用途から逸脱した濫用であるとみなす。「有事と有事のあいだに娯楽が、いわばおこぼれのようにあっても問題なし。娯楽メディアはいくつもあって、どれにでも切り替え可能でよりどりみどり。グラスファイバー・ケーブルが送り込めない情報などひとつもない。たったひとつ、それこそ肝腎だというもの、すなわち爆弾をのぞいては」[4]。しかしながら、メディアが発明された時と使用される時では、その機能が異なっているという旧来の議論を援用して、メディアはまさに軍事に由来するからこそ戦争を不要にできるのである、というように軍事テクノロジーとメディア・テクノロジーのあいだの関係を観察することだって可能である。箴言風に表現すれば、放送塔を占拠する反乱者は、もう少し賢ければ、メディア・テクノロジーが発展した時代においては、放送＝使命《ゼンドゥンゲン》を管理すること、つまり都合のいい放送＝天命《シックンゲン》ばかりが観衆の耳目に届くようにすることがどれほど困難か、すぐに分かるであろう。理論的に表現すれば、メディア放送は、軍事上の砲撃と等しい機能をもちうる。軍事テクノロジーからメディア・テクノロジーへの移行は、大規模な軍隊編成の凋落でもあるという経験に関しては、冷戦という説得力のある概念が存在している。冷戦とは、名ハ体ヲアラワスように、熱い血の流れに代えてクールなメディアの流れを置くものである。一九四五年以降の冷戦は、メディアの投入のみで勝利を収めることができた最初の大戦争である。ラジオとテレビの放送に対して石の壁は何の役にも立たない。たしかに国家はコピー機、電話、特定の書物、ビートルズのレコード、コンピュータなどに国民がアクセスすることを妨げることができる。しかし国家はそうすると、敵対する体制に追いつき、追い越すために必要とする経済発展の活力までも妨げてしまうのである。そしていつかビートルズの音楽、西ドイツのマルク、ラジオやテレビ放送は、どの道ライプツィヒ、ワルシャワ、モスクワへ到達する。メディアはメッセージであるというマクルーハンの金言を実証しながら。そのメッセージによれば、共産党の中央委員会は、彼らが望んでいるほど中心的ではないのである。

ワルシャワ条約機構の国々の崩壊は集合的記憶となりそうなメディア事件によって封印をほどこされた。それはまさに象徴的なアピール力をもつ日となった。まったくイロニーなしに「中央委員会」を自称する機関の一員が、非常に緊迫した内政状況において、公開生中継の記者会見を開く。彼の名はギュンター・シャボウスキーという。彼はしかし、このような仕事のプロであるはずがない。こうして彼は中央委員会が気にかけていない状況で、口が災いして身の破滅を招くことになる。その前に自分で発表したことについておそらく彼自身が一番驚いていたのだろうが、国境に関する新しい政令はすぐに発効するのかというジャーナリストの質問に対して、彼はどもりながら、まだ完全に紙に依存している時代のことなので、中央委員会の議決に関わる書類をめくり、「そうだ」と聞こえるような答えをする。テレビを見ていた数十万の旧東ドイツ市民は遠い幻影《テレ・ヴィズィオーン》を見たと信じ、さっそくその発言の真偽をテストする。数日後、そこからさらに数百キロメートル東で奇妙に反時代的な独裁者の声明が放送される。その時広場の大群集のなかで普段とはまったく違った抗議運動が生じ、演説者を保護するためにヘリコプターが来ても、ライブ放送のためのカメラは回り続けている。数日後、チャウシェスクとその妻の銃殺がビデオに撮影された。少なからぬ徴候が、軍事のリサイクル品であるメディアによって、一般的に行なわれている軍事による紛争解決からの離反が起こりうることを示している。

西側の民主主義（別の見方からすると、資本主義国家）の勝利を可能にしたメディアのうちとりわけ重要なのは貨幣メディアである。旧東ドイツでは、貨幣と「本当の貨幣」との区別がよく使われていた。後者が西ドイツのマルクを意味していたのはもちろんのことである。貨幣は（「第二の中断」で詳しく説明しようと試みたように）、ホスチアに続く二番目の大規模なマスメディアである。貨幣は知覚できるレヴェルでメディア技術と強く連結していたばかりではない。古典的な紙幣はグーテンベルクの発明がなければ考えられない。今日それなりの金額となれば、電子マネーとしてしか取引されえない。その上、貨幣はメディア技術の系譜学という観点でも、戦争が父であることを否定するのである。クライストによる砲弾ポストについての短いテクストはこの関連に閃光をあてる。クライストはすでに引用した「砲弾ポストの計画」において、砲弾ポストはいったい何のためになるのか、とても正確に述べている。すなわち「商取引上の通信の迅速化と多様化[5]」のためである。最初の、とは言わぬまでも一つのメディア革新ではある初期の文字は、複雑な経済の促進ではなく、それをまずもって可能にするために用いられたものと思われる。「トークンは、最初期の文字テクストと同様に、実際の商品についての情報を伝達する機能に限定されていた。数百年後、紀元前二九〇〇年頃に歴史的な出来事や宗教的なテクストが文字によってはじめて定着された。［…］簡単なトークンは農産物、たとえば動物や穀物を計量するために用いられた。後になってより複雑なトークンが、織物や衣料などメソポタミアで知られていた工業生産品のために使用されたのである[6]」。

聖なる記号であるヒエログリフはすでに、完全に世俗的な目的をもっていた。伝承されているエジプトの最初期の文字は、税の問題や備蓄管理のような実際的な事柄に用いられている。メディアと経済とのあいだの緊密な同盟関係は、メディア史を一貫して流れる主題である。グスタフ・フライタークの小説『借り方と貸し方』は、そのような同盟関係を思い出させる記念碑である。最も好ましい本《ブーフ》は貯金通帳《シュパールブーフ》であるとしたのは、後のテレビ広告が初めてではないのである。バーゼル美術館で、ある教師の二つの看板が展示される。アンブロージウス・バルトという名の者が一五〇〇年頃に描いたものである。それらはまさしく広告である。読み書きの先生が「安い給金」で市民、職人、女性、娘に読むことを教える用意がある。これを習えば、自分たちで簿記を行なうことができ、差し障りのあるデータの管理を他人に任せる必要がなくなる、というのである。遠隔通信はそもそも軍事のみならず、同時に経済にも利用された。ボルドーにどの船荷が着き、あるいは着かなかったか、ライヴァルたちよりずっと前に知ることができたら、パリの株式仲介人にとってどれほど大きな利益となるかを、すでにアレクサンドル・デュマが『モンテ・クリスト伯』で描いている。同小説にはさらに株式相場をつり上げたり、下落させたりするために遠隔通信の情報を操作するという誘惑がいかに抗いがたいものであるか、書かれているのである。

　メディア技術がしばしば貨幣の精神から誕生することは、多くの注意深い観察者たちの目にとまってきた。一つの例で満足してもらいたいのだが、一八六八年のヘルマン・リングの詩「電信機にて」には次のようにある。

光の翼に乗って、同時に
音と伴奏を伴い

メロディーの国を通ってゆく
株式相場が、新聞の中へと。

一九〇〇年前後における資本主義のメディア武装はあまりに明白で、詳述する必要はないほどである。タイプライター、電信機、電話、速記用口述録音機、大量印刷技術をふんだんに装備したオフィスがなかったら、十九世紀後半に出現した大コンツェルンはまったく制御不可能だろう。今日ではコンピュータ・システムが協働しなければ、中小企業さえも協働できないのと同様である。コンピュータの経済学上の父親たちを発見する目的ならば、後にノーベル賞を受賞したハンガリーの核物理学者ユージン・ウィグナーが伝える世俗的な逸話を持ち出すまでもない。一九三〇年、ベルリン工科大学の助手だったウィグナーは電報で、プリンストン大学から、ベルリンの職場の八倍の給与の教授職を提示された。「私はそれを伝送上のミスだと考えた。ジョン・フォン・ノイマンも同一の電報を受けとったので、私たちはそれがおそらく本当のことなのだと判断し、承諾したのだった」[7]。二人は一九三〇年に新設されたプリンストン大学の先端研究所へ赴き、コンピュータ開発に指導的な立場でかかわる。そこでジョン・フォン・ノイマンはある書物を書く。その表題『ゲームの理論と経済行動』は、コンピュータのロジックが経済的なものであることを認識させる。

メディア技術の発展と経済上の要請との緊密な関係をあれやこれや指摘することで、メディアの軍事的系譜学のテーゼを否定するような代案を出そうとしても無意味である。二つのテーゼの統合はたやすく見つかる。それは「権力への意志」という名前である。軍事・産業・財政の複合体は同時にメディア複合体であり、かつそのようなメディア複合体を所有しているものである。ゲーテの『ファウスト』第二部にある詩句によって、それをもっと詩的に表現することもできる。「戦争と貿易と海賊商売と、／これは三位一体で、切り放すわけにはいかないのさ」[8]。『ファウスト』最終幕のメフィストの詩句が意地悪く挑発的であるのは仕方がない。なぜならそれは「三位一体」という語によって、ことのほか好んでしばしば看過されるメディアの系譜学のさらなる次元を喚起するからである。それは宗教的な次元である。新流行のメディアに抵抗しようとする領域として宗教をとらえたがるのは文化保守主義者ばかりではない。しかしこのようなとらえ方ほど馬鹿げたものはない。というのも宗教はその定義からして、この上なく野心的なコミュニケーションとメディアの問題に特化しているのである。すなわちいかにして――それぞれの宗教のデザインごとに異なるが――超越的な神、あるいは恍惚とした神々、あるいはどのように構想されていようが少なくとも意固地な権力者が、この世の偶然的な人間たちに自分の意図を分からせるのか、という問題である。宗教の主要概念は（一神教の聖典宗教や啓示宗教の主要概念はとくに）実際また、徹頭徹尾メディア概念およびコミュニケーション概念である。天使は福音を届ける使者である。死ぬ前に聖体拝領《コムニオーン》を受けるためにコミュニケーションが行なわれる。信じることができない者あるいは信じたくない者は破門《エクスコムニツィーアト》される。宣教《ミスィオーン》を成功させようとするなら、貨幣《エミスィオーン》が出されなければならない。宗教的な天才とは、遠くを幻視する《テレ・ヴィズィオネーレ》者であり、近距離感覚から逃れるものを感得できる者たちである。神の呼び声《アンルーフ》＝電話（ケリュグマ）は、神から離反した人間たちを揺り起こすために必要である。神の言葉が伝えられるためには、聖書が読まれ、ミサで読み上げられなければならない。

たとえあらゆる神学がヨハネによる福音書（はじめに言葉があり、言葉が肉となった）ほどあからさまにコミュニケーションとメディアへのフェティシズムにとらわれていないとしても、めざましい神学的出来事がメディア・イベントであることは歴然としている[9]。神が言葉を発し、あれやこれやが創り出される。

神がモーゼに十戒の石板を委ねる。モーゼが重要な書物を書く。思いあがった人間は神のようになりたいと欲し、バベルの塔を建てる。イエスはたしかに（何も）書かないが、切々と説教をする。その結果すぐに何人もの福音書著者がそれを証言する。異常なほど手紙を書き、宣教のために旅をしたパウロはローマの郵便システムを巧みに利用する。聖霊降臨祭は巨大なコミュニケーション・イベントであり、しばしの間バベルの塔がもたらした結果を無効にする。ムハンマドは瞬く間のうちに読み書きができるようになる。ルターは宗教改革の動乱のために高度な印刷術を用い、それゆえにまた教会から破門《エクス・コムニツィーアト》される。教会はまさにそれによって、そうありたいと願っていたこと、つまり普遍的なカトリック教会であることをやめた。マスメディアであるアメリカ・ドルには「われわれは神を信じる《イン・ゴッド・ウィー・トラスト》」と印刷されている。エジソンがフォノグラフのシリンダーに吹きこんだ最初の言葉は「メリーさんの羊《メリー・ハズ・ア・リトル・ラム》」である。一八四四年にモールスはボルティモアからワシントンへ「神が造り給いしもの《ホワット・ハズ・ゴッド・ロート》」（民数記二三・二三）と初めての電信回線を通じて打電する。一九五一年一月一二日、電話は最高の権威によって貴賓化される。つまり教皇ピウス一二世が、長距離を越えて話し合う者たち皆の守護聖人として大天使ガブリエルを任命するのである。パリ郊外に亡命中のアヤトラ・ホメイニが談話を録音テープに吹き込むと、それがやがてコピーされて限りなく遠く離れたイランの村々へ届けられる。ヨハネ・パウロ二世のテレビ映りのよさについてはコメントするまでもない。「神が人間を創造したのは（ディートマー・カンパーによれば）、人間の夢を見たからである。人間はしかし神を忘れ、機械を創造した。なぜなら（デカルトとライプニッツ以来）機械の夢を見たからである。二〇世紀末、機械はしかし人間を忘れた。機械がだれについてどのような夢を見たか、予言できると主張する者などいようか？」[10]

　要するに、しばしば引き合いに出されるカトリックやプロテスタントの週末集会での個人的な会話は、コンピュータやテレビで過ごす週末に対する魅力的な対案となるかもしれないのである。宗教がしかしメディアの他者ではない、ということは確かである。メディア技術と神学が遠く、限りなく遠くにあるものを近づけるという同じ事業に専心しているということからだけでも、宗教はメディアの他者ではない。だが、「テレ」という接頭辞を冠するのも当然のメディア技術が大量に使用されるようになって以来、あらゆる遠くのものが近づけられている。電話《テレフォン》であれ、テレファックスであれ、文字多重放送《テレテクスト》であれ、テレプロンプターであれ、電報《テレグラム》であれ、電信機《テレグラフ》であれ、望遠鏡《テレスコープ》であれ、望遠レンズ《テレオプイエクティーフ》であれ、テレコミュニケーションであれ、テレビであれ、遠く、限りなく遠くにあるものを近づける技術は、今日ではあまりにも自明である。遠く、限りなく遠くにあるものが私たちに近づけられているならば、神を完全なる他者として、理解するというより理解できないものとして表現しようとするような神学の立場は厳しい。「神は近きにあって／しかも捉え難い[11]」。頻繁に引用されるこのヘルダーリンの詩行はメディア分析として正確である。遠くの神が私たちに近づいたとき、超越の定義からして、捉えることができなくなる。だが、神的なものが私たちにとってまったく近くにあるということこそが、キリスト教の核心である。キリスト教神学《テオロギー》は遠隔学《テレオロギー》であり、したがってメディア理論なのである。しかし親縁者ならばつねにお互いに和やかな関係にあるとは限らない。キリスト教神学とメディア理論の関係もそのようなケースである。神学、とくにキリスト教神学は——例外がわずかにあるが、例外があること自体、規則がある証拠である——自らがメディア理論であるという認識を排除すればするほどメディア批判的となる。逆にメディア理論は、自らが破門された神学《テオロジ・モディト》のようなものであるという認識を排除したがるのと同じことである。

　宗教とメディアはともに天命《シックンゲン》＝送信、使命《ゼンドゥンゲン》＝放送を問題とする。ホームページの作成によって金を稼ぐコンピュータの専門家は、ヘヴンズ・ゲート教団の例が示しているように、それだけですでに、彗星とともに悪しき地球から旅立つための前提として集団自殺する危険性から守られているわけではない。アメリカのサイバースペース・ファンのマニフェストは、多少なりとも能力のある宗教史家たち皆にとって、かなり退屈な読み物である。なぜならば彼らは、およそ二〇〇〇年前に書かれた文書から、純粋な精神となるために汚れた物質から離れたいというグノーシス的根本衝動を十分に知っているからである。メディアは軍事や経済の残滓であると同様、神学の残滓である。

経済が軍事の寄生者であるか、軍事が経済の寄生者であるのか。ポストモダンの同時代人は、このような問いを第二次の観察《セカンド・オーダー・オブザーヴェイション》による問いとして理解すること、それゆえにそれは実質的に決定不可能であるとすることが賢明だと学んだ。神学が（そして神学《テオロギー》とはまさしく神あるいは神々をひとつの論理《ローギク》に従わせることにほかならない）権力への意志の本来的形式であるのかどうかは、アイルランド、バルカン、近東、極東、そしてそれ以外にもおよぶ広範囲で宗教闘争や宗派闘争が亡霊のようにルネサンスをむかえているポストモダンの時代にあって、メディアが内容にかかわる回答を与えていない（与えることができない）問題である。そうではあるがしかし、機能的な回答ならば与えている（与えることができる）。すなわち、メディアはメッセージである。

シミュレーション―スティミュレーション

10　ラジオ

無線で送信する《エス・フンクト》。ラジオ放送《ルントフンク》が生まれる以前の時代にそれが端的に意味しているのは、自らの生命を危険にさらしたくないある人間の声が、前線にいて、自らの生命を危険にさらすべき臣民の耳に届く、ということである。海軍の艦長ですら、第一次世界大戦中にはもはや、艦橋上の絶対君主ではない。無線通信が、連合艦隊を構成する多数の船の一隻である彼の船に命令を下す。情報将校ハンス・ブレドウのように、第一次世界大戦の末期に無線機を利用して、命令以外のことを送信する者は、「軍用機器の濫用」の咎を受けることになる。すでにレーニンが、一九一七年一一月一二日に行なった有名な無線通信「全同志に告ぐ！　全同志に告ぐ！」において、軍用機器を濫用している。この放送で彼は、ソビエト議会に承認された講和条約の締結を公表したのである。「全同志に告ぐ！」——無線通信《フンク》から、ラジオ放送《ルントフンク》が生まれたのである。あるいは、そうではなかったともいえる。というのも、レーニンの有名な無線通信は、まるでソビエト共産主義のジレンマを、それが誕生したばかりの頃からすでに具現化しているかのように、まだ技術的エリートたちの通信であったからである。すなわち、コード化されたモールス信号のメッセージが、ボリシェビキ党幹部たちに送られたのである。「全同志に告ぐ！」というメッセージが。

ドイツ革命はその一年後に始まったが、メディアおよびコミュニケーション技術にかかわる巨大な困難を抱えていた。社会民主党のフィリップ・シャイデマンが一九一八年一一月九日に最初のドイツ共和国の成立を宣言したことも、彼がそれをどのように宣言したのかも、国会議事堂前の敷地に集まった何千人もの人々のうち、文字どおり誰一人として分からなかった。この政治家の声は弱々しく、風は強く、そして大音量の**スピーカーシステム**はまだ存在しなかった。それは二〇年代になってようやく開発され、ヒトラーが華々しく登場したときにはもう利用可能になっていた。いわゆる権力掌握の数日後、すなわち一九三三年二月一一日、ヨーゼフ・ゲッベルスは日記に次のように書きとめている。「スピーカーは大衆プロパガンダの道具であり、それがどれほど有効であるかは、今日なお測りしれない。いずれにしても、我々の敵はそれを利用するすべを知らなかった。それだけに、我々はなおいっそう、それを扱うすべを学ばなければならない(1)」。ナチ党にとっては好都合な、ヴァイマル共和国にとっては不都合なメディア的条件が最初から整っていたのである。筋金入りの民主党員であるハンス・ブレドウは、一九一八年の災厄への対策を講じようとした。一九一八年以降、彼は無線通信のパイオニアたちのうちで最も有名な者となる。彼らは、無線通信《フンク》をラジオ放送《ルントフンク》とするという濫用を体系化する。一一月革命の数日後、正確には**一九一八年一二月四日**にドイツ郵便によって**帝国ラジオ放送委員会**が設立され、**ブレドウ**がその委員長に任命される。その任務は、国営のラジオ放送局を設立することである。それに続く数年間は波瀾万丈で、とくにかつての（「ドイツ無線同盟」に組織された）軍事無線通信士たちの抵抗を克服しなければならなかったが、**一九二三年一〇月二三日**にようやく、**ドイツで最初のラジオ放送**が行なわれる。ベルリン南部に位置する放送局ケーニヒスヴスターハウゼンが、放送事業を開始する。放送を受信するためには、第一に許可を受けることが、第二に受信料を支払うことが義務づけられていた。帝国ラジオ放送会社〔Reichsrundfunkgesellschaft〕（ＲＲＧ）の株式の五一パーセントを所有していた郵便局は、登録利用者から毎月、最低でも二ライヒスマルクを徴収した。こうしてドイツは、アメリカ（一九二一年以降）やイギリス（**ＢＢＣは一九二二年に設立**された）と同様に、軍事無線を利用するだけでなく、民間のラジオ放送も行なうことができる国の仲間入りをする。

ほどなくして、全西洋諸国で正真正銘のラジオ熱が生じる。「ラジオ工作をする人々」が、いたるところに現れる。彼らは「ラジオ放送という偉大な奇跡」に魅了されている。一九〇四年に生まれた『世界舞台』の元編集者ルードルフ・アルンハイムは、亡命先のアメリカで一九三六年に出版した著書『聴覚芸術としてのラジオ』のなかで、この奇跡を次のように呼び起こしている。「人間がどこかで歌ったり言ったりしたことを、どこでも聞くことができ、境界を飛び越え、空間的な隔たりを克服し、電波の翼に乗せて文化を輸入する。誰にも等しい糧であり、静けさのなかに聞こえる物音である」(2)。このようにして、たとえばドイツの「労働者ラジオ運動」に組織された者たちは、たしかに剣を打ちかえて鋤とすることはないが、軍事無線を作りかえて民間のラジオ放送とするのである。一九二七年と一九二九年に発表された二編のラジオ放送に関するエッセイで、彼らの行為のための理論を吹き込んだのはほかならぬベルトルト・ブレヒトである。ブレヒトのラジオに関する理論から啓発されるところが多いのは、それがラジオ放送局のようなメディアにおける所有関係への問いだけでなく、メディア技術の内的構造への問いをも提示しているからである。受信機はどれでも——一九三二年に古典的な紙という形式でも出版されたブレヒトのエッセイ「コミュニケーション装置としてのラジオ」における中心的な《ツェントラール》、あるいはまさにエキセントリックなまでに脱中心的《デツェントラール》な論点によれば——送信機になることもできるし、その逆もまたしかりなのである。スピーカーをマイクにし、マイクをスピーカーにせよ！　このような反中心的な標語は、ドイツ帝国郵便のみならず、中央委員会にも気に入られるはずがなかった。メディアの技術的構造そのものを変えること——それは、マクルーハンが「メディアはメッセージである」と述べるはるか前からすでに、メディア政治を行なおうとする多くの試みを刺激している。ハンス・マグヌス・エンツェンスベルガーが一九七〇年に自らが主催する雑誌『時刻表』に掲載した「メディア論のための積木箱」は、ブレヒトの考察を受け継いでいる。PCやインターネットというかたちで、ブレヒトやエンツェンスベルガーの挑発が驚くべき方法で実現した。すなわち、実用できる技術となったのである。あらゆる人間が植字工になる——それが、グーテンベルク銀河系が超越論的哲学の高みに登るときに望むことである。あらゆる人間が（命令の）受信者になる——それが、最初の電気的マスメディアであるラジオの全面的導入の際に望まれることである。あらゆる人間がインターフェースもしくはマルチメディアの送信者や受信者になる——それが、シリコンバレーが望むことである。ウディ・アレンの映画『ラジオ・デイズ』と、一九八四年に第三放送〔ARD、ZDFに次ぐ地方の公共放送で、ARDに加盟する各放送事業者によって運営される〕で初放送された一六時間におよぶエトガー・ライツの映画叙事詩『故郷』は、このような初期のラジオ愛好家たち、受信機の工作家たち、ラジオ放送のパイオニアたちに対して、メディアによる記念碑を捧げている。マクルーハンの標語の正しさが、この点でも証明される。新しいメディアの内容はたいてい古いメディアである。すなわち、上述の映画も、それ以外の多くの映画も、ラジオ史の初期を回顧しているのである。ルントフンク、あるいはラジオという対をなす言葉が使われて久しい。どちらの言葉もきわめて正確なものである。なぜならば、ルントフンク／ラジオは、AからBへではなく、四方八方《ルントヘルム》へ、円形《イム・ラーディウス》に放送するものだからである。電報や電話の場合とも、購読者たちを同期することのできない新聞の場合とも異なり、同一のメディアがリアルタイムで「全員」に届く。エトガー・ライツの映画『故郷』には、厳密に相互補完する、二つのラジオにまつわる場面が挿入されている。最初の場面では「全員」（この場合は、飛行士の訓練を受ける新兵全員のことである）が登場し、一九三九年九月一日に、総統のヒステリックな声に耳を傾けている。次の場面では、村民たちが西ドイツの経済成長期に、最初期のステレオラジオの一台を前にして、首を振りながら理解できないといった様子で、これまでに聞いたことのない新しい音楽の生中継に耳を傾けている。それは、この村の出身者が作曲した音楽である。

映画『故郷』はそれと同時にまた、公共ラジオ放送システムが文化保護において達成したにもかかわらず、今では恥知らずにも過小評価されてしまっている成果の記念碑でもある。このシステムは、一九一八年に最初のドイツ共和国から生まれたが、明らかに封建的な特徴（たとえば聴取料の強制、支配人制度、地域独占、代表者選出の規定、階級的協議組織）を帯びていた。しかし、まさにこの封建制度ゆえに、この公共システムは市場と政治の影響力から生産的な独立性を保ち、そして文化を保護する能力をもつことができたのである。出版によって生計を立てることは決してできなかったが、ラジオのための仕事によってならばそれができた若い詩人、エッセイスト、作家、作曲家たちがどれほどいたか、これまでに誰も数えたことがない。民放の庇護下で映画『故郷』を制作するような企ては、まったく考えられない。だが、『ビッグ・ブラザー』を制作することなら考えられるだろう。最も単純な形式の文化批判やメディア批判が、最も正鵠を射たものであることはほとんどないが、時としては、それが正しいこともある。その批判とは、テレビは民間に普及してゆくにつれて下品になっていった、というものである。チャンネルを通じて、ますますたくさん、くだらないものが押し寄せてくる。そして、最も単純な形式の政治批判もまた、それ自体として、つねに的外れであるとは限らない。たとえば、一六年にわたるコール政権が「精神的、道徳的な転換」をもたらしたことは事実なのである。すなわち、この政権は政界だけでなく、ブレドウの伝統を引き継ぐ公共の「左派放送局」に対する論争に勝利した後には、ラジオ業界やテレビ業界でも拝金主義をはびこらせた。ああ、保守政治家たちときたら、価値と文化を、すでにどれほど壊してくれたことか……。

ラジオ放送が軍事的な関連から生まれてきたものであり、そこに技術的な起源があることは、あまりにも明らかである。軍事無線の技術とラジオ放送の密接な同盟関係は、叙事詩的な長さでありながらも決して退屈ではない、それどころか記念碑的でさえあるエトガー・ライツの映画『故郷』においても、重要な役割を担っている。早くも冒頭の数場面のうちの一つで、第一次世界大戦の塹壕から徒歩で故郷のシャープバッハ村〔映画の舞台となる架空の村で、フンスリュック山地に位置する〕に帰還した若き兵士パウル・ズィーモンが登場する。父が所有する村の鍛冶場に無言で足を踏み入れ、すぐにまた父の時代遅れな仕事を手伝う。こうして、フンスリュックの無口な住民である彼は、自分を遠い世界へと、より正確には新世界へと誘う信号と結びつく。パウルはまたしても何も言わずに――たしかに、彼はコミュニケーションを好む性格ではない――自分の若い家族のもとを去って、アメリカに移住し、そこで工場経営者として成功を収める。彼の会社の名前は、サイモン・エレクトリクスである。その業種は、娯楽産業とメディア産業である。

約二〇年後、つまり第二次世界大戦が終わってからようやく、パウル・ズィーモンは帰郷する。彼の息子たちは、メディアの革新者である父親と同じことをした。兄のアントンは第二次世界大戦中、プロパガンダ活動の担当者としてカメラを用いて、週刊ニュースのための材料を提供した。彼は戦後のドイツで、高価な光学機器に特化した会社を興す。弟のエルンストは、飛行士として索敵を行なっていた。彼が職業的に挫折するのは、軍用機器を民生用機器に転換するすべを心得ていないためである。二人の伝記は、辺鄙なフンスリュック山地の村でもメディアが動員されるような歴史的環境のなかで物語られる。この村の歴史は、パウルの兄で、才能あるアマチュア写真家のエードゥアルトによって記録される。この村の住人たちは時代の敷居をまたぎ、次のようなことを経験する。はじめて電話を使う。はじめて遠くの管区（の中心都市）にある映画館に行く。グラモフォンがやって来る。はじめてテレビを見る。はじめてテレックス技術を使う。男性たちはみな戦場にいるため、パウルの妻マリアが働くが、それはまだ従来からあるメディア分野である。すなわち、彼女は戦時中、郵便配達人になる。夫の死後に生まれた息子ヘルマン（「半ユダヤ人」である彼の父オットーは、爆弾の信管を外す作業中に事故死した）は作曲家になり、電気で音を生み出す可能性を利用して、文字どおり前代未聞の音を作る。エトガー・ライツの『故郷』は核心ニオイテ〔in nuce〕、また全体ニオイテ〔in toto〕、二十世紀のメディア史である。

　この映画によるメディア史が示しているのは、メディアのシミュレーションがどれほどの刺激効果をもちうるか、ということである。シミュレーションは刺激《スティミュレーション》である。パウルは遠くから聞こえてくる声をラジオで聞き、それに従って新世界へ行き、メディア工場経営者になる。ラジオで放送され、大衆をヒステリックにするヒトラーの声はこの辺鄙な村にも届き、総力戦も辞さない唯一無二のドイツをシミュレートする、あるいは鼓舞《スティミュレート》する。そして全員が、まさに辺境の全村民までもがメディアに鼓舞されて、別人になろうとする。『故郷』は、二十世紀の歴史を変換《コンヴェルズィオーン》の歴史として描く。すなわち、田舎の住民がグローバルなメディア村の住民になり、兵士がメディアのパイオニアになり、かつてのナチ党員が初期の西ドイツにおける有用な民主党員になり、農婦や職人の妻が郵便配達人や秘書になり、職人の末亡人がテレビ依存者になり、村の若者がメディア・フリークになるのである。

二十世紀の歴史は、全面的なメディア利用の歴史である。十九世紀は（それより前の、文字または書物に固定された世紀がそうであるように）メディア史的には、主として記憶保存メディアの時代であった。それは写真《フォトグラフィー》、録音《フォノグラフィー》、映画《キネマトグラフィー》の時代であり、しかしまた、タイプライターと大量に印刷される新聞雑誌の時代であった。これらは総じて、すぐに消えてしまう瞬間、音、動き、出来事をとらえ、持続的に記録することができるメディア技術である。メディア史を回顧してみれば、ミネルヴァの賢明なフクロウには、まるで近代が総力をあげて、従来のように聞いたり見たりすることを過去のものとしてしまう、あの力学を展開する前に、もう一度、立ち止まり、深呼吸し、想起し、記憶しようとしているように見えるかもしれない。そして一九〇〇年前後になると、電信と電話のような伝達メディアが目に見えて前面に出てくる。つまり、伝達メディア技術として、二人の送信者もしくは受信者を相互に接続することに専念するメディア技術である。しかし、第一次世界大戦が終わると、日常生活（職業、余暇、家庭）の構造や、それとともに政治、経済、宗教、慣習、教育の構造を根底から変革する伝達マスメディアの時代が始まる。ラジオによってはじめて可能になる経験は、今日、私たちにとってごくありふれたものだが、ラジオが普及しはじめた時代の人々にとっては、二重の意味で不気味なものであった。メディアは第一に、紙、ローラー、フィルムのように手で触れることができるものから解放され、妙に物質性を欠いた、空気のようなものになる。しかしそれによって、メディアは第二に、出来事をリアルタイムで大勢に中継することができるようになる。

この二つのこと——物質性を欠いていること、およびリアルタイムで大勢のために生中継すること——は一連の発明によって可能になった。これらの発明は次から次へと、さまざまな場所で、しかし相互の発明を受け継ぎながら進められた。ドイツの物理学者**ハインリヒ・ヘルツ**（一八五七―一八九四）が、**一八八七年**に**電磁波**を発見した。イタリア人の**グリエルモ・マルコーニ**（一八七四―一九三七）はすぐに、この発見がきわめて重要であるのは理論物理学者にとってだけではないことに気づいた。彼は若い頃から無線電信の実験を行ない、**一八九七年**に電信による**メッセージ**を五キロも離れたところに無線で**送信すること**に成功した。彼はその際に、ヘルツが開発した無線の送信機と受信機だけでなく、ロシア人の工作愛好家**アレクサンドル・ポポフ**（一八五九―一九〇六）が開発した**アンテナ**や、フランス人の技術者**エドアール・ブランリー**（一八四四―一九四〇）が**一八九〇年**に発表した**コヒーラ検波器**も利用している。コヒーラ検波器とは、「金属粉末を満たしたガラス管であり、金属同士の接触による導電率の変化を可能にした」[3]。これはラジオ史における過渡期的産物であり、ほどなくして、**フェルディナント・ブラウン**（一八五〇―一九一八）が設計した**鉱石検波器**や、**一九〇六年**に**ローベルト・フォン・リーベン**（一八七八―一九一三）が改良して製品化可能にした**陰極線管**〔ブラウン管とも呼ばれる〕に取って代わられた。

　このようにして利用可能になった技術の集積によって、トランジスタ技術が発明されるまで、ラジオ事業に必要な装置が提供された。無線通信は、第一次世界大戦中に試練の時を迎えた。シカゴのウェスタン・エレクトリック社のアメリカ人研究者**リー・ド・フォレスト**（一八七三―一九六一）は**一九〇七年**にすでに、リーベン管を改良して、「**オーディオン**」と呼ばれる三極管を開発していた。三極管は弱い振動を高周波数帯で大幅に増幅したため、それを用いることによって、送信範囲を著しく拡大することが可能になった。ド・フォレストはすぐに、アメリカ海軍を自分の発明に夢中にさせ、軍事部門からの大量受注で自社の業績を上げることに成功する。当時、アメリカでラジオ愛好家であろうとする者は、免許を申請しなければならない。一九一六年にはすでに、アメリカ中でこのような免許は一万以上、発行されている。

そして、免許を持たずに趣味にふけるアマチュア無線利用者たちの数は、少なく見積もってもその一〇倍に上るだろう。第一次世界大戦が終結したことで、違法な、あるいは半ば違法な無線利用者が、民間のメディア利用者になる。一九二三年には、アメリカの全世帯のちょうど一パーセントがラジオ装置を所有している。世界恐慌が始まりつつある一九二九年には、アメリカの全世帯の三分の一が、ウォールストリートで株価の大暴落が起こっていることを直接的に知ることができる。そして、この暴落のために、映画産業は大打撃を受けるが、ラジオ装置産業はさほど影響を受けない。三〇年代末になると、アメリカのほぼ全世帯がラジオを所有している。それゆえに、第二次世界大戦中にフランクリン・D・ルーズベルト大統領が有名な「炉辺談話《チムニー・トーク》」のなかでアメリカ合衆国の同胞《フェロー・アメリカンズ》たちに話しかけるときに、全アメリカ国民が、それに耳を傾けることができるのである（たとえ自動車を運転中であっても、そうすることができる。というのも、**一九三二年**にはすでに**カーラジオ**が生まれているからである）。

同じ時期に、ドイツ人たちは「国民ラジオ受信機」の前に座って、炉辺談話とは違う声に耳を傾けている。この伝説的なラジオ装置の製造は、ナチ党の「権力掌握」の直後に開始された。この日（一月三〇日）を記念して、一九四三年までに一六〇〇万台が製造された国民ラジオ受信機には「ＶＥ３０１」という型番が付けられている。この装置は手頃な価格であり、それによって、国民ラジオ受信機であるというその自負も、面目を保つことができる。ほどなくして全世帯がそれを所有するようになる。また、それは単純で、ナチ党の統一妄想（「一つの国民、一つの国家、一人の総統！」）にもふさわしい装置である。この装置は、ただ一つの放送局の放送を受信するためのものである。敵方の放送を聞くことは、まず技術的に難しく、さらに生命の危険を招きかねない（一九三三年九月にはすでに、外国の放送を受信することが明確に禁止される）。

「空気《ルフト》は誰でも自由に使える」と、**一九〇六年**にベルリンの国会議事堂で開催された国際会議で締結された**無線通信協定**の第一条にすでに書いてある。この会議は、新しいメディア技術に、国際的に有効な法的枠組みを与えることを目的としていた。この問題が今日に至るまで危険をはらんだものであることは、周知のとおりである。すなわち、国家、文化、メンタリティーの境界を飛び越えるメディア技術は、国家の法体系のなかに組み込むことがもはや困難なのである。ケーブルなら、まだ半ばはコントロールすることができる、あるいは切断することができるが、周波数は、せいぜい妨害することしかできない。ケーブルと周波数は対立する。この文章を書いている頃には、折しもドイツで、何百億マルクという規模で、Uボートのように遮蔽された、第三世代移動通信システムの周波数の競売が行なわれている。領空を支配することがいかに重要であるか、ドイツの電気産業は第一次世界大戦の前からすでに知っていた。**テレフンケン**という見事な名前を持つ、ワイヤレス・コミュニケーションに特化した企業は、とりわけ軍事技術愛好者であったドイツ皇帝の強い要請に応じて、**一九〇三年**にAEGとジーメンスの共同子会社として設立されたのである。

中央ヨーロッパにおける三〇年代と四〇年代のラジオの空気《ルフト》は、たしかに誰でも自由に使えるものではなかった。ナチ党は、この新しいマスメディアの大きな可能性を最初に利用したとは言いがたいが、最も残酷な方法で利用したことは間違いない。しかしながら、ヒトラー自身はスタジオ恐怖症であった。一人きりで、隔絶された技術的空間のなかでマイクを前にして座っていると、あのグロテスクなまでに圧倒的で、箍の外れたヒステリーは鳴りをひそめる。このヒステリーこそ、ヒトラーをヒトラーたらしめているものであるが、それをチャップリンは映画『独裁者』のなかで、他の追随を許さないほど鋭く分析している。「権力掌握」の翌日、すなわち一九三三年二月二日にはすでに、ヒトラーはラジオのスタジオで、彼の内閣が承認した「ドイツ国民への布告」を読み上げた。それ以降、彼がスタジオのマイクに向かって話すことは一度もなかった。彼の声は非常に「軍隊口調で、不愉快で、完全に非ドイツ的に」（そのように判断しているのは、社会民主主義的なラジオ雑誌『フォルクスフンク』の記事だけではない）響いた。[4] しかし、ラジオ放送は大勢の聴衆の前でヒトラーが行なう演説を中継した。このような状況において、聴覚器官の特徴についての、簡素でありながら射程の広い洞察の正しさが証明される。すなわち、耳は口や目とは異なり、閉じることができないのである。したがってそれは受動的で、何かを受け取り《（ゲ）ホルヒエン》、[5] そして——このような言葉遊びをせずにはいられないのであるが——（他人の言うことを）聞く器官そのものなのである。

一九二七年に発表された「ラジオの美学」というタイトルの有名なエッセイのなかで、作家アルノルト・ツヴァイクはこの洞察（後に、フランスの精神分析学者ジャック・ラカンはこれを用いて、「無意識は他者の言説である」という自らの定理を、いっそう示唆に富んだものにしている）について論じ、それをただちに、メディア分析的に次のように先鋭化している。「人間の耳は、人間の諸器官のうちで唯一、絶えず外界に向けられている。目は閉じることができるが、耳は閉じることができない。睡眠中でさえ、人間はきわめて鋭敏に聴覚を働かせているが、感覚や嗅覚は非常に鈍感に働くだけである。そして、まだ動物であった過去から人間の耳は、目が夜間、また霧や暗闇のなかで役に立たないときでも、危険や獲物が近づいていることを察知するのに役立っている。したがって、人間は耳があるがゆえにとくに敏感なのであり、また、たやすく根本からつかまれてしまうのである」[6]。けだし慧眼である。傾聴する《ホルヒエン》人間を、服従する《ゲホルヒエン》人間にし、「根本からつかむ」こと——それこそが、ナチ党のラジオ放送プロジェクトの核心なのである。美しくもゲルマン的なオイゲン・ハダモフスキーという名前のナチ党の帝国放送局長は、一九三五年の初めに、綱領的にナチ党のラジオ番組事業の主たる目的を二つ挙げている。「第一に、しかるべき時間に放送される娯楽番組による、聴衆の緊張緩和。第二に、国家社会主義の精神における、芸術と世界観にかかわる建設作業への義務」。

　主人の声たるハダモフスキーは一九三四年にすでに、まるで宗教とメディア技術の同盟関係というテーゼを揶揄しようとでもするかのように、次のように布告していた。「宗教にとって教会の建物がもっている意味は、新しい国家の崇拝にとってラジオ放送がもっている意味と同じであろう。ラジオ放送はもはや、物理的－技術的な意味ではなく、結局のところ精神的な意味において「放送＝使命《ゼンドゥング》」なのである。放送を行なう者は誰しも、国家社会主義の使命《ゼンドゥング》を担う者であり、その理念の宣伝者にして使徒なのである」(7)。それがどのような理念であるのかを、この声は詳らかにせず、むしろ暗黙の前提としている。先に引用したような文が不気味な性質を帯びているのは、一つには、それが事実に合致しているからである。事実、ラジオは放送《アオフ・ゼンドゥング》されるだけにはとどまらず、むしろ（あらゆるメディアがそうであるように）使命感＝放送意識《ゼンドゥングスベヴストザイン》をもっている。それも、メディア技術史に特有の使命感＝放送意識《ゼンドゥングスベヴストザイン》をもっているのである。ラジオメディアの使命感＝放送意識《ゼンドゥングスベヴストザイン》にはアプリオリに、それが今ここで聞こえている声と切り離すことができない、ということが含まれている。よく知られたジャック・デリダの言葉を用いるならば、ラジオ放送は、私たちの西欧キリスト教文化および、この文化が恩恵を受けていることを自覚している生きた精霊と同様に、音声中心主義的なのである。

　文字を軽視することは、プラトン以来、私たちの文化および文化批判の定番である（第四章を参照）。文字は殺すが、精霊は生かす――「コリントの信徒への第二の手紙」（三・六）にはこのような信仰告白が記されているが、それがラジオにも共有されていることは明らかであり、聞き逃しようもない。精霊は、それが望むところで、またラジオが放送されるところで息づく。ラジオ放送が発明され、実用化されたまさにその時期に、生きた声の息吹、生きた会話、神の呼び声といったコンセプトが大流行する。メディアについてのエッセイ「悪の声――第三帝国における音響の形態について」において、クラウディア・シュメルダースが述べているように、一九三三年の直前の時期に、まさしく「聴覚および言語の響きの礼賛が哲学と言語学を」(8)席巻した。有名な実例を二つだけ挙げておこう。第三帝国における最高の法律家にして、悪名高い「総統が法を庇護する」の著者、憲法学者のカール・シュミットは、正義の女神ユスティティアのイメージに魅了されていた。この女神は目隠しをされているためにいっそう集中的かつ隷属的に、法の、すなわち良心の裁定あるいはその声を、もしくは、まさしく法を定めると同時に奪いもする独裁者の声をも聴取する。この独裁者が法を庇護するのは、文字によって固定された条文の山を無効にすることによってである。良心の声、存在の呼び声、本来の言葉、時間の意義の聴取について考えるマルティン・ハイデッガーの思想も、「他人の言うことを聞くこと《ゲホルヒェン》との礼賛」の恩恵を受けている。「世人《ダス・マン》」であること、非本来的であることを批判したハイデッガーは、一九三三年から四五年までナチ党員であった。

良心の呼び声、聴取すること、聞くことと服従《ゲホルヒェン》すること、言語が語る、独裁制《ディクタトゥーア》が指示《ディクティーアト》する、運命が呼ぶ、ドイツはその使命《ゼンドゥング》=放送に従って、自らの定め《ベシュティンムング》と天命《ベルーフング》に足を踏み入れる。このような音声中心主義的コンセプトは、ラジオによってメディア技術的に実現可能になった。ハイデッガーのような思想家やカール・シュミットのような憲法学者がどれほど近代およびその技術に嫌悪感を抱こうとも、彼らもまた――「世人」に埋没しながら――ラジオから聞こえてくるヒトラーやゲッベルスの声に呪縛されていたのである。この呪縛力を、フランスのメディア芸術家にしてエッセイストであるジャン・クレールは、次のように理解しようと試みている。「身振りと発話を、あるいは発話と表情をもはや相互に結びつけることができない存在は、いわば身体を持たないか、あるいは声を失っているのである。それは超自然的な存在であり、その現れは神の顕現を思い起こさせる。目に見える共鳴体を持たないこの声は、住居中に響きわたり、プライヴェートな領域という親密な雰囲気のなかで、人間に啓示される聖なるものの根本的経験を繰り返す。すなわち、それは恐ろしい雷であり、前触れもなく死や救済を告げ知らせ、命令と禁止を課すのである。したがって、音響の領域におけるこの声は、視覚の領域におけるルーン文字のSS〔ナチスの親衛隊 Schutzstaffel の略称はSSであり、稲妻の形をしたルーン文字のSを二つ並べたものがその徽章として用いられた〕、すなわちクレンペラー〔フランス文学者、言語学者。死後に刊行された彼の日記には、ナチ時代のユダヤ人迫害の日常が克明に記録されている〕が目にした恐ろしい稲妻――それは「神人」ヒトラーの現前を示す、明るく輝く稲妻にほかならない――に等しいものである[9]」。

ラジオから聞こえてくる声は戦争を、そして大量殺人を命じる《ディクティーレン》（ただし、指示する《フォアシュライベン》、すなわち書面で示すことはない）準備があることを隠し立てしないのだが、この声が、後から考えてみれば不気味に思えるほどの成功を収めた理由の一つは、ナチ党員たちがメディアの扱いに長けていたことである。聞きまごうことのないほど明らかにヒステリックな声が、ヒトラーやゲッベルスの喉からラジオや週刊ニュースを通じて、聞き耳を立て、他人の言うことを聞こうとする耳に注がれると、多数のドイツ人が、大人物であれ小人物であれ、文字どおりその虜になった。その一方で、ナチの過去についてドイツ人が弁解をするときの決まり文句の一つは、自分たちはヒトラーの著書『我が闘争』を読んでいなかった、ということである。左右の全体主義の、奇妙でもあり、まさにそれゆえにこそ記しておく価値がある差異の一つは、ヒトラーやムッソリーニやフランコの体制がラジオから聞こえてくる独裁的な声を崇拝している一方で、スターリニズムでさえもまだ、マルクス、エンゲルス、レーニン、スターリンの著作を（負けず劣らず崇拝しながら）規範としているということである。

しかし、ナチズムとラジオ放送に密接な関係があることを示す考察がどれほどあろうとも、他のメディアに当てはまることは、ラジオにも当てはまる。すなわち、メディア技術にイデオロギーにまつわる罪はないということである。この命題は、「メディアはメッセージである」という洞察と矛盾するものではなく、むしろそれを補足しながら、同じことを述べている。それは結局のところ、次のことを意味する。すなわち、たとえば文字と印刷というメディアは、山上の垂訓であれ『我が闘争』であれ、電話帳であれ『失われた時を求めて』であれ、コンツェルンの粉飾決算であれ『資本論』であれ、PCのマニュアルであれ、クヴェレの通販カタログであれ、何でも読ませることができるという意味において、あらゆるメディアにイデオロギーと内容にまつわる罪はないのである。『戦艦ポチョムキン』であれ、『ヒトラー青年クヴェックス』であれ、ゴダールの『ウィークエンド』であれ、コカ・コーラの広告であれ、何に対してでも素材を提供するかぎりにおいて、映画というメディアにイデオロギーにまつわる罪はない。そして、「包丁で殺人を犯すこともできる」という常套句をメディアに当てはめた、この単純な主張が、レコード、写真、手紙、電話、新聞、インターネットに接続したコンピュータにも当てはまることは言うまでもない。それにもかかわらず、あるいはそうであるからこそ、メディアはそれが記憶し、そして／あるいは伝達する内容が何であるかにかかわらず、メッセージなのである。その意味で、書物の世界は、黒い活字の記号と「意味《ズィン》」と呼ばれるものとが相互に関係する、きわめて前提条件の多い（「手間のかかる識字教育」というキーワード、あるいは義務教育を想起すれば、そのことは十分に理解できるだろう）世界である。それに対して、視聴覚メディアの世界は、感覚的《ズィンリヒ》な直接性の世界である。識字教育を受けていなくても、ラジオを聞いたり、テレビを見たりすることはできる。

　メディアはメッセージである。イギリス人たちが、一九二四年四月二三日、大英帝国博覧会の開会に際してはじめて女王の声をラジオで聞いたということそのものが、その際に発せられたまったく重要性のない言葉とは一切かかわりなく、本来のメッセージなのである。そのわずか一年前に、BBCがエリザベス・ボーズ＝ライアンとヨーク公の結婚式をラジオで生中継することを望んだが、それはまだ許可されなかった。許可されなかった理由は、メディアを通じて王族が姿を現したときに、ラジオで聞いている男性の列席者たちが脱帽しないかもしれないし、いずれにしても、脱帽したかどうか確認することができない、というものであった。非常に高齢となった今日のエリザベス王太后《クィーン・マム》は——間もなくそれから半世紀になろうとしているのだが——一九五三年六月二日、自分の娘エリザベス二世の戴冠式が、全世界に向けてはじめて、大々的にテレビで生中継されるのを経験した。（イギリスの）メディア臣民たちの多くは、決定的な儀式の瞬間にテレビの前で起立し、脱帽したという。チャールズ皇太子とダイアナ妃の結婚式、ダイアナ妃の葬儀、王太后の一〇〇歳の誕生日については触れないでおこう。テレビ視聴者が適切な儀式的振舞いをしたかどうかについて報告するのは、もはや流行遅れだからである。

　メディアはメッセージである。一九四五年に日本の無条件降伏を宣言した天皇の甲高い声は、ほとんど聞き取ることができない（その原因は、宮中言葉だけではない）。現人神が自らの声を、ラジオを通じて、衝撃を受けた臣民たちの耳に入れるということそのものがメッセージなのである。そして、そのメッセージによれば、ここで「全国民に」語りかけている人物は現人神ではなく、勝者に強制されて、彼らに決められた文章を公に読み上げている誰かなのである。その七年前にアメリカ最大の都市でラジオを聞いていた人々は、それとはまったく異なる方法で衝撃と精神的外傷を受けた。一九三八年、ニューヨークで大パニックが起こった。最も聴取率の高いラジオ放送局が、オーソン・ウェルズのラジオドラマ『宇宙戦争』を放送した。宇宙人が地球を侵略し、その最初に経済と物流の中心地、すなわちニューヨークを攻撃するのだという。ライブ・リポートというスタイルをとったこの物語がフィクションであることは、聴衆に五分おきに伝えられたが、それでもパニックを止めることはできなかった。これは、少なくとも五つの理由から、さほど不思議なことではない。第一に、ラジオは生中継を可能にした最初のマスメディアである。第二に、悪いニュースを伝える際には、訂正がつきものである。そして第三に、メディアの任務はいずれにしても（「第一の中断」を参照）、真実らしくないものでも真実らしく見せることである。第四に、一九三八年には十分な根拠があったにせよ、なかったにせよ、戦争の不安が高まっていた。そして第五に、ラジオはまさに聴覚メディアにすぎず、まだ視聴覚メディアではない。したがって、ラジオで言ったこと、あるいは聞いたことが妥当であるか否かを、モニターを見ることによって確かめることはできない。現実世界と呼ばれるものを見ても、それを確かめることはできない。ラジオを聞いていた何千人もの人々がニューヨークから脱出し、火星からの侵略軍と遭遇するまいとした。

ラジオという報道メディアはつまり、きわめて厄介なメディアなのである。嘘もまた、言語がもつ正真正銘の可能性の一つであることは周知のとおりである。紙だけでなく、周波数もまた、嘘をつかれても黙っている。自らも第二次世界大戦中にロンドンでＢＢＣに勤務していたペネロピ・フィッツジェラルドの長編小説『人間の声』では、この問題に注意が向けられている。信憑性はつねに、乏しいからこそ貴重な資源《リソース》である。しかし、信憑性が乏しいという問題がドラマチックになるのは戦時中、また総じて現代である。現代では、ロマンチックな秘密の情報よりも、世論の力を引き合いに出すほうが優っている。ウォルター・リップマンの古典的著作『世論』は、新しいラジオメディアが着実に広まっていく時期に、正確には一九二二年に出版された。世論はおのずからできるのではなく、作られるものであるというリップマンのテーゼは、今日ではほとんどありふれたものになっている。世論、好み、判断構造が形成される方法を研究の中心に据えたリップマンは、きわめて有効な概念を提示している。たとえば、乗数効果（誰が、なぜ、いかなる範囲において世論の主導権を握るか、いかにして世論を形成し、増幅することができるか、世論はいかにして環境という限界を超えるか）、議題設定（何を話題にして、論争するか、何を話題にせず、論争しないか）、門番理論（膨大な量の情報のなかから、誰がどのテーマを選び、注意という乏しい資源《リソース》の狭い網の目をくぐらせるか）などである。

独裁制に侵されやすい時代――それは同時に、世論の力が発見される時代でもあるのだが――にBBCが信憑性を獲得したのは、ゲッベルスの国民ラジオ受信機的婉曲語法（悪名高い「戦線整理」など）とは対蹠的に、戦時中ですら自国にとって悪いニュースを隠蔽しなかったためである。BBCの伝説的な『九時のニュース』はまさに、このような特徴を洗練させた。すなわち、イギリスにおける公共的レトリックの伝統をエレガントに受け継ぎ、「精神と道徳の導き」や「花咲く風景」（コール）よりはむしろ、きわめて冷静に「血と汗と涙」（チャーチルは第二次世界大戦が始まった際に、有名な演説でこのように述べた）を約束することを好むのである。ラジオから聞こえてくる「人間の声」をめぐるフィッツジェラルドの長編小説は、史実に半ば創作を織りまぜて、戦争中にBBC社員の誠実さについての倫理観がいかなる試練を受けたかを描いている。ロンドンに亡命したフランスの将軍が、フランス人に呼びかけるための放送時間を求める。その目的は、彼がBBC社員に信じさせたところによると、ド・ゴールの伝統において、ナチの占領軍に対する抵抗を呼びかけることなのだという。しかし、彼はそうするかわりに、あらゆる抵抗行動を停止するように呼びかけるのである。そして、ＢＢＣの番組編成局長ジェフ・ハガードは、マイクのスイッチを切る。一〇分間、放送が中断される。それに続いて、ＢＢＣの局長が放送コードに抵触したか否かをめぐって、長い議論が行なわれる。

放送の中断。ドイツで第二次世界大戦と戦後を隔てているのは、わずか数日の、時にはわずか数時間の沈黙である。多くの同時代人が、メディアが沈黙したこの時間を、時代の区切りとして経験した。ハインリヒ・ベルの物語『ムルケの沈黙収集』は、ある文学的トポスだけでなく、具体的な歴史的経験に基づいている。すなわち、国民ラジオ受信機が数時間にわたって沈黙したということは、一つのメッセージ、いやそれどころか、本当に重要なメッセージだったのである。ドイツのニュースが一九四五年の春ほど短く、また重要であったことはほとんどない。放送局は次々に、連合軍によって接収される。新しい体系的なラジオ番組が始まるのを、ドイツ人たちは占領地域で長く待つ必要はなかった。一九四五年五月一五日にはすでに、つまりナチス・ドイツが降伏してから一週間後にはもう、国民ラジオ受信機から半ば聞き覚えのある声で「ベルリンからお伝えします」と聞こえてきたのである。ベルリンのソビエト占領地域には、ウルブリヒトのグループとともに、ラジオ放送に熟練した共産主義の亡命者ハンス・マールケが帰還した。彼はモスクワで、ヘルベルト・ヴェーナーやヴァルター・ウルブリヒトとともにラジオ・モスクワのドイツ語部局で働いていたのだが、同月中にベルリン放送の局長になった。この幹部の任用は周到に準備され、うまく機能した。

西側の占領国は、それほど周到な準備をしていなかった。しかし、遅くとも冷戦の終結とともに明らかになったように、長期的な視野で見れば、より有能であった。西ドイツのラジオ放送局にもやがて、フリッツ・エーバーハルトのような伝説的な人物になる素質のある帰国者たちが現れる。エーバーハルトは第二次世界大戦中、ロンドンのBBCに勤務していた。一九四五年六月にはすでにラジオ・シュトゥットガルトのコメンテーターとなり、一九四九年には南ドイツ放送の局長にまでなる。協調関係にあった西側の六つの地方放送局(南ドイツ放送、南西ドイツ放送、バイエルン放送、ヘッセン放送、ラジオブレーメン、北西ドイツ放送)が集まって、一九五〇年の夏にARD(ドイツ公共放送連盟)が結成された。とりわけ連合国からの強い圧力を受けて、政治の直接的な影響力から高度に独立していることが、個々の放送局の組織上の主たる特徴をなしていた。それに対して早い時期から、国家による影響力の行使を可能にする「アデナウアー放送」を設立しようとする試みが行なわれた。しかし、出版と言論の自由を保証した基本法第五条は、多くの訴訟で連邦憲法裁判所が示した解釈によれば、ARDの放送局に対して実際に、連邦政府の政治的影響力から高度に独立していることを保証するものなのであった。地方放送局を補完するものとして、一九六〇年一二月一七日に可決された「連邦法の放送局設立に関する法律」によって、連邦政府の支援を受けた放送局DW(ドイチェ・ヴェレ、国際放送事業を行なう)とDLF(ドイツ放送)が設立された。(10)

戦後ドイツにおけるラジオの最盛期は短いものであった。「当時、最も重要なメディアがラジオであったことは議論の余地がない。布張りで、スピーカーのついた前面。ピアノの鍵盤を短くしたような、放送局のプリセットボタン。そして何よりも、放送局にダイヤルを合わせやすくするためのマジックアイが、家族がラジオドラマやなぞなぞ遊びや、名探偵カッレ・ブロームクヴィストのようないつまでも続くシリーズ物のために集まったときに、暗闇のなかで緑色に光るのである。動物愛好家の登場する学校放送や

『ヴァルトハーゲンからの知らせ』〔一九五五年から八五年まで放送されたNDRの学校放送シリーズ〕も、私の子供時代の、最も印象深い聴覚体験の一部である」。一九五一年生まれの作家クラウス・モーディックは、メディア史の観点から啓発されるところの多い長編小説『二四のドア』でこのように書いている(11)。五〇年代にはラジオが主要メディアとなり、一九五四年にベルンで開催されたサッカーのワールドカップのようなスポーツ中継だけでなく、再軍備のような問題をめぐる国会討論の中継でも、五〇パーセントを大幅に超える聴取率を達成することができた。昔からのラジオ愛好家たちが今日、夢中になって話すのは、アルフレート・アンデルシュがシュトゥットガルトの南ドイツ放送の局員であった時代であり、ハインリヒ・ベル、イルゼ・アイヒンガー、ギュンター・アイヒ、インゲボルク・バッハマン、フリードリヒ・デュレンマット、マリー・ルイーゼ・カシュニッツといった作家たちが伝説的な「ラジオ・エッセイ」を語っていた時代である。過ぎし昔《テンピ・パサーティ》のことである。**超短波放送**（**一九四九年**からすでに、次々に開始されている）や**ステレオ**（**一九六三年**から）の導入のような技術革新があっても、ラジオの機能がきわめて急速に変化するのを止めることはできなかった。テレビが普及するにつれて（つまり、きわめて急速に）、ラジオは主要メディアから、料理や運転をするときにつけておく周辺メディアになっていった。あるいは、少数の聴衆のためのニッチな番組になっていった。たとえば、日曜日に早起きして、八時半から九時までSWF〔南西ドイツ放送〕の由緒ある講演シリーズ『アウラ』（同局は現在ではSWRとなっており、このシリーズは一九九九年に五〇周年を迎えた）において、ヤスパースとガーダマーから、ミッチャーリヒとアドルノを経て、スローターダイクとボルツまでの――要するに知識人の歴史である――考察に耳を傾ける人々のための番組になったのである。かつて、ラジオドラマというジャンルのとりこになっていたのは、戦争で視力を失った人々だけではなかったということは、今日ではエキゾチックな印象すら与える。また、今でもまだダルムシュタットから新しい音楽が生まれていることも、聴取率が一パーセントを大幅に下回ってもなお放送するラジオ局が今でも（そして、一九八四年に公共放送と民間放送のデュアルシステムが導入されてからもなお）存在しなければ、ほとんど知られなかったであろう。

　奇妙な展開である。というのも、ラジオは——ということは、最初の電子工学的なマスメディアは——今日なおマスメディアだからである。ただし、背景の雑音を生み出すマスメディアである。さもなければ、地域的な、方言的な、秘教的な、あるいは個別テーマに特化したマイノリティのための、高度に分出されたメディアとなった。大衆がラジオを操作するのは、もはや他に操作するものがないときだけであろう。道路が渋滞しているとき、このような場合には再び国民ラジオ受信機のごときものになるカーラジオを皆が聞いて、交通が止まっていることを知る。合計すると、全ドイツ国民のうち九五パーセントが今日なお、毎日ラジオを聞いている——しかも、車のおかげで、三時間も。しかし、本当に耳を傾けている者はほとんどいない。ラジオの歴史には総じて、メディア利用にかかわる基本的傾向が分かりやすく凝縮されている。すなわち、集合のメディアが分散のメディアになるのである。意味《ズィン》から感覚《ズィンネ》へ、自分たちが意味深い《ズィンフォル》と思っているメッセージに集合して／集中して耳を傾ける多くの人々の集合から、分散へ、娯楽へ、しかしまたまさしく個別化へという基本的傾向である。これと同じ展開を、ラジオを最初の電子工学的な主要メディアの地位から追い落としたテレビは、さらに急速に追体験する。テレビにもまだ神学の残滓があり、それは純粋に内世界的に転換されている。遠方を見る《フェルン・ゼーエン》、遠隔視の能力《テレ・ヴィズィオネーア》をもつといった、これまでほとんど検討されていない観点からテレビをとらえれば、そのことを比較的明確に認識することができる。第二次世界大戦は、ドイツ人の視点から振り返ってみるとまさに、集合（一つの国民、一つの帝国、一人の総統、一つの国民ラジオ受信機）の残酷かつ愚昧な崇拝でもあるように見える。だがこの戦争が終結すると、メディアは分散の崇拝へと舵を切る。一九四五年以降、ほとんどすべての人間が分散したテレビ視聴者《テレヴィズィオネーレ》になる。

11　テレビ

電気紙芝居《フリンマーキステ》、すりガラス《マットシャイベ》、覗き穴《グロッツェ》。このように呼ばれるテレビほど、教養人たちに評判の悪いマスメディアは他にない。そして、これほど成功を収めたメディアも他にない（コンピュータですら、これほどの成功は収めていない。というのも、コンピュータがテレビほど広い範囲に届くことは、ほとんどないからである）。メディア一般、わけてもマスメディアを批判することは、プラトンが文字を拒絶して以来、そして近代においては、遅くともキルケゴールとショーペンハウアーが日刊新聞を哲学的に叱責して以来、教養人たちが、自らが教養人であることを示し、エリートたちが、自らがエリートであることを示すために用いる、お手軽な常套手段となっている。新聞によってもたらされた言語、精神、文化の荒廃を嘲るとともに嘆くという、昔からよく行なわれているが、徐々に廃れつつあるゲーム（カール・クラウスほど卓越した腕前で、このゲームを行なった者はいない。彼は自ら編集する雑誌『炬火《ファッケル》』で、皮相な新聞産業に対する二万ページ以上の批判を行なった）が、テレビの登場によって新たに活性化する。

しかしながら、テレビは何よりもまず、あらゆるメディアのうちで最も罪のないものにほかならない。

このメディアを初期の段階で分析した一人であるルードルフ・アルンハイムはすでにこのことを看破しており、エッセイ「テレビについての予測」に次のように書いている。「テレビは伝達のための道具でしかなく、現実を芸術的に解釈するための、いかなる手段も提供しない」[1]。初期の著作において、きわめて明確に『芸術としての映画』（一九三二）や『聴覚芸術としてのラジオ』（一九三六）に関心を向けていたアルンハイムがここで述べていることは正しい。純粋な伝達メディアとしてのテレビは、人為的《キュンストリヒ》に、あるいは芸術的《キュンストレリッシュ》に現実を解釈するための手段を提供しない。そしてテレビは、どうしても後追いになるしかない文字とは異なりリアルタイムで伝達するので、それを操作する時間はまったくない。伝達メディアであるテレビは、目と耳に同時に作用し、それを操作する時間がないために、まったく民主的で非エリート的な、まさに平等で信頼のおけるメディアなのである。事実また、テレビはプラグマティックな民主主義の国であるアメリカ合衆国において、世界中に普及するための第一歩を踏み出したのである。

このように主張すれば、すなわち、テレビを信頼のおける記憶と伝達のための平等なメディアと理解すれば、反論を覚悟しなければなるまい。「TVはひとを愚かにする、という素朴なテーゼに、普通のメディア理論のほとんどは帰着する。精密に見える理論であれ、お粗末な感じのものであれ、その点は変わりがない」と、一九八八年に出版されたハンス・マグヌス・エンツェンスベルガーのエッセイ「TV・ゼロのメディア――テレビについてのあらゆる歎きはなぜ無効なのか」の冒頭で述べられている[2]。テレビは実際、また文字どおり、まずもって愚か者《イディオーテン》のためのメディアである。というのも、ギリシャ語のイディオテス〔idi-otes〕という語が意味しているのは、識字教育を受けていない者にほかならないからである。彼らは公共の議論の場に関与することができない。その理由はまさに、文字を読めず、文字に託されたしかるべき論拠を理解できないことにある。テレビはラジオに次いで二番目の、識字教育を受けていない者にも、またとりわけ彼らにこそ役立つ大がかりな電子工学マスメディアである。しかしイディオテス（これは「イディオム」という語とも関係がある）は、書くことができない素人や無能者を意味するだけではない。それはまた、主要メディアによって保証された一般的な知識についてゆくことができないために、（否定的な意味において）自我が強く、私的な領域に引きこもる者をも意味しているのである。方言辞典《イディオティコン》に載っている言葉はそれゆえに、標準ドイツ語を話す同時代人ならば理解する必要のない人々の言葉である。

テレビが登場したことによって、このような価値判断が劇的に変化する。愚か《イディオーティッシュ》であり、理解することができず、時代についてゆくことができず、私的な領域に閉じこもっているのは、すなわち一般性から閉めだされているのは、これ以降、文字を読めない者ではなく、テレビを見ない者なのである。サルトルはすでに、記念碑的ではあるが、分かりやすいメディア分析を避けているその著作において、『ボヴァリー夫人』と『ブヴァールとペキュシェ』の著者を家の馬鹿息子《イディオ・ド・ラ・ファミユ》〔サルトルによるフローベール論のタイトル〕とみなしている。マスメディア社会が徐々に形成されつつある十九世紀において、テレビは夢想の域を出るものではなかったが、自我の強いギュスターヴ・フローベールは一般的な状況から距離をおく。彼が描く人物たちは、（エマ・ボヴァリーのように）文芸書を読みたいとか、（ブヴァールとペキュシェのように）百科全書を書きたいなどと望んでいるがゆえに、時代の最先端で自らの能力のかぎりをつくしていると信じており、それゆえに深みへの転落を体験する。誰が「馬鹿息子《イディオート》」であり、誰がメディアの主流《メインストリーム》を泳いでいるのかについて、十九世紀の半ば以降、それまでとは違う議論が行なわれるのである。テレビ社会ではしかし、このような問題はもはや真剣な議論の対象にはならない。まだ活字の世界に属している者が思い知らざるをえないのは、活字がもはや（少なくともそれだけでは）現代社会におけるメディアの中心ではなく、現代以前の社会におけるメディアの中心でもなかった、ということなのである。

グーテンベルク銀河系は、その彼方からは、文化史すなわちメディア史のなかの例外であるように見えるし、事実また、それは例外である。識字教育が広範囲に及ぶこと、および書物が唯一無二のメディアであると自負することは、二つの注目に値する座標である。それによって数十年のあいだ、西ヨーロッパおよび北アメリカと呼ばれる一つないし二つの地域において、いくつかの奇妙な関数方程式が可能になる。誤解を招かないように述べておくならば、そこに生産性と、この座標系ならではの知的で美的な魅力があることは否定しがたい。しかし——ほとんど考慮されていないことだが——これらの座標が「すべて（の時代、文化、メディア・システム、人間）に対して」当てはまるものでないこともまた、大真面目に否定することはほとんどできない。

視覚と聴覚のデータをまとめて、直接的に伝達するという夢は古くからあった。その気になれば、プラトンの洞窟の比喩に、あるいはホメロスの叙事詩や旧約聖書に書かれている数多くの遠隔感応《テレパティー》や遠隔視《テレヴィズィオーン》の物語にまで、その起源をさかのぼることができよう。しかし、技術的に実現可能な領域にまでテレビ技術が到達したのは、ようやく十九世紀末になってからのことである。絵画の分野でピサロやスーラの点描技法が受け容れられたのとちょうど同時期に、ベルリンの学生**パウル・ニプコウ**（一八六〇—一九四〇）が、画像を個々の点に分解し、それによって伝達可能にするという機能をもつ**円板**を作る。**一八八四年一月六日**、彼は「機械式画像分解用走査板」に対して、ドイツにおける特許第三〇一〇五号を申請する。この走査板には、二四（ここでもまた——文字の数や映画のフレームレートと同じ——二四という数字が出てくる）の穴が螺旋状に開けられている。「走査板には、二四の穴が外周に沿って螺旋状に開けられている。送信側で画像に光を照らすと、その光が円板と二枚のレンズを通してセレン光電池に当たる。円板は一定の速度で回転する。セレン光電池が光を電流に変換し、受信側に送る。そこには第二の円板があり、これも第一の円板と同じく、一定の速度で回転する。光源から、偏光した光がレンズと円板を通して入射する。その際、偏光面は、送信側の刺激で生じるコイルの電圧変動に応じて変化する」[3]。

テレビ放送のための基本的アイデアはこれで整った。しかし、最初の試験放送を行なうためには、まだ解決すべき厄介な問題が山積していた。たとえば、構造を精細化するという問題、あるいは伝達遅延を克服するという問題である。すなわち、いかにすれば数百もの走査線上の数百もの点を、それらが一つの画像になるほど迅速に伝達できるか、という問題である。放送開始への重要な一歩となったのは、**一九三一年三月二七日**に**マンフレート・フォン・アルデンヌ**が特許を出願した、電子管式の**テレビ**撮影とモニターの**装置**である。ところで、マンフレート・フォン・アルデンヌとヴェルンヘア・フォン・ブラウンは、ナチス政権のもとであろうと、一九四五年以降、ソビエト（アルデンヌ）やアメリカ（ブラウン）の庇護のもとであろうと、同じように着実に、革新に革新を重ねるタイプのエンジニアの典型である。**一九三五年三月二二日**、ナチス政権下のドイツはついに、パウル・ニプコウ・テレビ放送局により、プロパガンダに巨費を投じて、**世界初の半定期的なテレビ番組事業**を開始する。しかし、一九三六年にベルリンで開催された第一一回オリンピックが散発的に放送されたにもかかわらず、それは視聴者のいないメディアにとどまる。その理由の一つは、ドイツ帝国郵便と「帝国放送会社［Reichs-Rundfunk-Gesellschaft］」（ＲＲＧ）が所管をめぐって争ったことである。また別の理由は、ヒトラーとそのプロパガンダの代弁者であるゲッベルスがラジオ[4]を好み、新しいメディアを信頼しなかったことである。なぜならば、ナチの大物たちは映画館の週刊ニュースに慣れきっており、小さなモニターの上では、自分たちが辱められ、嘲られて、要するに、不都合な姿で映っていると感じたからである。映画館や都心のアーケード商店街に設置された二八箇所のいわゆるテレビサロンに集った視聴者たちは、ナチのお偉方が荒い粒子に分解された状態でモニターに映って、演説を行なうのを見て、笑い出すことがよくあったという。

一九三九年にベルリンの**無線通信装置展示会**で発表された「**国民統一テレビ受信機E1**」は、せいぜい五〇台しか製造されなかった。第二次世界大戦が始まると、ドイツは再び軍需産業に舵を切る。すなわち、テレビモニターではなく、レーダースクリーンを製造するのである。一方、イギリスとアメリカでは、戦時中にも民間のテレビ技術が大幅に発展した。**一九三六年一一月二日**一五時三〇分に**ロンドン**で、**イギリス初のテレビ番組**が放送される。イギリスの最良の伝統に従ってコインを投げて、ある程度まで成熟した二つのテレビ方式、すなわちベアード・テレビとマルコーニ・EMIのうち、どちらでこの最初の放送を行なうかを決定した。この時はベアードが勝利するが、その後は、競合システムと交互に放送することで折り合いをつけなければならない。一九三七年五月一二日のジョージ六世戴冠式典は、BBCによってマルコーニ・EMI方式で生中継される。それに少し遅れはしたが、その後はきわめて急速に、**アメリカ**でテレビ技術が発展する。**一九三九年**に**NBC**（National Broadcasting Company）が、ニューヨーク万国博覧会の開会式を生中継することによって、放送事業を開始する。放送開始時からすでに、競合他社が存在している。すなわち、**CBS**（Columbia Broadcasting System）も同年に、放送事業を開始するのである。四〇年代にはすでにアメリカには、二〇以上の異なる、主として民営組織のテレビ放送局が存在している。

定期的な放送事業がドイツで行なわれるまでには、まだ時間がかかる。第一次世界大戦後にラジオの時代が到来したのと同様に、第二次世界大戦後に、いわばこれらの戦争がメディア史の見通しをよくしようとでもしているかのように、テレビの時代が到来する。西ドイツが迎えた四回目のクリスマスである**一九**

五二年一二月二五日に、**戦後ドイツのテレビ放送事業**が開始される。ＮＷＤＲ〔北西ドイツ放送〕がはじめて、二〇時から二二時まで番組を放送する。当初、テレビ視聴者《フェルン・ゼーアー》は一万人にも満たなかったが、これほど視聴者数が少ないままである期間は、そう長くない。六〇年代になると、たいていの世帯がテレビ受像機（と自動車）を所有しており、七〇年代になると、二台目ないしは三台目の受像機を所有する傾向が（二台目の車を所有する傾向と同じように）広まる。「テレビ拒否者」は（エホバの証人であれ、人智学者であれ、闘争的な文化保守主義者であれ）人目を引き、メディア研究者の好奇心の対象になる。戦後ドイツのテレビ（技術）史において最も重要な日付は、集合的記憶のなかに刻み込まれている。**一九六三年**以降、テレビ視聴者は二つの番組のうちから、どちらかを選ぶことができるようになる。というのも、**ＺＤＦ**が、娯楽番組により重点を置いた放送事業を開始するからである。それに続く第三放送は、地域的な番組や、ハイカルチャー的な番組に特化する。しかし、放送中の番組に不実を働こうとすれば、この時代にはまだ、身体的労苦という罰を科せられる。受像機のところまで歩いてゆき、ボタンを操作しなければならないのである。それが変わるのは、**無線式リモートコントローラー**が発明されてからのことである。この装置は（ドイツでは）**一九七二年から**、あるいは大量生産品としては一九七五年から存在している。このことは、エンジニアの頭脳（より正確には、エンジニアの事務所）によって生み出された、本当に人畜無害であるように見える産物がいかにして、「文化革命家」を自認する者ですら思いもよらない文化革命を引き起こすものであるかを示す実例の一つである。「ザッピング」の時代が始まるのである。

八〇年代になると、赤外線式リモートコントローラーで操作できない受像機は、ほとんど売られなくなる。この発明は、時宜にかなっている。というのも**一九八四年以降**、公共放送には、外部からも競争相手が現れるからである。国営放送局と左派放送局をめぐって政治の場で何年も白熱した議論が続き、またそれに勝るとも劣らない熱意で、何年もかけて技術的な試験運用（とりわけマンハイム／ルートヴィヒスハーフェンにおける、いわゆるケーブル試験プロジェクト）が行なわれた後、受信料を財源とする公共放送局（ARD、ZDF、第三放送。ZDFには、受信料の三〇パーセントが分配されるが、これは総収入の六〇パーセントを占める。残りは広告料収入である）と、視聴者を広告産業に売ることによって収入を得る民間の放送局（たとえばベルテルスマン・グループ傘下の放送局であるRTL、RTL2、RTLplus、VOX、キルヒ・シュプリンガー・グループ傘下の放送局であるSAT1、Pro7、またその他の放送局としては、n-tv、CNN、Pay-TV-Kanal Premiereなどがある）から成る**「デュアル」システム**が始まる。ケーブルもしくは衛星経由で受信できる、合わせて三〇以上もの放送局が、一五年も前から存在している。**一九六五年**にはじめて、**「アーリー・バード」**という誤解を招く名前をつけられたテレビ番組用の**衛星**が、高度三万六〇〇〇キロメートルの上空に配置される。この名前が誤解を招くのは、この鳥が前方に飛びはせず、むしろ上空に停止し、地上で放送の中断が生じないようにしているからである。これまでに宇宙に打ち上げられた衛星は合わせて一万機弱あるが、そのうちの約一五〇機がくまなくEミッションに従事している。

カラーテレビの夢は、すぐに実現することになる。しかし、それほど簡単なことではない。**一九五四年以降、アメリカ**で通用しているカラー規格であるNTSC（National Television System Committee）は「同じ色になることがない［Never the same colour］」を略したものだと嘲笑されているが、これにはもっともな理由がある。戦後ドイツの技術者たちは、テレビ・カラー方式であるPAL（Phase Alternation Line）によって、NTSCより明らかに優れた結果を達成できたことを誇りにしているのである。**ドイツ**のカラー放送事業は、**一九六七年八月二八日**（色彩理論家にして視覚的人間であるゲーテの誕生日）に始まる。東ドイツはすぐさま、少なくとも部分的には西ドイツのメディア上の主導権《ヘゲモニー》から開放されるための好機を見出し、フランスのカラー方式であるSECAMの採用を決定する。カラーテレビを導入することによって、電子産業に新たな増益がもたらされる。テレビ受像機の台数は、一九六七年八月二八日に登録（！）された一二七一万九五九九台という記録を着実に更新してゆく。伝達メディアであるテレビから記録メディアを作りたいと思う（たとえば、一九六九年に人類がはじめて月面に足跡を残した様子を何度も「直接」見ることができるために。それは、夜中に行なわれたテレビイベントの最たるものである）者の誰にも、（アメリカでは）**一九六七年以降**、あるいは（日本とヨーロッパでは）一九六九年以降、**ビデオレコーダー**が利用可能になる。当初は、三つの相互に互換性のない方式が競合していたが、間もなくVHS標準規格が普及する。自分自身のテレビ映画やビデオ映画も、**一九七九年以降**、ますますハンディーになってゆく**ビデオカメラ**で記録することができる。最も売れ行きの良い、あるいは繁盛しているレンタルビデオ店で最も貸出が多いカセットの一つは、ハードコアのポルノ映画である。これほど肉体的かつ具体的な方法で、メディア史における主要テーゼである「意味《ズィン》から感覚《ズィンネ》へ」の正しさが証明されるのである。

五〇年代初頭にはまだ、画面がちらつき、粒子も粗い白黒の受像機であったものが、着実に最も性能の良いマスメディアとなった。今日、平均的なドイツ人は一日に三時間ほど（二五年ちかく前から、この数字はほぼ一定である）テレビの前に座り、三〇以上の番組をザッピングし、『今日のニュース』や『ビッグ・ブラザー』、ブンデスリーガの試合やソフトコアのエロティックな番組、『楽しい楽士の納屋』や推理ドラマの『事件現場《タートオルト》』、トークショーや『文学四重奏』――これも要するに、トークショーであるが――を見る。[5] そして、彼らはそれだけでなく**文字多重放送**《ビデオテクスト》（イギリスでは**一九七〇年から**行なわれている）で最新のスポーツ、株式市場、天気についてのニュースを読み、ビデオカセットを入れて、もしも少しばかり余計に金をかけるなら、ちらつきのない、デジタル制御された、フラットパネルの（このような形状のものがますます多くなっている）、**アスペクト比一六対九（一九九三年**に策定されたPALプラス標準規格）のモニターを眺める。彼らがすることとなすことのすべてが、メディア分析者たちや文化批評家たちに分析や考察を促す。テレビが（ほとんど）全世界でわずか数十年にして、比類のないメディア革命を、したがってまた文化革命を起こしたことは異論の余地がない。テレビとどのようにつきあうべきか、それをどのように判断するべきか、あるいはそれを文化に反するものとして非難するべきか否か、というグレートヒェンの問い〔素朴だが、答えに窮する問い〕は――テレビは当初、左右両派による文化批判的な攻撃を受けていたが――今では、鋭さを失っている。おそらく、その理由はとりわけ、事実は規範的な力をもつという命題の正しさが、テレビを視野に入れると、見事なまでに証明されるからだろう。そしてまた、テレビが最近の二〇年間で変化すればするほど、テレビは少なくとも西ドイツの初期において、恩恵をもたらす効果をも発揮したことが明らかになってきたからでもあるだろう。

それはなぜか。「深い」と思い込まれていた価値を熱烈に支持する集団病理学的、人種差別主義的、国家主義的、軍国主義的、全体主義的なナチ政権下の大量殺戮社会（言うまでもなく、この社会は自らが大量殺戮社会であると認識することはなかったのだが）を、啞然とするほどの短期間に、比較的魅力のある、寛容で開かれた、民主主義的、国際主義的、自由主義的な社会にすることにテレビが寄与したからである。『ホロコースト』シリーズの放送とともに、この社会は部分的には、自らの過去を振り返って、この番組の内容のとおりであると認めるにやぶさかではない。これは『ホロコースト』というテレビ版ソープオペラの功績であり、パウル・ツェランの詩も、ペーター・ヴァイスのドラマもそれをなしとげることはできなかった。西側の連合国による再教育プログラムは、マスメディアや国民経済の好景気のおかげで成功を収める。かつて宣伝中隊に所属していたヴェルナー・ヘーファーが司会を務める『国際的な朝酒の集い』、ハンス・ローゼンタール（世間は彼の死後に知って驚いたのだが、ユダヤ人である彼は若い頃、みすぼらしい隠れ家に身を隠して、ナチ時代を生き延びたのであった）の『急げ、急げ』のようなクイズ番組、あるいは自由ハンザ都市の出身で、巧みな話術で女心をつかむハンス＝ヨアヒム・クーレンカンプの、ドイツではなく、ヨーロッパの理念、もしくはヨーロッパ経済共同体（Europäische Wirtschaftsgemeinschaft）を信奉するカルト番組『EWG』（勝者は一人〔Einer wird gewinnen〕）がドイツ人に教えたのは、兵士をやめて、どこにいても我が家にいるようにくつろげるのは、どれほど魅力的かということである。国会討論の生中継や、さまざまな党派的立場の政治番組が（奇跡的な経済復興と肩を組みながら）具体的に明らかにしたのは、一つの国民が一つの意見でなくとも「復興できる」ということである。テレビのおかげで六〇年代と七〇年代におそらくはじめて実際に広く通用するようになったのは、社会学者の用語を使うと格好よく聞こえるのだが、メディアによって仲介される現実形式と生活形態は「合意を義務としない」という示唆に富む、いまや実感として理解できる認識である。

『マスメディアのリアリティ』という魅力的な両義性を兼ね備えたタイトルの重要な著作で、ニクラス・ルーマンは、テレビがあげたこのような功績を（小説というジャンルの洞察を一般に分かりやすくしたものとして）評価している。「小説によって獲得された、語りという娯楽は、今日ではもはや唯一の支配的な形式ではない。少なくともテレビが普及して以来、二番目の形式が出てきた。それはつまり、きわめて個人的な経験についての報道のジャンルである。カメラが向けられて人間たちが映し出され、彼らは多くの場合、極度に親密で詳細な私生活の事柄への興味に基づいたありとあらゆる質問を浴びせられるのである。このような状況をいったん受け容れてしまったら、それは発言する用意があるものと仮定されるのである。質問する人はずけずけと立ち入ったことを聞き、視聴者はいっこうに恥じ入ることのないその態度を楽しむ。しかしなぜ？／こうした番組への関心は、どうやら、信憑性はあるけれども、しかし合意は義務としないリアリティを見せてもらえるというところにあるようである。同じ世界に住んでいながらも（そのほかに世界はないわけだが）、視聴者は合意することを要求されるわけではない。合意するも、拒否するも、彼の自由である。彼は認知においても、そして動機においても、自由が与えられていて、それでもなおリアリティを失うこともないのである！　自由と束縛との対立が取り払われた。だれもが自分で選択できるのであり、もしも深刻な事態になったときには自分がそうなるだろうと考えるような人間のままでいなければならないと義務付けられることさえないのだ[6]」。

実直な市民たちが、よりによってテレビの助けで弁証法的な観察レベルに到達して確認するのは、さまざまな方法で何かを見たり判断したりするのに耐えることを学べば、より賢明になるということである。戦後ドイツにおけるメディア的日常の信頼感の一端は、あらゆるものが変わるとしても変わらないものがあるとすれば、それはまさに、あらゆるものが変わりうるということだと認識できるように、慎重に手ほどきしてくれることにある。消滅の猛威だけはつねに存在するという認識にもかかわらず、バイエルン・ミュンヒェンがほとんどいつもブンデスリーガの首位に立ち、たいていはＣＤＵ〔キリスト教民主同盟〕が政権を握り、アリアンツ〔ミュンヒェンに本社を置く保険会社および、それを中心とした金融グループ〕とドイツ銀行が最大の金融機関でありつづけるのであれば、このようなヘーゲル的な省察レベルにも、精神力学的に十分に対処することができる。

テレビを見ることは、寛容であることを強いる。そうでありながらも、一つか二つか三つしか番組がないかぎり、注意力が平等に分配されることを保証する。地域的にも社会的にも宗派的にもきわめて多様化したドイツのような国で、最盛期の公共のテレビが、今からすれば息を呑むほどの視聴率を達成したことは、過小評価できない成果である。最大で八〇パーセントのドイツ人が（路面電車の運転士であれギムナジウムの教師であれ、主婦であれ薬剤師であれ、理事長であれ駐車場の警備員であれ、司祭であれ農民であれ、バイエルン出身者であれベルリン出身者であれ、若者であれ年金生活者であれ、男性であれ女性であれ）、サッカーのワールドカップの決勝戦が行なわれたときや、「クーリ」［クーレンカンプの愛称］が人前でパリジェンヌを口説いたために放送時間を超過してしまったときに、「その場に」居合わせた。テレビにはこのように平等に広がる傾向があるために、逆説的にある種の規範形成を可能にした。つまり翌日に、誰とでも話したり議論したりできる話題をもつことができるようになったのである。このようにしてテレビは、その公共放送としての最盛期には、包摂と排除を一つにするという芸当をやってのけた。同一性と差異は同一であるというヘーゲルの意義深い認識は、またしてもテレビによって、具体的で民主主義的–実用主義的な次元を獲得する。同様にして、ヘーゲルの主要テーゼを現代メディアの状況に置き換えると、私たちは合意しないことに合意する《ウィー・アグリー・トゥー・ディスアグリー》、となる。このような成果を目の当たりにして、このマスメディアを厳しく批判していた者ですら、態度を軟化させた。おそらく最も断固としたテレビ批判は、ギュンター・アンダースの筆になるものである。一九五六年に初版が出版された著書『時代おくれの人間』（アドルノとホルクハイマーによる有名な文化産業批判と同じく、アンダースのメディア批判は、アメリカに亡命していた頃の経験に基づいている）では、テレビがほとんどグノーシス的な規模で拒絶されている。テレビは、真実の生を経験することを組織的にさまたげるというのである。

ギュンター・アンダースはそれからほぼ二五年後、一九七九年に出版された自著『時代おくれの人間』第五版の序文において、このような評価を著しく自己批判的に修正した。「これに反して、「幻影と原型としての世界」という論文での、マスメディアに対する非常にペシミスティックな評価については、今では必ずしも同じ意見ではない。人間がテレビによって「受動化され」、存在と仮象を混同するように組織的に「育て上げ」られ、歴史的な変動はテレビを推進する方向へすでに大きく動いて、世界は複製の模像と化しているという当時のテーゼは、その当時より以上に、今でも誤りではない。あの論文から二五年を経た今日では、各国の首相の中には、私の警告を受け入れてくれた人もある［ヘルムート・シュミットは平然と、週に一日はテレビを見ない日を作ることを支持した］。だが、当時の私のテーゼには補足すべきところがある。しかも、われわれに勇気を与えてくれるような補足を付け加えなければならない。すなわちその後、テレビ画像は、ある種の状況では、テレビなしでは触れられない現実を家庭に提供し、われわれを動揺させ、歴史にとって重大な一歩を踏み出すように促すこともできることが明らかになってきたのだ。映像を見ることは、確かに現実を見ることには劣るものの、見ないよりはましだ。日々アメリカの家庭に放映されるベトナム戦争の場面が、画面に見入る無数の市民たちの目を初めて現実に向かって「開かせ」、抵抗行動を起こさせ、当時のジェノサイドを止めさせるのに大きな役割を果たしたのである」[7]。マスメディアをかつて批判した思想家はこのように述べて、奇妙なほどぎこちない驚きを、驚くほど聡明に表現したのである。

『場所感の喪失――電子メディアが社会的行動に及ぼす影響』[8]という印象的な書名のもと、メディア研究者ジョシュア・メイロウィッツは一九八五年、中立的ナ立場デ〔sine ira et studio〕テレビというマスメディアが物の見方や社会的行動に及ぼす作用を分析する研究を公表した。その結論によれば、テレビは反権威的である。というのも、テレビには「場所感」がないからである。すなわち、それは公に提示するための領域と、公表されない背景という伝統的な区別に対してさしたる敬意も払わないのである。テレビを見ている私たちは、政府高官、司令官、司教、サッカーチームの経営者が汗をかいたり、言い間違えをしたり、鼻をほじったりするのを知る。それでどうして権威に対する誤った敬意を失わずにいられようか。テレビは非アウラ化する。反抗的な六八年世代が、半ばテレビとともに成長した最初の世代であったのは、理由のないことではない。彼らはマルクスとコカ・コーラの子供であっただけでなく、CBSとARD、BBCとフランス・アンテルの子供でもあったのである。しかしテレビによって、その他の「解放に敵対的な」境界線も侵食される。テレビは第一に、「すべての者たち」（男性と女性、子供と老人、地方住人と都市住人、富を持つ者と持たない者、信仰を持つ者と持たない者、識字教育を受けた者と受けていない者）にとって等しく容易に利用できるものであり、第二に、ありふれた意味において猥褻《オブ・スツェーン》なものである。すなわちテレビは、古いメディア秩序ならふさわしくないとするもの（「それについては、礼儀として、何も言わないでおこう」）を場面《スツェーネ》／舞台に上げる。そのため、他者の領域を覗くことが、誰にでも可能になる。最近の言葉で表現すれば、インサイダー情報は成り立ちにくくなるのである（この傾向は、インターネットによってさらに、とてつもなく強まる）。以前ならむしろ背景にとどまっていたことや、内輪の者たちだけが知っていて、仲間内でおしゃべりするだけであったことが、おおっぴらに話されてしまうのである。使い古された言い方ではあるが、女性は男性社会の出世競争における汚いトリックを、男性は夫の留守中にトークショーを見る妻の欲求不満を、子供はその両方を覗いて知ることになる。テレビという主要メディア《ライトメーディウム》は同時に軽量メディア《ライト・メーディウム》であり、また多くの文化的保守主義者にとって、嘆きのメディア《ライトメーディウム》である、という語呂合わせをせずにはいられない。

　このようにして、古くからある境界線が侵食されてゆく。とりわけ、子供時代と大人の世界の境界線が侵食される。（書物というメディアとは異なり）その利用者たちに、労力と多くの専門教育を必要とする通過儀礼を受けることを要求しないメディアが主要メディアの地位に登りつめると、子供時代は消え（てなくな）る。[9] ニール・ポストマンのきわめてすぐれた洞察に従えば、子供時代がいつ終わるのかは、厳密にメディア史的に決定することができる。口承文化においては、ある程度複雑な文を理解し作ることができれば、大人とみなされる。したがって、七歳から九歳の年齢で子供時代は終わる。義務教育のある文化では、義務教育の年限がすぎると（つまり一四歳から一五歳で）、もはや子供ではなく、徒弟になる。グーテンベルク銀河系の核心部に足を踏み入れようとする者は、子供時代と厳しい大人としての人生のあいだに、多くの中間期と子供じみた期間を享受できる。ダカラ愉快ニヤロウジャナイカ〔gaudeamus igitur、ヨーロッパ各地に伝わる学生歌の一節〕。そして、大人とまだ立って歩くことができない年齢の幼児が同じように夢中になって、テレタビーズがしていることを眺めているとき、疑わしく思えてくるのは、大人の時期と子供の時期を分ける境界線がどこにあるかということなどではない。むしろ、そもそも子供と大人のあいだに境界線を引くことが、テレビが普及した時代にもまだ妥当であるか否か、ということなのである。しかしながら、発達したテレビ社会では、子供時代と大人であることの境界線だけではなく、「私的」と「公的」の境界線もまた曖昧になるのである。

　「民営放送局《プリヴァートゼンダー》」という名称には、論議を呼びかねない言外の意味がある。私的《プリヴァート》と呼ぶべきなのは、RTLやSATのような放送局の複雑な所有権原よりむしろ、いわゆるコンテンツである。民営放送局《プリヴァートゼンダー》が見せるものは、はっとするような意味において私的《プリヴァート》なのである。トークショーや『ビッグ・ブラザー』のような番組が、視聴者の関心を引きつけ、明らかにすぐに消え去ってしまうものではない魅力をもっているのは、私的な領域と公的な領域の伝統的な境界線を攻撃し、破壊するからである。昔からあるブルジョア的な言い方《ファソン・ドゥ・パルレ》によれば、トークショーでありとあらゆるごく個人的《インティーム》な問題が取り上げられたり、自分からすすんでコンテナに閉じ込められた人々がシャワーを浴びているのを何千万もの人々が見物したりするときに提供されるものは、とりもなおさず、独特な執拗さを伴った破廉恥である。政治学的な観点でも同様に、このことは論議を呼びかねない問題となる。というのも、私的／公的の境界を尊重しないことは、全体主義的な国家と社会を定義するための基準のうちでも、最も確実なものの一つだからである。それに加えてメディア受容は、私的で細分化したものになっており、イディオテスの古い語義〔ギリシャ語の idiotes は「私人」を意味した〕の正しさを証明している。今日のドイツにおける八千万人のメディア利用者のうち、昨晩、まったく同一の方法でメディアを利用した者は、二〇〇人といるまい。それによって、共通の（議論する価値のある）テーマは分断され、共通の対象に注意を集中することもできなくなる。

また、初期のテレビが今日のテレビと異なるのは、（他の何にもまして）このことによってである。一九九八年に出版された短編小説『失われた男』において、ハンス＝ウルリヒ・トライヒェルは、テレビを見て過ごした子供時代の初期について語っている。そこに奇妙な魅力が宿っているのは、このテレビっ子の父親が、民営の貸本屋で生計を立てるという考えを断念したせいだけではない。息子、母親、父親、叔母がテレビモニターを前にして、新しいメディアによって家族の親密さの境界線《インティームグレンツェン》が新たに引かれること、またそれがいかにして引かれるのかを知るせいでもある。「だが、叔母はテレビに苛立っていた。テレビは読書の妨げになるというばかりでなく、悪魔の発明でもあったのだ。それでいて、叔母はテレビに好奇心を抱いてもいたのだ。父は父でそれを喜んだ。父ときたら、敬虔な妹が誘惑にさらされるのを見るのが何よりも楽しかったのだ。叔母は、テレビのスイッチがついているときには背を向けることで、この葛藤を解決した。叔母はテレビを見こそしなかったが、聞いていた。また叔母はテレビを聞きながら同時に、父や母や私がテレビを見ている様子を見ていた。両親は、テレビを見ているところを叔母に見られていることを、まったく意に介さなかった。でも私は、テレビを見ているあいだ、叔母に見られているだけでなく、見通されているような気がしていた。叔母は私を見つめ、私は叔母に見つめられていることが恥ずかしかった。叔母はテレビに背を向けることによって、テレビをラジオにしたのだが、そのほうが叔母の宗教感情とはうまく折り合いがつくようだった。ラジオは許すことができたが、テレビは罪悪だったのだ」(10)。

テレビ（より正確には初期のテレビである。すなわち、家族の各自が自分専用のテレビを持つことは、まだできない時期である）によって、第二次の観察《セカンド・オーダー・オブザーヴェイション》が解き放たれる。親しい仲間内で、他人が何をどのように観察しているのかを観察するのである。『ビッグ・ブラザー』のような悪趣味としか言いようがない、古めかしい言い方をすれば「ふさわしからぬ」番組に対する批判がどれほどもっともなものであろうとも、このような無作法な番組でさえも、そしてこのような番組こそ、社会学における理論形成の先端に気軽に親しませてくれることに事実、感心させられるのである。ルーマンの構成主義が今日、どこでも目にする流行理論となっているのは、それなりの理由がある。現実とは構成された現実であり、この構成は現実であることを、『ビッグ・ブラザー』のような番組が衝撃的な方法で示唆しているのである。構成の現実は現実の構成と同一的－差異的であるというような含蓄に富んだ《ズィンニヒ》構成をもつ文が、感覚的確信《ズィンリヒ》になる。感覚的《ズィンリヒ》確信の意味《ズィン》と人生の意義《ズィン》の感覚的《ズィンリヒ》次元は、トライヒェルの短編小説でも問題になっている。

語り手は、母親と子供がテレビを見ていた（共生に近いが、決して共生的ではない）昔の場面を、相反する感情を抱きながら想起するのである。「その一方、母と私は暇さえあればテレビにかじりついていた。それも、父が留守にしているときにそうするのが、一番好きだった。しかし、テレビの前で一緒に過ごすひとときが楽しかったのは、画面上に性的《インティミテーテン》なことが映らないかぎりのことであった。性的な場面を目にするや、母も私もテレビの前で固まってしまい、ばつの悪さと恥ずかしさでその場がいっぱいになり、私たちはほとんど息をつくこともできなかった。［……］もしかしたら、私たちが恥ずかしかったのは、決してテレビの中の性的《インティミテート》なことではなく、テレビの前の親密《インティミテート》さだったのかもしれない」[11]。

五〇年代および六〇年代にテレビの前に座っていた子供が、今では、経験豊富で円熟したマルチメディア利用者になっている。彼らはもはや、一つのチャンネル《プログラム》が提供するものだけを見なくてもよい。各自が自分なりの番組表《プログラム》を編成する。このことから、利用者をプログラムしようとする試みや、そのような試みが存在することを主張する理論は、今日では成立しがたいことが明らかになる。「プロ・グラム」という単語が意味しているのは、ある者が、自分が従うべき指示＝事前に書かれたもの《フォアシュリフト》、あるいは書き込まれた文字《インシュリフト》を受け取ること、要するに、「プログラムによって」ある特定の内容に従うことを義務づけられることにほかならない。しかし、潜在的にパラノイアであるメディア利用についての犠牲理論は、今日では成立しがたい。なぜならば、新しいメディア状況の犠牲者であると思われていた者がしたたかであることを示す証拠は、枚挙にいとまがないからである。今では古色蒼然としたテレビからしてすでに（インターネットはなおのことであるが）、誰でもスイッチを入れたり切ったりできるし、好きなようにザッピングして、あちこちのチャンネルに変えることができるのである。近年におけるメディアの作用についての研究が、このような個人によるメディア利用の戦略を分析するために用いる魔法の言葉は事実また、「ムード・

アンド・マインド・マネージメント」である。テレビとビデオが一体になったハイファイ機器を前にして、誰もがリモコンを備えており、まさにメディアによる気分と情報のカクテルを作れるのである。ストレスがたまったり退屈になったり、攻撃的な気分になったり気晴らしをしたくなったりする平日や休日の後には、そういったものが必要なのである。

このようにして、ペーター・スローターダイクの言葉によれば、「ポストモダン化された現代は（何もかも間違っているのでなければ）芸術や哲学よりも民主主義を優先する。そこから導き出される、むしろ好ましい帰結は、次のとおりである。暴力《ゲヴァルト》も内容《ゲハルト》もないあらゆるメッセージの共存。わずかに異なるものの永劫回帰からなるベストセラー文化。ナンセンスとナンセンスでないものをつねに同様に、つねに新たに混ぜ合わせて自己共鳴するメディア社会。同一のデカダンスに由来する異なる行動形式からの自由な選択。話者は何か言うべきことを持たなければならないという要求からの解放」[12]。もちろん、ポストモダン化された現代に生きる、自分自身の扱いにおいても民主的なマルチメディア人間は、テレビを見る必要はない。そのムード・アンド・マインド・マネージメントには、テレビを見ずに、良書に手を伸ばし、たとえば読書をするといったことも含まれている。すなわち、読書をすれば幸福になるが、テレビを見てもそうはならないのである。「定期的に読書をする人々のうち約七〇パーセントが頻繁に、もしくは時々フロウ［幸福感］を体験すると答えたが、読書の頻度が低下するにつれて、その割合は五五パーセントまで低下する。定期的に読書をする人々は、あまり読書をしない人々の二倍の「頻度」でフロウを体験する」[13]。それに対して、テレビ中毒者たちは幸福感にひたってはいない。「頻繁にテレビを見る者はフロウも頻繁に体験するという相関関係は確認できない」。例外があるのは規則がある証拠である（この規則にも例外はあるのだろうか）ことは、周知のとおりである。一九八九年一一月九日に東ドイツでテレビを見ていた数百万の人々は、尋常ならざる強い幸福感を抱いたに違いない。

六〇年代から一九八九年まで、世界情勢の分かりやすいイメージが存在した。すなわち、ベルリンの壁である。見る者の心を動かす、万里の長城を想起させる時代遅れの物質性をもって、ベルリンの壁は世界をその信奉者ともども二つの陣営に分割した。それによって、世界は比較的見通しやすいものになった。「冷戦体制の象徴は、あらゆる者を引き離す壁であった。グローバリゼーション体制の象徴は、あらゆる者を結びつけるワールド・ワイド・ウェブである。冷戦中、私たちはホワイトハウスとクレムリンのあいだにホットラインがあることを望んだ。これは、私たちはみな引き離されているが、少なくとも誰かが——二つの超大国の指導者が——責任をもっていることの象徴であった。グローバリゼーションの時代になると、私たちはインターネットを利用できることを望む。これは、私たちはみな結びつけられているが、誰も責任をもっていないことの象徴である」[14]。トーマス・フリードマンの『レクサスとオリーブの木』を引き合いに出して、一九八九年の世界史的な大変革と崩落を、たえず進歩とアヴァンギャルドを口にしながら心ならずも反現代的であった東側の人々と、保守的に振る舞うことを好みながらも急進的メディア革命家であった西側の人々を分け隔てていた壁の崩壊として理解することもできるだろう。日本の高級車レクサスは、高度にオートメーション化された生産ラインで作られるのに対して、オリーブの木は、植えて育てるのに何世代も要する。このイメージは、あるいは十分に複雑なものではないかもしれないが、グローバル化した世界が新たに陥った加速への陶酔を暗示しているのは間違いない。

傷を癒やすことができるのは、その傷をつけた槍だけである。それゆえに、ワルシャワ条約機構諸国は永続的にメディアの現代を抑止することはできない。ハイテクこそがブレーキ技術でもありうること、そうでなければならないこと、実際にそうであることは、インターネット時代になってもまだ十分に広く知られてはいない。急激に加速した自動車を比較的安全に止まらせることができるアンチロックブレーキとエアバッグの技術は、二四気筒のエンジンを製造するよりも難しい。戦略防衛構想の意味と無意味については、どのように考えてもよいだろう。しかし技術的に史上、最も困難なプロジェクトの目的が、発射されたミサイルの迎撃であることは、文化史的に注目に値する。癌細胞やエイズ細胞の急速な増殖を抑制することは、最も複雑な医学研究プログラムの一つである。まったく異なる時間秩序とメディア制度が遭遇すると、どのような問題が生じうるのか、東西のドイツ人たちは一九八九年以降、比較的冷静に経験することができた。

ドイツにおける二回目の一一月革命は、いかなる意味においてもメディア革命であった（それゆえに、最後にもう一度それを取り上げるのは無駄なことではない）。一九一八年の一一月革命とは異なり、死者は出なかった。ドイツ社会主義統一党の政治局員ギュンター・シャボウスキーは、歴史的な一日となった一九八九年一一月九日の一九時数分前、東ドイツテレビが生中継している記者会見で、いかにも自信のなさそうな様子を見せる。諸外国の報道記者たちの質問が、このような場に不慣れな彼を追いつめる。窮地を脱しようとして、翌日になってから大々的に発表することを政治局が決定していた通達を、この時点でもう読み上げてしまう。この書類の内容に、彼自身が驚いているように見える。なにしろそこには、全東ドイツ国民は東ドイツからの出国を、特別な許可がなくとも、「東ドイツから西ドイツへの、もしくは西ベルリンへのすべての国境通過地点を通って行なうことができる」と書いてあるのだから。発言者自身も含めて、全員が啞然とする。あるジャーナリストが彼の発言をさえぎって質問し、この規則が発効するのはいつかを知ろうとする。シャボウスキーは、壁は即座に開かれるのかという肝心の問いに答える際に、書類をめくり、言葉に詰まり、言い間違えをする。そして、大胆に「そうです」と言いはしないものの、

「それは私の知るかぎり……今すぐ、即座にです[15]」と述べる。何十万もの人々がテレビやラジオの前にとどまらずに、この発表の精神と文字とが一致するのかどうか試す。このテストが大規模に行なわれたことによって、精神と文字とが実際に一致する。これは、メディアによる自己実現予言《セルフ・フルフィリング・プロフェシー》の、古典的とも呼ぶべき事例である。それからというもの、かつてのドイツ民主共和国でも、新たにドイツ連邦共和国に加盟した州でも、東ドイツでも、あるいは編入地域でも、急加速する自動車が走り、自動ブレーキシステムの需要が生じ、パーソナル・コンピュータが使われている。

12　コンピュータ／インターネット

一九四一年五月、ドイツのUボート110がイギリス海軍に拿捕された。二〇〇〇年に公開されたアメリカの戦争映画『U-571』では、それがアメリカ人の英雄的行動として描かれていたために、多くのイギリス人が憤慨した。艦内には、エニグマ（ギリシャ語で「謎」を意味する）という意味深長な名を付けられ、当時からすでに伝説となっていたドイツの暗号機があった。そしてさらに重要なのは、毎日変更される暗号解読設定のためのコードが記載された、七つの封印の書もそこにあったことである。なぜならば、エニグマの決定的な特徴は、毎日、きわめて複雑な新しい暗号コードに切り替えられることだったからである。それより一年あまり前の一九四〇年四月にすでに、一台のエニグマと――さらに重要なことには――エニグマで暗号化された多数の文書が、オランダの漁船に偽装したドイツ船のなかで鹵獲《ろかく》されていた。こうして、イギリスの天才数学者**アラン・M・チューリング**は、自分の研究計画のための新しい材料を手に入れた。彼は**一九三六年**に「**万能不連続マシン**」を発表していた。それは、制御装置と任意の長さの記録テープからなる計算機で、あらゆる「計算可能な数字」に有効である。すなわち、およそ計算可能なものなら

ドイツ国防軍のエニグマ暗号機

すべて計算できるのである。内気な変わり者が作ったこの機械は当初、突拍子もない代物と嘲笑されていたが、戦争が始まると、どれほど評価しても評価しすぎることのないほど重要なものになった。ブレッチリー・パークで、チューリングは「万能不連続マシン」を使ってエニグマを解読するプロジェクトに従事した。協力者は当初、数人であったが、その人数はしだいに増えていった。一九四一年七月に、突破口が開かれた。それ以来、傍受されたドイツ軍の通信無線はいかなるものでも——数学者の頭脳でそれを解読しようとすれば、数年はかかっただろうが——わずか五〇時間以内に解読できるようになり、解読に要する時間はしだいに短くなっていった。最終的には一万人もの人員が、戦時の日常たるこの解読プロジェクトに関わった。それは、ドイツ海軍にとっては不幸な海戦の転換点であるばかりでなく、コンピュータ技術史におけるブレイクスルーでもある。

エニグマ(1)は、きわめて複雑な換字を行なった。換字は、一部は機械的に、一部は電気的に行なわれた。解読機械の発明は、第一次世界大戦中にすでに、いくつかの国で同じように進んでいた。この研究の需要は大きかった。というのも、物量戦における損害の多さからも分かるように、暗号化されていない作戦命令が傍受されたために攻撃が失敗することが、あまりにも多かったのである。ドイツ人のエンジニア、**アルトゥーア・シェルビウス**が**一九一八年**に**後のエニグマの原型**の**特許**を出願したが、もはやいかなる暗号機をもってしても、ドイツの敗北は避けられなかった。しかし、第二次世界大戦が始まったときには、軍人たちは教訓を得て、兵站上の準備を整えていた。エニグマ(約一五万台が製造された)を使った暗号化そのものは簡単なもので、迅速にできた。すなわち、キーボードで文字を打つと、ランプボードに暗号化された文字が点灯したのである。ただし、エニグマを利用する前に、厳密な設定を行なっておく必要があった。第一に交換可能なローターが使用され、さらにプラグボードのケーブル接続も自由に選択することができる。エニグマで作られた暗号文を平文に戻そうとするならば、暗号化したのと同様の機械を使い、さらにその装置に、暗号化の際に使われたのとまったく同じ設定をしなければならなかった。[2]初期型のエニグマAとBは四つのローターしか備えていなかったが、それぞれのローターにはAからZまでの二六文字が記されており、すでに二六の四乗=四五万六九七六通りの設定が可能であった。

コンピュータにも、たくさんの父親がいる。フェミニズムの時代に、このような言い回しをするのは政治的に正しくないかもしれないが、事実に即しているという意味では、これほど正しい比喩もない。父親であることは――少なくとも近年、コンピュータの利用によって遺伝子分析が大きな発展をとげるまでは――確かではないのだから(父親ハッネニ不確実〔pater semper incertus〕)、長きにわたって、抽象概念と妥当性の論理が不安な男たちの領域でありつづけた。母性は感覚的な確実性に基づいているが、父性はそうではない。このこともまた一因となって、男たちは――ところで、これは一部の文化史家たちが母権制秩序から父権制秩序への移行期として記述した時期のことなのだが——初期の計算盤、計算表、計算尺を発明するにいたったのである。これらの抽象機器はギリシャ、すなわち論理学の原理も発見（発明）した地域において、紀元前五世紀にすでに存在したことが確認されている。このような計算機器（たいていはアバカスと呼ばれた）の上で動かされる石や穀物はカルクリ（小石）と呼ばれている。より複雑な計算の機械化は、ローマ数字のシステムの枠内では不可能も同然である（最初の三つの数字であるⅠ、Ⅱ、Ⅲまでなら問題はないが、機械はどのようにして、MCVXXXIV のような数字を計算するというのだろうか）。アラビア数字と十進法においてはじめて、計算処理を機械化できる条件が整ったのである。**十一世紀と十二世紀**に、スペインがイスラム化されたことによって、**アラビア数字のシステム**が着実にヨーロッパに広がっていった。それが普及したことによって、ほとんど意識されることもないのだが、文化史的に見て奇妙な現象が生じる。私たちは、数字を書いたり読んだりする際、アラビア語で書くときの方向に従っているのである。すなわち、アラビア語に合わせて、右から左に、一の位の数字、十の位の数字、百の位の数字、千の位の数字などを書いており、文字を書いたり読んだりする場合とは「逆の方向」で——左から右にではなく、まさに右から左に——行なっているのである。コンピュータ開発の黎明期において、読み取る方向と書きとめる方向が、文字と数字でこのように逆になっていることは、些細な問題ではなかった。

　記号システムが原理的に「計算可能《コンピュータブル》」になったのは、フランシス・ベーコンやゴットフリート・ヴィルヘルム・ライプニッツのような明晰な頭脳の持ち主が、およそ（文字であれ数字であれ）書き表すことができるものはすべて、二つの記号だけで書き表せることを発見したときである。ベーコンは一六〇五年に、AとBという二つの文字だけから成るコードを構想したが、これを用いて、アルファベットのすべての文字を書くことができた。また、**ライプニッツ**はそれと類似した直感に従って、**一六七五年**頃に**二進法**を確立した。二進法では、あらゆる数字は0と1という二つの数字で書き表すことができる。この枠組みは見事なまでに簡潔である。個々の数字の桁は（右から左に←）、従来の十進法とは異なり、二の累乗を示している。

n.	…	5.	4.	3.	2.	1. 桁目はすなわち、
2^{n-1}	…	2^4	2^3	2^2	2^1	2^0 に等しく、
		16	8	4	2	1 という値をもつ。

たとえば、22という数字は10110（1×16＋0×8＋1×4＋1×2＋0×1＝22）と記述することができ、13という数字は二進法で、1101（1×8＋1×4＋0×2＋1×1）とコード化することができる。

このような二進法の要点は、数学や技術に疎い者でもすぐに理解できる。わずか二つの値であれば、技術的にほとんどすべてのシステムで簡潔明瞭に利用できる。明るい／暗い（視覚への置き換え）、長い／短い（たとえばモールス符号）、穴がある／穴がない（パンチテープ）あるいはまさに、電流が流れている／電流が流れていない、もしくはインパルスがある／インパルスがない（コンピュータ）といったように。

計算機は、ライプニッツ（一六四六―一七一六）以前からすでに流行していた。**一六二三年**九月二〇日に天文学者ヨハネス・ケプラーに宛てて書かれた有名な書簡のなかで、その同僚で数学と天文学の教授**ヴィルヘルム・シッカート**は誇らしげに、自分の精密機械式計算機について説明している。それは驚くほど簡素なものである。歯車を使って加減算を行ない、桁上げをすることもできる。さらに注目に値するのは、この歯車に計算尺が連結していて、九九万九九九九までの数字の乗除算も可能だったことである。ライプニッツ自身も、このような機械式の計算機を作った。一六七五年には、加減乗除算のすべてをこなし、一六桁の数字まで扱うことができるように発展させた自分の計算機を披露して、パリ王立科学アカデミーの会員たちを唖然とさせた。そして、ライプニッツは生涯にわたって、本当に性能のすぐれたコンピュータを夢見た。それは計算し、書き、考え、絵を描き、設計し、チェスを指すなど、「すべてのこと」ができるコンピュータである。これはまさに、普遍数学〔Mathesis universalis〕である。

ライプニッツの一五〇年後、イギリス人の数学者**チャールズ・バベッジ**（一七九二—一八七一）が、数字システムを二進法化、あるいはデジタル化するという着想を再び取り上げ、**一八三三／三四年**に発表された有名な「**解析機関**」によって、それに技術的転換をもたらした。ハンス・マグヌス・エンツェンスベルガーは、詩集『霊廟——進歩の歴史からの三七篇のバラード』でバベッジを取り上げ、そこで、コンピュータが経済的合理化の精神から誕生したことを強調している。

一八三四年、『ヘッセンの急使』の出現した年に
チャールズ・バベッジ、強迫神経症患者にして学士院特別会員、
オペレーター計算の創始者は、構想した、穿孔《パンチ》カードを。

留め針の製造過程をかれは七つの工程に区分した、
伸ばし調形し尖らし旋削し頭をつけ錫メッキし梱包する、と。
そしてその人件費を百万分の一ペニーまで精密に計算した。

バベッジ氏の煖炉から程遠からぬ大英博物館のなかでは
ひとりの共産主義者がそれを検算し、正しいと判定していた。
霧の濃い晩だった。製粉工場や工業用倉庫から
ごとごという音が絶えずひびいていた。

偉大な未完の作品——『資本論』と、解析機関と。
ヴィクトリア女王の四〇年間。世界初のコンピューターは
真空管もトランジスターももたない。重さは五トン、
大きさは部屋ひとつ、真鍮や錫や鋼鉄の
歯車が絡みあい。ぜんまいと錘を動力として
ありとあらゆる計算ができ、チェスの勝負やソナタの作曲
のみならず、任意ノ数ノ要素ノ相互間ノ関係ヲ
変更スルスベテノ過程ノもでるヲツクルコトができた。(3)

長詩から引用された詩節の最後の部分はおよそ詩的でなく、チューリングの引用で終わっている。実際、バベッジが構想した初期型の機械式コンピュータは、「任意ノ数ノ要素ノ相互間ノ関係ヲ変更スル」(またいずれにしても、人間と機械の関係を変更する)ものであった。彼の解析機関は、コンピュータの基礎をなす要素、すなわち数値格納装置、演算装置(プロセッサ)、制御ユニット、データ出力を備えている。しかし、バベッジの機械には重大な欠点があった。すなわち、それは製造計画の段階にとどまったのであ

る。同時代人、とりわけマルクスによって大いに注目された著作『機械化と工業化がもたらす経済効果』で、バベッジはこの機械について詳細に記述しているが、彼の生前にそれが作られることはなかった。

これに対して実際に製造され、最大限に使用されたのは、半世紀後の**一八八九年**にアメリカ人**ハーマン・ホレリス**が特許を取得した**パンチカード・データ処理機械**である。ホレリスは、ライプニッツの二進法に全幅の信頼を置いた。すなわち、あらゆる有意なデータが、穴がある／穴がないという容易に読み取り、活用できる枠組みに従って保存されるのである。このシステムは、きわめて多様な文脈で有効であることが実証されている。たとえば倉庫管理やテレックス通信に、そして（すでに最初の試行時にデータ保護の問題を心配していた、注意深い世間の人々が見ている前で）特許取得の一年後にはすでに、一八九〇年の第一一回アメリカ国勢調査にも使われた。男／女、年をとっている／若い、アメリカ生まれである／移民である、などを示す穴をカード一枚につき一八個あけることによってはじめて一件のデータレコードが作られ、このレコードが行政機関、税務署、警察、教育機関、軍隊、広告代理店などで加工されたり、再処理されたりした。国勢調査にパンチカード方式を導入した最初の試行においてすでに、財政支出が六〇パーセント削減された。こうして、パンチカードはベストセラーの輸出品となる。国勢調査がオーストリアで一八九〇年に、ノルウェイとカナダで一八九一年に、イタリアで一八九三年に、ロシアで一八九七年に、フィリピンで一九〇四年に行なわれたときにも、国民についてのデータがパンチカード方式に従って保存された。そして、**一九一一年**に**IBM**社（International Business Machines Corporation）が**設立**される。そのニックネームは、ほどなくして「ビッグブルー」になる。まるでその創業と同時期に書かれたカフカの小説をあてこすろうとでもしているかのように、同社の従業員は全員、同じブルーのスーツを着なければならないのである。

国勢調査は、経済的にも軍事的にも重要である。そして、経済的－軍事的な権力への意志が照準を定めるなかで、デジタル計算プログラム、電気、ブラウン管、ケーブルが使えるようになるに従って、今日私たちが知っている、あるいは知っていると思っているコンピュータ技術がはじめはゆっくりと、やがてますます急速に発展してゆく。チューリングが万能不連続マシンを発表したのと同年に、ドイツ人のエンジニア、**コンラート・ツーゼ**が、実際に稼働可能な最初の**電気自動計算機**を開発する。ツーゼは実践的な人物である。彼は空気力学上の複雑な計算を必要としているドイツの航空産業に自分の発明への興味をもたせ、着実に自分のイノベーションのさらなる進展を保証することに成功する（これは**一九三六年**のことである）。一九三七年に稼働可能になったZ1に、一九三九年にはZ2が、一九四一年にはZ3が続いた。それはもはや、パンチカードに基づいているだけではなく、オン／オフ、すなわち電流がある／電流がないという二進法の原理に従って機能する**リレー回路**にも基づいている。これは、**一九三八年**に**クロード・シャノン**が発表したものである。Z3は「約二六〇〇個のリレーを備え、このリレーは六四ワード×二二ビット（二進数の二二桁は、およそ十進数の七桁に対応する）に対するメモリとして機能する。デジタル計算機「Z3」はパンチフィルムで操作され、データ出力用のキーボード部の上に、結果表示用のランプ部が備わっている。同機は浮動小数点演算装置を有する。この計算機の中心部品であるリレーを使って、非常に複雑な配列の回路を構築したり、スイッチを切り替えて、いくつかのリレーを論理的に結合したりすることができる。ツーゼがこのリレーを報道技術から借用したことは、きわめて注目に値する」[4]。コンラート・ツーゼはとても長寿であり、死去する数ヶ月前の一九九五年一二月、ハノーファーで行なわれたコンピュータ見本市CeBITにおいて、PC向けソフトウェアの開発によってわずか数年で無名の人間から世界一の長者になった人物と出会った。すなわち、ビル・ゲイツである。

人間の計算能力が、現代社会の重みに耐えるにはもはや十分でないことを示したのは、国勢調査だけではない。このようにして数えられた人口が第二次世界大戦で激減したが、発展しつつあるコンピュータ技術も——皮肉な言い方をすれば、損失の埋め合わせをするのと同じだけ——それに関与していた。第二次世界大戦時の戦争技術およびそれと密接に結びついた情報技術は、人間の知能《ヒューマン・ブレインパワー》だけで作り上げることのできるものではなかった。エニグマの暗号を解読するために、イギリスでは**一九四二年**に**電子管コンピュータ「コロッサス」**が製造された。その巨大な規模に鑑みれば、この名前は適切である。ファットマン、つまり原子爆弾がその設計者に課した計算問題を解くために、**一九四四年**、ハーバードでH・H・エイケンらによって開発された**大型計算機「Mark1」**を、ジョン・フォン・ノイマンをリーダーとする研究グループがロサンゼルスで利用する。そして、**一九四五年**末に稼働を開始したアメリカ製の戦後初のコンピュータ**ENIAC**はまだ軍事目的で、とりわけ水素爆弾の開発とロケット開発のために使われている。三〇トンの重量で、一万八〇〇〇本の真空管から構成され、二キロバイトのメモリを搭載したこの怪物は、毎秒五〇〇〇回の計算を実行することができる。今日から見れば、いかなるエントリーモデルのコンピュータでもクリアできる程度の性能である。それも不思議ではない。なぜならば、ゴードン・ムーアの法則によれば、マイクロプロセッサの性能は一八ヶ月ごとに二倍になるからである。

しかし、マイクロプロセッサは戦後になってもまだ、すぐには発明されない。「電子頭脳」——当時は敬意をこめて、このように呼ばれるのが普通だった——の発展が新たな局面に入るのは、ようやく**一九四七／四八年**に**トランジスタ**が実用に堪えるものになり、コンピュータが徐々に、フリッツ・ラングの映画を連想させるような巨大な規模を失っていったときである。一九五七年一〇月四日のスプートニク・ショックにより、競合するアメリカの研究者たちに潤沢な資金がもたらされ、それがすぐに実を結ぶ。一九五八年、はじめて計算ができるトランジスタ・コンピュータが生まれ、六〇年代にはすでに、シリコン基板上に集積回路を載せた最初の小型コンピュータが生まれた。その機能は、それが組み込まれたロケットや飛行物体が目標に向かって、より正確に飛ぶようにすることである。そして、七〇年代後半にはシリコンバレーにおいて、戦争とビジネスのための機器が**パーソナル・コンピュータ**と呼ばれるものに変換された。PC開発における誕生にまつわる神話はこれまでに一冊の、または数冊のアンソロジーにまとめてもよいほどになっている。これらの神話が繰り返し語られ、PCの系譜上で特別な地位を占めるのが何であるのかという問題について、頻繁に議論が行なわれているのは、インターネット上のチャットフォーラムだけではない。たとえば、次のような物語がある。**一九六八年一二月九日**にアメリカで、ダグラス・C・エンゲルバートが**双方向的なグラフィカル・ユーザーインターフェースをはじめて発表した**（これを最初に開発したのは、おそらくアイバン・サザーランドである）。これは大がかりな発表であり、モニターだけでなく、映画用の大スクリーンでも見ることができた。観衆はスタンディング・オベーションで出迎えた。しかし、ユーザーを抽象的な命令コードでひるませるのではなく、グラフィックやシンボルやアイコンを用いて楽しい利用体験に誘うというアイデアを実現したのは、**一九八四年**に発売された伝説的な**アップルのパーソナル・コンピュータ**がはじめてである。そのための前提となるのは、「マウス」を作るという、同じく以前からあったアイデア（このアイデアはウィリアム・K・イングリッシュに由来する）が再び取り上げられ、実現されることである。[5] そして、それを行なったのは工作好きの二人の若者、**スティーブ・P・ジョブズ**と**スティーブ・ウォズニアック**である。彼らは一九七六年に、アップルという愉快な名前の会社を設立していた。この二人のカリフォルニアのコンピュータ・フリークは気楽な性格で、ドラッグの経験もあり、およそ官僚主義的ではなかったので、社会人としては、IBMのような古典的な企業にとって悪夢であった。

スティーブ・P・ジョブズは一九七九年、PARC(Palo Alto Research Center)という見事な名前をもつパロアルトのゼロックス研究センターを見学する。彼はそこで、部分的にはプロトタイプの域を明らかに超えているPC構成を目にする。この構成は間もなく広範に普及することになる。すなわちネットワーク、Eメール、マウス、グラフィカル・ユーザーインターフェースである。しかし、ゼロックス社が紙とコピーにこだわっているのは周知のとおりである。ゼロックスの開発者が最も誇りにしているのは、機器構成の一部であるレーザープリンタである。ゼロックスはこれで金を稼ぐつもりであり、事実、金を稼ぐことになる(しかし、マイクロソフトの売上とは比較にならない金額である)。そこで世に生まれたものが何であるのか、少なくともゼロックスの社員たちはおおよそ分かっていたが、経営者たちはまったく分からなかった。「コピーされる紙がないなら、「カチッ」はどこに行っちゃうんだ?」[6]と、ゼロックスの経営者はエンジニアに尋ねたという〔当時のゼロックスのコピー機では、コピーするたびにクリック音とともにコピーした枚数がカウントされ、それに応じて課金された〕。しかし、ジョブズはただちに、ゼロックスがそこで何をしているのかを理解し、後にまさにお決まりのパターンとなることを行なう。すなわち、アイデアを借用し、それを実現するのである。**ビル・ゲイツ**も同じことを行なっている。**一九七五年**に**マイクロソフト**社を**設立**したゲイツは、ウィンドウズのユーザーインターフェースによって、アップルのアイデアを盗むが、そのアイデアはジョブズがゼロックスから盗んだものなのである。一九九七年に司法の場で歴史的な取引が行なわれて、マイクロソフトはわずか一億五千万ドルをアップルに支払うことで、著作権侵害の訴えを取り下げさせることになる。マイクロソフトにとっては、たやすく支払える金額である。この会社は、息を呑むほどの成功の歴史を作り、競争相手を大きく引き離した。IBM/ビッグブルーは、パーソナル・コンピュータを作るというアイデアを狂気の沙汰と見なし、世界市場におけるPCの需要を、七〇年代末でもまだ五〇台程度かもしれないと見積もっていた。そして、アップルはハードウェアとソフトウェアの両方を同時に開発して、IBM／マイクロソフトを追い越そうとしたが、その際に自社製品の力を過大評価し、それが市場で広く受け入れられるだろうと考えていた。なぜならば、この頃にはすでに世界標準となっていたマイクロソフトのオペレーティング・システムとの互換性の問題に、誤った評価を下していたからである。

一九八〇年頃にはビッグブルーもついに、パーソナル・コンピュータ市場の可能性をいささか過小評価していたことに気づく。IBMはマイクロソフトをオペレーティング・システムの供給元に選ぶ。それによって、マイクロソフト製オペレーティング・システムのMS‐DOSが、国際的に通用する標準システムとして定着することが決定的になる。八〇年代中頃から急速に売れ行きを伸ばしてゆくPCは、互換性の理由から、たいていの場合はこのシステムを、後にはその後継システムである「ウィンドウズ」を利用している。このオペレーティング・システム上で、個々のソフトウェア・プログラムは動作する（たとえば、一九八三年に最初のバージョンが発表されて世界中に広まった、「ワード」というきわめて簡潔明瞭な名前のテクスト処理システムがそうであるが、もちろんそれだけでなく、あらゆる種類の図表、製図、設計、計算のためのプログラムについても同様である）。マイクロソフトのオペレーティング・システムのソースコードが公開されていないことに、PCを民主的なメディアそのものとみなす人々は皆、苛立っている。とりわけ、フィンランド人学生**リーナス・トーバルズ**がそうである。彼はUNIXのオペレーティング・システムを基礎にして、**リナックス**というソフトウェア・プログラムを開発する。それはマイクロソフトのものより安定しており、柔軟である。リナックスでとくに注目すべき点は、リーナスと仲間たちが、彼らのオペレーティング・システムのカーネル（ソースコード）を公開し、一九九一年にそれを無料で、インターネット経由で入手できるようにしたことである。その利用者に課せられた条件は一つだけであるが、広範囲に及ぶものである。すなわち、リナックスを基盤としたプログラムを開発するのであれば、そのプログラムも、リナックスと同様にインターネットで入手できるようにしなければならないのである。妻子とともに北欧からシリコンバレーに移住したトーバルズはたちまちオープンソース運動の聖者となったが、この運動そのものは、一九八四年にすでにMIT（伝説的なマサチューセッツ工科大学）で設立されていた「フリーソフトウェア財団」の理念を受け継いだものである。

リナックスはマイクロソフトに戦いを挑む。そして、リナックスには強力な盟友がいる。それはインターネットである。インターネットによって可能になる、ありとあらゆるデータやデータ群の迅速な伝達は（電話通信やテレビ放送という言葉が示しているように）メディア史という観点から見れば、すでに古く、もはやセンセーショナルでもない事実である。インターネットで注目に値するのはむしろ、統合的でありながらも分散的なメディアの結合が可能になることである。新しい万能者であるコンピュータは、電話網という古いインフラストラクチャーを経由して、より古い多能者と結びつく。そしてこのようにして、あらゆるメディアとあらゆるメディア機能（記憶保存に関しては疑問符がつくが、この点については後述する）が一つの屋根の下ではなくとも、世界中に張りめぐらされた網の下に集まる。ワールド・ワイド・ウェブが折よく利用可能になったことで、リナックスのプログラムは（さらにそれ以外の多くのもの、たとえば手紙、音楽、画像、広告、文献目録、データレコード、設計図なども）どこでも入手できるようになった。つまり、ある程度の処理能力をもったコンピュータがモデムによって電話網に接続されているところならどこでも、それを入手できるのである。

これほどまでに私的で無秩序な印象を惹起するインターネットでさえ、その前史は軍事と関わりがある。一九六六年、ペンタゴンの情報処理技術局は、いわゆる端末問題に直面していた。一台一台のコンピュータ端末ではもはや性能がまったく不十分になり、軍備、ロケット、暗号解読にかかわる複雑なプロジェクトを進めることができなくなった。そのために、コンピュータを統合することを考えざるをえなくなったのである。端末問題はしかし、別の観点でも存在した。核戦争が起こった場合、もし原子爆弾あるいは水素爆弾がコントロールセンター上で爆発すれば、指揮命令系統の中枢がすべて、文字どおり爆発あるいは爆縮することが予想された。それゆえに、回線を極度に分散することが重要になったのである。このような素朴な考えから、ただちにペンタゴンといくつかの大学の共同作業が始まり、それらの計算能力が網状に結びつけられた。一九六九年、四台（！）の計算機をARPANET（Advanced Research Projects Agency）に接続することによって、インターネットの前史が始まった。このネットワークは爆発的な速度ではないが、継続的に広まっていった。そしてここでもまた、本来は軍事用であったメディア技術が民生用に変換されたのである。というのも、今日インターネットを利用している兵役忌避者の誰にとっても、アメリカ軍が必要なコミュニケーションのために、このネットワークをもはや利用していないことは、すぐに理解できるからである。アメリカ軍はとうに、核兵器による攻撃にも耐えるとされる、独自の分散型通信網を敷設している。その後、アーパネットあるいはインターネットを、まずはアメリカの大学に、それから全世界にプレゼントとして譲り渡したのである。

「すべて」（のコンピュータとユーザー）がこのプレゼントで実際に何かをできるためには、電話回線（それは一〇〇年以上前からあった）とパーソナル・コンピュータ（それは一〇年ちかく前からあった）

だけでは不十分であり、あまねく通用するコードが何よりも必要であるが、それは**一九九〇年**まで存在しなかった。しかし、この年にジュネーブの欧州原子核研究機構（CERN）の**ティム・バーナーズ＝リー**と**ロバート・カイリュー**が**HTMLコード**を、インターネット用のあまねく利用可能な言語として開発した。メディア史に興味をもつ文献学者であれば、彼らが好む遊びの一つ、つまりすべての物事の起源をさらに古い時代に発見する遊びを、もちろんこの分野でも行なって、**一八九五年**にすでに「**国際電信アルファベット**」に関する合意がなされていると指摘することができるだろう。その発明者（フランスのエンジニア、エミール・ボード（一八四五―一九〇三））にちなんで名づけられた**ボーコード**は、（それ以外に、どうすることができたであろうか）穴が空いている／穴が空いていない、という二進法の論理に準拠するものであった。具体的には、パンチテープ上の垂直列にそれぞれ五つの穴を開ける位置があり、それで一つの記号を表現したのである。今日的な言い方《ファソン・ドゥ・パルレ》をすれば、五ビットのコードである。五ビットであれば、少なくとも二の五乗＝三二文字は表すことができた、あるいは三二文字しか表すことができなかった（基本の二四文字に加えてウムラウトと発音区別記号なども考慮すれば、少ない数である）だろうが、簡素な切り替え装置によって、その二倍の文字数、すなわち少なくとも六四文字は表せるようにした。コンピュータのキーに文字を割り当てるために使われる、有名な七ビットの**ASCIIコード**（American Standard Code for Information Interchange）が、**一九七四年**に国際標準化機構（ISO）によって定められた。これは当初は七ビットであり、のちに八ビット（二の七乗もしくは八乗＝一二八文字もしくは二五六文字）となった。これにも限界があることは、ドイツ語のエスツェットやウムラウトを使ったEメールをブラジルやロシアに送ろうとしたことがあれば、誰にでも分かる。

しかし、Eメールだけではなく、画像や音声などもハイデルベルクからサンパウロに送ることができる。

それは電話網、それに接続されたコンピュータ、ＨＴＭＬコードのおかげである。最後に挙げたものは、ハイパーテキスト・マークアップ・ランゲージという見事な名前をもつ。それによって、このコードで処理できるのはアルファベットと数字だけでないことが示されている。ＨＴＭＬが実装されたときこそが、ワールド・ワイド・ウェブが真に誕生した瞬間である。というのも、それによって、ワールド・ワイド・ウェブを敷設するというよりは（なにしろ電話回線は——ドイツでは**一九八九年以降**、ますます**ＩＳＤＮ規格**に置き換えられていった——すでにあったのだから）、新たに利用することが、本当に可能になったからである。可能性にすぎなかったものが、特筆するに値するほどの短期間で、メディアの現実となった。それ以来、インターネット・ユーザーの増加率には息を呑むばかりである。アメリカでマスメディアが大量に利用者を獲得するために要する（要した）期間は、ますます短くなっている。ラジオは三八年、テレビは一三年、ケーブルテレビは一〇年、インターネットはちょうど五年で、視聴者あるいは利用者が五千万人に達した。これほどの増加率には唖然とするばかりであり、それを目の当たりにした人々は、たちどころに心を奪われ、陶酔的な感情にひたる。そして、ワールド・ワイド・ウェブは世界中に張りめぐらされているわけでもなく、今後数年または数十年でそうなることもないだろうという、まぎれもない事実を忘れてしまうし、それどころか、まったく気づきもしないことさえ少なくないのである。

分出した近代社会における他の機能システムに当てはまることは、新しいメディア、とりわけインターネットにも当てはまる。新しいメディアは多くの人々を結びつけるが、それと同時に多くの、非常に多くの人々を排除する。「この調整［「誰にでも」伝統的なヒエラルキーを克服することを許すという調整］のもう一つの暗い側は、それが強力な排除に至ることである。世界の人口の多くの部分は、あらゆる機能システムからほとんど排除されているも同然のように思われる。無職、一文なし、身分証明書なし、権利なし、無学、しばしば最低の学校教育も受けられず、十分な医療も受けられず、さらに加えて、仕事へのアクセスや経済へのアクセスをもたず、警察に対する権利やあるいは法廷で権利を得る見込みさえないこともある。諸々の排除は互いに強めあい、ある段階からは、肉体として生き残るということに、残されたすべての時間と力のすべてが要求される[7]」。生まれながらのハーバーマス主義者以外には、それほど「左翼的」であるようには聞こえない、後期ルーマンのこのような指摘は、インターネットについても、またインターネットについてこそ当てはまる。

「メディアはメッセージである」という命題がとりわけよく該当するのは、ここにおいてである。インターネットは脱中心的、個人主義的、反権威的であり、それゆえに、たとえば新聞雑誌、ラジオ、テレビよりも民主的であるのは間違いない。このことは、見当もつかないほど多いインターネット・ユーザー（そのなかには極右もいて、猛威をふるっていることは周知のとおりである）の意志よりはむしろ、インターネットを検閲しようとする際に生じる、純粋に技術的な問題と関係がある。書物を押収したり処分したりすることは（たとえばブラッドベリの小説、あるいはトリュフォーの映画『華氏四五一度』が描いているように）、比較的たやすい。それに対して、インターネット通信を妨げるのは難しく、また結果的に高くつくことになる。たとえば、湾岸の首長国バーレーンが「将来的に、湾岸地域における遠距離情報通信の主導的役割を担おうと自負」することにはこのうえない困難がともなう。なぜならば、同国は「その一方で、自国内における情報の流れ」を統制しようとしているからである[8]。サウジアラビアは、インターネット上の猥褻なコンテンツへのアクセスを禁じるプログラムを導入し、それによって、魅力的な職業分野を新たに創出した。つまり、インターネット検閲官になりたがる者は多いのである。シリアは個人がインターネット・モデムを購入することを全面的に禁止したが、職場でのインターネット接続まで禁止することはできないので、従業員たちはなおさら私的にインターネット・サーフィンをすることになる。これくらいなら、たわいもない問題である。明らかにそれより深刻なのは、あらゆる種類の「アクセス」問題を抱える人々の問題である。すなわち、電気にも電話回線にも、コンピュータにも携帯電話にも、裁判所にも、学校教育にも信頼できるインフラストラクチャーにも近づくすべがない人々の問題である。現実に一つの世界社会が形成されつつある時代において、インターネットにアクセスするすべがないのは事実上、そこから排除されているのと同じことである。しかし排除された人々も、ゲットーやファヴェーラの境界を超えて、自分たちに注意を引きつけることができる。彼らの立てるノイズには、メッセージが含まれている。われわれもいるのだ、まだわれわれがいるのだ、ますます多くのわれわれがいるのだ、というメッセージである。

一つの世界－貨幣－メディア社会――それは、他の世界社会も数多く存在することを忘れてしまいがちである――に結びつくための流行の形式は、今日ではインターネットである。インターネットによって、ますます多くの情報、非物質的財産（たとえばソフトウェア、音楽、文書、データ）、命令、支払いの流れなど、本来的に重要なものが流通する。そして、ますます私的で、感覚的で、「馬鹿げた」ものになってゆく需要に合わせた娯楽も、どのみち流通する。最も娯楽的価値のあるコンテンツの一つは、支払延滞者のリストをまとめた人気のインターネット・サイト www.net-inkasso.com である。あるいは、現在では閉鎖されているが、www.rache.de である。このサイトを利用すれば、誰でも、隣人、不実なパートナー、嫌いな同僚などをインターネット上でさらし者にすることができる。「君のエピソードを送ってくれ。悪事をはたらくやつの名前を挙げろ。プライヴェートな写真を公開して、彼もしくは彼女をさらしてやれ。

世間の他のやつらに、この売女や豚野郎に注意するように言ってやれ」などと、そこには書かれている。(9) このような行動を阻止することは、容易ではない。インターネットはたしかに、よく引き合いに出される「ネチケット」を作り上げたが、それは法的に拘束力のあるものではない。インターネットのマナー規則を定めようとしているネチケットが、インターネットそのものと同じように世界中で通用するはずがないのである。法体系は、国によって千差万別なのだから。

インターネットが機能する仕組みは、繰り返し説明されてきた。以下は、その一例である。「ネットワークに接続されたコンピュータはどれも、インターネットにおける固有のアドレスを持っている。それは、IPアドレスと呼ばれる、数字の組み合わせである。あるユーザーが特定のインターネット・サイトを呼び出すと、彼のコンピュータはまず、それに対応したIPアドレスに到達しなければならないので、IPアドレスとドメイン名の対応表が記憶された中央コンピュータ(DNSサーバー、すなわちドメイン・ネーム・システム・サーバー)に問い合わせる。たとえば、末尾が.deとなっているドイツのインターネット・アドレスはすべて、フランクフルト・アム・マインにあるドメイン管理団体DENICのIPアドレス用コンピュータで管理されている。ドイツのインターネット・ユーザーが、末尾が外国のものであるインターネット・サイトを呼び出そうとすると、その問い合わせは、さらに上位の階層に行く。すなわち、今度はどのIPアドレスで、それを管轄するIPアドレス用コンピュータに到達できるのかについて、情報を提供するコンピュータのところに行くのである。IPアドレスについての中心的なデータは、ワシントン近郊にあるネットワーク・ソリューションズのたった一台のコンピュータに記憶されている。この「ルートサーバーA」は、いわばインターネットの中心である。「ルートサーバーA」は負荷を分散するために、一日に二回、後から追加された一二台のセカンダリ・コンピュータにデータを転送する。そうすれば、これらのルートサーバー群によって、その時々のDNSサーバーをすべて管理することができる。現在、アメリカ以外に存在するDNSサーバーは三台だけである。そのために、多くの地域ではデータをロードするのにより多くの時間がかかることになる」[10]。

二〇〇〇年の晩夏、インターネットの上部構造がどのようにして組織されているのかがある程度、公開された。一九九八年以来ドメインの割り当てを行なっていた、ICANNという実体のつかみにくい機関が、一九人の理事のうち五人をインターネットでユーザーに選出させたのである。ともかく、一五万人に及ぶインターネット・ユーザーが、(実に複雑な)この選出過程に関与した。選出された人物のなかには、断固としてインターネットの商業化と戦うことを公約していたドイツ人ハッカーのアンディ・ミュラー゠マグーンもいた。ICANNは苦々しく思っていた。なぜならば、インターネットをナビゲートする文字のこととなると、きまって大金がからむからである。.bankや.shopのようなドメインを許可するべきであろうか。一九九九年一二月には、テキサスのあるビジネスマンがBusiness.comというドメインを、七〇〇万ドル以上の値で売却したのである。

インターネットが準備しているデータ群が、どれほど大きなものであるかは算出しがたい。カリフォルニアのアレクサ・インターネット研究所は、一九九八年の夏に(つまり、かなり前のことであるが)利用可能であった情報量を試算した。確実にいえるのは、その情報量は数テラバイト(数兆バイト)単位で測らなければならない、ということだけである。その原因は、情報が絶えずアップデートされることだけではない。情報がアップデートされるたびに、それぞれのバージョンの情報まですべて計算に入れると、インターネットはいかなる単位をもってしても測ることができなくなってしまう。インターネット上の情報は、六四〇〇万台以上のサーバーに準備されているが、そのうちの一〇パーセント強は――この割合は驚くほど一定している――現在、利用不可能である。文書の八七パーセントは英語であり、フランス語で書かれたものは二、三パーセントにすぎない。流動的なインターネットに記憶をもたせようとするのは、きわめて厄介な試みであるにちがいないことはすぐに理解できる。「インターネット・アーカイヴ」と称するサンフランシスコのグループが、彼らにとって重要であると思われるインターネット・サイトをCDにコピーするという、絶望的な作業を専門的に行なっている。このグループはさまざまな時点において、それぞれ約一兆のインターネット・サイトを保存した。それは、およそ一三テラバイトにもなる。比較のために挙げると、完全性という理念を指向した図書館のうち世界一と見なされているアメリカ議会図書館は、二〇テラバイトに相当する印刷されたテクストを所蔵している。

ロゼッタ・ストーンから、パピルスと印刷物を経て、CDとインターネットへ。どうやら、近代のコミュニケーション社会はもはや、不朽のテクストを後世に伝え、全世界に記憶を与えることをさほど望んではいないようである。コンピュータとインターネットが歴史的な思考をしないことは、悪名高い二〇〇〇年問題を見ても明らかである。コンピュータの黎明期におけるプログラマーやプログラムにとって、日付のデータがあった場合に、二桁少なく（たとえば、一九九九の代わりに九九と）書けばすむことは――記憶領域がきわめて乏しかったので――大きな節約を意味していた。従来からある、しかし歴史的意識のないコンピュータ・プログラムを、千年紀の変わり目に、最新の問題に対応させるためには費用がかかり、同時に利益も出た。周知のとおり、新しいコンピュータのインフラストラクチャーは二〇〇〇年問題の影響を受けないことが、見事なまでに実証された。一九九九年一二月三一日から二〇〇〇年一月一日にかけての夜に飛行機が墜落することも、ロシアのロケットが主人の意志に反して発射されることもなかった。しかし、文化分析の観点から今なお驚くべきことは、時代の変わり目を迎えて、世界の終末に対する恐怖の核心が、深層構造において移動したことである。宇宙規模のカタストロフィーを恐れる者は、もはや（ほとんど）いない。星が天から降り、太陽が消え、あるいは地球が一番近くにある仲間の惑星と衝突するなどとは恐れないのである。その代わりに、啓蒙された人々は皆、コンピュータのクラッシュを恐れている。いまやそれは、導きの星となっているのだから(11)。

世界の終末は訪れない《ノー・アポカリプス》、それは今ではない《ノット・ナウ》［コッポラの映画『地獄の黙示録 *Apocalypse Now*』のタイトルをふまえた表現。デリダに同名の論文がある］。コンピュータはミレニアム最後の夜に崩壊しなかった。それは以前の時代の変わり目に、星空が崩壊しなかったのと同じである。しかしながら、だからといってネットワークに接続したコンピュータが障害に強いというわけではない。それが明らかになったのは、これが最初でも最後でもないが、栄光のうちに「千年紀の変わり目」を乗りきった数週間後のことである。二〇〇〇年二月七日の月曜日、世界最大の検索エンジンであるヤフーが崩壊する事態におちいった。莫大な量のリクエストが集中したために、ヤフーのサーバーがダウンしたのである。それは通常、一日に一億二〇〇〇万回のアクセスをかなり悠々と処理する。しかし、ハッカーたちによって送信されたリクエストのデータ量は毎秒一ギガバイトにもおよび、非常に高い処理能力をもったヤフーのサーバーにとってさえも過大であった。「かなりの知識も積みましたが、全部知りつくしたいと思います(12)」とゲーテの『ファウスト』にも書かれている。すべてを知ること、全体を見渡すこと、見通すことは、人工知能にとってさえも（人間の知性にとっては、どのみち不可能であるが）知りうることの量が指数関数的に増大するにつれて、ますます困難になる。そもそもどの知識が（誰にとって、そしてどのような文脈において）重要であり、どの知識が余計な雑音であるのか、それを見分けることが日々、要求されるようになっている。

周知のとおり、何かを知らないことが幸福をもたらすこともある。検索エンジン、アーカイヴ技術、記憶に対する熱中、記憶力の訓練が、かならずしも肯定的な効果だけを及ぼすとは限らないことを、他の多くの者たちと同様に、すでにエフィ・ブリーストも経験せざるをえなかった。「信じられないです——自分で伝言のメモや手紙を書くばかりか、相手の分までとっておくなんて！　ストーブや暖炉は何のためにあるのでしょう？　少なくとも決闘などというばかげたものが存在するかぎりは、そんなことをしてはならないのです。ゆくゆくは手紙でも何でも（そのころは危険もなくなっているでしょうから）おおっぴらにやりとりできるかもしれませんが、わたしたちにはまだまだ遠い話です[13]」。

メディア分析の観点から注目に値する手紙のなかで、ゾフィー・ツヴィッカーという人物が、右のように書いている。悩めるエフィと湯治場で知り合った彼女は、新聞で、クランパスとエフィの夫インシュテッテンが決闘したことを知ったのである。一〇〇年後に生きる世代は、思う存分、手紙を書くことに熱中できる。通常郵便ではなくEメールを書くことは、永遠に残るような書き方をしないということである。さらには、以前とは違う書き方をするということである。書き方が（Eメールに限らず）大きく変化していることは、電子コミュニケーションが始まって数年も経つ頃にはすでに何度も指摘されている。形式ばった呼称や長々しい挨拶の決まり文句は、Eメールではほとんど出る幕がなく、書き言葉と話し言葉の差が強調されることもない。カフカがとりわけ初期モダンにすでに認めた傾向は、何かを（何かについて）伝えるのではなく、むしろコミュニケーションをコミュニケートするということであるが（「また電話しようね」と電話で言う）、この傾向はインターネットによって、書き言葉の領域でも広まった。「王となるか、王におつきの使者となるか、選択を申し渡されたとき、子供の流儀でみながいっせいに使者を志願した。そのため使者ばかりが世界中を駆けめぐり、いまや王がいないため、およそ無意味になってしまったおふれを、互いに叫びたてている。だれもがこの惨めな生活に終止符をうちたいのだが、使者の誓約があってどうにもならない」[14]。

時代錯誤な使者の誓約など、電子的な使者は今日、もはや行なわない。しかし、この上なく反時代的なのは、昔ながらの人間の頭脳が、ポストモダンにおける人工的な競争相手の行為に与えた主要メタファーである。インターネット世界の主要概念と主要イメージは、感動的なまでに不適切なものである。私たちは情報過多《インフォメーション・オーヴァーロード》の大海原で溺れないために、水先案内人（ナビゲーター）の助けを借りて、インターネットでサーフィンする。濫喩は、もうたくさんである。完全に分別を失ってでもいないかぎり、よりによって漁師が網を張っているところでサーフィンをしようと考える者はいない。水先案内人の後について行くサーファーなど、カリフォルニアの海岸でも、他のどこでも、見つからないだろう。船には荷物を積む《ローディング》ことができるが、サーフボードにはできないだろう。それに、大海原を大小のどのような船で渡ろうとしても、サーフボードで渡ろうとはしないだろう。「インターネットをサーフィンする」という言い回しを作った人物は、文才がなかっただけでなく、識字障害もあったのではないかと疑わざるをえない。サーファーではなく、サーバーというつもりだったのだろうか。このような昔からある書物につきものの問いは、パーソナル・コンピュータのフォーマットにも、たやすく移すことができる。二〇〇〇年の初夏、ドイツでも、アメリカから輸入されたロケットeブックが発売された。それは当初、ベルテルスマン社から販売された。六〇〇グラムの軽さの電子ポケットブックで、そこに文書をダウンロードできる。単語や文に印をつけることができ、フォントを自由に選択することができ、言うまでもなく背景の色調も自由に変更でき、このプロテウス〔ギリシャ神話の海神で、変身の能力をもつ〕のごとき本でも、しおりの代わりにページの隅を折ることができ、辞書が組み込まれている。この両性具有的な機器は決して安くはなく（導入の際に六七五マルクかかった）、なによりも、書籍をダウンロードする際に高い費用がかかる。どれほど長所があろうとも、おそらくそのために、ｅブックはすぐに普及することができずにいるのだろう。なにしろ、書籍価格を維持する協定は（当面のあいだ）電子書籍にも適用されるのだから。ｅブックと時を同じくして、二〇〇〇年にハノーファーで行なわれたＣｅＢＩＴにおいて、電子ペーパーという名称の、初のペーパーレス新聞が発表された。ゼロックス社が開発し、製品化したジリコン方式によって、導電層を含み、紙ほどの薄さで巻くこともできるフィルムが生まれた。このフィルムに、インターネットや携帯電話を経由して、あらゆる新聞をダウンロードすることができるのである。

しかしながら、コンピュータとインターネットの尽きることのない魅力は、このような副産物ゆえのものではない。そこに魅力を感じているのは、せいぜいグーテンベルク銀河系の年配者たちくらいのものである。その魅力は、これ以外の理由からすぐに説明がつく。というのもコンピュータとインターネットは、（ほとんど）「すべてのこと」ができるからである。すなわち、計算ができるのは当然であるが、それだけでなく書くことも、描くことも、管理することも、計算書や図表を作成することも、作曲することも、チェスの世界チャンピオンに勝つことも、映画や写真を保存したり加工したりすることも、期日を思い出させることも、ソフトウェア、音楽、文書、データなどの非物質的財産を送ることも、それ以外のさまざまなこともできるのである。その際にコンピュータとインターネットは、従来の空間と時間の限界をすべて打ち破る。というのも、それらは息を呑むばかりの速度で処理を行ない、きわめて小さなデータ記憶装置に莫大なデータを保存することができるからである。そのような記憶装置を目の当たりにすれば、辞書の出版者たちは眠れない夜を過ごすか、あるいはすぐさま、彼らが出している二〇巻からなる知識の友をたった一枚のＣＤまたはＤＶＤというかたちでも出したり、もしくは（一九九九年から、ブリタニカ百科事典がそうしているように）すぐにインターネットで提供したりすることを考えるようになる（**音楽用ＣＤは一九八一年から、データ保存用ＣＤは一九八八年から存在する**）。しかしコンピュータが、特定の領域を専門とする旧来のメディアを恥じ入らせるような万能者であるのは、その弱点と一面性ゆえのことである。すなわち、コンピュータがすべてのことをできるのは、それが一つのこと――０／１という数字で計算すること――しかできないからなのである。

すでにゲーテが予期し、優れた詩に託して述べていたように、近代および現代においては「ＡＢＣのＡの字も余計もの」(15) になるかもしれない。数字、より正確にいえば、二つの数字は、文字より優れている。それどころか数字は、文字が無用なものであるように思わせる。(16) ゲーテの状況判断が、数字のコードを真に重要である《ツェーレン》ものとして認めさせるという、貨幣メディアの力を念頭に置いているのは明らかである。払う《ツァーレン》／払わない《ニヒト・ツァーレン》という貨幣のコードには、文字の組み合わせではなく数字《ツァーレン》が重要である《ツェーレン》時代において、感銘を与えるほど、デジタルな明晰さがある。実際また、物語る《エアツェーレン》かわりに数える《ツェーレン》ことは、現代メディア技術の原則なのである。このメディア技術は――見る者の観点によって、または評価の観点によって――見事なまでに部分的メディアをすべて統合することになるか、あるいは危険をはらんだシナリオにつながる。そのシナリオとは、「社会が分裂して、形式と数字で思考する少数のプログラムする側と、文字で思考する多数のプログラムされる側に分かれる」というものである。(17) このような状況判断は、容易に先鋭化することができる。すなわち、アフォリズム風の物言いをしようとしているわけではないが、プログラムは今日、プログラマーになるのである。今日ではもはや、いかなるソフトウェアも、そして言うまでもないことだがハードウェアも、人間のプログラマーだけによって開発することはできない。プログラムが新たなプログラムをプログラムするのである。

それとともに、意味《ズィン》から感覚《ズィンネ》へという本書の主要テーゼもまた、その限界に達する。この命題は――きわめて短いものであるにもかかわらず、あるいはそれだからこそ――文字と印刷のメディアから録音、写真、映画への移行がどのような影響を及ぼし、何を含意しているかをとらえているだろう。アナログメディアである（初期の）ラジオと（初期の）テレビならまだ、この公式でとらえることができる。しかし、アナログメディアの彼岸にあるデジタルなものは、旧来の視聴覚メディアが約束することの彼岸にも通じている。0／1という数字《ディジッツ》は、それが記録するものに対して、いかなるアナログな関係も、ましてや親密な関係も保っていない。記憶保存し、伝達し、処理するものが音波であるのか光波であるのか、数字であるのか文字であるのか、音声であるのか画像であるのか、設計図であるのかEメールであるのかには、0／1という数字は驚くほど無関心である。このことによって、あらゆるメディアがもっている上述の三つの主要機能――記憶保存すること、伝達すること、処理すること――の相互関係にも新たに変化が生じる。あらためて図式化するならば、メディア史は記憶保存から伝達を経て、処理に至るのである。初期のメディアである図像、文字、印刷は記憶の優位をもたらす。グーテンベルク以降のメディア革新は――それにかならずついているテレという接頭辞（遠隔通信《テレグラフィー》、遠隔通話《テレフォニー》、遠隔放送《テレヴィズィオーン》など）の恩恵で――伝達メディアの明らかな優位をもたらし、最新のデジタルメディア技術はデータ加工の、それ以前には予想だにできなかった次元を開く。

もちろん、従来のメディアも加工することができた。文書を訂正したり、それをかならずしも正確ではない方法でコピーしたり、契約書を偽造したり、絵画を切り裂いたり、書物を燃やしたり、写真を修正したりすることができた。さらにまた、アナログ録音をする際には（たとえばドルビー技術を用いて）雑音を抑えたり、録音テープを切ってつなぎ直したり、さまざまな音源を重ね合わせたりしようと試みることもできた。しかし、デジタル録音技術は根本的に新しいものである。この技術によって、いかなる手作業にもよらずに、データを加工することが可能になる。はてしなく続く0／1のデータは、容易に計算や配列をし直すことができる。その容易さたるや、古典的なメディア操作批判で把握できるものではない。デジタル化されたデータを記憶保存することと処理することのあいだに、もはや断絶はなく、どちらの過程も、同一の論理に従っている。そのことはまた、記録することと作成することのあいだにある、タブーに満ちた古い境界が消えることを意味している——それも、多くの者が不気味に感じるのも無理からぬほどダイナミックに。（創造の、自然の、歴史の、生命の）書物をさまざまに解釈しながら読んだ後に来るのは、肉体と生命のコードを記録し、解読する作業である。そして最後には、「すべて」を新たに作ることになる。「見よ、私は万物を新しくする」（ヨハネの黙示録二一・五）という古めかしい文は、まったく新しく読むことができるし、書くことができる。「仮想現実《ヴァーチャル・リアリティ》」という人口に膾炙した決まり文句は誤解を招く。仮想現実は、実際に存在するのである。

コンピュータは、すべてをシミュレートすることができる。そしてそれと同時に、またその後に、新しいものを促進《スティミュレート》することができる。シミュレートできるものとそうでないものの境界は、人間知能と人工知能をめぐる議論において、まさに偏愛の対象となっていたのだが、それが驚くほど早く崩れた。すなわち、**一九九七年五月一一日**に、IBMが作った**チェスコンピュータ**である**ディープブルー**がニューヨークで、**チェスの世界チャンピオン**である**ガルリ・カスパロフ**と対局し、第六局で**勝利**を決定づけた〔ディープブルーとカスパロフは六番勝負を行ない、第六局に勝ったディープブルーが、二勝一敗三分で勝ち越した〕のである。人工知能〔Artificial Intelligence〕（AI）の分野では、きわめて多くの研究者がすでにそれ以前から、人間の知能と機械の知能の境界を、越えることができるものと見なしている。アメリカ人研究者レイ・カーツワイル(18)は、人間と機械による不死の共生という際立ったビジョンを抱いているが、決してそのことで孤立してもいないし、嘲笑されてもいない。このビジョンに信憑性を与えるために、彼は経済的な側面についての簡単な計算書を作成した。それによれば、一九〇〇年に一〇〇〇ドルで入手できた計算機は、昆虫の脳にすら及ばない性能であった。そのレベルに達したのは、ようやく一九五五年のことである。しかしその後、コンピュータの進歩は、とてつもなく速度を増している。鼠や兎の脳と同等の性能には、すぐに達する。一〇〇〇ドルのコンピュータが人間の脳の記憶容量を凌駕して、すでに久しい。チェスの世界チャンピオンに勝利を収めるために要する費用は、一九九七年頃には、まだ一〇〇〇ドルを大幅に上回っている。しかし二〇二〇年頃には、安価なコンピュータでも、優れた頭脳を持つ人物の知的能力を完全にシミュレートし、多くの分野で大幅に凌駕する、とカーツワイルは述べている。この予測に従えば、一台の一〇〇〇ドルのコンピュータが全人類の頭脳を合わせた計算能力に達するのは、二〇六〇年頃のことである。

しかしながら、このビジョンは、どうやら将来のインフレーションおよび／あるいは新しい通貨についてはあまり気にしていないようであり、その核心は経済というよりはむしろ、人間工学にかかわるものである。それによれば、人間は自分の脳全体と神経系全体をハードディスクにスキャンできるのである。その際、ヒューマンPCのセラピストと、何を改良することができるか相談する。コンピュータの専門家が、スキャンされたものをデータレコードや制御系に移す。肉体と精神という、古くからの問題はまだ残っている。精神は肉体を必要とするが、問題はない。なぜならば、ナノテクノロジーも大幅な進歩をとげるからである。ヒトゲノムが完全に解読された後の時代には、人間の肉体を個々の原子に至るまで再構成することが可能になる。もちろん、肉体や血のもととなる物質より、良質で耐久性のある物質を使って。このシミュレーション／促進《スティミュレーション》から、どのような結果が生じるのかは見極めがたい。だが、このようにして不老不死が実現するというのであれば、その代償として問題も生じる。たとえば多体問題である。多数のクローンがあるのなら、人間とは何者なのだろうか。ピュグマリオン、フランケンシュタイン、ホムンクルスといった古いモティーフが――『イグジステンズ』や『マトリックス』などの映画を見ても分かるが――遺伝子工学や人工知能が広まるなかで、メディアの発展から新たな刺激を受ける。

人間知能と人工知能の境界が侵食されるという、人間を超越した遠い未来像《テレ・ヴィズィオーン》に対して、論拠を挙げて反論したのは、とりわけ哲学者ジョン・サールである。サールによれば、カーツワイルは「コンピュータがある現象をシミュレートすることと、その現象を複製すること、あるいは再構築することを混同している」。シミュレートされたものとシミュレーションの相違は根本的なものなのである。「本物の人間の脳では、脳のなかで特定の神経生物学的なプロセスが連続することによって意識が生みだされる。コンピュータが行なうのは、これらのプロセスのシミュレーションであり、このプロセスの記号による模倣である。しかし、脳が意識を生み出すプロセスをコンピュータがシミュレートしても、本物の意識が生じるわけではないのは、胃が消化作用を引き起こすプロセスをコンピュータがシミュレートしても、実際に何かを消化するわけではないのと同じことである」(19)。サールの論証は、これでもまだ、慎重すぎるくらいかもしれない。コンピュータに対する最も感傷的で、最も愚かであるように思われる異論の一つが、人工知能と人間知能のあいだに置かれた、最も堅固な境界石の一つであることが判明するかもしれない。その異論とは、コンピュータには心がない、というものである。コンピュータは、カスパロフに勝っても、喜びはしない。自分の勝利を深く印象づけようとする相手を、憎みも愛しもしない。その目的のために、自分が作られたところからニューヨークに運ばれても、ホームシックにかかることはない。要するに、コンピュータがエディプス・コンプレックスなど抱かないことを、われわれは望んでいるのである。コンピュータには自己関係性が欠けている。この自己関係性こそが人間知能の特徴をなすものであり、それはつねにある気分をもった自己関係性としてのみ現れる。私は自分自身を決して「純粋に」意識しているのではなく、あれやこれやの気分をもった者として――悲しい者、恋をしている者、幸せな者、心配している者、あるいはあこがれを抱いた者として――意識しているにすぎない。「心」がなければ、気分がなければ、精神状態がなければ、自己意識をもつことはできない。人工知能と人間知能というカテゴリーの境界に固執することができるのは、理性が徹頭徹尾、不純であることを認める者だけである。

脳のシミュレーションであれ、消化のシミュレーションであれ、原理は同じである。**二〇〇〇年六月二六日**、アメリカ大統領ビル・クリントンは**アメリカ人研究者たち**を**ホワイトハウス**に迎え、彼らから人間生命の真実の**書物**を、すなわち**ヒトゲノム**の全塩基配列を受け取った。この出来事は、当然のことだが、第一級のメディア・イベントとして演出された。イギリス首相トニー・ブレアとは、衛星を通じて回線がつながれた。さらに、現代生物学史の神話となっている大御所《グランド・オールド・マン》にして、DNAの二重螺旋構造の発見者である**七二**歳のジェームズ・ワトソンも臨席して、二つのグループからなる研究者たちから、大統領に解読の成果が手渡された。メディアの関心の中心にいたのは、コンピュータと資金を大量に投入して、専門家たちの予想よりもはるかに早く、ヒトの全遺伝情報を解析してのけた男、「セレラ・ジェノミクス」という見事な名前の上場企業を率いる**クレイグ・ヴェンター**である。彼は、政府の助成で大学を中心に進められていた「ヒトゲノム計画」からその数年前に脱退し、大量のコンピュータを使用するショットガン法で、このプロジェクトを終結したのであった。特許紛争は、この人類史に残る日に予測できたというよりはむしろ、本書で言及された、それ以前のいかなる特許紛争もはるかに上回る規模で、すでに本格的に進行中であった。

賢明な文化学者たちが指摘しているように、最新の研究プロジェクトの核心がいかに古いものでありうるか、このような日に想起しておくのも、意味のあることである。遺伝学者は遺伝子を「聖書」や「聖杯」や「人間の書物」と比較することがある。遺伝子は、自然の創造や道徳的な秩序に決定を下すことができる、宗教的な文書のように思われる。遺伝子を「辞書」や「地図」や「レファレンス図書」と比較する者もいる。キリストもまた、聖杯にして、書物にして、聖書にして、食物である。不死の遺伝子によって、キリスト教における「肉体の復活」が現実になる。それも、現世において現実になるのである[20]」。事実、現代のメディア、すなわちコンピュータ技術の核心に、きわめて古いものの残滓を認めることを支持する根拠はたくさんある。文学史家たちが、たとえば一九三二年に出版されたハクスリーの小説『すばらしい新世界』に、すでにサイバースペースを夢見る場面があることに注意を喚起したとしても、それは比較的たわいのないことである。「「今夜は触感映画《フィーリー》に行くのか、ヘンリー」と社会階級決定課副課長が訊いた。「アルハンブラ座でやってる新作が傑作だそうだね。熊の毛皮の上でのラブシーンがすごいらしい。熊の毛の一本一本が再現されていて、触覚表現が見事だそうだ[21]」」。「サイバースペース」という言葉は、一九八四年、ウィリアム・ギブスンの『ニューロマンサー』三部作によって作り出された。ギブスンは、彼のアイデアがどこから生まれたのかを正確に述べている。すなわち、故郷バンクーバーのゲームセンターで若者たちを眺めていたら、彼らの腕や目が装置やモニターと共生的に結びついているように見えた、というのである。

たわいのないモチーフである。現在まさに行なわれている、メディア史を完成しようとするプロジェクトの核心は、ハクスリーやギブスンより古いモチーフにさかのぼる。神は「xyzあれ」と言われた。

すると、ｘｙｚがあった。記号を事物に移すこと、言葉を肉体にすること、意味《ズィン》を感覚的《ズィンリヒ》なものに変換すること、あるいは全実体変化させること。それは文化上および技術上のどの時代にも、メディアに関して神だけがもつ特権であった。しかし、今日では、まさにこれこそがメディア技術の核心をなしている。マサチューセッツ工科大学のメディア法王、ニコラス・ネグロポンテが論じたのは、ビットをアトムに変換することである〔ビットはデジタル情報を、アトムは物質を意味する〕。それならば、メディアはもはや（何も）仲介、転送、記憶保存、伝達しない。それは処理し、創造＝遂行《シャッフェン》するのである。創造＝遂行するのが誰であるのか、創造され《ゲシャッフェン》たのが誰であるのか、遂行され《ゲシャフト》たのが誰であるのかを、このような状況下で明らかにするためには、もう一冊まったく別の本が書かれなければならない。このような状況では、もう誰も使者になりたがりはしない。

とりあえずの終章——

一つとなったマルチメディア社会における変換＝交換＝改宗《コンヴェルズィオーネン》

古きヨーロッパから遠く離れて、ある知識人が落ちぶれつつも、それなりに楽しげに暮らしている。彼はリオデジャネイロで、「あらゆる希望のバー《バー・イェーダー・ホフヌング》」〔「あらゆる希望を欠いた」ともとれる〕というすばらしい名前のバーの常連となっている。それほど若くはないこの男の名前ローマンも同様によく考えて選んである。ローマンは——ローマ人というこの上なく偉大な他者にちなんで両親がつけた名前にこれほどふさわしいことはない——小説《ロマーン》を書くつもりである。高級な小説、つまり教養小説あるいは発展小説を。けれどもその要求の高い計画は、この小説をライトモティーフとして支えている、後期モダンで有意義に書きうるのはせいぜい逆発展小説であるという根本洞察によって挫折する。世界状況を見渡すことができる塔の結社へ主人公が受け入れられる〔ゲーテの教養小説『ヴィルヘルム・マイスターの修業時代』の結末〕とか、クリングゾールによって究極の叡智へと導かれた詩人の聖別式〔ノヴァーリスの小説『ハインリヒ・フォン・オフターディンゲン』〕とか、ゴットフリート・ケラーの小説『緑のハインリヒ』第二版における公務員の人生行路といった意味ある結末をもつ小説を、ローマンはもはや書くことができない。セテムブリーニとナフタにはさまれつつ録音、映画、レントゲン写真のような当時のニューメディアに親しむ世俗人となるハンス・カストルプが迎える類いの結末〔トーマス・マンの教養小説『魔の山』の主人公ハンス・カストルプは小説の結末において戦争へ赴く〕さえ、ローマンには閉ざされているのである。

「あらゆる希望のバー《バー・イエーダー・ホフヌング》」で、意味という乏しいリソースへ確実に到達しうる希望がまったくない《バー・イエーダー・ホフヌング》時代にどうにか生きようとするローマンの奮闘を物語るローベルト・メナッセの小説の表題は、『感覚的確信』（一九八八年）である。このような探求の後に残るものは、小説の表題が約束するバーの感覚的確信、すなわち良い酒と美女である。メナッセの小説『至福の時間、ばらばらの世界』に登場する在野学者のレオ・ズィンガーは、ローマンとは精神的に同族であるが、そのような感性だけでは満足しようとしない。ズィンガーは時代の趨勢《シュタント》に対して意味のある抵抗をしよう《シュタントハルテン》とする。こうして彼は時代を診断する論文を書く。その表題は『脱精神化現象学――消えゆく知の歴史』だが、分量はヘーゲルの『精神現象学』のせいぜい五パーセントしかない。その上この理論的散文が行き着くのは、ローマンが生の実践においてすでに到達していたところなのである。絶対知ではじまり感覚的確信で終わる『脱精神化現象学』は、逆教養小説に対応しているのである。その出発点、中間点、終点には次のような文が記されている。「大地と人間の存在の偶然性はしかしそれほど高いものでなく、人間が在ることにはまだ意味がある。それに対して自然は意味を、それゆえにまた歴史ももたず、そこには生成、消滅、循環そして永遠の回帰があるばかりである」。すべてが「本当らしく＝本当の外見をし、等しく価値がある＝どうでもよくなる」。「重要なのは真実ではなく、それを強調することであり、事実ではなく、そのスタイルである」。「神がもはや存在しないのならば、それは存在も真実もないことを意味する。すると存在や真実に根拠はなく、そしてそれゆえに、真実と存在が統一される可能性にも根拠はない」。「いまや人間は歴史から何を紡ぎ出してもよいのである」。「デザインが意識を規定する」。結末の文章は次のとおりである。「はじめにコピーありき。／私にはそのように見える」(1)。

ローベルト・メナッセの小説やエッセイの知的魅力がどこにあるかは、たやすく説明することができる。メナッセは最も高邁な歴史観の一つ（そして最も野心的なメディア史の先駆の一つ）であるヘーゲルの歴史観を逆転させる《インヴェルティーレン》ことによって、ポストモダンの時代に通用する《ミュンツェン》ものへと変換＝交換＝改宗する《コンヴェルティーレン》のである。というのも、ヘーゲルが一八〇七年に『精神現象学』を世に問うて以来、あまりに多くのことが、とりわけメディアにかかわることが変わったからである。変わる、つまり「変換＝交換＝改宗《コンヴェルズィオーン》」、「変換＝交換＝《コンヴェル》改宗する《ティーレン》」「交換可能な《コンヴェルティーベル》」という言葉は精確であると同時にコンテクストに依存するところが大である。これらの言葉は、それが表している問題を自身で実演して見せている。なぜならこれらの言葉の意味は、それらが扱っている状況次第で著しく変わる《コンヴェルティーレン》からである。「フリードリヒ・シュレーゲルはプロテスタントからカトリックへ改宗した《コンヴェルティーレン》。旧東ドイツのマルクは外国為替市場で自由に交換可能《コンヴェルティーベル》ではない。このフロッピー・ディスクに入っている古いワード2のファイルを、ウィンドウズ98用のワードで読める形式に変換《コンヴェルティーレン》できるか？」これら三つの文が歴史的・文化的・機能的にまったく異なる文脈に属していることはまったくもって明白である。けれども、変換《コンヴェルズィオーン》概念のうちで最も頻繁に用いられる宗教的・貨幣的・メディア技術的使用法は同一の問題領域を共有しているし、それを共有しているのはこれらの使用法だけではない（明らかにこの三つ以外にも使用法がある）(2)。どの使用例においても、一つの情報要素を別のコンテクストまたは別の文化技術へ移転すること、もしくは技術者好みに言えば、実装することが意味されている。ある信仰心をもった人物にとって、(偶然あるいは神慮により)自分が生まれついた伝統から福音が期待できるとは思えないとき、その人は改宗《コンヴェルティーレン》する。携帯している貨幣メディアがずうずうしいほど機能的に欲しいものについて情報を与えるが、滞在地では通用しない場合、現地通貨へと交換《コンヴェルティーレン》しなければならない。あるフロッピー・ディスクに保存されているデータが、もとのソフトフェアとは別のソフトウェアでは開くことができないとき、変換《コンヴェルティールング》が必要となる。

信仰の内容、通貨、手持ちのデータを変換《コンヴェルティーレン》するならば、摩擦の問題、あるいは新たに専門用語を用いれば、大規模業務経費を払う覚悟が必要である。改宗者には内面的危機や敵視の危険が迫る。貨幣を変える者は銀行手数料を計算に入れておかなければならない。電子データ処理上の変換を行なう者は、バックアップによってデータ消失やシステムダウンに備えておくことが推奨される。だが宗教的・貨幣的・メディア技術的な変換者には、構造的な問題だけではなく、平均以上の心的柔軟性もまた共通している。宗派を変える者は一つ以上の宗派を知るがゆえに、絶対的で明白なものにもいくつかの候補が存在すること、したがって明らかにそれほど明白ではないということをわきまえているに違いない。なにしろ、それまで別のものが明白であるとされていたのだから。貨幣を頻繁に変換する者は旅を多くし、取引を行ない、それによって経済の領域でも、あるいはまさにこの領域では、絶対的価値など存在しないことを具体的に知っている。ソフトウェアやオペレーティング・システムを変換することができる者は、今日重要な知的柔軟性、つまりメディア技術にかかわる柔軟性があることを証明している。メディア世界の主権者とは、取捨選択と通路《アクセス》の仕方を正しく選ぶことによって、情報過多《インフォメーション・オーヴァーロード》という例外状況に関して決定をくだす者である。ノルベルト・ボルツはこのような能力を的確に名指した。「不可欠な情報のすべてが自由に使えるものの、情報に至ろうとする経路はすべて厳密な取捨選択の作業になる。意味の大洪水という新たなメディア環境のもとでは、知られていることのすべてを、ほんとうの意味では知ることができない。［…］情報時代の主要課題は、情報選択と記録《レコード》への通路《アクセス》なのである」(3)。

非生産的な取捨選択や通路《アクセス》を選ぶ者、複数の選択肢を試してみようという誘惑にとらわれない者、（信仰内容の、通貨の、メディアもしくはインターネットの）プロバイダーを変更《コンヴェルティーレン》したことが一度もない者はしたがって、すぐに時勢に疎いとされてしまう。そのような人は排外的、同族愛的で、二〇〇〇年前後の変換《コンヴェルズィオーン》が活発なザッピング式メディア世界社会では反時代的とみなされる生き方をしている。今日のわれわれの社会ではほとんど考えられないケースだが、そのような人は代替オプションや機能上の等価物のことなど一度も聞いたことがない。それによってその人の生活は、現代的な見方の状況しだいで、うらやましいとも残念であるともいえるような質素なものとなる。あらゆるシステムのなかの変換者《コンヴェルティート》は、後期モダン時代には再編成を行なうための代替オプションが豊富にあることを知り尽くしているにもかかわらず、共通して一つの時代錯誤的な側面を保持している。なぜなら彼らは機能的に柔軟であるにもかかわらず、自らの熱い偏愛と確信には忠誠を守っているからである。つまり彼らは宗教や貨幣というメディアやデータ処理の恩恵を受け続けたいと望むからこそ変換＝交換＝改宗《コンヴェルティーレン》するのである。

改宗＝交換＝変換《コンヴェルティーレン》が行なわれるのは、あらゆる語義における背反＝下落＝ごみ《アプファル》と関わらないため、汚れないため、時流に乗ってもてはやされているものから取り残されない《アプファレン》ため、最新の情報に通じている《アップ・トゥー・デート》ため、支えと平静を与えてくれる神、貨幣あるいはデータへの信仰から飛び出してしまわないためである。改宗＝交換＝変換《コンヴェルティーレン》が行なわれるのはつまり、（奇妙なパラドックスだが）真に改宗＝交換＝変換《コンヴェルティーレン》しないため、つまり宗教、経済、データ処理というシステムから離れなくてもすむようにするためである。改宗者＝交換者＝変換者《コンヴェルティート》は当のシステムの本当の崇拝者であり、改宗＝交換＝変換《コンヴェルズィオーン》によってシステムを強化しようとしている。改宗者＝交換者＝変換者《コンヴェルティート》は圧倒的忠誠心ゆえに背反する典型である。それゆえに彼らは心理力学的観点から、しかしまた機能的観点からも非常に魅力的である。他者になること、まったくの別人になること、まったく別のもの《トタリテル・アリテル》と接することによって自分に忠実である権利は、改名というモティーフにおいて宗教儀式的様相を帯びる。改宗者はしばしば確信とアイデンティティとともに名前も変えるのである。ヤコブがイスラエルとなり、サウロがパウロとなり、ウラジミール・イリイチ・ウリヤノフという名のロシアの知識人がレーニンとなり、ヴォイティワがヨハネ・パウロ二世となる。この改名というモティーフも、熱い信仰上のアイデンティティから冷めた貨幣の領域へと変換《コンヴェルティーレン》されうる。互いに競い合った後に合併して新しい経営哲学を発表する企業は、改名することによって再出発を確固たるものとすることが多々ある。株式市場ではライン・ヴェストファーレン電力会社がいまやエーオンと呼ばれ、ドイツ連邦郵便がテレコムと呼ばれる。それもメディア時代の新たな経済状況に太刀打ちせんがためである。

　新しいメディア・テクノロジーによる経済革命に屈しないということは、重要な生産物がヴァーチャルになるという決定的な転換《コンヴェルズィオーン》を受け入れることを意味する。たとえば一九九九年にアメリカの学生が開発し、無料で配布されているソフト「ナップスター」は、インターネット上の楽曲を捜しだしてダウンロードできるようにする。二〇〇〇年初頭、歴史的な録音やチェリビダッケのコンサートを隠れて実況録音したものから最新のヒット曲まで、三テラバイト以上に相当する音楽タイトルがインターネットで手に入る。それらはMP3方式で圧縮されコード化されている。愛好家のあいだでは、このようなデジタル方式によって、聴取できる程度に音響が失われるかどうかがよく議論されるが、試し聴きをすると、ほとんどの場合、音響の喪失を主張する側が恥をかく結果になる。音楽産業業界団体「アメリカレコード協会」（RIAA）は著作権のような旧来のカテゴリーの名のもとに、このソフトに対する訴えを起こした。その結末は知られている。ベルテルスマンが法廷でナップスターを相手に激しく闘っている間、裏ではとうに交渉が行なわれていた。二〇〇〇年一一月一日ベルテルスマンはナップスターを吸収合併すると発表し、世界中を唖然とさせた。想像をたくましくせずとも、ここに新しいメディア・インフラと古い貨幣メディアが歩み寄る際の一つのモデルを見ることができる。妥協は「非常に低い価格設定《ミクロプライスィング》」という決まり文句で行なわれる。たとえばウェブサイトの訪問、検索プログラムの使用、音楽タイトルのダウンロードに対して一セントのような僅かな金額にせよ、料金を支払う。毎日数百万人のユーザーがそれを払うと、いかなるコンツェルンといえど訴えたり嘆いたりはしない。

　支払いをする者も、支払いを受ける者も、その貨幣が通用することを信じているに違いない。プロテスタントへの改宗者は教皇以上にカトリック的だとよく言われている。貨幣を交換する者は最も強力な基軸通貨を信じており、その硬貨や紙幣に「われわれは神を信じる《イン・ゴッド・ウィー・トラスト》」と記されていることにはまず驚かないであろう。電子データ上の変換を行なう者はたとえば、アップルではなくマイクロソフトが普遍的な《カトリックな》情報教会になったことを嘆く。その結果やがて、ウィンドウズがアップルのパーソナル・コンピュータのユーザーインターフェースと同じような外観を示すことになる。それは古くからのカトリックのミサがますますプロテスタント的な醒めた要素を取り入れていくのと同様である。ソフトフェアのアイコンとプログラミング言語ベーシックとの関係は、一般人が理解できる改革礼拝式と教会ラテン語との関係に等しい。変化のなかに持続があり、隠れた連続性がいたるところに存在する。そのような連続性が支配的であるので、改宗＝交換＝変換《コンヴェルズィオーン》の姿勢があることは、強く感情的な結びつきへの姿勢があることをかならずしも排除しない。あらゆる宗教、あらゆる通貨、あらゆるソフトウェアに機能的等価物が存在するという知識から目を離さなければ、そのつど選ばれたオプションがもつ長所を機能的に説明することができ、それだけいっそう強い確信をもってそれを信奉することができる。たとえば人が新時代の秘教徒になるのは、それによって目に見えてより高いビオ値を手に入れられるからである。人がスイス・フランで預金をするのは、この通貨がドルよりもパフォーマンスが良いことは歴然としていると信じるからである。人がユニックスというオペレーティング・システムを選ぶのは、マイクロソフトのプログラムへの、そしてそこからの変換《コンヴェルティールング》を、その逆よりも優雅に行なえるからである。

　変換《コンヴェルティールング》のプロセスは今日、日常的に行なわれており、まさにそれゆえにほとんど考慮されない。モダンとポストモダンの時代には、変換のスキャンダラスな、それどころか破門に値するような棘が失われた。後期モダンに生きる私たちは変換の名人で、変換に敵対的な文化（私たちはそのような文化を原理主義的とみなすことを好む）に出会うと、あるいは変換に友好的な社会の内部で、避けがたいと見なされている変換のプロセスを余計なものとしようとする大規模な試みがはじまると、もはや驚くしかない。ユーロの導入は、変換の必然性を余計なものにする方法の有名な、よく議論される実例である。この場合、ヨーロッパの通貨はいわばアプリオリに、つねにすでに変換されていることによって変換の必要がなくなるのである。このことはユーロ硬貨やユーロ紙幣のデザインからも見てとることができる。それらの片面は国家のなごりの図像学に忠実であり、反対面ではユーロ全体に共通する、それにふさわしく高度に機能的なデザインである。

　一つ以上の国に暮らしている者はたえず自分の金を一つの通貨から別の通貨へ交換《コンヴェルティーレン》しなければならない。だがそのような人物でも、実際にユーロが導入されたことによってこの新千年紀の初め、変換《コンヴェルティールング》の必然性には終わりがきたと期待してもよい。ドル、円、スイス＝フラン、ユーロ（挙げるのはこれらだけにとどめておくが）の共存による交換可能性《コンヴェルティーアバーカイト》の問題とはしかし、まだ当分の間、格闘しなければならないだろう。メディア・テクノロジーにおける変換の必然性に関して言えば、貨幣の領域における傾向と構造的にまったく同形だが、その浸透力では明らかに優っているある一つの傾向が世界中で見られる。暗示的なアイコンによって動作するため、プログラミング言語に習熟していなくても使えるオペレーティング・システム、つまりウィンドウズが驚くほどスムーズに世界中に広まったのである。変換社会にふさわしい垣間見行為のメタファーとしてこれほど適切なものは想像しがたい。無論その際に不可視にされるのは、ユーザーが敗者《ルーザー》だということである。なぜならユーザーは文字どおりもはや垣間見ることがない。つまりソースコードがまったく読めないようにされているのである。

ユーロやウィンドウズのように変換をたやすくする仕組みがあるにもかかわらず、あるいはまさにそれゆえに、私たちは今日データを別のデータへ、貨幣を別の貨幣へ、確信や信念を別の確信や信念へとたえず変換《コンヴェルティーレン》している。モダンの社会と文化はアプリオリに変換に対して開かれており、変換の可能性をいわばつねにすでに促進し、あるいはすでにそれを内部に組み込んですらいる。そうでなければモダンな社会や文化ではない。それによってそのような社会や文化は、プレモダンの秩序を特徴づけていた変換可能性の禁忌あるいはそれどころかその禁止を平気で看過するのである。プレモダンの文脈では、あらゆる種類の変換が暗黙のうちに、あるいはたいていの場合はっきりと排除もしくは禁止されている。改宗は神政政治下では不可能である。貨幣の交換や国外に口座を持つことは、閉鎖された商業国では禁じられている。権威主義的な国家は、もしそれが実際に技術的に可能であれば、私的なインターネットの使用を大喜びで禁止することであろう。

それに対してモダンでは、そしてポストモダンではますます、プレモダンの時代にはむしろ評判の悪かった技法、つまりまさしく変換《コンヴェルティーレン》あるいは変形の技法を平然と操る生き方が際立ってくる。一八〇〇年頃ヨーロッパの知識人のあいだでそれが流行現象となる以前に改宗した者、つまり宗教あるいは宗派の所属を変更した者、または爆発的に広がる世界経済と大衆ツーリズムの時代以前の貨幣交換者、つまり通貨を別の通貨へ変換《コンヴェルティーレン》した者は、明らかに自分の評判を心配しなければならなかった。そのような者は、運が良ければ厄介な人物だとみなされたし、状況が文化闘争的な様相をはらんでいれば、背信者とみなされることすらあった。それに対して一九八〇年代や九〇年代、電子データ処理プログラムの互換性の専門家は、社会からの高評価と、それに応じた高収入を期待できたのである。

「近代」、そしてやがて「モダン・タイムス」と複数で言い表される時代には、変換の問題を回避できないということは、すでに早い時期に、つまりまさに近代の初めにはっきりしていた。カルヴァン主義への改宗者でありながらフランス国王になろうとした、あるいはならねばならなかった人物が、一般的に変換に開かれた時代の生に求められている犠牲とは何かを的確に名指した。それは倫理的にはシニシズムと呼ばれ、実践的には機能主義と呼ばれる犠牲である。カトリックへと改宗したばかりのアンリ四世は、ナヴァールから戴冠式のためにパリへ移った時、「パリはミサを捧げるに値する都市である」と述べたと言われている。この言葉でアンリ四世が模範的に表現しているのは、動乱の時代に一つのシステム内で（この場合は宗教というシステム内で）指針を変えることが何を意味するかだけではなく、すべてのシステム（たとえば権力、経済、宗教のシステム）を両立させ、その意味で変換可能にすることがどれほど困難で、しかしまたまさに不可避なのかということである。(4) 聖書には書かれていない煉獄の発明は、社会文化的および心的な変換プログラムの有名な例である。主要メディアとして適している要素がホスチアではなく硬貨であることが歴然としているならば、神による救いと悪魔的だが不可避であることが明白な貨幣とのあいだで変換プログラムを作動させる必要がある。死後に不可避となる煉獄での歳月を免れるために、生きているうちに硬貨で免罪符を買うというプログラムは大変独創的なので、ルターのような原理主義的熱血漢には理解できなかったのだろう。かようにけしからぬ変換《コンヴェルズィオーン》プログラムを最も厳しく批判したルターによってやがて新たな宗派が設立され、それへと改宗《コンヴェルティーレン》したり、逆にそこからカトリックへ改宗したりすることができるようになったのである。

「パリはミサを捧げるに値する都市である」。この言葉はすぐに人口に膾炙するようになったが、それにはもっともな理由がある。というのもこの言葉が示しているのは、自らを「近代＝新時代《ノイツァイト》」として特徴づけるがゆえに、たえず新しいことが起き、したがってさまざまな変換《コンヴェルズィオーン》に順応しなければならないことを高度に意識している時代に特有な問題の構造だからである。だが、アンリ四世の場合に限らず、個々の生活圏や作用圏の内部で代替オプションの可能性があるばかりではなく、社会、文化、生活世界の枠となる諸条件全体が意のままの変形に耐え（ねばならず）、それゆえに変換可能でなければならないのは困ったことである。自らの「本来の」信条に反して改宗する為政者の言葉は、けしからぬとも上品でシニカルであるとも見なしうる。なぜならそれは宗教的決断を、ある特定の経済的カテゴリー、それどころか経済的カテゴリーそのものである価値《ヴェーアト》のカテゴリーによって根拠づけているからである。パリはミサを受けるに値《ヴェーアト》する街である。パリにおける王位という第三のものを鑑みれば、あらゆる意味で絶対的な価値（つまり究極の、あらゆるものの根拠となる信仰内容の価値）も相対化され、他の思考カテゴリー（つまり等価《エクヴィ・ヴァレンツ》のカテゴリー――等価であるとはまさしく「等しい価値がある＝どうでもよい《グライヒ・ギュルティヒ》」の意である）と共存させられるに値するのである。アンリ四世は宗派を変えただけではない。宗派的な指針を経済的な指針へと変換しなければならないことを受け入れたのである。アンリ四世は、まだ近代における変換の必然性を認識するという高みには生きられない宗派的狂信者によって殺害されたのであった。

遅くともこの日付以来、つまり遅くとも指標を変える必要があると認識されはじめて以来、第一次と第二次の変換《コンヴェルズィオーネン》を区別する価値がある。第一次の変換とは、一つのシステムの内部で別のオプションを選ぶ（つまりそれまでとは別の信仰をする、別の通貨を持つ、別のソフトウェアを使用する）という、今ではもう危険と見なされることはないケースである。それに対して第二次の変換とは、決定的な意味をもつ枠組みの秩序そのものが変換し、別物になるような変換である。そのような時、主要メディアに関するトランスラツィオ・インペリイ〔中世の政治理論で世界秩序の転換の謂い〕のようなものが起こる。すると、宗教的な変換のかわりに貨幣が指針となり、貨幣を指針とする姿勢がやがては変化して情報テクノロジーを指針とするようになる。宗教のシステムが変換し、経済的になる。経済が変換し、情報テクノロジーになる。であるならば、真に思考に値するのは（あるいはおのおのの知的性質によって、腹立たしい、衝撃的、あるいは魅力的なのは）、どれほど優雅に宗教的概念が経済用語へと変換されうるか、ということである。信条《クレード》がクレジットとなり、信者《グロイビガー》が債権者《グロイビガー》となり、罪人《シュルディガー》が債務者《シュルドナー》となり、啓示《オッフェンバールング》が開示宣誓《オッフェンバールングスアイト》となり、賛美《ローププライス》が商品の値段《プライス》となり、荘厳ミサ《メッセ》が産業見本市《メッセ》となり、救済《エアレーズング》への希望がよい収益《エアレース》への希望となり、宣教《ミスィオーン》の計画が貨幣発行《エミスィオーン》の計画となるのであれば、改宗《コンヴェルズィオーン》の問題が、通貨の交換可能性《コンヴェルティヴィリテート》の問題になる。(5)

近代やモダンへの移行を特徴づける心的および社会文化的な諸変革は（超越性の喪失、世俗化、脱魔術化、民主化、物象化、中心の喪失といったキーワードのもと）これまで何度も鮮明に描写されてきた。その際にほとんど顧慮されなかったのは、これらの諸変革が変革としてのみならず、主要メディア史の観点から、変換《コンヴェルズィオーネン》もしくは変形としても描写されうるということである。変換《コンヴェルズィオーネン》の可能性をまず発明し、やがて許容し、ついには優遇する文化が、その活力を維持し、プロテウスのように変身しつつもその灼熱の核心部のようなものを保ち続けているという意味で、より保守的なのは明白である。その核心部とは他でもなく、古い主要メディアから新たな主要メディアを出現させる権利、もしくは変換のプロセスを本質的に変わらないものとして宣言する権利である。ギリシャ・ローマの変身物語において、神々が真面目な、あるいは不真面目な動機で人間に近づくために動物へ変身することが語られるにしても、このテーマを活用したキリスト教の無限の神が自分の息子をこの世の人間として死なせた後、やがて復活させ、あらためて不死とするにしても、ヨーロッパ・キリスト教文化と呼ばれるもののはじまりにおいて、変換や変形が称揚されるのである。そして同時にその反対も称揚される。なぜならば、弁証法の最も分かりやすい形式がすでに明らかにしているように、自らを変換された要素として再認識するものだけが変換されうるからである。同一性を激しく強調しなければ変換を得ることはできない。キリスト論がスリリングなのは、死すべき運命の人間であるイエス・キリストが不死の救済者であるからこそである。

改宗＝転換＝変換《コンヴェルズィオーネン》とは、同一性《アイデンティティ》の維持と手持ちの増加のために同一性を変えることである。個人にも、また規模の大きい社会文化的な形成物にもそれは当てはまる。トラウマとなりやすい次元の変革が心的に耐えられるのは、たくみな宣伝によって、それらが変革以前のものとのつながりや結びつきをも提供する変革である、と主張されうる場合だけであろう。変換に開かれ、メディア崇拝的な西洋文化の創立者たちが、変調の天才であるのは理由のないことではない。彼らは、奇矯な者を規範者となすという容易ならぬ仕事に長けているのである。書くことを好まず、オーラルに固執し、論争好きなアル中のソクラテスの挑発をプラトンが転換し、比較的安定した理論を作り出す。自分の父はほかならぬあの唯一神であり、自分の母は処女で、自分の死後にはパンと葡萄酒というかたちで自分を食せと求める奇矯な男の福音を、パウロや教父たちが転換し、世界史的な影響力をもつ宗教システムとなす。その宗教システムは、それ自体として完結してはいるものの、その特殊なデザインからしてすでにさらなる転換に対して抵抗力がない。それ以来、キリスト教徒を自称する人々にとっては、仲介されるものよりも、仲介物、メディア、記憶庫のほうが重要なのである。

この宗教が論理化し、神(の論理)学《テオ・ローギク》となればなるほど、その中心には変換の理念がある。すでに三八一年、つまり現実政策の上でもトランスラツィオ・インペリィの必然性が明白になっていた時代、とてつもなく影響力の大きい教会公会議において三位一体の教義が体系化された。この教義は、アリストテレスの論理学に対する逆説の精神に富んだ代案である。というのも神の三つの位格(父、子、精霊)のいずれにおいても、特徴的で通約不能で神秘的だが、まごうことのない仕方で、全体が存在しているというのである。疑似論理学的に言えば、神の三位一体で問われているのは、あらゆる集合の集合なのである。この集合は自己を要素として内包しており、各要素が別の要素へと遺漏なく変換されうるが、変換されてもまだ全体でありうる。だから神秘に満ちた全実体変化《トランススブスタンティアツィオーン》という出来事もまた、この宗教の礼拝・礼典の中心になる。パンと葡萄酒のような質素で日常的な要素を、救済者の肉と血のように途方もないものへと変換させるこの儀式は、他に例がないほどに変換という理念を決然と形にし、メディアの力をラディカルに思惟し、活用している。

初めに変換ありき。神は「あれ」と言われた。するとそれができたのである。言語が存在となり、ビットがアトムとなる。神の言葉の神秘に満ちた力は、パンと葡萄酒を救済者の肉と血へ変換もしくは全実体変化することができる。世俗的だが劣らず神秘的な貨幣の力は、金属や紙やモニター上の記号にすぎないものを、現実の価値、つまり商品やサーヴィスと呼ばれるものへと変換する。ビット、バイト、ピクセルなどあらゆる種類の二進法のデータを変換することによって、その「現実性」や具体性を疑いようのないプロセスが生み出される。あらゆるケースを二進法主義で二つの要素へと分割するメディア教皇ネグロポンテをもう一度援用すれば、ビットからアトムへの変換はいたるところで起きている。しかしそれを観察し、指摘する仕事はどちらかというと不人気である。神学者や経済学者は、魔法のようだが世俗的である変換プロセスの達人だとされると、苛立ったり怒ったりする。聖職者や銀行家はビットからビット、ビットからアトムへ変換する者とは別でありたいのである。彼らがかように過敏に反応する原因を挙げることは簡単である。変換という概念には、生々しい技術的な契機がつきまとう。それが三位一体や実体変化の神秘とも、経済における神の見えざる手の必要性ともよく相容れないように思われるのである。経済において摩訶不思議なものは、現代の奇跡的経済興隆後の時代でも暴かれすぎてはならない。暴かれればその魔力が失われてしまうだろうからである。

　それに加えて、神学的考察における変換概念の軽視には長い伝統がある。試しに具体例を挙げて、かように影響力のある過程を表すこの概念の歴史を再構成しようとすれば、それはすぐに発見できる。いや、軽視の伝統ゆえに、まさに発見できないのである。一七三五年刊行のツェードラーの百科事典では、この概念はCではじまる言葉としてもKではじまる言葉としても出てこない。その後の百科事典でも省察に値する事項として変換《コンヴェルズィオーン》が記載されるのは、もっぱらためらいがちに、である。それは今日でも同様だし、非常に記述の詳しい事典や辞典にもあてはまることである。一つだけ例を挙げる。『歴史的哲学事典』の評判がきわめて良いのは当然である。この事典が博識をもって公平に、網羅的かつ慎重に説き明かすのは、規範的な哲学の内奥へと通じている主要概念のみではない。きわめて有力な思考の生産的なオフサイドへと読者を導き、主要概念を混乱させるような言葉も含まれているのである。その上、『歴史的哲学事典』が表題の最初の一語を言葉どおりに受けとっていることはどれほど称賛しても足りないくらいである。実際、この事典が確実に察知しているのは、恒久ノ哲学〔philosophia perennis〕の領域においても、永遠の真理という観念が苦しい立場にあること、つまり永遠の妥当性を主張する概念にもその歴史があり、真実と呼ばれているものには時間の核があるということである。

そうであるからこそ、つまり『歴史的哲学事典』が慎重で、最良の意味で歴史主義的であり、どの時代も同じくらい神に近い、あるいは遠いということを分かっているからこそ、この事典ではどの概念がないがしろにされ、あるいは無視すらされているかを調べてみると啓発的である。浩瀚な『歴史的哲学事典』の第一巻では、「悪〔das Böse〕」という概念が顧みられていない。この欠如が第五巻で絶妙な自嘲によって「悪〔malum〕」という見出し語の下、埋め合わされている。同様に「メディア」も、この思索に値するものの事典にとっては収録する価値のない概念である。メディア社会が自らにとって歴史的になりはじめた時代にあっても、明らかにメディアは哲学にとってまったくの他者あるいは悪しき他者である。さらに、この文脈において奇妙であり、書きとめておかなくてはならないのは、哲学的思索に値する概念を集約したこの事典が「変換」の概念を目に見えて継子のように扱っていることである。「慣習〔Konvention〕」と「規約主義〔Konventionalismus〕」の項目にこの辞書は一〇段のスペースを割いている。「概念〔Konzept〕」と「概念論〔Konzeptualismus〕」の項目には八段が割かれている。しかしアルファベット順でそれらにはさまれた「変換〔Konversion〕」の項目は一段の半分で済まされている。それによれば変換とは「まず伝統的論理学において、前提一つの三段論法の標準形式による推論規則で、項辞の入れ替えを通じて前提から結論が導き出されることをいう（簡単変換）。簡単変換とはつまりSeP – PeS、SiP – PiS［…］である〔S= 主語、

P＝述語、e＝でない、i＝である〕。変換とはさらに関係論理学において、逆の関係への移行を意味する［…］。この意味でたとえば賓辞「〜の生徒」の逆は「〜の教師」である〕[6]。

始原における神の創造の言葉からポストモダンにおけるデータの流れまでの抄述によって示されたように、「変換」は独特な概念である。この概念は論理学に由来し、それゆえクールな概念である。しかし、論理的推論の適切な方法の教義から生まれたこのクールな概念ほど、時とともに熱を帯びた概念はまたとない。はじめは冷たく、やがて宗教によって熱を加えられた変換の概念が、十九世紀には経済の領域へ、より正確に言えば財政技術の領域へ方向転換する。一つの信仰体系から別のそれへの変換＝改宗のみならず、一つの通貨から別のそれへの変換＝交換も可能なのである。そして最後に今日ではこの概念はメディア・テクノロジー上の概念として通用している。変換概念の変遷の（例によってさし当たりの）終末から眺めれば、なぜこの概念が哲学にも、しかしまた文化分析にもしばしば軽視されるのかが明らかになる。この概念が徴候として強く示しているのは、メディア技術上の問題や解決術が、背後にある見極めがたい真実を開示すると自負する形而上学、神学、哲学の次元の背後にある本来的な、あるいはまさに非本来的な真実である、ということである。あらゆる歴史はメディアの歴史である。あるいは変換理論の観点から相対化して言えば、本書の出版年（二〇〇一年）から眺めると（また、今後のおよそ三〇年から五〇年の間は）、あらゆる歴史はメディアの歴史として無理なく理解しうる。

このような文化テクノロジー、したがってメディア・テクノロジーにかかわる真理の一つは、文化に意味を供給し、崇拝対象となる流動物が今でもお互いに変換可能だ、ということである。三位一体と全実体変化における変換に魅了されていた大いなる時代には、私たちのために流された血の流れというイメージがあった（熱い信仰告白の名のもとに流された、そして流されている血の流れについては言うまでもない)。キリストの身体、しかしまた教会と世界の身体を一つにまとめる血のイメージは、現代社会を一つにまとめる貨幣の流れへと変換されうる。今日このメタファー(ほんとうに「たんなる」メタファーだろうか?)に取って代わったわけではないが、それを上書きしているのは、地球をおおう広帯域のネットの中を流れるデータや情報である。複雑すぎると皆が口をそろえて言う世界はこの流れによって一つにまとめられている。パンと葡萄酒がメディアとなり、神の摂理《シックザール》が送付《シックング》となり、使命感《ゼンドゥング》がラジオとテレビの放送《ゼンドゥング》となり、幻視《ビジョン》がテレビジョンとなり、宣教《ミスィオーン》がEミッションとなり、うれしい知らせ《フローエ・ボートシャフト》=福音が情報となり、聖体拝領《コムニオーン》がコミュニケーションとなり、破門《エクスコムニカツィオーン》がシステムダウンとなり、遠い神を幻視するコムニオーン/コミュニケーションがワールド・ワイド・ウェブへの接続となる。(7)

これらの流動物の背景に、何かが別のものへと変容されうるという変換の統制的理念がある。すなわち、言葉から存在が、パンと葡萄酒から肉と血が、紙幣から現実の価値が、ソフトウェアから確固たる事実が出現しうるという理念である。このような観念の摩訶不思議な次元がはっきりとしたのは、おそくとも精神分析がその病理学と向き合いながら、同時に変換の概念をわがものとしたときであった。フロイトの目にとまったのは、市場で貨幣交換が活発に行なわれる時代、「ヒステリー的な転換」(8)と呼ぶにふさわしい病理、すなわち病の論理の景気が良いということであった。フロイトがこの言葉で把握していたのは、「心的なものから身体的な神経支配への飛躍」(9)である。ある人が自分の欲求不満をじっとこらえて胃潰瘍になるとか、ある人が血縁者のスキャンダルを認めようとせず、ヒステリー性の失明になるとか、ある人が悲しみを抑圧し、涙を呑み込み、咽頭癌になるとかである。「すでに実に早くから「フロイトは」情動の身体的徴候への転換(変換)を描きだし、堪えがたい想念は、その「刺激の総体が身体的なものへと変換されることによって無害になる(10)」と述べた。

フロイトのテーゼによれば、心的なものから身体的なものへのこのような転換《コンヴェルズィオーン》を元に戻すことができるよう配慮するのがトーキング・キュアである。精神分析が転換と呼ぶものの模範例は、今はもうほとんどお目にかからない。ヒステリーは一九〇〇年頃の病であり、それは拒食症、過食症、あらゆる種類の境界性パーソナリティー障害が今日の病であるのと同様である。これもまた、私たちが貨幣社会から情報・メディア社会へと変換するプロセスの同時代人であることと関連しているのだろうか？ ビットをアトムへと変換しはじめた発展したメディア社会においても、またそのような社会についても、もっともらしい物語を語ることはまだ可能である。もっともそれは、ハリー・ムリシュによる古いオイディプス神話のメディア史へのスリリングな変換のように、反転された物語でなければならない。

「［オイディナーゼには］そこの山腹の茂みのなかに恐ろしい怪物が見える。光を発し、明るい灰色で、小さなうなり声をあげている。コンピュトールだ！ 何百年も前からこの怪物は、通り抜けようとする旅人が来る度に答えを与える。そしてこの答えに対する問いを知らない者はすぐに殲滅されるのである。すでにその犠牲となった王子や若者は数知れずいる。／その答えとは「人間とは何か？」である。／すると大抵の人が「それは答えではない、問いだ」と言った。／彼らは即座に電流の一撃で処刑された。博識ゆえに二つの物事を混同した人々もいた。彼らは「朝は四つ足、昼は二つ足、晩は三つ足で歩くのは何か？」と言った。だがこの問いに対する答えは「人間」であり、「人間とは何か？」ではなかった。／彼らも即座に殺された。／さてオイディナーゼがコンピュトールへ近寄り、それが「人間とは何か？」という言葉を述べたとき、彼は沈思黙考した。彼は二日の間、昼も夜も考えた。そして暖かく、鳥がさえずる三日目の朝コンピュトールの前に立ち、「人間とは何か？」と大きな声で言った。／オイディナーゼがこう言うとすぐにコンピュトールは震え、ピーピーと惨めな音をたてはじめ、電子管がはじけ、トランジスタが爆発し、ヒューズが飛び、炎が吹き出した。そしてコンピュトールは青い煙と火花の雨につつまれ、ゆっくりと茂みのなかに崩れ落ち、後には屑鉄置き場向けのスクラップの山しか残らなかった。／なぜなら、オイディナーゼは理解したのである。「人間とは何か？」という問いが答えになるような問いとは、まさにそれと同一の問いであり、したがって「人間とは何か？」であるに違いないということを。なぜなら人間とは答えではなく、一つの問いだからである[11]」。

メディアは答えを与える。他の誰に、または他の何にそれができると言うのか。だが、メディアは自分がどの問いに対して答えを与えているかを忘却していないとも限らない。与える者は奪うのである。

訳者あとがき

本書は実に壮大なスケールでメディアの歴史を描き出している。ヘーリッシュが語るメディア史は、世界史のはじまりや人類史のはじまりよりもずっとずっと以前、それどころか生物の発生以前へとさかのぼり、ビッグバンに始まる。ヘーリッシュの視座から見ると、カオスからコスモス（宇宙）が生まれ、ノイズから意味が生じた宇宙の開闢《かいびゃく》において、すでにメディア史は始まっていたのである。そして本書は、宇宙の起源から二十一世紀のデジタル文化（コンピュータとインターネット）に至るまでをメディアの歴史として扱う。ヘーリッシュが「メディア以前は存在せず、そしておそらくメディアの彼方も存在しない」（二二六頁）と述べるとき、それはビッグバンから現在まで、メディアとの関係を免れた物事は何一つ存在しない、という意味である。たとえば本書では、超越的存在としての神をめぐる神学ですら、あるいはまさにそのような神学こそ、天使や福音や書簡や聖書やそれらについての注釈など、さまざまなメディアを動員していることが繰り返し取りあげられている。日本でメディア論といえば、多くの場合ジャーナリズム論やマスメディア論や大衆文化論であるが、ヘーリッシュを含めたドイツのメディア論は、そうではない。それはより広くかつ根源的に、情報伝達、記憶、認識、知覚、解釈、美的表現、信仰等々を媒介する技術全般を対象とする。つまり、そのような意味でのメディアに先立つ事象や実在は存在せず、それを超越した事象や実在もまた存在しない。この観点からすると、メディア史とは存在史そのものである。フライブルク大学出身のドイツ・メディア理論の大御所で、本書でも幾度も引用されているフリードリヒ・キットラーはすでに早くから、存在論の提唱者であるマルティン・ハイデッガーに依拠しつつ、メディア史を存在史としてとらえていた。本書の基本構想は、それに連なるものである。

一九八〇年代から急速に発展し、今日では世界の最高水準に発展したと言って決して過言ではないドイツのメディア論は――本書でも何箇所かではっきりと表明されているように――戦後のドイツ思想界を席巻したフランクフルト学派とその批判理論に真正面から対立し、フランスのポスト構造主義に接続するオルタナティヴな思想的運動として展開した。その成果は、すでに名前を挙げたフリードリヒ・キットラーの『グラモフォン・フィルム・タイプライター』(筑摩書房)および『ドラキュラの遺言――ソフトウェアなど存在しない』(産業図書)、マンフレート・シュナイダーの『時空のゲヴァルト――宗教改革からプロスポーツまでをメディアから読む』(三元社)、ノルベルト・ボルツの『グーテンベルク銀河系の終焉――新しいコミュニケーションのすがた』(法政大学出版局)および『仮象小史――古代からコンピューター時代まで』(法政大学出版局)等の著作が邦訳されたことにより、日本でも徐々に紹介されてきている。近年では、岩波『思想』(二〇一六年第三号)で組まれた「文化のテクノロジー――ドイツ人文科学の現在」の特集も、その流れに連なるものである。さらに少し文脈を広げて眺めれば、ニクラス・ルーマンの『マスメディアのリアリティ』(木鐸社)やペーター・スローターダイクの『「人間園」の規則――ハイデッガーの『ヒューマニズム書簡』に対する返書』(御茶の水書房)の邦訳もまた、広い意味で日本でのドイツ・メディア論の受容の一角をなすと見なせるであろう。

本書の著者ヨッヘン・ヘーリッシュは、右に名前を挙げた論客たちとともに、ドイツのメディア論の立ち上げにかかわり、その運動をリードしてきた思想上のパイオニアの一人である。にもかかわらず、どのようなめぐりあわせか、これまで彼の著作の邦訳は存在していなかった。論文レヴェルでの邦訳は、ヘーリッシュが独訳したジャック・デリダ『声と現象』への序文である「記号の存在と存在の記号――デリダの存在記号論とゲーテの最良の書への傍注」(仲正昌樹訳)など数点がすでに出ている(ついでに述べておくと、デリダは『法の力』の注の一つでヘーリッシュのベンヤミン論を称賛している)。けれども、単行本のかたちでヘーリッシュの仕事が紹介されたことはなかった。このたびようやく本書によって、日本の読者にヘーリッシュの仕事を紹介できることは訳者にとって望外の喜びである。

ヘーリッシュは一九五一年に生まれ、デュッセルドルフ、パリ、ハイデルベルクの大学でドイツ文学、哲学、歴史などを学んだ。異例ともいえる早さで順調にアカデミーの階層を駆け上がり、一九七六年に初期ロマン派の詩学の研究で博士号を取得し、一九八三年に出版された『神、貨幣、幸福――ゲーテ、ケラー、トーマス・マンの教養小説における愛の論理について』で教授資格を得た。本書を通読した読者であれば、このドイツ文学の教授資格申請論文が、本書の内容に少なからずかかわるものであることを、その表題からも、その副題からも、見てとることができるだろう。ヘーリッシュは一九八八年以来、現在までマンハイム大学哲学部の教授として近現代ドイツ文学とメディア論を教える一方で、単著だけで二〇冊を超える書物を上梓している。メディア論に関わる主要著作は『パンと葡萄酒――聖餐式の詩』(一九九二年)、『裏か表か――貨幣の詩』(一九九八年)、『表象の終焉――メディアの詩』(一九九九年)からなる三部作であるといえよう。これらの各巻のタイトルが、ヘーリッシュに特徴的なメディア史観を表現している。ヘーリッシュはつまり、(ヨーロッパの)世界を最も内奥において結びつける主要メディアが、中世カトリックの聖餐式から近代の貨幣へと移行し、それがやがて現代の電子工学メディアへと移行したととらえるのである。本書の「第二の中断　メディアの背後のメディア——ホスチア、貨幣、CD－ROM」の章で、まさにそのような三段階からなるメディア史の構想が披露されている。

ヘーリッシュの先達にあたるキットラーはすでに、あまりにも美しい三段階のメディア史を語った。文学があらゆる感性的データの流れを占有的に処理した時代である一八〇〇年前後、「グラモフォン・フィルム・タイプライター」へとメディアが分出し、アナログの視聴覚データと言語データが技術上、別々に処理されるようになる一九〇〇年前後、コンピュータがあらゆるデータの流れを再び統合する二〇〇〇年前後からなる三段階である。このような理論のデザインには、ヘーゲルの定立、反定立、総合、あるいは即自、対自、即かつ対自の三段階からなる弁証法的目的論がメディア史の記述に転用された感すらある。ヘーリッシュは、本書の読者が知るように、キットラーの業績へ敬意を表明し、それを積極的に応用しつつも、先人とはまったく異なる三段階のメディア史を提示することに成功した。それが、「ホスチア、貨幣、CD－ROM」という三つの円盤に象徴される聖餐式、貨幣、技術メディアという「存在－記号論的《オント－ゼミオローギッシュ》」(二一七頁)な主要メディアの変遷の歴史である。これらが存在記号論的であるのは、存在と意味を互いに関係づけるという離れ業をなしとげるからである。それによってこれらは主要メディア、すなわち、世界を最も内奥において結びつける求心力をもったメディア、言いかえれば拘束力が強く、同時代に生きている以上は避けることが難しいメディアとなる。そのような主要メディアの歴史的変遷に着目することによって、ヘーリッシュはキットラーとは異なるもう一つのかたちで、存在史としてのメディア史を描くことができたのである。

ヘーリッシュは三という数字への愛着を示してはばかるところがない。本書では、上述の存在記号論的メディアの三段階の他にも、一次メディア、二次メディア、三次メディアの区別、あるいは記憶保存メディア、伝達メディア、データ処理メディアの区別が導入されている。本書の序文で、ヘーゲルの『美学講義』からの引用によって導入され、それ以降のメディア史記述の理論的骨子の一つとなっている意味《ズィン》と感覚《ズィンネ》の区別もまた、三にかかわっている。ドイツ語で「意味」を表すSinnという言葉が、複数形のSinneとなると「感覚」を表す。二〇〇一年に上梓された原書初版のタイトルでもあった「意味《ズィン》と感覚《ズィンネ》」の二元論的区別は、文字あるいは印刷メディアにおける意味《ズィン》優位の時代から、十九世紀後半以降の視聴覚メディアや遠隔通信メディアにおける感覚《ズィンネ》優位の時代を経て、総合的なコンピュータにおける意味《ズィン》と感覚《ズィンネ》の複合的な組み合わせの時代へ、という三段階からメディア史をとらえるために役立てられているのである。ドイツ語で「精神」を意味するGeistという言葉は、複数形のGeisterとなると「幽霊」を意味することに着目した『マルクスの亡霊』のデリダが、ヘーゲル的な歴史の目的論を執拗に解体しようとするのに対して、ヘーリッシュにしてもキットラーにしても、ドイツのメディア論はヘーゲルの体系に対して比較的無批判であるようにも見える（ついでに言えば、ドイツのメディア論とかかわりの深いニクラス・ルーマンのシステム理論も同様である）。もっともヘーリッシュの場合、目的論的な図式は、ヘーゲルのそれのように、歴史哲学として提示されているのではない。むしろ、見通しがたいメディア史になんとかとりあえずの見通しをつけ、メディア史にかかわる膨大な事象を、整合性をもって記述するために発見的な見地から提案されているととらえるべきであろう。というのもヘーリッシュは、存在記号論的メディアの三段階にしても、意味《ズィン》と感覚《ズィンネ》の三段階にしても、複雑なメディア史をただ一つの目的論的な図式に還元して把握しようとしているのではなく、複数の図式を柔軟に使い分けているからである。われわれはヘーリッシュが提示する図式を出発点として、そこからより深く、より複雑にメディアの歴史を観察してゆけばよいのだろう。

メディア論の始祖と見なされているマーシャル・マクルーハンの有名な『メディア論——人間の拡張の諸相』（一九六四年）は、いわずとしれた名著であり、ヘーリッシュもマクルーハンの所見を繰り返し参照している。だが、数多くのメディアを個別的、範例的に取りあげている『メディア論』には、メディア史的観点は存在しているとしても、それを時系列にそって体系的に叙述しようという意識が見られない。それに対して本書は、メディア史の概観的叙述としての高い価値がある。加えて、人名索引と事項索引を備えていることから、メディア史の基本的なデータを収録したハンドブックとしても利用価値があろう。それにもかかわらず、本書は決してたんなる無味乾燥な歴史的データの羅列ではない。ヘーリッシュは、ユーモアとイロニーに満ちた軽妙な語り口で実に生き生きとメディア史を語り、興味深いエピソードと印象に残る引用を多数織りこむことにより、本書を上質な読み物に仕上げているのである。ヘーリッシュの軽妙洒脱な筆致は、キットラーの先鋭で、パトスを内に秘めた筆致とは好対照をなしていると言ってよいだろう。本書にはさらに、メディア理論の入門書としての意義がある。ヘーリッシュはビッグバンからコンピュータ／インターネットまでの歴史を叙述する一方で、序言、三つの「中断」、結語にあたる「とりあえずの終章」で理論的なまとめを試みている。それによって、歴史的な実例と理論的な考察とが交差する構造となり、具体性と抽象性のバランスの良い共存が実現している。これほど水準の高いメディア史の叙述は、日本語で読めるものでは、これまで存在していなかったと主張したら、訳者の贔屓目が過ぎるだろうか。

ヘーゲルやハイデッガーは、ヘーリッシュに理論を提供しているばかりではない。文体の上でも、これらの哲学者に特徴的な、ドイツ語の語義や語源を活かした概念作りが本書には随所に見うけられる。ヘーゲルに由来する意味《ズィン》と感覚《ズィンネ》の図式はもちろんだが、最後の章で論じられている変換＝交換＝改宗《コンヴェルズィオーネン》の概念をその典型的な例としてあげておこう。そのような、ドイツ語の特徴が活かされた概念を訳す場合、原則的に、ルビを振ることで対応した。括弧に入れて原語を記すことも考えたが、煩雑になるし、何よりも翻訳の意義に反する気がしたのでやめにした。ドイツ語の語義を重んじるヘーリッシュの文章には、翻訳困難な言葉遊び（ときには駄洒落と思われるもの）が頻出し、訳者は苦労させられた。しかしこのような言語遊戯もまた、ヘーリッシュの文体の主調をなす要素なので、可能な限り訳出しようと試みたつもりである。その他、訳出にあたっては全般に、読み物や入門書としての本書の性格を考慮し、逐語的な忠実さを捨てて、読みやすい訳文を作ることを心がけた。訳注を最小限の量に抑えたのも、やはり読みやすさを顧慮してのことである。それこそネット社会で手軽に調べ物ができるようになった。本書をきっかけに興味をもった人物や事項を、読者諸賢みずから調べていただけたら幸いである。引用について言えば、ヘーリッシュが引用している文献のうち既訳が存在するものは、読者の便宜を考えて、極力、既訳を使用させていただいた。その結果、とくに固有名に関して、引用中と地の文で表記にブレが生じている箇所がある。しかし既訳のなかで、訳語の選択などの理由から、ヘーリッシュによる地の文とのつながりが悪いものなどは、あえて一部訳文に変更を加えたり、既訳を参考にしつつ原文から訳し直したりした。立論の根幹にかかわらない細かい部分で、著者のミスや勘違いであると訳者が判断した箇所は、いちいち訳注を入れずに訂正させてもらった。

翻訳の作業は次のようなプロセスで進めた。序言から第三章まで、および「第一の中断」「第二の中断」「第三の中断」「さまざまな断絶」の下訳を川島建太郎が担当、第四章から第六章までの下訳を林志津江が担当、第七章から第一二章までの下訳を津﨑正行が担当し、できあがった下訳を三人でお互いに点検しあい、会合とメールで協議を重ね、加筆修正しあった。したがって、下訳の分担はしたものの、本書は文字どおりの共同訳であり、本書の全体に対して三人はともに等しい責任をもつ。訳者あとがきは川島が執筆、巻末の文献表は津﨑が作成した。津﨑は索引と注の統一も担当した。

最後になったが、本書の刊行にあたっては、法政大学出版局の編集者の郷間雅俊さんに企画の段階から最後まで丁寧にサポートしていただいた。ここに記して篤くお礼を申し上げる。

二〇一七年一月

訳者を代表して

川島建太郎

著　者

ヨッヘン・ヘーリッシュ（Jochen Hörisch）

1951年，北ドイツのバート・オルデスローに生まれる。デュッセルドルフ，パリ，ハイデルベルクの大学でドイツ文学，哲学，歴史などを学ぶ。『神，貨幣，幸福——ゲーテ，ケラー，トーマス・マンの教養小説における愛の論理について』（1983年）で教授資格を得る。その後，フリードリヒ・キットラーやノルベルト・ボルツらとともにドイツ・メディア論の立ち上げにかかわる。1988年以来，現在までマンハイム大学哲学部の教授として近現代ドイツ文学とメディア分析を教える。メディア論に関わる著作には『パンと葡萄酒——聖餐式の詩』（1992年），『裏か表か——貨幣の詩』（1998年），『表象の終焉——メディアの詩』（1999年）の三部作などがある。

訳　者

川島建太郎（かわしま・けんたろう）

1972年生まれ。慶應義塾大学大学院文学研究科後期博士課程単位取得退学。ボーフム・ルーア大学にて博士号取得。明治学院大学教養教育センター専任講師を経て，現職は慶應義塾大学文学部教授。専門は近現代ドイツ文学，メディア論。著書に『メディア論——現代ドイツにおける知のパラダイム・シフト』（共著，御茶の水書房），『「明るい部屋」の秘密——ロラン・バルトと写真の彼方へ』（共著，青弓社）ほか。

津﨑正行（つざき・まさゆき）

1973年生まれ。慶應義塾大学大学院文学研究科後期博士課程単位取得退学。慶應義塾大学，東京理科大学非常勤講師。専門は近代ドイツ演劇。論文に「ゲーアハルト・ハウプトマンの『ハムレット』改作について」，「ベルトルト・ブレヒトとハイナー・ミュラーの『ファッツァー』断片について」，翻訳にベルトルト・ブレヒト『ファッツァー』，エルフリーデ・イェリネク『スポーツ劇』など。

林志津江（はやし・しづえ）

1972年生まれ。立教大学大学院文学研究科ドイツ文学専攻博士後期課程単位取得退学，博士（文学）。法政大学国際文化学部教授。専門はドイツ語圏文学，文化理論，表象文化論。著書に『ドイツ文化55のキーワード』（共著，ミネルヴァ書房），論文に「抵抗あるいは不均質なドイツ語——ツェランのマドリード，ウィーン，そしてパリ」（『日独文化論考——高橋輝暁先生定年退職記念文集』所収）など。

《叢書・ウニベルシタス　1051》

メディアの歴史
ビッグバンからインターネットまで

2017年2月 6日　初版第1刷発行
2022年3月25日　　第2刷発行

ヨッヘン・ヘーリッシュ
川島建太郎／津﨑正行／林志津江 訳
発行所　一般財団法人　法政大学出版局
〒102-0071 東京都千代田区富士見 2-17-1
電話 03(5214)5540 振替 00160-6-95814
組版：HUP　印刷：日経印刷　製本：誠製本

Printed in Japan

ISBN978-4-588-01051-4

人名索引

ア 行

アイスキュロス　Aischylos　114, 207, 209
アイヒ　Günther Eich　368
アイヒェンドルフ　Joseph Freiherr von Eichendorff　329
アイヒンガー　Ilse Aichinger　368
アウグスティヌス　Augustinus　49, 170, 172
アウレリアヌス　Aurelian　119
アシュールバニパル　Assurbanipal　118
アスマン　Aleida Assmann　103
アスマン　Jan Assmann　103
アドルノ　Theodor W. Adorno　368, 383
アドルフ二世ナッサウ伯　Adolf von Nassau　146
アマン　Jost Amman　127, 135–37
アラゴ　François Arago　245, 248, 261
アリストテレス　Aristoteles　5, 24–27, 442
アルデンヌ　Manfred von Ardenne　375
アルブレヒト七世　Albrecht VII.　214
アルベルティ　Leone Battista Alberti　257
アルンハイム　Rudolf Arnheim　349, 372
アレン　Woody Allen　350
アンダース　Günther Anders　60, 205, 383–84
アンデルシュ　Alfred Andersch　368
アンハルト＝デッサウ　Friederike von Anhalt-Dessau　245
アンリ四世　Heinrich IV.　438–39
イエス　Jesus Christus　50, 83, 90, 172, 229, 233, 341, 441
イーストマン　George Eastman　265, 311, 320
イブン・アル・ハイサム　Ibn Al Haitham　254
イングリッシュ　William K. English　405
ヴァイス　Peter Weiss　322, 381
ヴァーグナー　Richard Wagner　23–24, 136, 168, 273, 281
ヴァーリチュ　Herwig Walitsch　4
ウィグナー　Eugene Wigner　339
ヴィトゲンシュタイン　Ludwig Wittgenstein　283–84, 286
ヴィリリオ　Paul Virilio　205, 300, 332
ヴィルヘルム二世　Wilhelm II.　266
ヴェーナー　Herbert Wehner　366
ヴェーバー　Max Weber　157
ヴェーバー　Walter Weber　282
ウェルギリウス　Vergil　148, 250
ウェルズ　Herbert G. Wells　(32)
ウェルズ　Orson Welles　364
ヴェルレーヌ　Paul Verlaine　275
ヴェンター　Craig Venter　426
ヴェンツェル　Horst Wenzel　(28)
ウォズニアック　Stephen Wozniak　405
ウォーバートン　William Warburton　91–93
ウォラストン　William Hyde Wollastone　254
ヴォルテール　Voltaire　232
ヴォルフ　Friedrich August Wolf　104
ヴォルフラム・フォン・エッシェンバッハ　Wolfram von Eschenbach　138
ウルブリヒト　Walter Ulbricht　366
ウールリッチ　John Stephen Woolrich　291

エイケン　Howard Hathaway Aiken　404
エーヴェルス　Hanns Heinz Ewers　316
エウリピデス　Euripides　101
エジソン　Thomas Alva Edison　274–78, 287, 291–92, 311, 341
エッカーマン　Johann Peter Eckermann　120
エーバーハルト　Fritz Eberhard　367
エマーソン　Peter Henry Emerson　246, 263
エリザベス二世　Elisabeth II.　363
エーレルト　Max Ehlert　334
エンゲル　Joseph Benedict Engl　318
エンゲルス　Friedrich Engels　362
エンゲルズィング　Engelsing, Rolf　(29)
エンゲルバート　Douglas M. Engelbart　405
エンツェンスベルガー　Hans Magnus Enzensberger　350, 372, 400
エンデ　Michael Ende　170
オウィディウス　Ovid　62–63
オング　Walter J. Ong　90, 154

カ 行

カイリュー　Robert Caillou　410
カエサル　Gaius Julius Cäsar　139
カシュニッツ　Marie Luise Kaschnitz　368
カスパロフ　Gary Kasparow　423, 425
ガーダマー　Hans-Georg Gadamer　29, 368
カーツワイル　Ray Kurzweil　424–25
カフカ　Franz Kafka　20, 220, 222, 402, 418
カリマコス（キュレネーの）　Kallimachos von Kyrene　119
ガリレイ　Galileo Galilei　117
ガルヴァーニ　Luigi Galvani　288, 305
カルヴァン　Johann Calvin　52–53, 438
カールス　Carl Gustav Carus　245
カルーソー　Enrico Caruso　280–81
カルバハル　Juan de Cavajal　131
ガルボ　Greta Garbo　324
カロルス　Johann Carolus　189, 204
カンター　Manfred Kanter　101
カント　Immanuel Kant　5–6, 50, 102, 190, 243, 258, 262, 267, 304
カンパー　Dietmar Kamper　341
カンパネラ　Tommaso Campanella　117
カンペ　Joachim Heinrich Campe　162–63
キケロ　Cicero　39–41, 147, 173
キーツ　John Keats　(32)
キットラー　Friedrich Kittler　12, 148, 177, 219, 332, 334–35
キップリング　Rudyard Kipling　(32)
ギブスン　William Gibson　427
キャロル　Lewis Carroll　244, 313
キューブリック　Stanley Kubrick　(26)
ギューリケ　Otto von Guericke　290
キルケゴール　Søren Kierkegaard　67, 191, 371
キルヒャー　Athanasius Kircher　60, 254–57
キンスキー　Klaus Kinski　288
グアッツォ　Stefano Guazzo　156
クインティリアヌス　Quintilian　39–40
クザーヌス　Nikolaus von Kues　147
クック　William F. Cooke　302
グーテンベルク　Johannes Gutenberg　2, 7, 50, 55, 69–70, 74, 120, 129, 131–34, 136, 140–46, 149–50, 156, 159–61, 163, 167, 179–80, 183, 186, 188, 195–96, 212, 222, 239, 243–44, 248, 256–57, 323–24, 327–29, 337, 350, 374, 386, 420, 422
クライスト　Heinrich von Kleist　297–99, 337
クラウス　Karl Kraus　67, 191, 371
クラカウアー　Siegfried Kracauer　324, 327
グラッベ　Christian Dietrich Grabbe　300–01
グリーナウェイ　Peter Greenaway　328

グリフィス　David Wark Griffith　320
クリントン　Bill Clinton　426
クールベ　Gustave Courbet　263–64
グレイ　Elisha Gray　289–91
グレゴリウス一三世　Gregor XIII.　139
クレール　Jean Claire　361
クーレンカンプ　Hans-Joachim Kulenkampff　381, 383
クロ　Charles Cros　275
クロフト　Michael Kloft　(35)
ゲイツ　Bill Gates　292, 403, 406
ゲッシェン　Georg Joachim Göschen　161–62
ゲッツ　Rainald Goetz　(28)
ゲッテルト　Karl-Heinz Göttert　4
ゲッベルス　Joseph Goebbels　321, 333–35, 348, 360–61, 365, 375
ゲーテ　Johann Wolfgang von Goethe　27–29, 37, 55–57, 68, 85, 117, 120, 136, 151, 159, 161–63, 176–77, 186–88, 195, 201, 206, 215, 219, 224–26, 231, 290, 295, 317, 339, 379, 417, 421
ケーニヒ　Friedrich Koenig　160
ケーニヒ　Wolfgang König　4
ケネディー　John F. Kennedy　196–97, 199
ケプラー　Johannes Kepler　399
ケベード　Francisco de Quevedo　156
ケラー　Gottfried Keller　85, 87, 216–17, 219–20, 226, 243, 429
ゲーリング　Hermann Göring　321
ゲルヴィーヌス　Georg Gottfried Gervinus　244
ゲルトゥス　Arnold Gelthus　146
ゲルンハルト　Robert Gernhardt　180, 183
ゲンスフライシュ　Friele Gensfleisch　141
ケンペン　Thomas von Kempen　176
孔子　Konfuzuis　50
コーグラー　Karl Kogler　4
コスター　Laurenz Janzsoon Coster　141
ゴダール　Jean-Luc Godard　362
コッホ　Roland Koch　101
ゴードン　Lewis Gordon　306
ゴーモン　Léo Gaumont　319
コール　Helmut Kohl　101, 352, 365
ゴールドマーク　Peter Goldmark　278
コンスタンティヌス一世　Konstantin I.　138
ゴンブリッチ　Ernst Gombrich　44

サ 行

蔡倫　T'sai Lun　128
ザイン＝ヴィトゲンシュタイン　Casimir zu Sayn-Wittgenstein　101
サヴァール　Felix Savart　261
サザーランド　Ivan Sutherland　405
ザックス　Hans Sachs　126–27, 135–37, 168
ザーリッヒ　Christian August Salig　174
サール　John Searle　425
ザルツバーガー　Cyrus L. Sulzberger　196–98
サルトル　Jean-Paul Sartre　172, 373
サレス　Walter Salles　223
サンソン　Henri Sanson　34
シェイクスピア　William Shakespeare　68, 188
ジェイムズ　Henry James　184
ジェインズ　Julian Jaynes　103, 105–06
シェルビウス　Arthur Scherbius　397
シェーン　Erich Schön　(29)
シッカート　Wilhelm Schickard　399
ジーメンス　Werner von Siemens　217, 291, 293, 301–03, 305–06, 332, 357
ジーメンス　Wilhelm Siemens　306
シモニデス（ケオスの）　Simonides von Keos　40, 42
シャイデマン　Philipp Scheidemann　348
シャップ　Claude Chappe　299–301
シャノン　Claude Shannon　403

シャボウスキー　Günter Schabowski 336, 392
ジャン・パウル　Jean Paul　173
ジャンサン　Jules Janssen　312
ジャンヌ・ダルク　Jeanne d'Arc　192
シャンポリオン　Jean-François Champollion　93
シューベルト　Franz Schubert　213
シュティーグラー　Bernd Stiegler　(32)
シュティフター　Adalbert Stifter　244
シュテファン　Heinrich von Stephan　293
シュトックハウゼン　Karlheinz Stockhausen　285
シュナイダー　Florian Schneider　286
シュナイダー　Manfred Schneider　(27)
シュニッツラー　Arthur Schnitzler　39
シュパイアー　Johann von Speyer　147
シュマント＝ベッセラ　Denise Schmandt-Besserat　93–94
シュミット　Helmut Schmidt　384
シュミット　Carl Schmitt　360
シュメルダース　Claudia Schmölders　360
シュルテ　Eduard Schulte　305
シュレーゲル　Dorothea Schlegel　178
シュレーゲル　Friedrich Schlegel　178–79, 194, 431
ショー　George Bernard Shaw　99, 244
ジョージ六世　Georg VI.　376
ジョブズ　Steven P. Jobs　405–06
ショーペンハウアー　Arthur Shopenhauer 67, 191, 371
シラー　Friedrich von Schiller　160, 239–40, 304
シング　John M. Synge　244
ジンメル　Georg Simmel　69, 233
スクラダノフスキー　Emil Skladanowsky 311
スクラダノフスキー　Max Skladanowsky 311
スコット・ド・マルタンヴィル　Edouard Léon Scott de Martinville　274
スターリン　Joseph Stalin　362
スタンフォード　Leland Stanford　240
ストリンドベリ　August Strindberg　244
ストロジャー　Almon B. Strowger　295
スーラ　Georges Seurat　374
スローターダイク　Peter Sloterdijk　173, 368, 390
スワン　Joseph Wilson Swan　276
ゼーデルベリ　Hjalmar Söderberg　325
ゼーネフェルダー　Alois Senefelder　160
ゼメリング　Samuel Thomas Sömmering 299
ソクラテス　Sokrates　90, 110, 112, 441
ソフォクレス　Sophokles　113
ゾラ　Emile Zola　195, 244

タ 行

ダイアナ妃　Diana Spencer　362
タクシス　Franz von Taxis　214
ダゲール　Louis Jacques Mandé Daguerre 245–46, 248–49, 252–53, 258–60, 264–65, 274, 289, 311, 313
ダティーニ　Francesco Datini　210
ダティーニ　Margherita Datini　210
タルボット　William Henry Fox Talbot 245, 248–51, 253–54
ダンテ　Dante Alighieri　68, 163, 165
ダーントン　Robert Darnton　178
チェーホフ　Anton Tschechow　244
チャーチル　Winston Leonard Churchill 365
チャップリン　Charles Chaplin　284, 317, 320, 357
チューリング　Alan M. Turing　395–96, 401, 403
チュルン　Unica Zürn　164
ツヴァイク　Arnold Zweig　358
ツェラン　Paul Celan　321, 381
ツーゼ　Kanrad Zuse　403
ディートリヒ　Marlene Dietrich　324
ディケンズ　Charles Dickens　233, 302

ディズニー　Walt Disney　274, 282
テーヴェライト　Klaus Theweleit　220
テオドシウス　Theodosius　210
デカルト　René Descartes　302, 341
デフォー　Daniel Defoe　188
テプフェール　Rodolphe Toepffer　258
デメトリオス（ファレロンの）　Demetrios von Phaleron　119
デュッフェル　John von Düffel　(28)
デュマ　Alexandre Dumas　338
デューラー　Albrecht Dürer　241–42
デュレンマット　Friedrich Dürrenmatt　368
デリダ　Jacques Derrida　20, 38, 169, 359, 451, 453
デリッチュ　Friedrich Delitzsch　93
ド・ゴール　Charles de Gaulles　365
ド・フォレスト　Lee De Forest　355
ドイル　Arthur Conan Doyle　244
トウェイン　Mark Twain　219
トゥリーニ　Peter Turrini　287
ドナトゥス　Donatus　142
トーバルズ　Linus Torvalds　407–08
トマージウス　Christian Thomasius　176
トライヒェル　Hans-Ulrich Treichel　387–88
ドライフォース　Orvil Dryfoos　197
トリテミウス　Johannes Trithemius　150
トリュフォー　François Truffaut　327, 412
トルストイ　Leo Tolstoi　171
ドレフュス　Alfred Dreyfus　192, 195–96

ナ 行

ナダール　Gaspard Félix Nadar　259
ナネン　Henri Nannen　334
ナポレオン　Napoleon Bonaparte　92–93, 179, 299–301
ニエプス　Nicéphore Nièpce　248, 253
ニキシュ　Arthur Nikisch　281
ニクソン　Richard Nixon　42
ニーチェ　Friedrich Nietzsche　60, 148, 168, 203, 216
ニプコウ　Paul Nipkow　374–75
ネグロポンテ　Nicholas Negroponte　428, 443
ネハマス　Alexander Nehamas　114
ノイマン　John von Neumann　339, 404
ノヴァーリス　Novalis　31
ノレ　Jean-Antoine Nollet　290

ハ 行

ハイゼ　Paul Heyse　243
ハイデッガー　Gotthard Heidegger　186
ハイデッガー　Martin Heidegger　25, 32, 61, 169, 284, 360
パウサニアス　Pausanias　36
ハウプトマン　Gerhart Hauptmann　244, 302
パウロ　Paulus　50, 341, 434, 441–42
パウンド　Ezra Pound　170
ハガード　Jeff Haggard　366
ハクスリー　Aldous Huxley　427
ハーゲルシュタンゲ　Rudolf Hagelstange　334
ハーゼ　August Haase　174
ハダモフスキー　Eugen Hadamovsky　359
バッティスタ　Giovanni Battista　254
バッハマン　Ingeborg Bachmann　368
パテ　Charles Pathé　315–16
バトラー　Samuel Butler　244
バーナーズ＝リー　Tim Berners-Lee　410
ハバート　Gardiner Greene Hubbard　289
ハーバーマス　Jürgen Habermas　29, 412
バベッジ　Charles Babbage　400–02
バラウド　Francis James Barraud　278–79
バラシュ　Moshe Barasch　51
バルザック　Honoré de Balzac　184, 259, 266
ハルスケ　Johann Georg Halske　302
バルト　Ambrosius Bart　338

バルドー　Brigitte Bardot　17
ハントケ　Peter Handke　281
ハンフリー　Nicholas Humphrey　44
ピウス一二世　Pius XII.　341
ピウス二世　Pius II.　133
ビオ　Jean Baptiste Biot　261
ビオウ　Hermann Biow　247
ピサロ　Camille Pissaro　374
ビック　Marcel Bich　203
ヒック　Ulrike Hick　4
ヒッチコック　Alfred Hitchcock　317
ヒットルフ　Johann Wilhelm Hittdorf　266
ヒトラー　Adolf Hitler　199, 284, 328, 348, 353, 357–58, 360–62, 375
ビートルズ　The Beatles　331, 336
ピノチェト　Augusto Pinochet　328
ヒーブラー　Heinz Hiebler　4
ヒーベル　Hans H. Hiebel　4
ビューヒナー　Georg Büchner　21
ピューピン　Michael I. Pupin　292
ヒュッター　Ralf Hütter　286
ビーロー　Georg Biró　202
ビーロー　Laszlo Biró　202
ピンチョン　Thomas Pynchon　19, (28)
ファオルシュティヒ　Werner Faulstich　4
フーアマン　August Fuhrmann　314
ファラデー　Michael Faraday　291
ファング　Irving Fang　4
プイエ　Claude Servais Mathias Pouillet　261
フィッツジェラルド　Penelope Fitzgerald　364–65
フィヒテ　Johann Gottlieb Fichte　104, 153, 155
フォークト　Hans Vogt　318
フォークナー　William Faulkner　24
フォックス　William Fox　318
フォンターネ　Theodor Fontane　184, 255, 306, 332
フーゲンベルク　Alfred Hugenberg　192, 323
フーコー　Michel Foucault　161, 165
フスト　Johann Fust　146
フッサール　Edmund Husserl　108
ブッシュ　Wilhelm Busch　313
仏陀　Buddha　233
プトレマイオス一世　Ptolemäus I.　119
プトレマイオス五世エピファネス　Ptolemaios V. Epiphanes　93
プフィスター　Albrecht Pfister　148
プフロイマー　Fritz Pfleumer　282
フライターク　Gustav Freytag　338
ブライティンガー　Johann Jakob Breitinger　186
ブラヴァツキー　Helene Ptrowna Blavatsky　267
ブラウン　Ferdinand Braun　355
ブラウン　Wernher von Braun　375
ブラウンミュール　Hans Joachim von Braunmühl　282
ブラッドベリ　Ray Douglas Bradbury　412
プラトン　Platon　5, 35, 47, 60, 89–90, 105, 110, 112–16, 118, 149, 155, 186, 243, 324, 359, 371, 374, 441, (26), (27)
フラマリオン　Camille Flammarion　268
フランコ　Francisco Franco　328, 362
ブランデス　Johann Just Brandes　174
ブラント　Sebastian Brant　148
ブランリー　Edouard Branley　355
フリードマン　Thomas Friedman　391
フリードリヒ・ヴィルヘルム四世　Friedrich Wilhelm IV.　245
フリードリヒ二世　Friedrich II.　193
フリードリヒ三世（神聖ローマ皇帝）　Friedrich III.　131
フリードリヒ三世（ドイツ皇帝）　Friedrich III.　332
プリニウス　Plinius　148
プルースト　Marcel Proust　255

フルッサー　Vilém Flusser　84
ブレア　Tony Blair　426
ブレジネフ　Leonid Iljitsch Breschnew　328
ブレドウ　Hans Bredow　334–35, 347–48, 352
ブレヒト　Bertolt Brecht　17, 234, 262, 349–50
プロイスカー　Karl Benjamin Preusker　163
フロイト　Sigmund Freud　446–47
プロス　Harry Pross　73, 198
ブロック　Bazon Brock　17
フローベール　Gustave Flaubert　373
フンボルト　Alexander von Humboldt　245–47, 264
ベクレル　Antoine Henri Becquerel　261, 266
ヘーゲル　Georg Friedrich Wilhelm Hegel　5–6, 102–03, 169, 254, 382–83, 430–31
ベーコン　Francis Bacon　60, 398
ベーコン　Roger Bacon　139
ヘシオドス　Hesiod　186
ベートーベン　Ludwig van Beethoven　281
ペトラルカ　Francesco Petrarca　148
ヘーファー　Werner Höfer　381
ヘーベル　Johann Peter Hebel　310
ヘラクレイトス　Heraklit　312
ベル　Alexander Graham Bell　289–90, 292–93
ベル　Heinrich Böll　366, 368
ベルクソン　Henri Bergson　312
ヘルシャー　Lucian Hölscher　138
ヘルダー　Johann Gottfried Herder　117–18, 187
ヘルダーリン　Friedrich Hölderlin　1, 70, 108, 151, 342
ヘルツ　Heinrich Rudolf Hertz　266, 355
ヘルムホルツ　Hermann von Helmholtz　246, 262–63, 307
ベルリーナー　Emil Berliner　275, 278
ベレス　Josef Berres　250
ヘロドトス　Herodot　124
ベン　Gottfried Benn　38, 120, 268
ベンヤミン　Walter Benjamin　32, 56, 60, 69, 163, 257–58, 262–63, 294–95, 314–15
ポー　Edgar Allan Poe　215
ホイートストン　Charles Wheatstone　260–61, 302
ボエティウス　Boethius　37
ボガート　Humphrey Bogart　324
ポストマン　Neil Postman　386
ボーズ＝ライアン　Elisabeth Bowes-Lyon　363
ホーゼマン　Theodor Hosemann　50
ボード　Jean Maurice Émile Baudot　410
ボードマー　Johann Jakob Bodmer　186
ボードリヤール　Jean Baudrillard　252
ボードレール　Charles Baudelaire　281–83
ホーネッカー　Erich Honecker　328
ホノリウス　Honorius　210
ホプウッド　Henry V. Hopwood　311
ホフマン　E. T. A. Hoffmann　59–60
ホーフマン　Gert Hofmann　318, (34)
ホーフマンスタール　Hugo von Hofmannsthal　32
ポポフ　Alexander Popow　355
ホメイニ　Ruhollah Chomeini　229, 341
ホメロス　Homer　103–04, 114, 374
ホラティウス　Horaz　3, 148, 187
ホルクハイマー　Max Horkheimer　383
ホルツ　Arno Holz　244
ボルツ　Norbert Bolz　12, 368, 432
ホルツアーマー　Karl Holzamer　334
ボルヘス　Jorge Luis Borges　116, 118
ホルン　Wilhelm Horn　249–50
ホレリス　Hermann Hollerith　402

マ 行

マイゼンブルク　Trudel Meisenburg　99

マイブリッジ　Eadweard Muybridge 240–41
マキシムス　Valerius Maximus 172
マクシミリアン一世　Maximilian I. 212, 214
マクスウェル　James Clerk Maxwell 264, 266
マクナマラ　Frank McNamara 234–35
マクルーハン　Marchall McLuhan 59–62, 64–66, 68–70, 72, 113, 133, 148, 168, 179, 184, 213, 228, 294, 336, 350
マーゲンターラー　Ottmar Mergenthaler 160
マゾレ　Joseph Masolle 318
マッホ　Thomas Macho (36)
マネ　Édouard Manet 275
マルクス　Karl Marx 2, 170, 220, 254, 362, 385, 402
マールケ　Hans Mahlke 366
マルコーニ　Guglielmo Marconi 355, 376
マルティン　Anton Martin 253, 257–58
マレー　Etienne Jules Marey 312–13
マン　Thomas Mann 200, 240, 268, 271–73, 281
ミッチャーリヒ　Alexander Mitscherlich 368
ミーノウ　Newton Minow 114
ミュラー　Adam Müller 152–55, 231–32
ミュラー　Wilhelm Müller 212–13
ミュラー＝マグーン　Andy Müller-Maguhn 415
ミュンヒハウゼン　Freiherr von Münchhausen 293
ミーレンドルフ　Carlo Mierendorff 323
ムーア　Gordon Moore 404
ムッソリーニ　Benito Mussolini 328, 362
ムハンマド　Mohammed 50, 341
紫式部　Murasaki Shikibu 170
ムリシュ　Harry Mulisch 83, 447
メイソン　William A. Mason 92
メイロウィッツ　Joshua Meyrowitz 384
メディチ　Cosimo de Medici 120
メナッセ　Robert Menasse 430–31
メリエス　Georges Méliès 327
モーセ　Moses 48–49, 91
モーディック　Klaus Modick 368
モリエール　Molière 258
モリスン　Toni Morrison 22
モールス　Samuel Finley Breeze Morse 302–03, 305, 341, 347, 399
モワニョー　Abbé Moigno 261
モンテクッコリ　Raimund Graf von Montecuccoli 232
モントゲラス　Maximilian Graf von Montgelas 299
モンロー　Marilyn Monroe 324

ヤ 行

ヤスパース　Karl Jaspers 368
ヤング　Edward Young 174
ヤング　Thomas Young 93
ユーゴー　Victor Hugo 309
ユニウス　Hadrianus Junius 141
ヨッフム　Uwe Jochum (27)
ヨーナス　Hans Jonas 43–44
ヨハネ・パウロ二世　Johannes Paul II. 51, 133, 341, 434
ヨハネス（ダマスカスの）　Johannes von Damaskus 51–52
ヨハネス・フォン・テープル　Johannes von Tepl 148
ヨービン　Bernhard Jobin 189
ヨーンゾン　Uwe Johnson 196, (30)

ラ 行

ライ　Stellan Rye 316
ライス　Johann Phillip Reis 288–89, 293
ライツ　Edgar Reitz 292, 350–53
ライプニッツ　Gottfried Wilhelm von Leibniz 302, 341, 398–400, 402
ラカン　Jacques Lacan 5, 263, 358
ラッセル　William Howard Russell 195,

333
ラーテナウ　Emil Ratheau　291
ラーベ　Mechthild Raabe　174
ラング　Fritz Lang　316, 327, 404
リオタール　Jean-François Lyotard　304
リーゼロッテ（プファルツの）　Liselotte von der Pfalz　211–12
リッチュ　Timotheus Ritzsch　189
リップマン　Walter Lippmann　365
リープル　Wolfgang Riepl　72
リーベン　Robert von Lieben　355
リューエック　Walter Rüegg　172
リュミエール　Auguste Lumière　179, 289, 310–12, 327
リュミエール　Louis Jean Lumière　179, 289, 310–12, 327
リルケ　Rainer Maria Rilke　166, 168–70, 172, 252
リング　Hermann Lingg　338
ルター　Martin Luther　21, 50, 52–53, 134, 140–41, 148–49, 168, 228, 257, 341, 439
ルッソロ　Luigi Russolo　284
ルーデス　Peter Ludes　(25)
ルーデンドルフ　Erich Ludendorff　320–21, 323, 332–33
ルーマン　Niklas Luhmann　56, 64–66, 68, 165, 169, 185, 227, 381, 412
ルロワ＝グーラン　André Leroi-Gourhan　26
レヴィ＝ストロース　Claude Lévi-Strauss　100
レオナルド・ダ・ヴィンチ　Leonardo da Vinci　60, 254
レオ一〇世　Leo X.　149
レオ一三世　Leo XIII.　280
レッシング　Gotthold Ephraim Lessing　174, 194
レーニン　Wladimir Iljitsch Lenin　170, 347, 362, 434
レントゲン　Wilhelm Conrad Röntgen　266–68, 430
ローヴォルト　Ernst Rowohlt　334
ローゼンタール　Hans Rosenthal　381
ロベール　Louis Robert　160
ロベスピエール　Maximilien de Robespierre　233
ロレンス　David Herbert Lawrence　151

ワ 行

ワイルド　Oscar Wilde　236
ワーズワース　William Wordsworth　158
ワトソン　James Watson　426

事項索引

ア 行

アトム　Atom　83, 428, 442–43, 447
アナクロニズム（時代錯誤，時代遅れ）　Anachronismus　5, 9–10, 12, 128, 352, 391, 419, 433
アルター／エゴ　alter/ego　29–30, 63, 106, 152, 232
暗号化／解読　Chiffrierung/Dechiffrierung　71, 83–84, 86, 91–93, 96, 105, 395–397, 404, 423–24
意識　Bewußtsein　56
一神教　Monotheismus　33–34, 46, 48, 51, 57, 116, 340
意味　Sinn　3, 5–9, 18–19, 30–33, 37, 55–57, 69–70, 77, 81, 85–86, 90–91, 168–69, 196, 200, 252–53, 259, 261–62, 273, 283–85, 295, 318, 322, 325–26, 329–30, 362, 369, 379, 388, 422, 428, (23)
Eメール　E-Mail　3, 9, 11–12, 63, 68, 70–72, 226, 277, 406, 410, 418, 422
インキュナブラ　Inkunabeln　140
印刷［術］　Buchdruck（Druck）　35, 38, 41, 55, 68, 131–82（第5章），222, 231–32, 243, 249, 257, 339, 362, 422
印象主義　Impressionismus　244, 250, 263 309–10, 312, 320
インターネット　Internet　4–5, 9, 62, 67, 71, 101, 115–16, 156, 179, 205–06, 226, 229–31, 277, 292, 304, 333, 350, 362, 385, 391, 395–428（第12章）
インターフェース　Schnittstelle　9, 26, 287, 350
映画［館］　Film（Kinematographie, Kino）　54–55, 66–68, 73, 109, 115, 159, 179, 195–96, 222–25, 287, 309–330（第9章），350–54, 422
遠隔通信（電信）　Telegraphie　70, 75, 190, 195, 205, 243, 271–308（第8章），329, 333, 338, 354
横領　Interzeption　212
オペラ　Oper　41, 211, 234, 281

カ 行

絵画　Malerei　51, 112, 263, 285, 309, 374
書く［こと］　Schreiben　84, 94–96, 102
画像　Bild　2, 43–57（第3章）
画像禁忌　Bilderverbot　46, 48–49, 51, 53, 257
貨幣（［資］金）　Geld　11, 38, 62–63, 65–66, 68–69, 106–07, 113, 149, 153, 219, 223–36（第2の中断），324, 337–338, 413, 431–38, 440, 442, 446–47
神　Gott　8, 19–22, 30, 33–34, 38, 48–52, 65, 68–69, 83, 187, 340–43, 442–45
紙　Papier　126–28, 141–42, 145–46, 160, 179–80, 183, 191, 193, 229, 243–44, 246, 274, 288, 406, 420, 442
カメラ・オブスクラ　camera obscura　56, 248, 254–55, 257
カメラのレンズ　Kameraobjektiv　249, 254, 258, 263
感覚　Sinne　3, 5–9, 37, 55–57, 70, 81, 86, 169, 196, 251, 259, 261–62, 283–84, 295, 318, 322–23, 325, 329, 340, 369, 379, 422, (23)
記憶保存メディア　Speichermedium　70, 90, 112, 206, 228, 243, 283, 354

記号　Zeichen　57, 77, 261–62, 302–03
気送郵便　Rohrpost　218
規範　Kanon　167, 383
義務教育　Schulpflicht　21, 84, 89, 159, 362, 386
客観性　Objektivität　241, 261, 263
ギロチン　Guillotine　34–35, 194
くさび形文字　Keilschrift　93–95
口　Mund　27–28
グーテンベルク銀河系　Gutenberg-Galaxis　50, 70, 161, 179, 186, 195, 222, 239, 243–44, 323–24, 327–29, 350, 374, 386, 420
グノーシス［主義］　Gnositik　52, 205, 343, 383
グラフ雑誌　Illustrierte　55, 199–200
グラモフォン　Grammophon　41, 268, 272–81, 283–84, 353
クルスス・プブリクス　Cursus publicus　210, 212
クレジットカード　Kreditkarte　203, 233–236
経済　Ökonomie　94–96, 100, 110, 147, 192, 202, 217, 235, 280, 332, 336–39, 343, 400, 403, 424, 434, 438–40, 443, 445
形而上学　Metaphysik　61, 168, 258, 266–67, 284, 295, 329–30, 445
携帯電話　Handy　12, 66, 145, 287, 413, 420
劇場（演劇）　Theater　35–36, 73, 158, 166, 316–17, 325
ケーブル　Kabel　64, 226, 292, 294, 304–07, 335, 357, 378, 403
検閲　Zensur　149, 178, 193
現実［性］　Realität　251, 254, 261, 327, 372, 381, 384, 388, 443
言説（ディスクール）　Diskurs　29, 165, 177, 326, 358
言論の自由　Pressefreiheit　193, 215, 367
合意（コンセンサス）　Konsens　29–30, 34, 382
公共圏（世間）　Öffentlichkeit　158, 381
広告　Werbung　186, 190–91, 338, 362, 408
構成主義　Konstruktivismus　18, 327, 388
声　Stimme　23–42（第2章）, 62–63, 70–71, 104–08, 268–69, 278–81, 283, 293–95, 359–63
コード　Code　8, 83, 185–86, 235, 398, 410–11, 421, 423
言葉　Sprache　24, 54
子供時代　Kindheit　162, 368, 386–87
コミュニケーション　Kommunikation　8–9, 12, 25–26, 29, 33–34, 44–45, 56–57, 62, 71–72, 83, 151–52, 158, 172, 179, 206, 226–27, 231–32, 273, 296–298, 325, 340–41, 348–49, 409, 418, 446
コーラン　Koran　49, 53, 116, 119–20
根源（始原, 起源）　Ursprung　18–21, 23, 30, 48
コンピュータ　Computer　5, 7, 67–68, 91, 119, 126, 145, 151, 192, 200, 287, 292, 297, 333, 336, 339, 342, 362, 371, 393, 395–428（第12章）

サ 行

差異　Differenz　18–20, 30, 33, 57
サイバースペース　Cyberspace　343, 427
サウンド　Sound　17–22（第1章）, 23, 25, 38, 283–84
死　Tod　45–46, 109–10, 156–57, 169, 283
ジオラマ　Diorama　248, 313
識字教育（識字化）　Alphabetisierung　41, 68, 77, 84, 87–88, 91, 159, 161, 173, 176, 226, 323, 362–63, 372, 374, 385
視線　Blick　63
自然主義　Naturalismus　244, 260, 263, 309
シミュレーション　Simulation　251, 353, 425–26
写真　Photographie　7, 54–55, 67, 74, 90, 166, 179, 184, 196, 222, 239–269（第7章）,

271, 274, 282–83, 287, 295, 309–11, 325, 329, 354, 422, 430
宗教　Religion　96, 225, 297, 340, 342–43, 359, 431–35, 438–40, 442, 445
修辞学　Rhetorik　39
ジュークボックス　Jukebox　281
主体（主観［性］, 自我）　Subjekt　26, 102–04, 107–08, 153–55, 165, 167, 246, 258, 261, 267
主要メディア　Leitmedium　191, 226–31, 368–369, 373, 385–86, 438, 440–41
情報　Information　5, 9, 70–72, 185–89, 192, 197, 204–07, 230, 232–33, 235–36, 299, 332, 335, 431–33, 440, 446
書簡体小説　Briefroman　215
女性解放　Frauenemanzipation　296
女性秘書　Sekretärin　28, 219–20, 295–97
書物　Buch　1–4, 11–12, 322–24, 362, 386, 419, 422–23, 426–27
神学　Theologie　68, 256, 260, 303, 327, 340, 342–43, 369, 445
神経系　Nervensystem　60, 307, 424
新聞　Zeitung　9, 160–61, 179, 183–93, 195–98, 200, 204, 418, 420
新聞雑誌　Presse　183–222（第6章）, 293, 354, 412
数字　Zahlen　94
ステレオ［音声］　Stereophonie　260, 282, 331–32, 368
ステレオスコープ　Stereoskop　260–61, 272
聖画像破壊主義　Ikonoklasmus　52–53, 55
聖餐式　Abendmahl　11, 65, 191, 226–29
聖書　Bibel　33, 131–33, 140–43, 145, 147–50, 176
スピーカー　Lautsprecher　35, 274, 331, 348, 350, 367
世界社会　Weltgesellschaft　8, 11, 413, 433
相互作用（相互関係）　Interaktion　28, 35, 63, 66, 83, 106, 134, 151–53, 166, 228, 273
速度学　Dromologie　205–06, 300
ソフトウェア　Software　3, 74, 123, 138, 140, 273, 300, 403, 407–08, 413, 420–21, 432, 435, 440, 446
存在　Sein　18–20, 22, 30–31, 227, 229, 259, 430–31
存在記号論　Ontosemiologie　227, 230–32

タ　行

第一次メディア　Primärmedium　73–75, 88, 105
第三次メディア　Tertiärmedium　73–75
大衆　Masse　322–23, 348, 369
大衆読者　Massenpublikum　159–60, 192
大衆文化　Massenkultur　35
第二次メディア　Sekundärmedium　73–74
タイプライター　Schreibmaschine（Typewriter）　147, 151, 200, 219, 225, 285, 295–97, 333, 339, 354
大量生産品　Massenprodukt　129, 147, 150–151, 153, 155, 159, 188
誕生　Geburt　25
知覚　Wahrnehmung　55–57, 90, 243–44, 246, 260–62, 266, 313, 322
チャンネル　Kanal　72, 212, 217
抽象［化, 性］　Abstraktion　44–45, 81, 84, 86–87, 92–97, 105–08, 153, 165, 272–73, 397–98
超越論的哲学　Transzendentalphilosophie　102, 154, 350
著作権　Copyright　186
著者　Autor　186, 324
手　Hand　26–29
ディオニュソス祭　Dionysien　35–36, 45
手紙（書簡）　Brief　109, 206, 210–20, 223–24, 245
デジタル　Digitalität　74, 91, 129, 232, 235, 265, 285–87, 325, 380, 400, 403, 421–23, 434

データ処理メディア　Datenbearbeitungsmedium　228
テレビ　Fernsehen (TV)　54–55, 63–64, 67–68, 70, 73, 75, 101, 114–16, 162, 196–99, 225, 229, 322, 328–29, 332–33, 336, 338, 351–53, 363, 368–69, 371–93 (第11章), 411–12, 422, 446
電気　Elektrizität　290–292
伝達メディア　Übertragungsmedium　70, 90, 197, 205–06, 228, 243, 287, 354, 372, 379, 422
電話　Telephon (Telephonie)　41, 70–72, 75, 205, 220–22, 224, 287–97, 353–54
道具　Werkzeug　26–28
洞窟壁画　Höhlenmalerei　43–44
銅版画　Kupferstich　55, 134
時計　Uhr　134, 136–38, 225
トランジスタ　Transistor　355, 401, 404–05, 447

ナ 行

ナルシシズム　Narzißmus　62, 66, 113
二元的図式　binäres Schema　18, 21, 286, 302–03, 399, 402–03, 443
ノイズ　Noise　17–22 (第1章)

ハ 行

排除　Exklusion　107–08, 383, 411–12
ハイファイ　HiFi　281–82, 390
パノラマ　Panorama　313–15
パピルス　Papyros　57, 124, 126, 129, 416
パラドックス (逆説, 矛盾)　Paradoxie　33, 48, 63, 92, 105, 115–17, 123, 153, 178, 244, 252, 259, 261, 285, 304, 383, 433, 442
万国郵便連合　Weltpostverein　216
パンチカード　Lochkarte　400, 402–03
ヒエログリフ　Hieroglyphen　91–93, 95, 102, 338
ピクトグラム　Pictographie　91–92
ビッグ・バン　Urknall (Big Bang)　17–21
ビット　Bits　83, 428, 442–43, 447
ビデオ　Video　2, 9, 12, 70, 90, 200, 257, 283, 337, 379–80, 390
表語文字　Logographie　97–99
ファックス　Fax　11, 63, 72, 205, 277
不在　Abwesenheit　30, 39, 45–46, 74, 109, 217
文学　Literatur　3, 9, 100, 109, 162–63, 243–44, 285, 304–05
分散　Zerstreuung　369–70
分出　Ausdifferenzierung　10, 186–88, 220, 225, 228, 277, 369, 411
変換 (交換, 改宗)　Konversion　231, 353, 405, 409, 429–48 (とりあえずの終章), (37)
包摂　Inklusion　107–108, 383
ホモ・サピエンス　Homo sapiens　26, 28, 43
ボールペン　Kugelschreiber　200–04, 285

マ 行

マイク　Mikrophon　35, 75, 350, 357–58
マスメディア　Massenmedium　11, 62, 65, 73, 191, 227–30, 232–33, 314, 322, 337, 341, 357, 364, 369, 371, 383–85
未熟　Prämaturität　25
名士　Prominenz　186
木版画　Holzschnitt　127, 134–37, 148
文字　Schriftzeichen (Schrift)　1, 27, 41, 46, 53–54, 57, 77, 81–129 (第4章), 275, 283, 295, 337
モーセ五書　Thora　21, 116
模像　Abbild　47–49, 51, 54, 56–57

ヤ 行

遺言　Testament　70, 96, 174, 283
郵便　Post　20, 183–222 (第6章), 223–24, 293
羊皮紙　Pergament　124, 129, 145, 203
読む [こと]　Lesen　7, 32, 86, 96, 102, 105, 124–25, 156–57, 162–77, 338, 390

ヨハネによる福音書　Johannes-Evangelium　37, 340
世論　Öffentliche Meinung　193–94, 196–97, 365

ラ 行

ラジオ［放送］　Radio（Rundfunk）　9, 67, 191–92, 197, 229, 280, 323, 333–36, 347–70（第 10 章）, 388, 411–12, 422, 446
ラスウェルの公式　Lasswell-Formel　71
ラテルナ・マギカ　Laterna magica　254–57
リアリズム　Realismus　44, 243–44, 259–60, 326–27
リモートコントローラー　Fernbedienung　377
録音　Phonographie　7, 21, 41, 67, 74–75, 90, 166, 179, 222, 268–69, 271–308（第 8 章）, 317–18, 329, 354, 422, 430
ロゼッタ・ストーン　Rosetta-Stein　93, 122–23, 283, 416

ワ 行

猥褻　Obszönität　54, 385
ワールド・ワイド・ウェブ　World Wide Web　391, 408, 411, 446

参考文献

Aischylos: Agamemnon, griechisch-deutsch, ed. und übersetzt von Ulrich von Wilamowitz-Moellendorff. Berlin 1885

Amelunxen, Hubertus von: Die aufgehobene Zeit – Die Erfindung der Photographie durch William Henry Fox Talbot. Berlin 1988

Anders, Günther: Die Antiquiertheit des Menschen – Erster Band: Über die Seele im Zeitalter der zweiten industriellen Revolution. München 1980

Anz, Philipp/Walder, Patrick: Techno. Reinbek 1999

Aristoteles: Über die Seele; in: Philosophische Schriften in 6 Bdn., Bd. 6. Hamburg 1995

——: Politik; in: wie zuvor, Bd. 4

——: Über die Teile der Lebewesen, übersetzt von Wolfgang Kullmann; in: Werke in deutscher Übersetzung, ed. H. Flashar, Bd. 17/I. Berlin 2007

Arnheim, Rudolf: Anschauliches Denken – Zur Einheit von Bild und Begriff. Köln 1988 (Visual Thinking. Berkeley 1969)

——: A Forecast of Television; in: Richard P. Adler (ed.): Understanding Television – Essays on Television as a Social and Cultural Form. New York 1981

——: Rundfunk als Hörkunst (1936). München/Wien 1979

——: Film als Kunst (1932). München/Wien 1974

Assmann, Aleida: Aspekte einer Materialgeschichte des Lesens; in: Hilmar Hoffmann (ed.): Gestern begann die Zukunft. Darmstadt 1994

——: Medien und soziales Gedächtnis; in: K. Merten et al.: Die Wirklichkeit, l. c.

——: Lesen als Überlebensmittel; in: A. Bellebaum/L. Muth (edd.): Leseglück, l. c.

Assmann, Aleida und Jan: Schrift, Kognition, Evolution; in: Eric A. Havelock: Schriftlichkeit, l. c.

Assmann, Jan: Herrschaft und Heil – Politische Theologie in Altägypten, Israel und Europa. München 2000

Augustinus: Confessiones. München o. J.

Babbage, Charles: Die Ökonomie der Maschine (1833). Berlin 1999

——: Passagen aus einem Philosophenleben. Berlin 1999

Bahr, Hans-Dieter: Der Spiegel, das winzige Wasser und die Maschine; in: Kon-

kursbuch 3/1979, pp. 39–74
——: Der Sinn, die Sinne und der Unsinn: Tierisch; in: Paragrana – Internationale Zeitschrift für Historische Anthropologie Bd. 7/1998/Heft 2, pp. 177–187
Barasch, Moshe: Das Gottesbild – Studien zur Darstellung des Unsichtbaren. München 1998
Baudrillard, Jean: Denn die Illusion steht nicht im Widerspruch zur Realität ... In: Paragrana – Internationale Zeitschrift für Historische Anthropologie – Idiosynkrasien. Bd. 8/1999/Heft 2, pp. 286–298
Beck, Klaus/Glotz, Peter/Vogelsang, Gregor: Die Zukunft des Internet – Internationale Delphi-Befragung zur Entwicklung der Online-Kommunikation. Konstanz 2000
Bellebaum, Alfred/Muth, Ludwig (edd.): Leseglück – Eine vergessene Erfahrung? Opladen 1996
Belting, Hans: Bild und Kunst – Eine Geschichte des Bildes vor dem Zeitalter der Kunst. München 1993 (3.)
——/Kamper, Dietmar (edd.): Der zweite Blick – Bildgeschichte und Bildreflexion. München 1999
Bendel, Sylvia: Werbeanzeigen von 1622–1798 – Entstehung und Entwicklung einer Textsorte. Tübingen 1998
Benjamin, Walter: Lehre vom Ähnlichen; in: Gesammelte Schriften, edd. R. Tiedemann/H. Schweppenhäuser, Bd. II/1. Frankfurt a. M. 1977, pp. 204–210
——: Über das mimetische Vermögen; in: Gesammelte Schriften, wie zuvor, Bd. II/1, pp. 210–213
——: Kleine Geschichte der Photographie; in: Gesammelte Schriften, wie zuvor, Bd. II/1, pp. 368–385
——: Berliner Kindheit um Neunzehnhundert; in: Gesammelte Schriften, wie zuvor, Bd. IV/1. Frankfurt a. M. 1972, pp. 235–304
Benn, Gottfried: Gedichte – Gesammelte Werke 3, ed. D. Wellershoff. Wiesbaden 1960
Berghaus, Margot: Was macht Multimedia mit Menschen, machen Menschen mit Multimedia? In: P. Ludes/A. Werner: Multimedia-Kommunikation, l. c.
Birkerts, Sven: The Gutenberg Elegies – The Fate of Reading in an Electronic Age. New York 1994 (dt: Die Gutenberg-Elegien. Lesen im elektronischen Zeitalter. Frankfurt a. M. 1997)
Blumenberg, Hans: Die Lesbarkeit der Welt. Frankfurt a. M. 1981
Boehm, Gottfried: Die Wiederkehr der Bilder; in: ders. (ed.): Was ist ein Bild?

München 1994
Böhme, Hartmut/Matussek, Peter/Müller, Lothar: Orientierung Kulturwissenschaft – Was sie kann, was sie will. Reinbek 2000
Böhme, Hartmut: Die technische Form Gottes – Über die theologischen Implikationen von Cyberspace; in: Neue Zürcher Zeitung vom 13./14.4.1996, p. 69
Bolz, Norbert: Am Ende der Gutenberg-Galaxis – Die neuen Kommunikationsverhältnisse. München 1993
Braun, Christina von: Heilige Botschaft – Das Gen als Verkörperung Christi; in: Süddeutsche Zeitung vom 27.6.2000, p. 17
Brecht, Bertolt: Der Rundfunk als Kommunikationsapparat (1932); in: Gesammelte Werke in 20 Bdn., Bd. 18. Frankfurt a. M. 1967, pp. 127–134
Britting, Georg (ed.): Lyrik des Abendlands. München 1963 (4.)
Brockhaus Kunst und Kultur in fünf Bänden. Leipzig/Mannheim 1997
Büchner, Georg: Lenz; in: Werke und Briefe, nach der historisch-kritischen Ausgabe von Werner R. Lehmann. München 1980
Buddemeier, Heinz: Leben in künstlichen Welten – Cyberspace, Videoclips und das tägliche Fernsehen. Stuttgart 1993
Burkhart, Dagmar: Vom mittelalterlichen Schandpfahl zum Internet; in: Frankfurter Rundschau vom 26. August 2000, p. 7
Cervantes, Miguel de: Der sinnreiche Junker Don Quijote von der Mancha, übers. L. Braunfels. München 1970
Chaouli, Michel: Die Verschlingung der Metapher – Geschmack und Ekel in der »Penthesilea«; in: Kleist-Jahrbuch 1998, pp. 127–149
Chartier, Roger/Cavallo, Guglielmo (edd.): Die Welt des Lesens – Von der Schriftrolle zum Bildschirm. Frankfurt a. M. 1999
Cicero, Marcus Tullius: De oratore. Über den Redner – Lateinisch-Deutsch, ed. und übersetzt von Harald Merklin. Stuttgart 1976
Clair, Jean: Die Verantwortung des Künstlers. Avantgarde zwischen Terror und Vernunft, übers. Ronald Voullie. Köln 1998
Coogan, Michael D. (ed.): The Oxford History of the Biblical World. New York/Oxford 1998
Dante: Divina Commedia – Italienisch-Deutsch, ed. E. Laaths. Wiesbaden o. J.
Darnton, Robert: The Business of Enlightenment. A Publishing History of the Encyclopédie 1775-1800. Cambridge 1979 (dt: Glänzende Geschäfte, übers. Horst Günther. Berlin 1993)
——: The Corpus of Clandestine Literature in France 1769–1789. New York 1995
Debray, Régis: Cours de médiologie générale. Paris 1991

Deleuze, Gilles: Das Bewegungs-Bild – Kino 1. Frankfurt a. M. 1989
Derrida, Jacques: La carte postale – de Socrate à Freud et au-delà – Envois. Paris 1980
——: Die Stimme und das Phänomen. Frankfurt a. M. 1979
Dickens, Charles: Dombey and Son, ed. A. Horsman. Oxford 1974
Diller, Ansgar: Öffentlich-rechtlicher Rundfunk; in: Jürgen Wilke (ed.): Mediengeschichte, l. c., pp. 146–166
——: Rundfunkpolitik im Dritten Reich. München 1980
Dohrn-van Rossum, Gerhard: Die Geschichte der Stunde – Uhren und moderne Zeitordnung. Wien 1992
Douglas, Lawrence: Der Film als Zeuge – »Nazi Concentration Camps« vor dem Nürnberger Gerichtshof; in: Ulrich Baer (ed.): »Niemand zeugt für den Zeugen« – Erinnerungskultur nach der Shoah. Frankfurt a. M. 2000, pp. 197–218
Dussel, Konrad: Deutsche Rundfunkgeschichte – Eine Einführung. Konstanz 1999
Eckermann, Johann Peter: Gespräche mit Goethe in den letzten Jahren seines Lebens; in: Goethe, Johann Wolfgang: Münchner Ausgabe Bd. 19. München 1986
Edmundson, Mark: Crashing the Academy – The Internet could destroy College as we know it – or, just possibly, save it; in: The New York Times Magazine April 4, 1999, p. 9 sqq.
Eichendorff, Joseph von: Geschichte der poetischen Literatur Deutschlands; in: Sämtliche Werke, ed. W. Mauser, Bd. IX. Regensburg 1970
Eisenstein, Elizabeth L.: The printing press as an agent of change, 2 vol. Cambridge 1979
Eliade, Mircea: Gefüge und Funktion der Schöpfungsmythen; in: Die Schöpfungsmythen – Ägypter, Sumerer, Hurriter, Hethiter, Kanaaniter und Israeliten, ed. Elisabeth Klein. Darmstadt 1980
Elfenbein, Stephan W.: The New York Times – Macht und Mythos eines Mediums. Frankfurt a. M. 1996
Elm, Theo/Hiebel, Hans H. (edd.): Medien und Maschinen – Literatur im technischen Zeitalter. Freiburg 1991
Elschek, Oskar: Verschriftlichung von Musik; in: H. Bruhn/H. Rösing (edd.): Musikwissenschaft – Ein Grundkurs. Reinbek 1998
Emerson, Peter Henry: Naturalistic Photography for Students of the Art/The Death of Naturalistic Photography. London 1899 (3.)/Reprint New York 1973
Engelsing, Rolf: Analphabetentum und Lektüre – Zur Sozialgeschichte des Lesens

zwischen feudaler und industrieller Gesellschaft. Stuttgart 1973
Enzensberger, Hans Magnus: Mittelmaß und Wahn – Gesammelte Zerstreuungen. Frankfurt a. M. 1988
——: Mausoleum – Siebenunddreißig Balladen aus der Geschichte des Fortschritts. Frankfurt a. M. 1976
Enzinger, Moritz: Adalbert Stifter im Urteil seiner Zeit. Wien 1968
Escarpit, Robert: La Révolution du livre. Paris 1966
Esterbauer, Reinhold: Gott im Cyberspace? Zu religiösen Aspekten neuer Medien; in: Anton Kolb (ed.): Cyberethik: Verantwortung in der digital vernetzten Welt. Stuttgart 1998, pp. 115–134
Euripides: Die Hilfeflehenden; in: Werke in drei Bänden, Bd. 1, übers. D. Ebener, edd. J. Werner/W. Hagemann. Berlin/Weimar 1996
Fang, Irving: A History of Mass Communication – Six Information Revolutions. Boston 1997
Faßler, Manfred (ed.): Alle möglichen Welten – Virtuelle Realität, Wahrnehmung, Ethik der Kommunikation. München 1999
Faulkner, William: Light in August – Novel. New York 1932
Faulstich, Werner: Die Geschichte der Medien – Bd. 1: Das Medium als Kult – Von den Anfängen bis zur Spätantike. Göttingen 1997
——: Medien und Öffentlichkeiten im Mittelalter 800–1400. Göttingen 1996
——: Medien zwischen Herrschaft und Revolte – Die Medienkultur der frühen Neuzeit (1400–1700). Göttingen 1998
Fischer, Ernst et al. (edd.): Von Almanach bis Zeitung – Ein Handbuch der Medien in Deutschland 1700–1800. München 1999
Fischer, Robert: Der Raum, die Stadt, das Licht – Peter Greenaways Münchener Installation; in: EPD-Film 1/1996
Fitzgerald, Penelope: Human Voices – Novel. New York 1999
Flusser, Vilem: Lob der Oberfläche – Für eine Phänomenologie der Medien. Bensheim/Düsseldorf 1993
——: Gesten – Versuch einer Phänomenologie. Bensheim/Düsseldorf 1991
Fontane, Theodor: Cecile; in: Werke in vier Bdn., ed. H. Nürnberger, Bd. 2. München/Wien 1979
——: Effi Briest; in: Werke in vier Bdn., ed. H. Nürnberger, Bd. 3. München/Wien 1979
Franzmann, Bodo/Löffler, Dietrich/Schön, Erich (edd.): Handbuch Lesen. München 1999
Freud, Sigmund: Bemerkungen über einen Fall von Zwangsneurose; in: Studien-

ausgabe Bd. VIII. Frankfurt a. M. 1973, pp. 31–103
Friedewald, Michael: Der Computer als Werkzeug und Medium – Die geistigen und technischen Wurzeln des Personal Computers. Berlin 1999
Friedman, Thomas L.: A Manifesto for the Fast World – From Supercharged Financial Markets to Osama bin Laden, the Emerging Global Order Demands an Enforcer. That's America's New Burden; in: The New York Times Magazine March 28, 1999, p. 40 sqq.
——: The Lexus and the Olive Tree. O. O. 1999
Frühwald, Wolfgang/H.-R. Jauß/R. Koselleck/J. Mittelstraß/B. Steinwachs: Geisteswissenschaften heute. Frankfurt a. M. 1991
Fussel, Stephan: Gutenberg und seine Wirkung. Frankfurt a. M. 1999
Garbe, Carl (ed.): Lesen im Wandel – Probleme der literarischen Sozialisation heute. Lüneburg 1998
Gehlen, Arnold: Der Mensch – Seine Natur und seine Stellung in der Welt. Frankfurt a. M. 1974
Giesecke, Michael: Der Buchdruck in der frühen Neuzeit – Eine historische Fallstudie über die Durchsetzung neuer Informations- und Kommunikationstechnologien. Frankfurt a. M. 1998 (3.)
Glasser, Otto: Wilhelm Conrad Röntgen und die Geschichte der Röntgenstrahlen. Berlin/Heidelberg/New York 1995
Goebbels, Joseph: Die Tagebücher, ed. Elke Fröhlich, Bd. 2. München 1987
Goethe, Johann Wolfgang: Maximen und Reflexionen; in: Berliner Ausgabe Bd. 18. Berlin 1972
——: Faust; in: Hamburger Ausgabe Bd. 3. München 1981
——: Torquato Tasso; in: Hamburger Ausgabe Bd. 5. München 1981
——: Dichtung und Wahrheit, Hamburger Ausgabe Bd. 9. München 1981
——: Wilhelm Meisters Wanderjahre, Sämtliche Werke Frankfurter Ausgabe I./10. edd. G. Neumann/H.-G. Dewitz. Frankfurt a. M. 1989
Göttert, Karl-Heinz: Geschichte der Stimme. München 1999
Grabbe, Christian Dietrich: Napoleon oder die hundert Tage; in: Werke – Historisch-kritische Gesamtausgabe in sechs Bdn., Zweiter Band. Emsdetten 1963
Greenaway, Peter: Prospero's Books – A Film of Shakespeare's The Tempest. London 1991
Haarmann, Harald: Die Universalgeschichte der Schrift. Frankfurt a. M. 1999
Haas, Alois M.: Unsichtbares sichtbar machen – Feindschaft und Liebe zum Bild in der Geschichte der Mystik; in: Jörg Huber/Martin Heller (edd.): Konstruktionen – Sichtbarkeiten – Interventionen 8. Wien/ New York 1999, pp.

265–286
Habermas, Jürgen: Strukturwandel der Öffentlichkeit. Untersuchungen zu einer Kategorie der bürgerlichen Gesellschaft. Frankfurt a. M. 1990
Hagen, Wolfgang: Der Radioruf – Zu Diskurs und Geschichte des Hörfunks; in: M. Stingelin/W Scherer (edd.): HardWar/SoftWar, l. c., pp. 243–274
Halefeldt, Horst O.: Programmgeschichte des Hörfunks; in: Jürgen Wilke (ed.): Mediengeschichte, l. c., pp. 211–231
Hamel, Jürgen: Die Kalenderreform Papst Gregors XIII. von 1582 und ihre Durchsetzung; in: Hans Ottomeyer (ed.): Geburt der Zeit, l. c.
Havelock, Eric A.: Schriftlichkeit – Das griechische Alphabet als kulturelle Revolution. Weinheim 1990
Hegel, Georg Wilhelm Friedrich: Enzyklopädie der philosophischen Wissenschaften III, Werke, edd. Michel/Moldenhauer, Bd. 10. Frankfurt a. M. 1970
——: Vorlesungen über die Ästhetik I, Werke, l. c., Bd. 13. Frankfurt a. M. 1970
Heidegger, Gotthard: Mythoscopia Romantica oder Discours von den so benannten Romans. Zürich 1698, neu ed. von Walter E. Schäfer. Bad Homburg v. d. H. 1969
Heidegger, Martin: Sein und Zeit. Tübingen 1967 (11.)
Helmholtz, Hermann von: Handbuch der physiologischen Optik – Zweite umgearbeitete Auflage. Leipzig 1867
Herder, Johann Gottfried: Fragmente über die neuere deutsche Literatur; in: Werke in zehn Bänden, Bd. 1: Frühe Schriften 1764–1772, ed. U. Gaier. Frankfurt a. M. 1985
——: Sämtliche Werke Bd. XXVII: Poetische Werke 3, ed. Carl Redlich. Hildesheim 1968
Hergenröder, Clemens: Wir schauten seine Herrlichkeit – Das johanneische Sprechen vom Sehen im Horizont von Selbsterschließung Jesu und Antwort des Menschen. Würzburg 1996
Herodot: Historien – deutsche Gesamtausgabe, Übersetzt von A. Horneffer, neu ed. und erläutert von H. W. Haussig mit einer Einleitung von W. F. Otto. Stuttgart 1971
Hertle, Hans-Hermann: Chronik des Mauerfalls – Die dramatischen Ereignisse um den 9. November 1989. Berlin 1996
Heusser, Martin et al.: (edd.): Word and Image Interactions – 2. International Conference on Word and Image. Basel 1993
Heyse, Paul und Gottfried Keller im Briefwechsel, ed. M. Kalbeck. Hamburg/Braunschweig/Berlin 1919

Hick, Ulrike: Geschichte der optischen Medien. München 1999
Hickethier, Knut: Geschichte des deutschen Fernsehens, unter Mitarbeit von Peter Hoff. Stuttgart 1998
Hiebel, Hans H./Hiebler, Heinz/Kogler, Karl/Walitsch, Herwig (edd.): Große Medienchronik. München 1999
Hiltzik, Michael: Dealers of Lightning – Xerox PARC and the Dawn of the Computer Age. New York 1998
Hofmann, Gert: Der Kinoerzähler – Roman. München 1990
Hölderlin, Friedrich: Sämtliche Werke – Frankfurter Ausgabe, ed. D. E. Sattler, 20 Bde. und 3 Supplemente. Frankfurt a. M. 1975–2008
Hölscher, Lucian: Die Entdeckung der Zukunft. Frankfurt a. M. 1999
Hörisch, Jochen: Gott, Geld und Glück – Zur Logik der Liebe in den Bildungsromanen Goethes, Kellers und Thomas Manns. Frankfurt a. M. 1982
——: Die Wut des Verstehens – Zur Kritik der Hermeneutik. Frankfurt a. M. 1999 (2.)
——: Brot und Wein – Die Poesie des Abendmahls. Frankfurt a. M. 2000 (3.)
——: Kopf oder Zahl – Die Poesie des Geldes. Frankfurt a. M. 1998 (3.)
——: Ende der Vorstellung – Die Poesie der Medien. Frankfurt a. M. 1999
Homer: Ilias, griechisch-deutsch, Hans Rupé. Zürich/München 1983
Humphrey, Nicholas: Cave Art, Autism, and the Evolution of the Human Mind; in: Journal of Consciousness Studies 6–7/1999
Illich, Ivan: Im Weinberg des Textes – Als das Schriftbild der Moderne entstand. München 1996
Jacob, Wenzel (ed.): Der Sinn der Sinne. Göttingen 1998
James, Henry: The Aspern Papers (1888); in: The Aspern Papers and other Stories. Köln 1998
Jaynes, Julian: Der Ursprung des Bewußtseins, übers. Kurt Neff. Reinbek 1993
Jochum,Uwe: Kleine Bibliotheksgeschichte. Stuttgart 1993
——: Die Idole der Bibliothekare. Würzburg 1995
Johnson, George: Searching for the Essence of the World Wide Web; in: New York Times April 11, 1999, Section 4, p. 1 sq.
Jonas, Hans: Homo Pictor – Von der Freiheit des Bildens; in: Gottfried Boehm (ed.): Was ist ein Bild? München 1994
Kafka, Franz: Das Schloss – Roman in der Fassung der Handschrift, ed. M. Pasley. Frankfurt a. M. 1982
——: Hochzeitsvorbereitungen auf dem Lande und andere Prosa aus dem Nachlaß. Frankfurt a. M. 1953

Kant, Immanuel: Kritik der reinen Vernunft, Werke, ed. W. Weischedel, Bde. 3–4. Darmstadt 1970

Kapr, Albert: Johannes Gutenberg – Persönlichkeit und Leistung. München 1988 (2.)

Keller, Gottfried: Der grüne Heinrich – Erste Fassung, SW Bd. 2, edd. Th. Böning/G. Kaiser. Frankfurt a. M. 1985

——: Die mißbrauchten Liebesbriefe; in: Die Leute von Seldwyla, ed. Th. Böning, SW Bd. 4. Frankfurt a. M. 1989, pp. 364–437

Kerckhove, Derrick de: Schriftgeburten – Vom Alphabet zum Computer. München 1995

Kittler, Friedrich: Eine Mathematik der Endlichkeit – E. T. A. Hoffmanns »Jesuiterkirche in G«. In: Athenäum – Jahrbuch für Romantik 1999, pp, 101–120

——: Aufschreibesysteme – 1800/1900. München 1995 (3.)

——: Grammophon Film Typewriter. Berlin 1986

——: Draculas Vermächtnis – Technische Schriften. Leipzig 1993

——: Von der Letter zum Bit; in: Horst Wenzel (ed.): Gutenberg und die Neue Welt. München 1994, pp. 105–188

Kleist, Heinrich von: Nützliche Erfindung – Entwurf einer Bombenpost; in: Sämtliche Werke und Briefe Bd. 2, ed. H. Sembdner. München 1977 (6.), p. 385 sq.

Kloock, Daniela: Von der Schrift zur Bild(schirm)kultur – Analyse aktueller Medientheorien. Berlin 1995

Koppen, Erwin: Literatur und Photographie – Über Geschichte und Thematik einer Medienentdeckung. Stuttgart 1987

Der Koran, aus dem Arabischen übers. v. Max Henning, eingeleitet von E. Werner/K. Rudolph. Wiesbaden o. J.

Kreimeier, Klaus: Die Ufa-Story – Geschichte eines Filmkonzerns. München/Wien 1992

Kurzweil, Ray: The Age of Spiritual Machines – When Computers Exceed Human Intelligence. New York 1999 (dt: Homo S@piens. Leben im 21. Jahrhundert – Was bleibt vom Menschen? Köln 1999)

Lawrence, David Herbert: Women in Love. Harmondsworth 1975

LeGoff, Jacques: Wucherzins und Höllenqualen – Ökonomie und Religion im Mittelalter. Stuttgart 1988

Lehnert, Gertrud: Mit dem Handy in die Peepshow – Die Inszenierung des Privaten im öffentlichen Raum. Berlin 1999

Leroi-Gourhan, André: Le geste et la parole. 2 vol. Paris 1964–1965 (dt: Hand

und Wort – Die Evolution von Technik, Sprache und Kunst. Frankfurt a. M. 1984 (3.))
Lévi-Strauss, Claude: La pensée sauvage. Paris 1962 (dt: Das wilde Denken, übers. Hans Naumann. Frankfurt a. M. 1968)
Linzmayer, Owen W.: Apple Confidential – The Real Story of Apple Computer, Inc. San Francisco 1999
Liselotte von der Pfalz: Briefe. Ebenhausen 1979
Lübbe, Hermann: Selbstbestimmung – Die Selbstorganisation kleiner Einheiten in netzverdichteten großen Räumen; in: Christiane Lieberknecht (ed.): Orientierung im Umbruch – Analysen zur Lage Deutschlands seit 1990. Rudolstadt/Jena 1999, pp. 257–270
Ludes, Peter: Einführung in die Medienwissenschaft – Entwicklungen und Theorien – Mit einer Einleitung von Jochen Hörisch. Berlin 1997
Ludes, Peter/Werner, Andreas (edd.): Multimedia-Kommunikation. Opladen 1997
Luhmann, Niklas: Soziale Systeme – Grundriß einer allgemeinen Theorie. Frankfurt a. M. 1984
——: Die Kunst der Gesellschaft. Frankfurt a. M. 1995
——: Die Gesellschaft der Gesellschaft, 2 Bde. Frankfurt a. M. 1997
——: Die Realität der Massenmedien. Opladen 1996
——: Liebe als Passion – Zur Codierung von Intimität. Frankfurt a. M. 1982
——: Die Religion der Gesellschaft. Frankfurt a. M. 2000
Lyons, Martyn: Le Triomphe du livre – Une histoire sociologique de la lecture dans la France du XIXe siécle. Paris 1987
Malone, Michael S.: Infinite Loop – How the World's Most Insanely Great Computer Company Went Insane. New York 1998
Manguel, Alberto: Eine Geschichte des Lesens. Berlin 1998
Mann, Thomas: Der Zauberberg – Frankfurter Ausgabe, ed. P. de Mendelssohn. Frankfurt a. M. 1981
——: Tonio Kröger; in: Frühe Erzählungen – Frankfurter Ausgabe, ed. P. de Mendelssohn. Frankfurt a. M. 1981
Marbacher Magazin »Vom Schreiben 6«, edd. R. Tgahrt/H. Mojem, Nr. 88/1999
Martin, Anton: Historischer Abriss der Photographie, Bd. I. Wien 1864
Mazal, Otto: Geschichte der Buchkultur – Bd. I: Griechisch-römische Antike. Graz 1999
McLuhan, Marshall: Die magischen Kanäle – Understanding Media. Frankfurt a. M. 1970

Meisenburg, Trudel: Zur Typologie der Alphabetschriftsysteme anhand des Parameters der Tiefe; in: Linguistische Berichte Bd. 173. Wiesbaden 1998

Menasse, Robert: Phänomenologie der Entgeisterung – Geschichte des verschwindenden Wissens. Frankfurt a. M. 1995

——: Selige Zeiten, brüchige Welt. Frankfurt a. M. 1994

Merten, Klaus: Evolution der Kommunikation; in: Klaus Merten/Siegfried J. Schmidt/Siegfried Weischenberg (edd.): Die Wirklichkeit der Medien, Opladen 1994

Meyrowitz, Joshua: Die Fernsehgesellschaft, 2 Bde. Weinheim 1990

Modick, Klaus: Vierundzwanzig Türen – Roman. Frankfurt a. M. 2000

Monaco, James: Film verstehen – Kunst, Technik, Sprache, Geschichte und Theorie des Films und der Medien. Reinbek 1995 (3.)

Morrison, Toni: Beloved – Novel. New York 1988

Mulisch, Harry: Selbstporträt mit Turban, übers. Ira Wilhelm. München/Wien 1995

Müller, Adam: Zwölf Reden über die Beredsamkeit und deren Verfall in Deutschland; in: Kritische/ästhetische und philosophische Schriften Bd. I, Kritische Ausgabe, edd. W. Schroeder/W. Siebert. Neuwied 1967

Müller, Wilhelm: Die Winterreise und andere Gedichte, ed. Hans-Rüdiger Schwab. Frankfurt a. M. 1986

Musch, Jochen: Die Geschichte des Netzes – Ein historischer Abriß; in: Bernard Batinic (ed.): Internet für Psychologen. Göttingen 1997, pp. 27–48

Nadar: Quand j'étais photographe; in: Photographies, dessins et écrits, 2 Bde., ed. J.-F. Bory, Bd. 2. Paris 1979, pp. 967–1284 (dt: Als ich Photograph war, übers. Trude Fein. Frauenfeld 1978)

Nadin, Mihai: Jenseits der Schriftkultur – Das Zeitalter des Augenblicks. Dresden/München 1999

Negroponte, Nicholas: Total digital – Die Welt zwischen 0 und 1 oder die Zukunft der Kommunikation. München 1995

Negt, Oskar/Kluge, Alexander: Öffentlichkeit und Erfahrung – Zur Organisationsform von bürgerlicher und proletarischer Öffentlichkeit. Frankfurt a. M. 1973

——: Geschichte und Eigensinn. Frankfurt a. M. 1981

Nehamas, Alexander: Virtues of Authenticity – Essays on Plato and Socrates. Princeton 1999

Nennen, Heinz-Ulrich (ed.): Diskurs – Begriff und Realisierung. Würzburg 2000

Nies, Fritz: Bahn und Bett und Blütenduft. Eine Reise durch die Welt der Leserbilder. Darmstadt 1991

Noelle-Neumann, Elisabeth: Stationen der Glücksforschung; in: A. Bellebaum/L. Muth (edd.): Leseglück, l. c.
Novalis: Schriften Bd. 2, ed. R. Samuel. Stuttgart 1960
Oberdorfer, Don: Princeton University – The First 250 Years. Princeton 1995
Oettermann, Stephan: Das Panorama – Die Geschichte eines Massenmediums. Frankfurt a. M. 1980
Ong, Walter J.: Oralität und Literarität – Die Technologisierung des Wortes. Opladen 1987
Origo, Iris: »Im Namen Gottes und des Geschäfts« – Lebensbild eines toskanischen Kaufmanns in der Frührenaissance – Francesco di Marco Datini 1335–1410. München 1993 (3.)
Ottomeyer, Hans (ed.): Geburt der Zeit – Eine Geschichte der Bilder und Begriffe (Katalog zur Ausstellung der Staatlichen Museen Kassel 12.12.1999–19.3.2000). Kassel 1999
Ovid: Metamorphosen, übers. Erich Rösch. München 1972 (5.)
Paus-Haase, Ingrid/Höltershinken, Dieter/Tietze, Wolfgang: Alte und neue Medien im Alltag von jungen Kindern. Freiburg i. B. 1990
Platon: Phaidros; in: Werke in acht Bdn., griech-dt., übers. Schleiermacher/Kurz, Bd. 5. Darmstadt 1990
——: Phaidon; in: Werke, l. c., Bd. 3
——: Politeia; in: Werke, l. c., Bd. 4
——: Nomoi; in: Werke, l. c., Bd. 8
Postman, Neil: Das Verschwinden der Kindheit. Frankfurt. a. M. 1983
Pross, Harry: Medienforschung – Film, Funk, Presse, Fernsehen. Darmstadt 1972
——: Zeitungsreport – Deutsche Presse im 20. Jahrhundert. Weimar 2000
Pynchon, Thomas: Die Enden der Parabel – Gravity's Rainbow, übers. Elfriede Jelinek, Thomas Piltz. Reinbek 1981
Raabe, Mechthild: Leser und Lektüre im 18. Jahrhundert – Die Ausleihbücher der Herzog August Bibliothek Wolfenbüttel 1714–1799 – Bd. 1: Die Leser und ihre Lektüre. München etc. 1989
Rice, Michael: Reporting US-European Relations – Four Nations, Four Newspapers. New York 1982
Riepl, Wolfgang: Das Gesetz von der Komplementarität; in: Manfred Bobrowsky et al. (edd.): Medien- und Kommunikationsgeschichte – Ein Textbuch zur Einführung. Wien 1987
Rilke, Rainer Maria: Der neuen Gedichte anderer Teil; in: Sämtliche Werke in 12

Bdn., ed. E. Zinn, Bd. 2. Frankfurt a. M. 1975
——: Die Aufzeichnungen des Malte Laurids Brigge; in: Sämtliche Werke in 12 Bdn., ed. E. Zinn, Bd. 11. Frankfurt a. M. 1975
Roeck, Bernd: Als wollt die Welt schier brechen – Eine Stadt im Zeitalter des Dreißigjährigen Krieges. München 1991
Roedl, Urban: Adalbert Stifter in Selbstzeugnissen und Bilddokumenten. Reinbek 1975
Roneil, Avital: Trauma-TV: Video als Zeugnis – Zwölf Schritte jenseits des Lustprinzips; in: Ulrich Baer (ed.): »Niemand zeugt für den Zeugen« – Erinnerungskultur nach der Shoah. Frankfurt a. M. 2000, pp. 255–274
Rüegg, Walter: Lesen als Bedingung humaner Existenz; in: Herbert G. Göpfert et al. (edd.): Lesen und Leben. Frankfurt a. M. 1975
Russell, William Howard: Meine sieben Kriege – Die ersten Reportagen von den Schlachtfeldern des neunzehnten Jahrhunderts, übers. M. Fienbork. Frankfurt a. M. 2000 (Die Andere Bibliothek 186)
Sanson, Henri: Aus dem Tagebuch des Henkers; in: Weltig, Knut-Hannes (ed.): Tagebücher der Henker von Paris 1685–1847, Bd. 1. Leipzig 1989
Schindler, Nina (ed.): Flimmer-Kiste – Ein nostalgischer Rückblick. Hildesheim 1999
Schlegel, Friedrich: Über die Philosophie – An Dorothea; in: Kritische Ausgabe Bd. VIII, ed. E. Behler. München/Paderborn/Wien 1975, pp. 41–64
——: Über Lessing; in: Kritische Ausgabe Bd. II, ed. H. Eichner. München/Paderborn/Wien 1967, pp. 100–126
Schmandt-Besserat, Denise: Before Writing – Bd. 1: From Counting to Cuneiform, Bd. 2: A Catalogue of Near Eastern Tokens. Austin 1992
Schmölders, Claudia: Die Stimme des Bösen – Zur Klanggestalt des Dritten Reiches; in: Merkur 581/August 1997
Schneider, Manfred: Der Barbar – Endzeitstimmung und Kulturrecycling. München 1997
Schnitzler, Arthur: Die Toten schweigen (1897); in: Gesammelte Werke in Einzelausgaben – Das erzählerische Werk Bd. 2. Frankfurt a. M. 1977
Schön, Erich: Der Verlust der Sinnlichkeit oder Die Verwandlungen des Lesers – Mentalitätswandel um 1800. Stuttgart 1987
Schuck-Wersig, Petra: Expeditionen zum Bild – Beiträge zur Analyse des kulturellen Stellenwerts von Bildern. Frankfurt a. M. 1993
Schulz, Winfried: Kommunikationsprozeß; in: Elisabeth Noelle-Neumann et al. (edd.): Publizistik Massenkommunikation. Frankfurt a. M. 1996, pp. 140–

Searle, John R.: I married a Computer; in: The New York Review of Books April 8/1999, p. 34 sqq.
Sebag-Montefiore, Hugh: Enigma – The Battle for the Code. London 2000
Segebrecht, Harro: Literatur im technischen Zeitalter – Von der Frühzeit der deutschen Aufklärung bis zum Beginn des Ersten Weltkriegs. Darmstadt 1998
Siegert, Bernhard: Relais. Geschichte der Literatur als Epoche der Post 1751–1913. Berlin 1999
Simmel, Georg: Philosophie des Geldes. Berlin 1977 (7.)
Singh, Simon: The Code Book – The Evolution of Secrecy from Mary Queen of Scots to Quantum Cryptography. New York 1999 (dt: Geheime Botschaften. Die Kunst der Verschlüsselung von der Antike bis in die Zeiten des Internet. München 2000)
Sloterdijk, Peter: Sphären II – Globen. Frankfurt a. M. 1999
——: Regeln für den Menschenpark – Ein Antwortschreiben zum Brief über den Humanismus; in: ZEIT-dokument 2/1999, pp. 4–15
Söderberg, Hjalmar: Die Tuschzeichnung; in: Die Spieler – Zwölf Erzählungen und ein Roman, übers. Günter Dalimann, Helen Oplatka. Frankfurt a. M. 2000 (Die Andere Bibliothek 184)
Standage, Tom: The Victorian Internet – The Remarkable Story of the Telegraph and the Nineteenth Century's Online Pioneers. London 1999
Steiner, Uwe C: »Können die Kulturwissenschaften eine neue moralische Funktion beanspruchen?« – Eine Bestandsaufnahme; in: DVjS 1/März 1997, pp. 5–38
Stiegler, Bernd: Worte des Lichts – Schattenbilder – Literatur und Photographie im 19. Jahrhundert. Habilitationsschrift. Mannheim 1999
Stingelin, Martin/Scherer, Wolfgang (edd.): HardWar/SoftWar – Krieg und Medien 1914 bis 1945. München 1991
Stöber, Rudolf: Deutsche Pressegeschichte – Einführung, Systematik, Glossar. Konstanz 2000
Talbot, William Henry Fox: The Pencil of Nature; in: Wilfried Wiegand (ed.): Die Wahrheit der Photographie – Klassische Bekenntnisse zu einer neuen Kunst. Frankfurt a. M. 1981, pp. 45–89
Theall, Donald F.: Beyond the Word: Reconstructing Sense in the Joyce Era of Technology, Culture, and Communication. Toronto 1995
Theweleit, Klaus. Buch der Könige. Basel/Frankfurt a. M. 1988/1994

Toeplitz, Jerzy: Geschichte des Films – 2 Bde. Frankfurt a. M. o. J.

Toeppfer, Rudolphe: De la plaque Daguerre (1841); in: Œuvres complètes, ed. P. Caillier, Bd. XXV. Genf 1957, pp. 91–117

Tolstoi, Leo: Anna Karenina, übers. Arthur Luther. Zürich 1985

Treichel, Hans-Ulrich: Der Verlorene. Frankfurt a. M. 1998

Turrini, Peter: Die Liebe in Madagaskar – Ein Theaterstück, München 1998

Unseld, Siegfried: Goethe und seine Verleger. Frankfurt a. M. 1991

Virilio, Paul: Krieg und Kino – Logistik der Wahrnehmung. München 1986

——: Der negative Horizont – Bewegung – Geschwindigkeit – Beschleunigung. München 1989

——: Krieg und Fernsehen. München 1993

Wagner, Wolf-Rüdiger: Theodor Fontanes »Effi Briest« – Medienpädagogische Wanderungen durch die Kommunikationskultur des ausgehenden 19. Jahrhunderts; in: Deutschunterricht 6/1998, pp. 318–328

Wandhoff, Haiko: Der epische Blick – Eine mediengeschichtliche Studie zur höfischen Literatur. Berlin 1996

Warburton, William: Devine Legation of Moses. London 1738

Weibel, Peter: Vom Verschwinden der Ferne – Telekommunikation und Kunst; in: Edith Decker/Peter Weibel (edd.): Vom Verschwinden der Ferne – Telekommunikation und Kunst. Frankfurt a. M. 1990

Wenzel, Horst: Hören und Sehen, Schrift und Bild – Kultur und Gedächtnis im Mittelalter. München 1995

Wesiack, Werner: Die körperlichen und seelischen Faktoren des Krankseins; in: Kindlers Enzyklopädie Der Mensch, edd. N. Wendt/N. Loacker. München 1983

Wetzel, Michael: Mignon – Die Kindsbraut als Phantasma der Goethezeit. München 1999

——: Die Wahrheit nach der Malerei. München 1997

Wilde, Oscar: The Complete Letters, edd. M. Holland/R. Hart-Davis. New York 2000

Wilke, Jürgen (ed.): Mediengeschichte der Bundesrepublik Deutschland. Bonn 1999

Wilson, Frank R.: Die Hand – Geniestreich der Evolution – Ihr Einfluß auf Gehirn, Sprache und Kultur des Menschen. Stuttgart 2000

Winkgens, Meinhard: Sex und Diskurs bei D. H. Lawrence: Das Spiel der Signifikanten und das Signifikat naturhafter Leibhaftigkeit in »St. Mawr«; in: Ansgar und Vera Nünning (edd.): Klassiker und Strömungen des englischen

Romans im 20. Jahrhundert. Trier 2000, pp. 31–51
Wittgenstein, Ludwig: Tractatus logico-philosophicus; in: Schriften 1. Frankfurt a. M. 1969
Wordsworth, William: The Prelude, or Growth of a Poet's Mind, ed. Ernest de Selincourt. Oxford 1959 (2.)
Wygotski, Lew Semjonowitsch: Denken und Sprechen. Frankfurt a. M. 1974 (5.)
Zaster, Zacharias: Kapitale Lust – Das geheime Sexualleben des Geldes. Berlin 1999
Zerdick, Axel et al. (edd.): Die Internet-Ökonomie – Strategien für die digitale Wirtschaft. Berlin/Heidelberg 1999
Zürn, Unica: Gesamtausgabe in vier Bänden, edd. G. Bose/E. Brinkmann. Berlin 1988
Zweig, Arnold: Ästhetik des Rundfunks; in: Irmela Schneider (ed.): Radio-Kultur in der Weimarer Republik. Tübingen 1984

邦訳文献

アイスキュロス『アガメムノーン』久保正彰訳（『ギリシア悲劇全集』第1巻，岩波書店，1990年）

アウグスティヌス『告白録』宮谷宣史訳（『アウグスティヌス著作集』第5巻，教文館，1993–2007年［キリスト教古典叢書］）

アリストテレス『霊魂論』山本光雄訳（『アリストテレス全集』第6巻，岩波書店，1968年）

アリストテレス『動物部分論』島崎三郎訳（『アリストテレス全集』第8巻，岩波書店，1969年）

アリストテレス『政治学』山本光雄訳（『アリストテレス全集』第15巻，岩波書店，1969年）

アルンハイム，ルドルフ『芸術としての映画』志賀信夫訳，みすず書房，1960年

アルンハイム，ルドルフ『視覚的思考——創造心理学の世界』関計夫訳，美術出版社，1974年

アンダース，ギュンター『時代おくれの人間・上——第二次産業革命時代における人間の魂』青木隆嘉訳，法政大学出版局，1994年［叢書・ウニベルシタス］

イリイチ，イヴァン『テクストのぶどう畑で』岡部佳世訳，法政大学出版局，1995年［叢書・ウニベルシタス］

ウィトゲンシュタイン，ルートウィヒ『論理哲学論考』奥雅博訳（『ウィトゲンシュタイン全集』第1巻，大修館書店，1975年）

ヴィリリオ，ポール『戦争と映画——知覚の兵站術』石井直志・千葉文夫訳，平凡社，1999年［平凡社ライブラリー］

ヴィリリオ，ポール『ネガティヴ・ホライズン——速度と知覚の変容』丸岡高弘訳，産業図書，2003年

ウィルソン，フランク『手の五〇〇万年史——手と脳と言語はいかに結びついたか』藤野邦夫・古賀祥子訳，新評論，2005年

ウンゼルト，ジークフリート『ゲーテと出版者——一つの書籍出版文化史』西山力也・坂巻隆裕・関根裕子訳，法政大学出版局，2005年［叢書・ウニベルシタス］

エウリーピデース『ヒケティデス——嘆願する女たち』橋本隆夫訳（『ギリシア悲劇全集』第6巻，岩波書店，1991年）

エスカルピ，ロベール『出版革命』清水英夫訳，講談社，1967年

エッカーマン，ヨハン・ペーター『ゲーテとの対話』山下肇訳，3 巻，岩波文庫，改版，1968–1969 年

エンツェンスベルガー，ハンス・マグヌス『霊廟——進歩の歴史からの 37 篇のバラード』野村修訳，晶文社，1983 年

エンツェンスベルガー，ハンス・マグヌス『ドイツはどこへ行く？』石黒英男・野村修訳，晶文社，1991 年

オウィディウス『変身物語』中村善也訳，2 巻，岩波文庫，1981–1984 年

オリーゴ，イリス『プラートの商人——中世イタリアの日常生活』篠田綾子訳，徳橋曜監修，白水社，1997 年

オング，ウォルター・J『声の文化と文字の文化』桜井直文・林正寛・糟谷啓介訳，藤原書店，1991 年

カーツワイル，レイ『スピリチュアル・マシーン——コンピューターに魂が宿るとき』田中三彦・田中茂彦訳，翔泳社，2001 年

カフカ，フランツ『城』前田敬作訳（『決定版　カフカ全集』第 6 巻，新潮社，1981 年）

カフカ，フランツ『カフカ寓話集』池内紀編訳，岩波文庫，1998 年

カント，イマヌエル『純粋理性批判』有福孝岳訳（『カント全集』第 4–6 巻，岩波書店，2001–2006 年）

キケロ「弁論術家について」大西英文訳（『キケロ選集』第 7 巻，岩波書店，1999 年）

キットラー，フリードリヒ『ドラキュラの遺言——ソフトウェアなど存在しない』原克・大宮勘一郎・前田良三・神尾達之・副島博彦訳，産業図書，1998 年

キットラー，フリードリヒ『グラモフォン・フィルム・タイプライター』石光泰夫・石光輝子訳，筑摩書房，1999 年

クライスト，ハインリヒ・フォン「役に立つ発明——砲弾ポストの計画」佐藤恵三訳（『クライスト全集』第 1 巻，沖積舎，1998 年）

クライマイアー，クラウス『ウーファ物語《ストーリー》——ある映画コンツェルンの歴史』平田達治・宮本春美・山本佳樹・原克・飯田道子・須藤直子・中川慎二訳，鳥影社，2005 年

ゲーテ，ヨハン・ヴォルフガング『ファウスト』山下肇訳（『ゲーテ全集』第 3 巻，潮出版社，1992 年）

ゲーテ，ヨハン・ヴォルフガング『トルクヴァート・タッソー』小栗浩訳（『ゲーテ全集』第 5 巻，潮出版社，1980 年）

ゲーテ，ヨハン・ヴォルフガング『ヴィルヘルム・マイスターの遍歴時代』登張正實訳（『ゲーテ全集』第 8 巻，潮出版社，1981 年）

ゲーテ，ヨハン・ヴォルフガング『詩と真実』山崎章甫・河原忠彦訳（『ゲーテ全集』第 9–10 巻，潮出版社，1979–1980 年）

ゲーテ，ヨハン・ヴォルフガング『箴言と省察』岩崎英二郎・関楠生訳（『ゲーテ全集』第 13 巻，潮出版社，1980 年）
ケラー，ゴットフリート『緑のハインリヒ』伊藤武雄訳，4 巻，岩波文庫，改訳，1969–1970 年
ケラー，ゴットフリート『恋文濫用』中埜芳之訳（『ケラー作品集』第 2 巻，松籟社，1987 年）
ゲーレン，アーノルト『人間――その性質と世界の中の位置』池井望訳，世界思想社，2008 年
『コーラン』井筒俊彦訳，3 巻，岩波文庫，1964 年
ジェイムズ，ヘンリー『アスパンの恋文』行方昭夫訳，岩波文庫，1998 年
ジェインズ，ジュリアン『神々の沈黙――意識の誕生と文明の興亡』柴田裕之訳，紀伊國屋書店，2005 年
シーバッグ＝モンティフィオーリ，ヒュー『エニグマ・コード――史上最大の暗合戦』小林朋則訳，中央公論新社，2007 年
シュニッツラー，アルトゥーア『死人に口なし』番匠谷英一訳（『花・死人に口なし　他七篇』岩波文庫，2011 年）
シン，サイモン『暗号解読――ロゼッタストーンから量子暗合まで』青木薫訳，新潮社，2001 年
ジンメル，ゲオルク『貨幣の哲学　新訳版』居安正訳，白水社，1999 年
スタンデージ，トム『ヴィクトリア朝時代のインターネット』服部桂訳，NTT 出版，2011 年
スローターダイク，ペーター『「人間園」の規則――ハイデッガーの『ヒューマニズム書簡』に対する返書』仲正昌樹編訳，御茶の水書房，2000 年
セルバンテス『ドン・キホーテ』牛島信明訳，6 巻，岩波文庫，2001 年
ダンテ『神曲　完全版』平川祐弘訳，河出書房新社，2010 年
チュルン，ウニカ「どのように愛を行なうのか私は知らない」宮川尚理訳（『ウニカ・チュルンとハンス・ベルメール』アートスペース美蕾樹，1992 年）
ディケンズ，チャールズ『ドンビー父子』田辺洋子訳，こびあん書房，2005 年
デリダ，ジャック『絵葉書 1――ソクラテスからフロイトへ，そしてその彼方』若森栄樹・大西雅一郎訳，水声社，2007 年［叢書　言語の政治］
デリダ，ジャック『声と現象』林好雄訳，ちくま学芸文庫，2005 年
ドゥルーズ，ジル『シネマ 1――運動イメージ』財津理・齋藤範訳，法政大学出版局，2008 年［叢書・ウニベルシタス］
ドブレ，レジス『一般メディオロジー講義』嶋崎正樹訳，西垣通監修（『レジス・ドブレ著作選』第 3 巻，NTT 出版，2001 年）
トルストイ，レフ『アンナ・カレーニナ』木村浩訳，3 巻，新潮文庫，改版，1998 年

トルボット，ウィリアム・ヘンリー・フォックス『自然の鉛筆』青山勝編訳，赤々舎，2016 年
ドールン＝ファン・ロッスム，ゲルハルト『時間の歴史——近代の時間秩序の誕生』藤田幸一郎・篠原敏昭・岩波敦子訳，大月書店，1999 年
ナダール『私は写真家である』大野多加志・橋本克己編訳，筑摩書房，1990 年［筑摩叢書］
ネグロポンテ，ニコラス『ビーイング・デジタル——ビットの時代』福岡洋一訳，アスキー出版局，1995 年
ハイデッガー，マルティン『存在と時間』細谷貞雄訳，2 巻，ちくま学術文庫，1994 年
バーカーツ，スヴェン『グーテンベルクへの挽歌——エレクトロニクス時代における読書の運命』船木裕訳，青土社，1995 年
ハクスリー，オルダス『すばらしい新世界』黒原敏行訳，光文社古典新訳文庫，2013 年
ハーバーマス，ユルゲン『公共性の構造転換——市民社会の一カテゴリーについての探究』細谷貞雄・山田正行訳，未來社，第 2 版，1994 年
ビューヒナー，ゲオルク『狂ってゆくレンツ』手塚富雄訳（『ゲオルク・ビューヒナー全集』河出書房新社，1970 年）
ヒルツィック，マイケル『未来をつくった人々——ゼロックス・パロアルト研究所とコンピュータエイジの黎明』鴨澤眞夫訳，毎日コミュニケーションズ，2001 年
ピンチョン，トマス『重力の虹』佐藤良明訳，2 巻，新潮社，2014 年［トマス・ピンチョン全小説］
フォークナー，ウィリアム『八月の光』須山静夫訳（『フォークナー全集』第 9 巻，富山房，1968 年）
フォンターネ，テーオドール『罪のかなた』辻瑆訳（『新集　世界の文学』第 12 巻，中央公論社，1972 年）
フォンターネ，テーオドール『セシールの秋』立川洋三訳，三修社，1996 年
プラトン『パイドン——魂について』松永雄二訳（『プラトン全集』第 1 巻，岩波書店，1975 年）
プラトン『パイドロス——美について』藤原令夫訳（『プラトン全集』第 5 巻，岩波書店，1974 年）
プラトン『国家——正義について』藤原令夫訳（『プラトン全集』第 11 巻，岩波書店，1976 年）
プラトン『法律——立法について』森進一・池田美恵・加来彰俊訳（『プラトン全集』第 13 巻，岩波書店，1976 年）
ブレヒト，ベルトルト「コミュニケーション装置としてのラジオ——ラジオの機

能に関する講演」石黒英男訳（『ブレヒトの仕事』第6巻，河出書房新社，1973年）
フリードマン，トーマス『レクサスとオリーブの木――グローバリゼーションの正体』東江一紀・服部清美訳，草思社，2巻，2000年
ブルーメンベルク，ハンス『世界の読解可能性』山本尤・伊藤秀一訳，法政大学出版局，2005年［叢書・ウニベルシタス］
フロイト，ジークムント「強迫神経症の一例についての見解〔鼠男〕」福田覚訳（『フロイト全集』第10巻，岩波書店，2008年）
ヘーゲル，ゲオルク・ヴィルヘルム・フリードリヒ『美学講義』上巻，作品社，長谷川宏訳，1995年
ヘーゲル，ゲオルク・ヴィルヘルム・フリードリヒ『精神哲学　哲学の集大成・要綱』第3部，長谷川宏訳，作品社，2006年
ヘルダーリン，フリードリヒ『ヘルダーリン全集』第2巻，手塚富雄・浅井真男訳，河出書房新社，1966年
ヘロドトス『歴史』3巻，松平千秋訳，岩波文庫，1971–1972年
ベン，ゴットフリート『ゴットフリート・ベン詩集』深田甫訳，ユリイカ，1959年
ベンヤミン，ヴァルター「写真小史」久保哲司訳（『ベンヤミン・コレクション』第1巻，ちくま学芸文庫，第2版，2013年）
ベンヤミン，ヴァルター「模倣の能力について」内村博信訳（『ベンヤミン・コレクション』第2巻，ちくま学芸文庫，1996年）
ベンヤミン，ヴァルター『一九〇〇年頃のベルリンの幼年時代』浅井健二郎訳（『ベンヤミン・コレクション』第3巻，ちくま学芸文庫，1997年）
ベンヤミン，ヴァルター「類似しているものの理論」浅井健二郎訳（『ベンヤミン・コレクション』第5巻，ちくま学芸文庫，2010年）
ポストマン，ニール『子どもはもういない』小柴一訳，新潮社，改訂版，2001年
ボードリヤール，ジャン『消滅の技法《アート》』梅宮典子訳，PARCO出版，1997年
ホメロス『イリアス』松平千秋訳，2巻，岩波文庫，1992年
ボルツ，ノルベルト『グーテンベルク銀河系の終焉――新しいコミュニケーションのすがた』識名章喜・足立典子訳，法政大学出版局，1999年［叢書・ウニベルシタス］
マクルーハン，マーシャル『メディア論――人間の拡張の諸相』栗原裕・河本仲聖訳，みすず書房，1987年
マン，トーマス『魔の山』高橋義孝訳（『トーマス・マン全集』第3巻，新潮社，1972年）
マン，トーマス『トーニオ・クレーゲル』高橋義孝訳（『トーマス・マン全集』第8巻，新潮社，1971年）

マングェル，アルベルト『読書の歴史――あるいは読者の歴史』原田範行訳，柏書房，1999年
ミュラー，ヴィルヘルム『冬の旅』（『ベーレンライター原典版シューベルト歌曲集』第2巻，中声用，ヴァルター・デュル編，竹内ふみ子・前田昭夫訳，全音楽譜出版社，1979年）
メイロウィッツ，ジョシュア『場所感の喪失・上――電子メディアが社会的行動に及ぼす影響』安川一・高山啓子・上谷香陽訳，新曜社，2003年
モナコ，ジェイムズ『映画の教科書――どのように映画を読むか』岩本憲児・内山一樹・杉山昭夫・宮本高晴訳，フィルムアート社，1983年
モリスン，トニ『ビラヴド』吉田廸子訳，集英社文庫，1998年
リルケ，ライナー・マリア『新詩集　別巻』塚越敏訳（『リルケ全集』第3巻，河出書房新，1990年）
リルケ，ライナー・マリア『マルテの手記』塚越敏訳（『リルケ全集』第7巻，河出書房新社，1990年）
リンツメイヤー，オーウェン・W『アップル・コンフィデンシャル――誰も書かなかったアップル・コンピュータ20年の真実』林信行・柴田文彦訳，アスキー，2000年
ル・ゴッフ，ジャック『中世の高利貸――金も命も』渡辺香根夫訳，法政大学出版局，1989年［叢書・ウニベルシタス］
ルーマン，ニクラス『社会システム理論』佐藤勉監訳，2巻，恒星社厚生閣，1993–1995年
ルーマン，ニクラス『社会の芸術』馬場靖雄訳，法政大学出版局，2004年［叢書・ウニベルシタス］
ルーマン，ニクラス『情熱としての愛――親密さのコード化』佐藤勉・村中知子訳，木鐸社，2005年
ルーマン，ニクラス『マスメディアのリアリティ』林香里訳，木鐸社，2005年
ルーマン，ニクラス『社会の社会』馬場靖雄・赤堀三郎・菅原謙・高橋徹訳，2巻，法政大学出版局，2009年［叢書・ウニベルシタス］
ルーマン，ニクラス『社会の宗教』土方透・森川剛光・渡曾知子・畠中茉莉子訳，法政大学出版局，2016年［叢書・ウニベルシタス］
ルロア＝グーラン，アンドレ『身ぶりと言葉』荒木亨訳，新潮社，1973年
レヴィ＝ストロース，クロード『野生の思考』大橋保夫訳，みすず書房，1976年
ローレンス，デーヴィッド・ハーバード『恋する女たち』小川和夫訳（『愛蔵版世界文学全集』第34巻，集英社，1974年）
ワーズワス，ウィリアム『序曲』岡三郎訳，国文社，1968年

注

序 言

(1) F. Hölderlin: Brot und Wein, FA 6, p. 249.〔『ヘルダーリン全集』第2巻, 111頁〕

(2) G. W. F. Hegel: Ästhetik I, p. 173.〔ヘーゲル『美学講義』上巻, 139頁〕「意味《ズィン》と感覚《ズィンネ》」という対概念については, 有益な論集 W. Jacob (ed.): Der Sinn der Sinne およびエッセイ H.-D. Bahr: Der Sinn, die Sinne und der Unsinn を参照。

(3) I. Kant: Kritik der reinen Vernunft, B 29.〔カント『純粋理性批判』上巻, 90頁〕

1 ノイズ

(1) T. Pynchon: Gravity's Rainbow, p. 3.〔ピンチョン『重力の虹』上巻, 13頁〕

(2) N. Luhmann: Soziale Systeme, p. 166.〔ルーマン『社会システム理論』上巻, 180頁〕

(3) J. Derrida: La carte postale, p. 34.〔デリダ『絵葉書1』48頁〕

(4) G. Büchner: Lenz, p. 110.〔ビューヒナー『レンツ』238頁〕

(5) T. Morrison: Beloved, p. 259.〔モリスン『ビラヴド　愛されし者』下巻, 240頁〕

2 声

(1) W. Falkner: Light in August, p. 80.〔フォークナー『八月の光』80頁〕

(2) Aristoteles: Politik 1.2, 1253 a.〔アリストテレス『政治学』7頁〕

(3) A. Gehlen: Der Mensch, p. 24 aqq.〔ゲーレン『人間』17頁以下〕

(4) A. Leroi-Gourhan: Le geste et la parole, vol. I, Technique et langage, p. 33.〔ルロワ=グーラン『身ぶりと言葉』34頁を参照しつつ, オリジナルから訳し直した〕

(5) Aristoteles: Über die Teile der Lebewesen, 687 a.〔アリストテレス『動物部分論』390頁〕

(6) Aristoteles: Über die Seele, 432 a.〔アリストテレス『霊魂論』108頁〕

(7) ヨッヘン・ヘーリッシュによる以下の『親和力』論を参照。J. Hörisch: Die andere Goethezeit und die Analyse des Mediensystems der Wahlverwandtschaften; in: J. Hörisch: Ende der Vorstellung, Kap. 1/2.

(8) A. Leroi-Gourhan: l. c., p. 262 sq.〔ルロワ＝グーラン『身ぶりと言葉』189頁を参照しつつ，オリジナルから訳し直した。強調は著者による〕また，下記の研究も参照。F. R. Wilson: Die Hand.

(9) 言説の概念の歴史および機能については，有益な論集 H.-U. Nennen (ed.): Diskurs を参照。

(10) Novalis: Schriften, vol. 2, p. 550.

(11) M. Chaouli: Verschlingung der Metapher, p. 148.

(12) W. Benjamin: GS II/1, p. 213.〔ベンヤミン「模倣の能力について」81頁〕

(13) W. Benjamin: Lehre vom Ähnlichen, GS II/1, p. 209.〔ベンヤミン「類似しているものの理論」156頁〕

(14) H. Sanson: Tagebücher, p. 381.

(15) これについて詳しくは，K.-H. Göttert: Geschichte der Stimme を参照。

(16) Platon: Nomoi, 700 c.〔プラトン『法律』233頁以下〕

(17) P. Sloterdijk: Sphären II, p. 334 sq.

(18) K.-H. Göttert, p. 34 sq.

(19) J. W. Goethe: Faust, p. 24.〔ゲーテ『ファウスト』23頁〕

(20) Ibid.〔同前〕

(21) Ibid., p. 21.〔同前，21頁〕

(22) Ibid., p. 27.〔同前，25頁〕

(23) G. Benn: Gedichte, p. 320.〔ベン『ゴットフリート・ベン詩集』133頁〕

(24) J. Derrida: Die Stimme und das Phänomen.〔デリダ『声と現象』〕

(25) A. Schnitzler: Die Toten schweigen, p. 40 sq.〔シュニッツラー『死人に口なし』97頁以下〕

(26) M. T. Cicero: De oratore II, lxxxvi, 351–354.〔キケロ「弁論術家について」322頁〕

3 画 像

(1) N. Humphrey: Cave Art.

(2) Brockhaus Kunst und Kultur I, p. 84 sq.

(3) Platon: Politeia, 599 d.〔プラトン『国家』702頁〕

(4) Ibid., p. 598 b.〔プラトン『国家』，699頁〕

(5) G. Boehm: Was ist ein Bild? p. 329.

(6) Sermo CXVII, 3.（Augustinus: *Sermones* 52）

(7) Cf. Spiegel 6/2000, p. 102 sq.

(8) これについてはとくに，R. Debray: Cours de médiologie générale〔ドブレ『一般メディオロジー講義』〕の第四講「受肉の神秘」およびJ. Hörisch: Brot und Wein を参照。

(9) M. Barasch: Gottesbild, p. 52.

(10) A. Hahn: Unsichtbares, p. 276.

(11) Zit. bei Cl. Hergenröder: Wir schauen seine Herrlichkeit, p. 378 sq.

(12) H. Belting: Bild und Kult, p. 167.

(13) P. Schuck-Wersig: Expeditionen zum Bild, p. 80.

(14) B. Roeck: Als wollt die Welt, p. 36.

(15) J. W. Goethe: Maximen und Reflexionen, BA Bd. 18, p. 502.〔ゲーテ『箴言と省察』341 頁。文脈に合わせて一部の語句を改変〕

(16) これについて詳しくは，J. Hörisch: Ende der Vorstellung, Kap. 1/2 を参照。

(17) N. Luhmann: Die Kunst der Gesellschaft, p. 82 sq.〔ルーマン『社会の芸術』73 頁以下〕

第一の中断

(1) E. T. A. Hoffmann: Meister Floh, p. 78.〔ホフマン『蚤の親方』157 頁〕

(2) M. McLuhan: Understanding Media, p. 94, cf. p. 49 sqq.〔マクルーハン『メディア論』91 頁〕

(3) M. Heidegger: Sein und Zeit, p. 105（§ 23).〔ハイデッガー『存在と時間』上巻，234 頁〕後の版では「日常的環境界の拡大と破壊という方法によって」（傍点は著者による強調）となっている。

(4) M. McLuhan: Understanding Media〔マクルーハン『メディア論』〕の第一部第四章「メカ好き　感覚麻痺を起こしたナルキッソス」を参照。

(5) Ovid: Metamorphosen III, 356 sqq.〔オウィディウス『変身物語』上巻，114 頁〕

(6) Ibid.〔同前，115 頁〕

(7) Ibid.〔同前，116 頁〕

(8) Ibid.〔同前，113 頁〕

(9) これについては，以下の研究を参照。H.-D. Bahr: Der Spiegel.

(10) N. Luhmann: Soziale Systeme, p. 222.〔ルーマン『社会システム理論』上巻，254 頁を参照しながら原文から訳した〕

(11) とりわけルーデスによる入門書がすぐれている。

(12) H. Hiebel et al.: Die Medien, p. 12.

(13) Cf. P. Ludes: Einführung in die Medienwissenschaft.

(14)　これについては，Hartmut Böhme et al.: Kulturwissenschaft の論述がわかりやすい。
(15)　G. Simmel: Philosophie des Geldes, p. 98 sq.〔『貨幣の哲学』107 頁以下〕
(16)　F. Kittler: Draculas Vermächtnis〔キットラー『ドラキュラの遺言』〕, und ders.: Von der Letter zum Bit.
(17)　W. Schulz: Kommunikationsprozeß, p. 144 より引用。
(18)　W. Riepl: Gesetz, p. 146.
(19)　H. Pross: Medienforschung.

4 文字

(1)　それはたとえさまざまな方法をもってしてもである。私たちは少なくとも目を閉じることはできるが，耳は括約筋をもっていないのである。スタンリー・キューブリックの映画『時計じかけのオレンジ』に残忍で強烈な感覚が備わっているのは，このような目と耳の差異を主題として扱う情熱のおかげである。
(2)　これについて，また以下については，H. Haarmann: Universalgeschichte der Schrift および D. Kerckhove: Schriftgeburten を参照。
(3)　V. Flusser: Gesten, p. 40.
(4)　J. W. Goethe: Dichtung und Wahrheit, p. 32 (I/1).〔ゲーテ『詩と真実』第 1 部，28 頁〕
(5)　G. Keller, Der grüne Heinrich, p. 79 sqq.〔ケラー『緑のハインリヒ』第 1 巻，33–35 頁〕
(6)　Cf. W. J. Ong: Oralität.〔オング『声の文化と文字の文化』〕
(7)　もっとも「通常状態」は，文化史的なコンテクストにおいて，ほとんど意味のない語である。この語はここでは，人口の大多数が読み書きできるという状態が地域的にも時代にも，注目すべき例外事項だということを指すにすぎない。
(8)　W. Warburton: Devine Legation, book 4, p. 76, zit. nach D. Schmandt-Besserat: Before Writing, p. 4.
(9)　Zit. bei Schmandt-Besserat: l. c., p. 5.
(10)　Cf. D. Schmandt-Besserat: Before Writing, p. 5.
(11)　Ibid., pp. 7–11.
(12)　プラトンは世俗の人間ではなくエジプトのテウト神を音声文字の発明者として記している（以下を参照）。
(13)　Cf. E. A. Havelock: Schriftlichkeit.
(14)　Euripides: Die Hilfeflehenden (übers. D. Ebener), p. 286.〔エウリーピデ

ース『ヒケティデス』210 頁。文脈に合わせて一部の語句を改変〕

（15） G. W. E. Hegel: Enzyklopädie III, pp. 274 und 276.〔ヘーゲル『精神哲学 哲学の集大成・要綱』第 3 部，296 頁〕

（16） A. und J. Assmann: Kognition.

（17） F. Kittler: Eine Mathematik der Endlichkeit, p. 101.

（18） J. Jaynes: Der Ursprung des Bewußtseins, p. 94.〔ジェインズ『神々の沈黙』95 頁〕

（19） Ibid., p. 95.〔同上，94 頁。文脈に合わせて一部の語句を改変〕

（20） Ibid., p. 98.〔同上，99 頁〕

（21） プラトンは分離を意味する「コリスモス〔chorismos〕」という概念に一度だけ言及している——ただし，ドラマティックな文脈においてである。『パイドン』67 D 9 以下に次の行がある。「「で，まさにそのこと，すなわち，魂の，肉体からの解放と分離が，死と名付けられている，のではないのか」「まったくその通りです」と彼は言った。「しかるにわれわれの主張では，この魂を解きはなつことを，つねにまた願っているのが，真正に知を求める者たちなのであり，またその願いはまさに彼らだけのものであったのだ。すなわち，この，魂の肉体からの解放と分離こそが，そっくりそのまま，知を求める者の不断の心掛けであったのだ」」(Platon: Phaidon, 67 d 9〔プラトン『パイドン』188 頁〕)。

（22） これについてより詳しくは，J. Hörisch: Kopf oder Zahl, Kap. III/2 を参照。

（23） Ilias, VI, 163–170.〔ホメロス『イリアス』上巻，190–191 頁。文脈に合わせて一部の語句を改変〕

（24） Platon: Phaidros, 274 c–275 a (Übersetzung Schleiermacher/Kurz).〔プラトン『パイドロス』254–256 頁〕

（25） Ibid., p. 275 d–e.〔同上，257–258 頁〕

（26） Zit. bei A. Nehamas: Virtues, p. 285.

（27） Ibid., p. 287.

（28） Cf. N. Schindler (ed.): Flimmer-Kiste – Ein nostalgischer Rückblick.

（29） これについては，古典的研究書である H. Blumenberg: Die Lesbarkeit der Welt〔ブルーメンベルク『世界の読解可能性』〕を参照。

（30） J. G. Herder: Sämtliche Werke Bd. XXVII, p. 334.

（31） 文化と文字に敵対的な野蛮人の様相は，マンフレート・シュナイダーの鮮烈な研究書に示されている。M. Schneider: Der Barbar.

（32） Eckermann: Gespräch mit Goethe, p. 391.〔エッカーマン『ゲーテとの対話』中巻，216 頁〕

（33） これについては，ウーヴェ・ヨッフムが聡明な研究を行なっている。U.

Jochum: Die Idole der Bibliothekare, und ders: Kleine Bibliotheksgeschichte.

(34) G. Benn: Gedichte, p. 89.

(35) 「コミュニケーションの物質性」という問題全般に対しては，同名の論集を参照。H. U. Gumbrecht (ed.): Materialität der Kommunikation.

(36) Cf. O. Mazal: Geschichte der Buchkultur.

(37) Herodot: Historien, p. 351.〔ヘロドトス『歴史』中巻，152頁〕

(38) H. Wandhoff: Der epische Blick, p. 114.

(39) M. de Cervantes: Don Quijote, p. 68 (8. Kap.).〔セルバンテス『ドン・キホーテ』前篇（一），144頁〕

(40) 風車の挽き臼は，近年の小説でも重要な役割を果たしている。たとえばピンチョンの小説『重力の虹』あるいは，最近の作品ではジョン・フォン・デュッフェルによる小説『水から聞いた話』を参照。

5 活版印刷

(1) Zit. bei A. Kapr: Johannes Gutenberg, p. 168 sq.

(2) Cf. G. Dohrn-van Rossum: Geschichte der Stunde.〔ドールン＝ファン・ロッスム『時間の歴史』〕

(3) L. Hölscher: Zukunft, p. 22.

(4) Cf. J. Hamel: Die Kalenderreform.

(5) E. Schön: Verlust der Sinnlichkeit, p. 36.

(6) D. Kloock: Von der Schrift, p. 149.

(7) Cf. dazu St. Füssel: Gutenberg, p. 15 sq.

(8) Zit. bei St. Füssel: l. c., p. 43.

(9) F. Kittler: Grammophon Film Typewriter, p. 293.〔キットラー『グラモフォン・フィルム・タイプライター』309–310頁〕

(10) Zit. bei St. Füssel: l. c., p. 73 sqq.

(11) とりわけ，以下の研究を参照。M. Giesecke: Buchdruck.

(12) 二つの博士号をもつライノルト・ゲッツ博士〔ドイツの現代作家〕が作品の中間段階をすべて保存することに強いこだわりをもっているのは，後世の文献学者にCD-ROMのかたちで提示できるようにするためである，ということはもちろん考えられる。

(13) D. H. Lawrence: Women in love, p. 208.〔ロレンス『恋する女たち』450頁〕

(14) ホルスト・ヴェンツェルのすぐれた論考は，書物について用いられる身体のメタファーについて詳細に調査している。H. Wenzel: Hören und Sehen.

(15) A. Müller: Zwölf Reden, p. 415.

(16) Ibid., p. 327.

(17)　W. Ong: Oralität, p. 133.〔オング『声の文化と文字の文化』273–274 頁〕
(18)　A. Müller: Zwölf Reden, p. 416.
(19)　Zit. bei M. Lyons: Le Triomphe du livre, p. 26.
(20)　Zit. bei A. Assmann: Aspekte, p. 11 sq.
(21)　In: G. Britting: Lyrik des Abendlands, p. 246 (übers. Karl Voßler).
(22)　W. Wordsworth: The Prelude, p. 169.〔ワーズワス『序曲』179–180 頁〕
(23)　A. Assmann: Aspekte, p. 10 sq.
(24)　以下についてはとくに，シェーンとエンゲルズィングの研究を参照。
(25)　Zit. im Marbacher Magazin: Vom Schreiben 6, p. 160 sq.
(26)　Cf. S. Unseld: Goethe und seine Verleger.〔ウンゼルト『ゲーテと出版者』〕
(27)　Zit. in: J. Paus-Haase et al., p. 13.
(28)　K.B. Preusker: Über ... Fortbildung, p. 4 (zit. in U. Jochum: Kleine Bibliotheksgeschichte, p. 152).
(29)　Dante: Divina Commedia, p. 82.〔ダンテ『神曲　完全版』40，45 頁。文脈に合わせて一部の語句を改変〕
(30)　U. Zürn: GA 1, p. 69.〔チュルン「どのように愛を行なうのか私は知らない」10 頁〕
(31)　M. Winkgens: Sex und Diskurs, p. 31.
(32)　R. M. Rilke: SW 2, p. 636 sq.〔リルケ『新詩集　別巻』261–262 頁〕
(33)　Augustinus: Confessiones, p. 781.〔アウグスティヌス『告白録』下巻, 362 頁〕
(34)　L. Tolstoi: Anna Karenina, p. 155 sq.〔トルストイ『アンナ・カレーニナ』上巻，247–248 頁〕
(35)　Cf. u. a. A. Manguel: History of Reading.〔マングェル『読書の歴史』〕
(36)　W. Rüegg: Lesen, p. 189 sq.
(37)　P. Sloterdijk: Regeln, p. 4.〔スローターダイク『「人間園」の規則』23 頁〕
(38)　Zit. bei M. Raabe, p. XXVII.
(39)　これについてはとくに，シェーンの著作を参照。また，フランスの 18・19 世紀における読書状況と読書の場の典型例については，以下の規範的な論考を参照。F. Nies: Bahn und Bett und Blütenduft.
(40)　J. W. Goethe: Dichtung und Wahrheit, HA 9, p. 590.〔ゲーテ『詩と真実』第 3 部 143 頁〕
(41)　F. Kittler: Aufschreibesysteme, p. 115 sq.
(42)　Cf. R. Engelsing: Analphabetentum. 少数の本を何度も繰り返して読む集中的な読書から，広範囲な読書への移行期は，1750 年頃である。
(43)　Dazu R. Darnton: Corpus, p. 194 sqq.
(44)　F. Schlegel: Über die Philosophie, p. 42.
(45)　以下の論考は 19 世紀をそのように呼んでいる。M. Lyons: Le Triomphe

du livre.

(46) In: NZZ. von 13. Oktober 1999, p. 33.

6 新聞雑誌／郵便

(1) Dazu H. Blumenberg: Lesbarkeit der Welt.〔ブルーメンベルク『世界の読解可能性』〕

(2) H. James: The Aspern Papers, p. 13.〔ジェイムズ『アスパンの恋文』16 頁〕

(3) N. Luhmann: Realität der Massenmedien, p. 41 sq.〔ルーマン『マスメディアのリアリティ』34–35 頁〕

(4) J. G. Herder: Fragmente, p. 403.

(5) N. Luhmann: Realität der Massenmedien, p. 103 sq.〔ルーマン『マスメディアのリアリティ』85 頁〕

(6) これについて，また新聞の歴史全般については，R. Stöber: Deutsche Pressegeschichte を参照。

(7) Cf. dazu S. Bendel: Werbeanzeigen.

(8) 以上については数多ある研究のうち，古典的著作である J. Habermas: Strukturwandel der Öffentlichkeit〔ハーバーマス『公共性の構造転換』〕（第 28 節中の概念史）および古典に対抗的な O. Negt/A. Kluge: Öffentlichkeit und Erfahrung を参照。

(9) F. Schlegel: Lessing, p. 102.

(10) Cf. W. H. Russell: Meine sieben Kriege.

(11) S. W. Elfenbein: The New York Times, p. 27.（奇妙なことに，この啓発的な著作はウーヴェ・ヨーンゾンの長編小説に言及していない。）

(12) M. Rice: Four Nations, Four Newspapers, p. XXV.

(13) H. Pross: Zeitungsreport.

(14) Th. Mann: Der Zauberberg, p. 173〔マン『魔の山』140 頁〕, cf. J. Hörisch: Gott, Geld und Glück, p. 206 ff.

(15) J. W. Goethe: Faust, p. 359.〔ゲーテ『ファウスト』363 頁。文脈に合わせて一部の語句を改変〕

(16) G. Anders: Antiquiertheit, p. 21 sqq.〔アンダース『時代おくれの人間・上』25 頁以下〕

(17) J. W. Goethe: Faust, p. 214.〔ゲーテ『ファウスト』213 頁。文脈に合わせて一部の語句を改変〕

(18) H. Lübbe: Selbstbestimmung, p. 258.

(19) 豊富な資料を含み機知に富んだ研究 B. Siegert: Relais（hier p. 10）を参照。

(20) Aischylos: Agamemnon, übers. U. Wilamowitz-Moellendorff, p. 21 sq.〔ア

イスキュロス『アガメムノーン』21–24 頁〕

(21) Zit. bei I. Origo: Im Namen Gottes und des Geschäfts, p. 9.〔オリーゴ『プラートの商人』10 頁。文脈に合わせて一部の語句を改変〕

(22) Liselotte von der Pfalz: Briefe, p. 55.

(23) W. Müller: Die Winterreise und andere Gedichte, p. 48.〔ミュラー『冬の旅』121 頁〕

(24) J. W. Goethe: Wanderjahre, p. 339.〔ゲーテ『ヴィルヘルム・マイスターの遍歴時代』67 頁〕

(25) Zit. nach B. Siegert: Relais, p. 151.

(26) G. Keller: Liebesbriefe, p. 379.〔ケラー『恋文濫用』94 頁〕

(27) Ibid., p. 389 sq.〔同上，104 頁〕

(28) Ibid., p. 392 sq.〔同上，106–107 頁〕

(29) K. Theweleit: Buch der Könige.

(30) F. Kafka: Das Schloß, p. 115 sq.〔カフカ『城』84–85 頁〕

第二の中断

(1) J. W. Goethe: Wanderjahre, p. 686 sq.〔『ヴィルヘルム・マイスターの遍歴時代』347 頁〕

(2) Ibid., p.〔同前，348 頁〕

(3) ヨッヘン・ヘーリッシュによる以下の著作を参照。J. Hörische: Brot und Wein – Die Poesie des Abendmahls, Kopf oder Zahl – Die Poesie des Geldes und: Ende der Vorstellung – Die Poesie der Medien.

(4) N. Luhmann: Die Gesellschaft der Gesellschaft, p. 723.〔ルーマン『社会の社会』第 2 巻，1011 頁〕

(5) A. Müller: Zwölf Reden, p. 414 sq.

(6) G. Simmel: Geld, p. 493.〔ジンメル『貨幣の哲学』492 頁〕

(7) C. Dickens: Dombey and Son, p. 93.〔ディケンズ『ドンビー父子』上巻，120 頁〕

(8) O. Wilde: The Complete Letters, p. 1155.

7 写 真

(1) Th. Mann: Tonio Kröger, p. 279.〔マン『トーニオ・クレーゲル』227–228 頁〕

(2) Zit. bei U. Roedl: Stifter, p. 121.

(3) Zit. bei M. Enzinger: Stifter, p. 14.

(4) Cf. M. Wetzel: Mignon, p. 19 sqq.

(5) 以下の記述は，ベルント・シュティーグラーがマンハイム大学に提出した教授資格論文 „Worte des Lichts – Schattenbilder – Literatur und Photographie im 19. Jahrhundert“（1999）に多くを負っている。
(6) Zit. in Koppen: Literatur und Photographie, p. 37 sq.
(7) P. H. Emerson: The Death of Naturalistic Photography, p. 56.
(8) In: Photographisches Journal Bd. I/Nr. 12/1854, p. 97 sq.
(9) Zit. bei W. H. F. Talbot: The Pencil of Nature, p. 45.〔トルボット『自然の鉛筆』5頁。著者が引用しているドイツ語訳に合わせて一部の語句を改変〕
(10) J. Baudrillard: Illusion, p. 292.〔ボードリヤール『消滅の技法』27頁〕
(11) R. M. Rilke: Aufzeichnungen, p. 756.〔リルケ『マルテの手記』51頁〕
(12) A. Martin: Abriss, p. 14.
(13) Th. Fontane: Effi Briest, p. 650 (25. Kapitel).〔フォンターネ『罪のかなた』507–508頁。文脈に合わせて一部の語句を改変〕
(14) Cf. W.-R. Wagner: Fontanes „Effi Briest“.
(15) F. Kittler: Eine Mathematik der Endlichkeit, p. 106 sq.
(16) W. Benjamin: Photographie, p. 371.〔ベンヤミン「写真小史」558–559頁〕
(17) Nadar: Als ich Photograph war, p. 23.
(18) B. Stiegler: l. c., p. 47.
(19) Ibid., p. 48.
(20) Helmholtz: Handbuch der physiologischen Optik, p. 797.
(21) W. Benjamin: Photographie, p. 383 sq.〔ベンヤミン「写真小史」578頁〕
(22) P. H. Emerson: Naturalistic Photography, p. 159.
(23) W. Benjamin: l. c.〔ベンヤミン「写真小史」559頁〕
(24) Bericht der Kieler Nachrichten 4. 2. 1896, zit. nach O. Glasser: Röntgen, p. 85.
(25) A. Ronell: Trauma-TV, p. 264.
(26) これについて詳しくは，J. Hörisch: Brot und Wein, Kap. 14: Sakrament der Medientechnik auf dem Zauberberg を参照。また，ラドヤード・キップリングの短編小説『無線』（1898）においても，心霊主義的な霊媒と技術的な媒体の接点が描かれている。ある薬局の屋根に立てられたアンテナによって，彼岸から送られてきたキーツの詩の断片が受信される。そして，1901年にウェルズの長編小説『月世界最初の人間』が刊行されたことによって，メディア技術的に帰納された彼岸の物語が隆盛を迎える。二人の男が月に行って，そこで月世界人と戦う。一人は地球へ帰還し，月に残った仲間から，奇妙なほど断片化された無線を受信する。彼が解読できたのは，「ユーレス〔uless〕」という文字だけであった。これが意味しているのは「役に立たない〔useless〕」であろうか，「お前がいない〔you-less〕」であろうか，それと

も，それ以外のことであろうか。

(27) G. Benn: Gedichte, p. 320.〔『ゴットフリート・ベン詩集』133 頁〕

8 録音と遠隔通信

(1) Th. Mann: Der Zauberberg, p. 893 sq.〔トーマス・マン『魔の山』686–689 頁。文脈に合わせて一部の語句を改変〕

(2) Ibid., p. 903.〔トーマス・マン『魔の山』693 頁〕

(3) Wittgenstein: Tractatus logico-philosophicus, p. 27.〔ウィトゲンシュタイン『論理哲学論考』47 頁。文脈に合わせて一部の語句を改変〕

(4) Zit. bei Ph. Anz/P. Walder: Techno, p. 12.

(5) K. Stockhausen: Kontakte, p. 48.

(6) Zit. bei Ph. Anz/P. Walder: Techno, p. 22.

(7) Turrini: Die Liebe in Madagaskar, p. 29.

(8) Große Medienchronik, p. 580.

(9) Gartenlaube 1877, p. 799, zit. nach K.-H. Göttert: Stimme, p. 412.

(10) W. Benjamin: Berliner Kindheit, p. 242 sq.〔ベンヤミン『一九〇〇年頃のベルリンの幼年時代』486–487 頁。引用にあたって訳注などは省略〕

(11) H. v. Kleist: Nützliche Erfindung – Entwurf einer Bombenpost, p. 385.〔クライスト「役に立つ発明——砲弾ポストの計画」547 頁〕

(12) Ibid., p. 386.〔同上，548 頁〕

(13) C. D. Grabbe: Napoleon II/4, p. 365.

(14) Ibid., III/3, pp. 387–389.

(15) この点については，以下の研究書で詳細に論じられている。T. Standage: The Victorian Internet.〔スタンデージ『ヴィクトリア朝時代のインターネット』〕

(16) J. W. Goethe: Torquato Tasso, p. 166.〔ゲーテ『トルクヴァート・タッソー』166 頁〕

(17) これについては，H. Segebrecht: Literatur im technischen Zeitalter および Th. Elm/H. Hiebel (edd.): Medien und Maschinen の記述を参照。

(18) T. Fontane: Cécile, p. 322 sq.〔フォンターネ『セシールの秋』61–62 頁〕

9 映 画

(1) Zit bei P. Weibel: Vom Verschwinden der Ferne, p. 22.

(2) これについては，次のすぐれた研究を参照。M. Wetzel: Die Wahrheit nach der Malerei.

(3) G. Deleuze: Bewegungs-Bild, p. 15.〔ドゥルーズ『シネマ 1』6 頁〕

(4) Zit. in St. Oettermanns großer Darstellung: Das Panorama, p. 114.

(5) W. Benjamin: Kindheit, p. 239.〔ベンヤミン『一九〇〇年頃のベルリンの幼年時代』477 頁〕

(6) J. W. Goethe: Faust, p. 149.〔ゲーテ『ファウスト』148 頁〕

(7) 活動弁士は，ホーフマンによる同名の小説の主題となっている。

(8) Zit. bei K. Kreimeier: Ufa-Story, p. 15.〔クライマイアー『ウーファ物語』17–18 頁〕

(9) Zit. nach L. Douglas: Der Film als Zeuge, p. 197.

(10) Zit. bei K. Kreimeier: Ufa-Story, p. 77.〔クライマイアー『ウーファ物語』119 頁〕

(11) H. Söderberg: Tuschzeichnung, pp. 7–9.

(12) Cf. J. Monaco: Film verstehen.〔モナコ『映画の教科書』〕

(13) Cf. dazu Uwe C. Steiner: Kulturwissenschaften.

(14) Zit. nach R. Fischer: Greenaway, p. 6.

(15) J. v. Eichendorff: Geschichte der poetischen Literatur Deutschlands, p. 477.

第三の中断

(1) M. Stingelin/W. Scherer (edd.): HardWar/SoftWar.

(2) H. Metlitzky: Hundert Jahre später (Nachwort zu W. H. Russell), p. 419.

(3) H. von Wedel: Die Propagandatruppen, p. 12, zit. nach F. Kittler: Grammophon Film Typewriter, p. 149.〔キットラー『グラモフォン・フィルム・タイプライター』159 頁〕

(4) F. Kittler: Grammophon Film Typewriter, p. 7.〔キットラー『グラモフォン・フィルム・タイプライター』10 頁〕

(5) H. v. Kleist: Nützliche Erfindung – Entwurf einer Bombenpost, p. 386.〔クライスト「役に立つ発明」548 頁〕

(6) D. Schmandt-Besserat: l. c., pp. 164, 197.

(7) Zit. nach D. Oberdorfer: Princeton University, p. 125.

(8) J. W. Goethe: Faust, p. 337.〔ゲーテ『ファウスト』341 頁〕

(9) Cf. u. a. H. Böhme: Die technische Form Gottes, und R. Esterbauer: Gott im Cyberspace?

(10) F. Kittler: Die Simulation siegt – Die technischen Weltmächte und das Ende der Vielfalt; FAZ vom 27. 11. 1999, p. III.

(11) F. Hölderlin: Patmos, FA 7, p. 426.〔『ヘルダーリン全集』第 2 巻，219 頁〕

10　ラジオ

（1）　J. Göbbels: Tagebücher Bd. 2, p. 371 sq.
（2）　R. Arnheim: Rundfunk als Hörkunst, p. 11.
（3）　Propyläen Technikgeschichte Bd. 5, p. 153.
（4）　Zit. bei A. Diller: Rundfunkpolitik im Dritten Reich, p. 63.
（5）　これは古くからある，神学的にも重要なモチーフである。すなわち，聖母マリアの絵画の多くには，聖処女が幼子イエスを耳から受胎するさまが描かれているのである。
（6）　A. Zweig: Ästhetik des Rundfunks, p. 75.
（7）　Zit. bei C. Schmölders: Die Stimme des Bösen, p. 683.
（8）　Ibid., p. 689.
（9）　J. Clair: Verantwortung des Künstlers, p. 38.
（10）　詳細についてはとくに，A. Diller: Rundfunk および H. O. Halefeldt: Programmgeschichte の記述を参照。
（11）　K. Modick: Vierundzwanzig Türen, p. 200.

11　テレビ

（1）　R. Arnheim: Television, p. 7.
（2）　H. M. Enzensberger: Mittelmaß, p. 89.〔エンツェンスベルガー『ドイツはどこへ行く？』146 頁〕
（3）　Große Medienchronik, p. 322.
（4）　これについては，シュピーゲル・テレビ編成部長ミヒャエル・クロフトのテレビ放送『ハーケンクロイツ下のテレビ』を参照（1999 年 6 月 21 日と 28 日に，SAT1 にて二部構成で放送された）。
（5）　Cf. dazu J. Hörisch: Schwarze Lettern auf flimmernden Mattscheiben, und ders.: Literaturpapst oder Dorfrichter Adam; in: J. Hörisch: Die Wut des Verstehens (2.).
（6）　N. Luhmann: Massenmedien, p. 111 sq.〔ルーマン『マスメディアのリアリティ』91–92 頁〕
（7）　G. Anders: Antiquiertheit, p. VIII.〔アンダース『時代おくれの人間・上』vi–vii 頁〕
（8）　同書はドイツ語に翻訳されている。J. Meyrowitz: Wie Medien unsere Welt verändern.
（9）　次の有名なエッセイによる。N. Postman: Das Verschwinden der Kindheit.〔ポストマン『子どもはもういない』〕

(10) H.-U. Treichel, Der Verlorene, p. 29 sq.
(11) Ibid., p. 30 sq.
(12) P. Sloterdijk: Sphären II, p. 787.
(13) E. Noelle-Neumann: Stationen der Glücksforschung, p. 30.
(14) Th. Friedman: A Manifesto, p. 42.
(15) H.-H. Hertle: Chronik des Mauerfalls の詳細な記述と分析を参照。

12 コンピュータ／インターネット

(1) Nach H. Sebag-Montefiore: Enigma.〔シーバッグ＝モンティフィオーリ『エニグマ・コード』〕
(2) Cf. S. Singh: Geheime Botschaften, p. 160–178.
(3) H. M. Enzensberger: Mausoleum, p. 63 sq.〔エンツェンスベルガー『霊廟』109–110 頁。本文に合わせて人名の表記を改変〕
(4) Große Medienchronik, p. 1042.
(5) Cf. Friedewald: Der Computer.
(6) M. Hiltzik: Dealers of Lightning, p. 393.〔ヒルツィック『未来をつくった人々』377–378 頁〕
(7) N. Luhmann: Die Religion der Gesellschaft, p. 242, cf. auch p. 303.〔ルーマン『社会の宗教』274 頁〕
(8) FAZ vom 12. Juli 2000, p. 16.
(9) 以下のエッセイから引用。D. Burkhart: Vom mittelalterlichen Schandpfahl zum Internet.
(10) Spiegel 11/2000, p. 293 (Artikel „Herrscher über das Netz").
(11) この部分はトーマス・マッホの考察に多くを負っていることを記すとともに，感謝の意を表したい。
(12) J. W. Goethe: Faust, p. 26.〔ゲーテ『ファウスト』25 頁〕
(13) Th. Fontane: Effi Briest, p. 686 (31. Kapitel).〔フォンターネ『罪のかなた』539 頁〕
(14) F. Kafka: Hochzeitsvorbereitungen auf dem Lande und andere Prosa aus dem Nachlaß, p. 44.〔『カフカ寓話集』63 頁〕
(15) J. W. Goethe: Faust, p. 187.〔ゲーテ『ファウスト』185 頁〕
(16) Cf. dazu J. Hörisch: Kopf oder Zahl, Kap. I/1.
(17) V. Flusser: Lob der Oberflächlichkeit, p. 277.
(18) R. Kurzweil: Homo S@piens.
(19) J. Searle: I married a computer, p. 37.
(20) C. v. Braun: Heilige Botschaft, p. 17.

(21) Zit. nach H. Buddemeier: Künstliche Welten, p. 89.〔ハクスリー『すばらしい新世界』51 頁〕

とりあえずの終章

(1) R. Menasse: Phänomenologie der Entgeisterung, pp. 22, 30, 36, 41, 82, 83, 87.

(2) 精神分析学的変換《コンヴェルズィオーン》概念についてはこの後に述べる。法学における変換《コンヴェルズィオーン》は，形式的な原因で無効な法律行為を有効なものへと転換することを意味する。遺伝学における変換《コンヴェルズィオーン》は対立遺伝子の突然変異を意味する。原子炉技術における変換《コンヴェルズィオーン》は，新たに核分裂を起こしうる物質が産出されることを意味する。言語学における変換《コンヴェルズィオーン》は形態上の変化なしに品詞が変わることを意味する（たとえばドイツ語の Dank/dank〔Dank は「感謝」を意味する名詞，dank は「～のおかげで」を意味する前置詞〕）。兵器の交渉において変換《コンヴェルズィオーン》は軍用機器から民生機器へ変わることを意味する（たとえば「剣を打ち直して鋤とする」（イザヤ書 2・4））。

(3) N. Bolz: Gutenberg-Galaxis, p. 214 sq.〔ボルツ『グーテンベルク銀河系の終焉』230–231 頁〕

(4) Cf. J. LeGoff: Wucherzins und Höllenquallen.

(5) Cf. dazu Jochen Hörisch: Kopf oder Zahl.

(6) Historisches Wörterbuch der Philosophie Band 4: I–K. Darmstadt 1976, Sp. 1082.

(7) Cf. J. Hörisch: Ende der Vorstellung.

(8) S. Freud: Bemerkungen über einen Fall von Zwangsneurose, p. 36.〔フロイト「強迫神経症の一例についての見解〔鼠男〕」181 頁〕

(9) Ibid.〔同前〕

(10) W. Wesiack: Die körperlichen und seelischen Faktoren des Krankseins, p. 736 sq.

(11) H. Mulisch: Selbstporträt mit Turban, p. 131 sq.